2025 대입수시

가
천
대

약술형

논술고사

국
어

가천대 약술형 논술의 유형을 이해하는 공부가 중요하다!

가천대 논술고사는 2022학년도 입시부터 시작되었고 세 번의 시험이 치러졌습니다. 학원 자체적으로 문제를 만들어 활용해보며 가장 시험에 도움이 되고 실제 유형과 근접한 문제를 만들어 나가기 위해 가천대 약식형 논술 콘텐츠를 제작하는 선생님들과 수업에 활용해보며 끊임없이 연구했습니다. 이로써 학생들이 출제 형태와 범위에 익숙해질 수 있는 기회를 다각적으로 제공하며 핵심적인 내용을 토대로 〈2025 가천대 논술고사 대비〉 문제집을 만들었습니다.

가천대 논술고사는 기존 진행해 온 일반 논술 고사와는 다른 형태로 출제되며, 이를 '기존 일반논술과 다른 새로운 논술'이라고 평가합니다. 이 형태는 수능 모의고사나 문제집에서 자주 볼 수 있는 고득점 문제들과 유사하지만, 학생들이 구체적인 표현을 찾고, 짧은 문장으로 재구성하여 서술해야 한다는 점에서 기존 일반 논술과 차이가 있습니다. 그러나 문제 난도는 높지 않으며, 가천대는 평소 학교 교육과 대학수학능력시험을 성실하게 공부한 학생이라면 별도의 준비가 없어도 논술 전형에 대비할 수 있다고 명시하고 있습니다. 이는 문제 출제 시 EBS 교재나 학교 교과서의 수준을 넘지 않으며, 출제 지문의 출처를 EBS 교재에 한정하기 때문입니다. 지금까지 출제된 문제의 지문은 모두 EBS 교재에서 발췌되었습니다.

약술형 논술고사는 각 대학의 출제 개념과 문제 유형을 정확히 알고 준비해야 합니다. 이 논술은 고교 과정에서 익혀야 할 기본 개념과 문제들을 서술형으로 담아내는 방식으로 진행되며, 많은 학생들과 지도하는 선생님들조차도 그 공부 방향을 제대로 이해하지 못하는 경우가 많습니다. 이러한 현실 속에서 수험생들에게 도움이 되기 위해 2024학년도에는 원생들에게 수많은 문제들을 제공하며 국어에 대한 전반적인 이해를 높이기 위해 지속적인 교수법과 콘텐츠 연구에 매진했습니다.

따라서 이 교재는 2015학년도 교육개정안을 반영하여 핵심 개념을 정리하고, 가천대에서 제시한 출제 범위에 맞춰 국어 필수 개념 및 문제를 정리하였습니다. 가천대 논술고사 기출문제와 논술 가이드북을 바탕으로 출제 가능한 예상문제를 수록하였으며, 대학에서 제시한 논술 가이드북의 부족한 점을 보완하고자 노력했습니다. 약술형 논술고사가 시행된 지 얼마 되지 않아 정확한 유형과 출제 방향을 알지 못하는 수험생들을 위해 이 교재는 학습 방향을 제시하는 데 목표를 두고 제작되었습니다.

출제지침에 따라 EBS 수능 연계 중요한 개념과 문제를 약술형 논술 유형으로 변형하여 반영했습니다. 국어의 경우 작품에서 꼭 필요한 항목을 가능한 모두 문제화하였고, 수학의 경우에도 개념이 적용되는 출제 예상 문제를 다수 수록했습니다. 이를 통해 다양한 문제와 변형 문제까지 대비할 수 있도록 하였습니다. 또한 신유형에 대비하여 개념 및 문제를 추가하였으며, 약술형 논술고사는 도입된 지 얼마 되지 않아 변형, 발전될 가능성이 매우 많기 때문에 이에 대한 대비가 중요합니다.

이 책을 통해 여러분들이 준비하고자 하는 목표에 도움이 되기를 바라며, 학생 여러분들이 이루고자 하는 대입에 성공하시기를 집필진 모두 응원합니다.

집필진 일동

본 교재의 특징

1. 2015 개정 교육 내용과 EBS 교과 연계 교재 반영

약술형 논술 국어는 고등학교에서 배우는 국어(상), 국어(하), 문학, 화법과 작문, 언어와 매체의 주요 개념을 중심으로 출제합니다. 따라서 약술형 논술의 출제 방향을 충분히 참고하여 고등학교 국어 과목에서 배우는 내용과 EBS 연계 작품을 충실히 반영하였습니다.

2. 가천대학교 논술 기출문제와 논술 가이드북 반영

가천대 약술형 논술 시행이 얼마 되지 않았으나 현재 참고할 수 있는 기출문제와 가이드북에서 제시하는 여러 유형 및 약술형 논술 대비방식을 충분히 반영하였습니다.
가천대 약술형 논술 기출문제와 논술 가이드북은 가천대 입학처 홈페이지에서 확인하실 수 있습니다.

3. 기출변형 문제와 신유형 문제 수록

기출문제를 참고하여 실제 유형과 유사하도록 문제를 출제하였으며, 기출 문제의 유형과 유사하지만 신유형으로 나올 수 있는 문제들을 출제 대비 문제로 수록하였습니다. 이로써 좀 더 다양한 유형 대비가 가능하도록 제작하였습니다.

4. 기출문제와 모의고사 수록

가천대 약술형 논술 기출문제를 수록하여 학생들이 기출과 연계문제를 쉽게 비교할 수 있도록 준비했습니다. 또한 기출문제를 참고하여 2025학년도 대비 EBS 연계 교재 작품에 반영한 모의고사 문제를 토대로 가천대 약식형 논술 대비를 다각적으로 준비했습니다.

가천대학교
논술고사

논술고사 특징 및 출제방향
- 가천대학교 논술고사는 수험생들이 고등학교 교육과정을 통하여, 대학 교육에 필요한 수학능력을 갖추었는지 평가한다.
- 학생들의 수험 준비 부담 완화를 위하여 EBS 수능 연계 교재를 중심으로 고등학교 정기고사 서술·논술형 문항의 난이 도로 출제할 예정이다.

전형방법
논술 100%

출제범위 및 평가기준
[인문 · 자연 계열]

구분	출제범위	평가기준
국어	1학년 국어 문학, 독서, 화법, 작문, 문법 영역	• 문항에서 요구하는 조건에 충실한 답안 • 제시문의 핵심 내용을 정확하게 표현한 답안
수학	수학Ⅰ 수학Ⅱ	• 문제에 필요한 개념과 원리에 대한 정확한 서술 • 정확한 용어, 기호를 사용한 표현

[의예과]

과목	출제범위	평가기준
수학	수학Ⅰ 수학Ⅱ 미적분	• 문제 해결에 필요한 개념과 원리에 대한 정확한 서술 • 정확한 용어, 기호를 사용한 표현 • 수학적 사고력을 고려하여 평가

평가방법
[인문 · 자연 계열]

계열	문항 수		배점	총점	고사시간	답안지 형식
	국어	수학				
인문	9	6	각 문항 10점	150점 + 850점(기본점수)	80분	노트 형식의 답안지 작성
자연	6	9				

[의예과]

모집단위	과목	문항수	배점	총점	고사시간	답안지 형식
의예과	수학	8	문항별 배점 상이	150점 + 850점(기본점수)	80분	노트 형식의 답안지 작성

* 논술고사는 대학수학능력시험 이후에 실시함.

답안 작성 요령

- 답안지에 지정된 영역 내에서 답안을 작성합니다.
  - 답안지에 지정된 영역에서 벗어나 답안을 작성하게 되면 영역을 벗어난 내용은 평가되지 않습니다.
  - 문제지의 번호와 답안지에 표시된 번호는 일치해야 하며, 이를 임의로 변경하지 않습니다.
- 답안 작성 시, 지정된 필기구(검정색 펜)를 사용하여 답안을 작성합니다.
  - 지정된 필기구 이외의 필기구(연필, 샤프펜슬, 빨간색 펜 등)는 사용할 수 없습니다.
  - 답안 수정이 필요한 경우, 취소선(삭선)을 긋고 수정할 수 있습니다(수정액, 수정테이프 등 사용 불가).

수능최저학력기준

모집단위	반영영역	최저학력기준
인문계열, 자연계열	국어, 수학, 영어, 사회/과학탐구(1과목)	1개 영역 3등급 이내
바이오로직스학과	국어, 수학, 영어, 사회/과학탐구(1과목)	2개 영역 등급 합 5 이내
클라우드공학과	국어, 수학(기하, 미적분), 영어, 과학탐구(2과목)	2개 영역 등급 합 4 이내 (과학탐구 적용 시 2과목 평균, 소수점 절사)
의예과	국어, 수학(기하, 미적분), 영어, 과학탐구(2과목)	3개 영역 각 1등급 (과학탐구 적용 시 2과목 평균, 소수점 절사)

선발원칙

논술고사 성적의 총점 순으로 선발합니다(수능최저학력기준을 충족한 자)

동점자 처리기준

[인문 · 자연 계열]

1. 논술 성적 우수자
   ❶ 인문 : 국어 성적 우수자 / 자연 : 수학 성적 우수자
   ❷ 논술 문항별 만점이 많은 자
   ❸ 논술 문항별 0점이 적은 자
2. 수능 영역별 등급 합 우수자
3. 교과 성적 우수자(학생부 우수자 전형 기준)

[의예과]

1. 논술 성적 우수자
   ❶ 논술 문항별 만점이 많은 자
   ❷ 논술 문항별 0점이 적은 자
2. 수능 영역별 등급 합 우수자
3. 교과 성적 우수자(학생부 우수자 전형 기준)

약술형 논술고사

차례

화법과 작문

I 화법

개념 CHECK

1 화법의 성격

(1) 구두(口頭) 언어적 성격 : 화자와 청자 사이에 상호 작용이 많고 비언어적 표현이 영향을 미친다. 문자 언어에 비해 구체적이고 개방적이다.

(2) 상호교섭적 성격 : 정해진 내용을 전달하는 것이 아니라 화자와 청자 사이의 의사소통 과정에서 새로운 의미가 창조되고 내용이 재구성된다.

(3) 대인관계적 성격 : 화자와 청자가 소통하는 과정에서 교감과 이해가 수반되므로 관계를 유지하고 발전시키는 기능을 한다.

(4) 사회문화적 성격 : 특정한 지역과 시대에 따른 고유의 의사소통 문화를 형성한다. 그러므로 언어공동체의 담화 관습을 이해하는 것이 필요하다.

2 화법의 요소

(1) 화자 : 말하는 사람. 화자의 신뢰도가 말하는 내용의 신뢰도에 영향을 미칠 수 있다.

(2) 청자 : 듣는 사람. 기존의 지식과 경험을 바탕으로 듣는 내용을 재구성할 수 있다.

(3) 메시지 : 말로 이루어지는 언어적 메시지, 표정이나 몸짓으로 이루어지는 비언어적 메시지, 화자와 청자의 관계가 영향을 미치는 관계적 메시지 등이 있다.

(4) 맥락 : 화자, 청자, 주제, 목적, 시간과 공간, 사회와 문화 등의 상황에 맞아야 한다.

3 화법의 원리

(1) 대화
① 긍정적인 대화를 이끌기 위해서는 화자가 자아를 인식하고 자신의 정보를 적절한 수준으로 제시하여야 한다.
② 제시하는 정보의 내용이나 양, 깊이 등은 청자와의 균형을 이루어야 한다.
③ 상대방의 말을 경청하는 태도가 중요하다.

(2) 갈등 상황에서의 대화
① 갈등을 키우지 않고 합리적으로 해결할 수 있는 대화가 중요하다.
② 자신의 감정을 솔직하게 표현하면서 상대의 감정도 수용하여 상호 협력적으로 갈등을 해결한다.
③ 갈등 상황에서 효과적인 대화법으로 '나-전달법'이 있다.

(3) 토론
① 논리적 타당성을 염두에 두어 진행한다.
② 토론의 흐름을 주도하기 위한 질문을 계획한다.
③ 상대측의 입론이나 반론은 비판적으로 검증한다.

④ 상대측의 논리적 허점을 발견하였다면 자신의 입론이나 반론을 뒷받침하는 것에 활용한다.

(4) 협상

① 협상을 시작할 때는 규칙을 제정하고 협상의 목적과 상충하는 양측의 관점 등의 정보를 교환한다.
② 문제에 대한 요구를 명확히 제시하고 상대측의 제시 내용을 충분히 검토하여 요구할 것과 양보할 것을 결정한다.
③ 상호 합의점을 찾아 해결안이 통과될 경우 협상은 종료된다.
④ 해결안이 수용되지 않을 경우 협상은 결렬된다.

(5) 면접

① 질문자의 의도를 파악하여 답변한다.
② 구체적인 경험이나 사례를 들어 답변한다.
③ 정직하게 답변하여 신뢰감을 구축한다.
④ 자신감 있는 태도로 답변하고 언어 예절을 준수한다.

(6) 발표

① 청자의 특성을 고려하여 주제를 선정한다.
② 청자의 관심이 적을 경우를 대비해 주제와 청자의 연결점을 찾는 내용을 포함한다.
③ 질문을 통해 청자의 호기심을 자극하고 참여를 유도한다.
④ 청자의 언어적 수준과 배경지식 수준을 고려하여 이해가 어렵다고 판단되는 내용은 보완할 수 있는 설명을 포함한다.

(7) 연설

① 화자가 좋은 성품을 가지고 있으며 많은 경험과 지식을 가지고 있음을 피력하여 공신력을 획득한다.
② 논리적 타당성이 있는 내용으로 청중의 이성에 호소한다.
③ 청중의 감정을 자극할 수 있는 내용으로 감성에 호소한다.

(8) 부탁, 요청, 거절, 사과, 감사

① 이유와 내용을 정확하게 표현한다.
② 상대방의 기분과 생각을 고려한다.
③ 언어 예절을 준수한다.

주요 화법 약술형 논술

※ 다음은 시립 청소년극단에 단원 모집을 위해 실시한 면접의 일부이다. 물음에 답하시오. [1~3]

▶ 정답·해설 p.2

면접 대상자 : 안녕하십니까. 시립 청소년극단에 지원하게 된 지원자 ○○○입니다.

면 접 자 : 안녕하세요. 너무 긴장하지 마시고 편안하게 답해 주시면 됩니다.

면접 대상자 : 네, 감사합니다.

면 접 자 : 일단, 저희 극단에 지원하게 된 동기를 말씀해 주시겠습니까?

면접 대상자 : 사실 저는 어릴 때부터 사내놈이 그렇게 숫기가 없어서 어쩌냐는 걱정을 들을 정도로 내향적인 성격이었습니다. 그런데 초등학교 때 교내 아동극에 참여하게 되면서 무대 위에서 자신을 발산하는 경험을 하며 평소에 가슴에 가지고 있던 답답함이 해소되는 것을 느꼈습니다. 그 후로 연극에 대한 관심이 생겼고 꾸준히 다양한 무대에 오를 수 있는 기회를 찾던 중 이 극단의 모집 공고를 보게 되었고 제가 찾던 기회라고 생각했습니다.

면 접 자 : 잘 알겠습니다. 오랫동안 연극에 관심이 있으셨던 것 같은데 그렇다면 연극이란 무엇일까요?

면접 대상자 : 연극이란 인류의 역사와 함께 한 가장 오래된 예술이며 희곡, 무대, 음악, 조명, 연기, 연출 등의 다양한 요소를 가진 종합 예술입니다.

면 접 자 : 좋습니다. 답하신 것처럼 연극은 다양한 요소가 있고 저희 극단도 연기자, 연출자와 그 외 기술 스태프들도 모집하고 있습니다. 어떤 분야를 희망하십니까?

면접 대상자 : 저는 연기자를 희망합니다. 하지만 연극을 온전히 이해하기 위해서 스태프로 참여하는 경험을 하는 것도 좋다고 생각합니다.

면 접 자 : 연기란 무엇이라고 생각하십니까?

면접 대상자 : 연기란 작가가 만들어 낸 희곡 속의 인물에게 육체를 주어 그 인물을 재창조하는 과정으로 인물의 특징을 찾아내 육체적, 정서적으로 표현하는 것입니다.

면 접 자 : 그렇다면 좋은 연기자가 되기 위해서는 무엇이 필요하다고 생각하십니까?

면접 대상자 : 좋은 연기자가 되기 위해서는 일단은 기본기를 갖추고 있어야 한다고 생각합니다.

면 접 자 : 말씀하신 기본기라는 것이 무엇입니까?

면접 대상자 : 정확한 발음, 풍부한 발성, 다양한 화술, 감정조절 능력, 체력 같은 것입니다.

면 접 자 : 지원자는 그와 같은 기본기를 갖추기 위해 노력하는 것이 있나요?

면접 대상자 : 저는 틈이 날 때면 희곡 작품을 많이 읽으려 노력하는데 눈으로만 읽는 것이 아니라 소리 내어 읽으면서 발음과 발성 연습을 하고 있습니다. 또 긴 호흡을 위해서는 체력이 필수라고 생각하여 일주일에 두세 번씩은 30분 이상 달리기를 하고 있습니다.

면 접 자 : 희곡을 많이 읽는다고 했는데 셰익스피어의 4대 비극이 무엇인지 알고 있습니까?

면접 대상자 : 햄릿, 리어왕, 맥베스, 오셀로입니다.

면 접 자 : 그렇다면 셰익스피어의 5대 희극은 무엇인지 알고 있습니까?

면접 대상자 : 베니스의 상인, 한여름 밤의 꿈, 십이야, 말괄량이 길들이기……, 죄송합니다. 하나가 기억이 나지 않습니다.

면 접 자 : 괜찮습니다. 아직 학생이니 배울 기회는 얼마든지 있을 것이라고 생각합니다.

면접 대상자 : 감사합니다. 더 노력하겠습니다.

면 접 자 : 준비하신 연기를 보여 주시겠습니까?

(면접 대상자가 면접자 앞에서 연기를 한다.)

> 면 접 자 : 네, 됐습니다. 아까 말씀하셨던 노력하고 계시다는 게 사실인 것 같습니다. 호흡이 상당히 안정되어
> 있고 발음이 훌륭하시네요.
> 면접 대상자 : 감사합니다.
> 면 접 자 : 저희 극단에 합류하게 된다면 일주일에 두 번, 두 시간 연습에 참여하셔야 하고 공연이 잡힐 경우에
> 주말에 추가 연습을 하는 경우도 많습니다. 지금 고등학교 2학년인데 괜찮으시겠습니까?
> 면접 대상자 : 한참 학업에 충실해야 할 시기라 처음에는 부모님께서 극단에 지원하는 것을 반대하셨습니다. 하지
> 만 제가 간절하게 원하는 것을 알아주시고 성적이 떨어지지 않는 조건으로 허락하셨습니다. 극단에
> 합격한다면 지금 다니고 있는 학원 시간을 조정하여 연습에 충실할 것이고 공부시간은 짜투리 시간
> 을 활용하고 아침에 조금 일찍 일어나는 것으로 확보하겠습니다.
> 면 접 자 : 합격하고 싶은 의지가 보이네요. 응원하겠습니다. 이것으로 면접을 마치겠습니다. 수고하셨습니다.
> 면접 대상자 : 합격하게 된다면 정말 열심히 하겠습니다. 감사합니다.

01 〈보기〉는 면접이 시작되기 전 면접 대상자가 작성한 메모의 일부이다. 〈보기〉의 내용이 반영된 부분을 제시문에서 찾아 첫 어절과 마지막 어절을 쓰시오.

┤ 보기 ├

말로만 하고 싶다는 게 아니라 실제로 연극 연기를 위해 노력하고 있다는 점을 알려야겠어.

첫 어절 : _____ , 마지막 어절 : _____

02 〈보기〉는 면접이 시작되기 전 면접자의 생각이다. 〈보기〉의 내용이 반영된 질문 두 가지를 제시문에서 찾아 쓰시오.

┤ 보기 ├

연기뿐만 아니라 희곡에 대한 기본 지식이 있는지 알아봐야겠어.

① : _____ ② : _____

03 〈보기〉는 면접 시 효과적인 답변을 위한 전략이다. 〈보기〉의 ①, ②에 들어갈 알맞은 말을 쓰시오.

┤ 보기 ├

• 질문의 내용만이 아니라 질문의 의도를 파악하여 답변해야 한다.
• 막연하게 진술하지 않고 (①)적인 사례나 경험을 통해 자신의 생각을 분명하게 밝혀야 한다.
• 면접자에게 신뢰를 줄 수 있도록 자신을 과장하거나 포장하지 않고 (②)하게 답변하여야 한다.
• 예절을 지키며 정중하고 자신감 있는 태도로 답변해야 한다.

① : _____ ② : _____

※ 다음은 학생의 발표이다. 물음에 답하시오. [4~6]　　　　　　　　　　　　　　　　　　　　　◉ 정답·해설 p.2

안녕하세요? 저는 오늘 발표를 하게 된 ○○○입니다. 아마 여러분도 동물원이나 다큐멘터리에서 원숭이와 침팬지를 보신 적이 있을 겁니다. 혹시 그 둘을 정확히 구분할 수 있나요? (대답을 듣고) 네, 많은 분들이 헷갈려 하시네요. 사실 둘 다 영장류에 속하기 때문에 외형적으로나 행동적으로 유사해 보일 수 있습니다. 하지만 원숭이와 침팬지는 여러 가지 면에서 다릅니다. 오늘은 이 두 동물을 구별하는 방법에 대해 알아보겠습니다.

(자료 1 제시) 지금 보시는 사진들은 원숭이와 침팬지의 모습입니다. 겉모습이 비슷해서 잘 구별되지 않죠? 그렇습니다. 이 두 동물은 영장류에 속하기 때문에 외형적으로 큰 차이가 없어 보입니다. 하지만 자세히 살펴보면 구별할 수 있는 몇 가지 특징이 있습니다. 우선, 가장 쉽게 확인할 수 있는 차이는 꼬리의 유무입니다. 원숭이는 꼬리가 있지만, 침팬지는 꼬리가 없습니다. 이를 통해 첫 번째 구별 포인트를 잡을 수 있습니다.

(청중의 반응을 살피며) 그렇죠, 원숭이와 침팬지를 구별하기 어렵다고 느끼시는군요. 그렇다면 생태적 특징을 살펴보겠습니다. 원숭이는 주로 나무에서 생활하며, 꼬리를 사용해 균형을 잡습니다. 반면, 침팬지는 주로 지상에서 생활하고, 앞발을 이용해 이동합니다. 이처럼 생활 방식의 차이도 구별하는 데 도움이 됩니다.

(자료 2 제시) 다음은 원숭이와 침팬지의 사회적 구조를 비교한 자료입니다. 원숭이는 대개 큰 무리를 이루어 생활하며, 그 안에서 엄격한 서열이 존재합니다. 반면, 침팬지는 작은 그룹으로 생활하고, 협력적인 사회 구조를 가지고 있습니다. 이처럼 생활 방식과 사회 구조를 통해 두 동물을 구별할 수 있습니다.

또 다른 구별 방법은 두 동물의 지능과 도구 사용 능력입니다. 침팬지는 인간과 유사한 높은 지능을 가지고 있으며, 도구를 사용해 음식을 얻거나 문제를 해결합니다. 예를 들어, 침팬지는 나뭇가지를 사용해 개미집을 찌르고, 돌을 사용해 견과류를 깨뜨립니다. 반면, 원숭이도 지능이 높지만, 침팬지만큼 복잡한 도구 사용 능력은 보이지 않습니다. 원숭이는 주로 나뭇가지나 간단한 도구를 사용하는 정도입니다.

(자료 3 제시) 이번 자료는 두 동물의 얼굴 특징을 비교한 것입니다. 원숭이는 주로 둥글고 작은 얼굴을 가지고 있으며, 침팬지는 원숭이보다 각지고 큰 얼굴을 가지고 있습니다. 이러한 얼굴 형태의 차이도 구별하는 데 중요한 포인트가 됩니다. 침팬지는 얼굴이 보다 평평하고, 눈과 코 사이가 좁습니다. 반면, 원숭이는 얼굴이 더 둥글고, 눈과 코 사이가 넓습니다.

두 동물의 발과 손도 비교해 보겠습니다. 침팬지는 인간과 유사한 손과 발을 가지고 있어 물건을 잡고 사용하는 데 유리합니다. 침팬지의 손은 길고 강하며, 엄지손가락이 발달해 있어 물건을 잡고 조작하기에 적합합니다. 반면, 원숭이의 손과 발은 나무를 타기에 적합한 형태로 진화했습니다. 원숭이는 나무를 오르내리는 데 적합한 긴 손가락과 강한 발가락을 가지고 있습니다. 이를 통해 생활 방식의 차이를 확인할 수 있습니다.

마지막으로, 두 동물의 식습관에서도 차이가 있습니다. 침팬지는 주로 과일, 잎, 곤충 등을 먹으며, 때로는 작은 포유류를 사냥하기도 합니다. 이들은 주로 낮에 활동하며, 식량을 찾아 나섭니다. 반면, 원숭이는 과일, 씨앗, 잎 등을 주로 먹으며, 일부 종은 곤충이나 작은 동물도 먹습니다. 원숭이는 대부분 나무 위에서 먹이를 찾고, 이를 통해 식습관의 차이도 확인할 수 있습니다. 원숭이와 침팬지는 각각의 서식지에서도 차이를 보입니다. 침팬지는 주로 아프리카의 열대 우림과 사바나 지역에 서식하며, 주로 지상에서 생활합니다. 반면, 원숭이는 아시아, 아프리카, 남미 등 다양한 지역에 분포하며, 주로 나무 위에서 생활합니다. 이러한 서식지의 차이도 두 동물을 구별하는 중요한 요소가 됩니다.

이제 요약해 보겠습니다. 원숭이와 침팬지를 구별하는 주요 포인트는 다음과 같습니다. 첫째, 원숭이는 꼬리가 있지만 침팬지는 없습니다. 둘째, 원숭이는 주로 나무에서 생활하며, 침팬지는 지상에서 생활합니다. 셋째, (　　㉠　　) 넷째, 침팬지는 복잡한 도구 사용 능력을 가지고 있지만, 원숭이는 그렇지 않습니다. 다섯째, (　　㉡　　) 여섯째, 식습관과 서식지에서 차이가 있습니다.

지금까지 원숭이와 침팬지를 구별하는 방법에 대해 말씀드렸습니다. 이제부터 동물원이나 다큐멘터리에서 침팬지와 원숭이를 보실 때, 이 차이점을 생각하며 관찰해 보시면 더 재미있고 유익한 시간이 될 것입니다. 감사합니다.

04 다음 〈보기〉를 읽고, 제시문의 주제를 쓰시오.

┤ 보기 ├

　　원숭이와 침팬지의 공통점은 영장류에 속하는 동물이라는 것이다. 반면 둘은 신체적 특징, 생태적 특징, 환경적 특징 등의 차이를 보인다.

_____

05 제시문의 ㉠과 ㉡에 들어갈 적절한 말을 각각 한 문장으로 쓰시오.

㉠ : _____

㉡ : _____

06 다음 〈보기〉를 참고하여 발표자의 말하기 방식에 대해 한 문장으로 쓰시오.

┤ 보기 ├

　　'화법'에서는 말하기 방식이 있다. 중심 내용 말하기, 세부 내용 말하기, 상호 작용 말하기이다. 이 중 중심 내용 말하기는 어떤 사물이나 현상에 대한 자신의 판단을 제시하는 의견 제시, 남과 다른 의견이나 생각을 나타내는 이견 제시, 어떤 안을 대신하거나 바꿀 만한 안을 제시하는 대안 제시, 남의 의견에 대하여 반대하거나 되받아 논의하는 반론 제시, 자신의 견해가 옳다고 서로 다투며 중심 사상을 제시하는 쟁점 제시 등이 있다. 또한 세부 내용 말하기는 근거 제시, 경험 제시, 사례 제시, 의견 인용, 개념 설명 등이 있고, 상호 작용 말하기에는 의견에 공감하기, 이해 확인하기, 설명에 보완하기 등이 있다. 특히 이해를 돕기 위해 각종 자료를 활용하는 경우도 있다.

_____

_____

※ 다음은 시청 담당자와 학교장의 협상 담화이다. 물음에 답하시오. [7~9]   ● 정답·해설 p.3

시청 담당자 : 안녕하세요? ○○ 고등학교 부속 건물 관리에 대한 협상을 진행하겠습니다. ○○ 고등학교에서 부속 건물인 슬혜관의 보수를 위해 시청에 예산 지원을 요청하셨는데요, 현재 건물 상태는 어떤가요?

학 교 장 : 슬혜관은 120년 역사를 지닌 우리 학교의 개교 당시 모습을 보여 주는 유일한 건물입니다. 학교 입장에서는 슬혜관을 충분히 보존할 만한 가치가 있다고 생각하고 건물의 노후화된 부분을 보수하고자 합니다. 하지만 건물 보수를 위해서는 많은 예산이 필요하고, 학교 예산으로는 부족해 △△시에 슬혜관 보수에 필요한 예산을 요청하게 되었습니다.

시청 담당자 : 저희도 ○○ 고등학교의 슬혜관 보수 예산 신청을 받고 교육청 및 관계 부서와 여러 차례 논의를 했습니다. 슬혜관은 조선 후기에서 일제 강점기의 우리 고유의 건축 양식을 보여 주는 가치가 높은 건물입니다. 그래서 슬혜관을 우리 지역 근대 건축 문화유산으로 지정할 수 있도록 지원할까 합니다. 만약 우리 지역 근대 건축 문화유산으로 지정된다면, 보수에 관한 예산을 충분히 지원받으실 수 있습니다. 이를 위해서는 학교 측 동의가 필요한데, 이에 동의하실 생각이 있으신가요?

학 교 장 : 슬혜관은 건물 자체의 가치도 있지만, 1900년대 중반부터 안중근을 비롯한 독립투사들이 독립운동을 위해 준비했던 공간으로서 그 역사적 가치는 매우 뛰어납니다. 이러한 건물을 아무 의미 없이 둔다는 것이 매우 아쉬울 뿐입니다. 그런데 근대 건축 문화유산으로 지정되어 건물 보수가 가능하다니 참 반가운 일이 아닐 수 없습니다.

시청 담당자 : 슬혜관의 가치를 고려하여 근대 독립운동 기념관으로 조성해 보는 것은 어떨까요? 교장 선생님께서는 이에 대해 어떻게 생각하십니까?

학 교 장 : 슬혜관이 가진 가치를 인정해 주시니 매우 고맙습니다. 슬혜관의 가치를 고려하여 보존하기 위해 저는 근대 독립운동 기념관으로 조성하는 것에 적극 찬성합니다.

시청 담당자 : 긍정적 답변 감사드립니다. 그런데 시에서는 슬혜관의 가치를 지역 주민과 더불어 우리 시의 시민들과 함께 나누고 싶습니다. 슬혜관을 보수하고 기념관으로 조성하여 시민들에게 개방하고 싶은데, 이에 대해 어떻게 생각하시나요?

학 교 장 : 음……. 슬혜관을 시민들에게 개방하면 학교 내에 있는 슬혜관에 일반인들의 출입이 잦아져 교육 활동에 지장을 줄 우려가 큽니다. 설사, 다른 입구를 마련해 둔다 해도 학교 내부에 위치한 슬혜관 입구 동선이 운동장을 가로지르거나, 운동장 주변의 인도로 학교 안쪽까지 들어와야 하는 상황이라 시민들에게 개방하기에는 다소 무리가 있다고 생각합니다.

시청 담당자 : 그렇군요. 하지만 이미 우리 지역에서는 슬혜관이 독립운동 기념관으로 잘 알려진 것으로 알고 있는데요. 커뮤니티에서도 슬혜관을 방문했다는 이야기를 많이 듣습니다.

학 교 장 : 슬혜관 방문은 학교 행사나 특별한 허가가 있을 경우에만 한정하여 허가하고 있습니다. 예를 들면, 반 별로 이루어지는 학부모 참관 수업 때나 외부 초청인사들처럼 인원이 소수인 경우에만 제한적으로 슬혜관을 출입할 수 있도록 했습니다. 하지만 개방할 경우에는 슬혜관 출입이 자유로워 통제가 어렵고 학교 교육에도 지장을 줄 것이라 생각합니다.

시청 담당자 : 그렇군요. 저희가 생각하지 못한 부분이네요. ㉠ <u>그렇다면 학생들이 등교하지 않는 주말과 공휴일에만 슬혜관을 개방하는 것은 가능할까요?</u>

학 교 장 : 주말과 공휴일에만 개방하는 것은 고려해 볼 수 있을 것 같습니다. 또한, 강의실로 사용하던 공간은 보전해 주신다면 기념관 조성에 동의할 수 있습니다.

시청 담당자 : 강의실을 제외한 나머지 공간만으로도 기념관을 꾸밀 수 있을 것 같습니다. 요청을 수용해 드리는 것과 별개로 한 가지 제안을 드리고 싶습니다. 기념관 취지에 맞게 강의실 공간도 당시의 모습을 그대로 재연하고 보존하면 어떨까요?

학 교 장 : 좋습니다. 학생들이 당시의 상황과 모습을 생생하게 느낄 수 있을 것 같네요. 다만, 수업에 불편함이 없도록 책상과 의자 및 칠판 등에 신경 써 주십시오.

시청 담당자 : 네, 알겠습니다. 또 다른 요청 사항은 없으신가요?

학 교 장 : 학교 구성원들과 논의한 후에 요청 사항이 생기면 말씀드리겠습니다.

시청 담당자 : 그렇다면 지금까지 나온 서로의 요청 사항을 모두 수용하는 것으로 협상을 정리해도 될까요?

학 교 장 : 네, 좋습니다.

시청 담당자 : 오늘 협상 내용의 원활한 이행을 위해 협상 내용이 담긴 합의문을 작성하는 데 동의하시나요?

학 교 장 : 네, 동의합니다.

시청 담당자 : 합의문을 작성하여 학교로 보내 드리겠습니다. 감사합니다.

07 제시문에서 시청 담당자와 학교장의 협상과 관련된 안건들을 쓰시오. (3가지 이상 작성할 것)

①: _____

②: _____

③: _____

08 제시문의 ㉠에서 사용한 협상 전략은 무엇인지 한 문장으로 쓰시오.

_____

09 제시문에서 나타난 시청 담당자와 학교장의 말하기 방식을 각각 서술하시오.

① 시청 담당자 : _____

② 학교장 : _____

※ 다음은 강연자의 발표이다. 물음에 답하시오. [10~12]   ● 정답·해설 p.3

안녕하세요? '생활 속 철학 이야기' 세 번째 시간입니다. 오늘도 많은 학생들이 강연을 듣기 위해 모여 주셔서 반갑습니다. (화면을 제시하며) 이번 강연의 주제는 '양성평등'입니다. 여러분도 학교나 가정에서 양성평등에 대해 들어본 적이 있을 텐데요. 이 주제는 우리의 일상생활에서 매우 중요한 가치를 지니고 있습니다. 양성평등은 남성과 여성이 동등한 권리와 기회를 갖는 것을 의미하며, 이는 개인의 성별에 따른 차별 없이 사회의 모든 영역에서 평등하게 대우받을 권리를 포함합니다. 그렇다면 양성평등이란 구체적으로 무엇을 의미하며, 왜 중요한 것일까요?

양성평등은 모든 사람이 성별에 관계없이 동등한 대우를 받을 권리를 의미합니다. 양성평등을 옹호하는 철학자 중 대표적인 인물은 존 스튜어트 밀입니다. 밀은 『여성의 종속』에서 남성과 여성의 평등한 권리를 주장했습니다. 그는 여성들이 교육을 받고 사회적 활동에 참여할 수 있는 기회를 억압해서는 안 된다고 강조했습니다. 밀은 모든 사람이 자신의 능력을 발휘할 수 있는 환경이 조성될 때 사회 전체의 발전이 이루어진다고 믿었습니다. 그는 "한 사회가 진정으로 자유롭고 발전하려면 모든 구성원이 차별 없이 동등한 기회를 가져야 한다."고 주장했습니다. 밀의 사상은 양성평등이 사회의 진보를 이끄는 중요한 요소임을 강조합니다.

또 다른 철학자인 시몬 드 보부아르는 『제2의 성』에서 여성이 남성과 동등한 인간으로서 대우받아야 한다고 주장했습니다. 보부아르는 "여성은 태어나는 것이 아니라 만들어지는 것이다."라고 하며, 사회적 구조가 여성의 삶을 제한한다고 비판했습니다. 그녀는 여성들이 자아를 실현할 수 있는 권리를 강조하며, 이는 사회가 보다 평등하고 정의로워지기 위한 필수 조건이라고 보았습니다.

이러한 철학자들의 사상은 양성평등이 단순히 이상적인 개념이 아니라, 현실에서 반드시 실현해야 할 가치임을 강조합니다. 이는 남성과 여성 모두가 사회적, 경제적, 정치적 영역에서 평등하게 참여할 수 있도록 보장하는 것이 중요함을 의미한다. 양성평등은 단지 여성의 권리를 보호하는 것이 아니라, 모든 인간의 기본적 권리를 보장하는 데 기여합니다.

반면, 양성평등을 비판하는 입장도 존재합니다. 일부 철학자들은 자연적 차이를 강조하며, 남성과 여성이 본질적으로 다르기 때문에 모든 영역에서 동등하게 대우받을 수 없다고 주장합니다. (화면을 제시하며) 잠시 화면을 보시겠습니다. 아리스토텔레스는 『정치학』에서 남성과 여성이 서로 다른 역할을 가지고 있다고 보았습니다. 그는 "남성은 본성적으로 지배적이고, 여성은 본성적으로 복종적이다."라고 주장하며, 사회에서의 역할 분담이 자연스럽다고 보았습니다. 이러한 시각은 남성과 여성이 각자의 역할에 맞게 살아가는 것이 사회의 질서를 유지하는 데 필요하다고 주장합니다.

또한, 양성평등이 역차별을 초래할 수 있다는 비판도 있습니다. 일부는 양성평등 정책이 지나치게 여성에게 유리하게 작용하여 남성에게 불리한 상황을 초래한다고 주장합니다. 예를 들어, 특정 직업군에서의 할당제는 남성의 기회를 박탈할 수 있다는 것입니다. 이러한 입장은 양성평등이 오히려 새로운 형태의 불평등을 낳을 수 있다고 경고합니다.

에드먼드 버크는 전통과 질서를 중시하는 입장에서 급진적인 변화를 경계했습니다. 그는 사회가 점진적이고 신중하게 변화해야 한다고 보았으며, 급격한 변화는 사회적 혼란을 초래할 수 있다고 보았습니다. 따라서 양성평등을 위한 급격한 정책 변화는 사회의 안정성을 해칠 수 있다는 우려가 있습니다.

10 제시문에서 '양성평등'에 대한 옹호와 비판의 내용을 한 문장으로 각각 서술하시오.

① 옹호 : _____

② 비판 : _____

11 〈보기〉의 ㉠ ~ ㉤에 들어갈 적절한 내용 또는 단어를 제시문에서 찾아 쓰시오.

┤ 보기 ├

존 스튜어트 밀은 『여성의 종속』에서 (㉠)을/를 주장했으며, 그는 여성들이 교육을 받고 사회적 활동에 참여할 수 있는 (㉡)해서는 안 된다고 강조했습니다. 한편, 아리스토텔레스는 『정치학』에서 남성과 여성이 (㉢)을/를 가지고 있다고 보았으며, 남성은 본성적으로 (㉣)이고 여성은 본성적으로 (㉤)(이)라고 주장했습니다.

㉠ : _____

㉡ : _____

㉢ : _____

㉣ : _____

㉤ : _____

12 〈보기〉는 존 스튜어트 밀과 시몬 드 보부아르의 양성평등에 대한 주장을 비교한 것이다. 〈보기〉의 ㉠과 ㉡에 들어갈 알맞은 단어를, ㉢과 ㉣에 들어갈 알맞은 내용을 쓰시오.

┤ 보기 ├

　　존 스튜어트 밀은『여성의 종속』에서 여성들이 교육을 받고 사회적 활동에 참여할 수 있는 기회를 억압해서는 안 된다고 주장했으며, 이는 사회 전체의 발전을 위해 필수적이라고 보았습니다. 시몬 드 보부아르는『제2의 성』에서 여성의 자아 실현과 동등한 인간으로서 대우받아야 함을 강조했으며, 사회적 구조가 여성의 삶을 제한한다고 비판했습니다. 두 철학자는 양성평등이 사회의 (　㉠　)와/과 (　㉡　)을/를 실현하는 데 필수적임을 강조했지만, 밀은 (　㉢　)에 초점을 맞췄고, 보부아르는 (　㉣　)에 더 중점을 두었습니다.

㉠ : _____

㉡ : _____

㉢ : _____

㉣ : _____

※ 다음은 강연자의 발표이다. 물음에 답하시오. [13~15]   ▶ 정답·해설 p.3

여러분, 안녕하세요? 비스페놀A(BPA)라는 물질에 대해 들어 보셨나요? BPA는 일상생활에서 흔히 사용하는 플라스틱 제품에서 나오는 화학물질로, 이 물질이 환경과 건강에 미치는 영향을 고려할 때 매우 중요한 문제입니다. 오늘은 이 비스페놀A에 대해 이야기하고자 합니다.

우선, 비스페놀A가 무엇인지부터 알아보겠습니다. BPA는 폴리카보네이트 플라스틱과 에폭시 수지의 주요 성분으로 사용되는 화학물질입니다. 이 물질은 투명하고 단단한 플라스틱을 만드는 데 사용되며, 일상생활에서 자주 사용하는 물병, 식품 저장 용기, 의료 기기, 캔의 내부 코팅 등 다양한 제품에 포함되어 있습니다. 하지만 BPA는 제품에서 쉽게 용출되어 인간의 몸에 흡수될 수 있으며, 이로 인해 건강에 악영향을 미칠 수 있습니다.

BPA의 유해성에 대한 연구 결과는 매우 충격적입니다. BPA는 내분비계 교란물질로 작용하여, 호르몬 시스템을 교란시킬 수 있습니다. 이로 인해 생식기능 저하, 발달 장애, 심혈관 질환, 암 발생 등 다양한 건강 문제가 발생할 수 있습니다. 특히, 어린이와 임산부는 BPA의 영향을 더 크게 받을 수 있습니다. 미국 식품의약국(FDA)과 유럽 식품안전청(EFSA) 등 여러 국제 기관에서도 BPA의 유해성에 대해 경고하고 있으며, 일부 국가에서는 BPA 사용을 제한하거나 금지하는 조치를 취하고 있습니다.

그렇다면 BPA는 환경에도 영향을 미칠까요? 물론입니다. BPA는 플라스틱 제품이 분해되면서 환경으로 유출될 수 있습니다. 이 물질은 물과 토양에서 쉽게 분해되지 않으며, 결국 하천과 바다로 흘러 들어가 해양 생태계를 오염시킬 수 있습니다. BPA는 물고기, 조개류 등 해양 생물에 축적되어 생물 농축을 일으키고, 이 생물들을 섭취하는 인간에게 다시 영향을 미칠 수 있습니다.

그렇다면 BPA를 줄이기 위해 우리는 어떤 노력을 할 수 있을까요? 우선, BPA가 포함된 제품의 사용을 줄이는 것이 중요합니다. 플라스틱 제품을 사용할 때, BPA 프리(BPA-free)라고 표시된 제품을 선택하는 것이 좋습니다. 또한, 유리, 스테인리스 스틸, 도자기 등 대체 가능한 소재로 된 제품을 사용하는 것도 하나의 방법입니다. 식품을 플라스틱 용기에 보관하거나 전자레인지에 가열할 때, BPA가 용출될 가능성이 높으므로, 이러한 습관을 피하는 것이 좋습니다.

(ⓐ   ), 재활용도 중요합니다. 플라스틱 제품을 재활용하면, 새로운 플라스틱을 만들기 위해 BPA 사용이 줄어듭니다. 재활용이 불가능한 플라스틱 제품은 최소화하고, 재활용 가능한 제품을 사용하는 습관을 기르는 것이 중요합니다. 또한, 정부와 기업의 노력이 필요합니다. BPA 사용을 제한하거나 금지하는 법적 규제를 강화하고, BPA 대체 물질 개발을 위한 연구를 지원해야 합니다.

환경 단체와 소비자들도 BPA 문제에 대해 경각심을 가져야 합니다. 소비자인 우리는 BPA 프리 제품을 선택하여 기업에게 책임 있는 제품 생산을 요구할 수 있습니다. 또한, 환경 단체는 BPA의 유해성을 알리고, BPA 사용을 줄이기 위한 캠페인을 전개할 수 있습니다. 이와 같은 노력이 모여, BPA 문제를 해결하는 데 큰 힘이 될 것입니다.

(ⓑ   ), 비스페놀A는 우리의 건강과 환경에 심각한 영향을 미치는 물질이며, 이를 줄이기 위해서는 개인의 노력뿐만 아니라 정부와 기업의 적극적인 조치가 필요합니다. 우리가 일상생활에서 BPA 사용을 줄이고, BPA 프리 제품을 선택하는 작은 실천들이 모여 큰 변화를 만들 수 있습니다. 미래 세대에게 더 깨끗하고 안전한 환경을 물려주기 위해, 여러분의 많은 관심과 동참을 바랍니다.

13 제시문에서 핵심 문장을 찾아 쓰시오.

_____

_____

14 〈보기〉는 발표자가 발표를 준비하기 위한 메모의 일부이다. 〈보기〉의 ㉠에 해당하는 문장을 제시문에서 찾아 처음 두 어절과 끝 두 어절을 쓰시오.

┤ 보기 ├

발표 준비 과정(메모)
• 전문용어가 등장하니 청중들이 잘 이해할 수 있도록 개념 설명을 잘해야겠어.
• 전달 효과를 높이기 위해서는 시청각 자료를 준비해야겠어.
• 우리 주변에서 비스페놀A가 사용되는 제품이 무엇인지 쉽게 찾을 수 있는 제품을 들고 와서 보여 줘야겠어.
• ㉠ 비스페놀A의 유해성 결과가 얼마나 심각한지 신뢰성 있는 기관의 권고나 강력 조치 내용을 찾아 말해야겠어.
• 비스페놀A에 대한 문제점을 밝히고 개인, 기업, 정부가 해결할 수 있는 방법을 제시해야겠어.

처음 두 어절 : _____ , 끝 두 어절 : _____

15 제시문의 ⓐ와 ⓑ에 들어갈 알맞은 접속어를 쓰시오.

ⓐ : _____

ⓑ : _____

II 작문

개념 CHECK

1 작문의 정의

작문이란 글을 매개로 하는 의사소통 행위이다.

2 작문의 단계

(1) 계획하기

작문의 목적을 구체화하고 주제를 결정한다. 이때 예상 독자의 사회문화적 배경을 고려하여 결정하는 것이 중요하다.

(2) 내용 생성하기

큰 덩어리의 내용을 만든다. 내용을 만들기 위해 메모, 마인드맵, 브레인스토밍 등을 활용한다. 가능한 한 많은 자료를 수집한다. 수집 후 적절한 자료를 선별한다.

(3) 내용 조직하기

덩어리 단계의 내용에 순서를 만든다. 개요표를 만들면 효과적이다.

(4) 표현하기

적절한 표현 방법을 선택하여 글을 쓴다. 문법에 맞는 글쓰기를 한다.

(5) 고쳐쓰기

완성된 글을 살펴보고 잘못된 부분, 어색한 부분 등을 찾아 고쳐 쓴다.

3 작문의 원리

(1) 정보를 전달하는 글

① 다양한 방법과 경로를 통하여 최대한 풍부한 자료를 수집한다.
② 정보의 타당성과 신뢰성을 고려하고, 글의 목적에 부합하는 정보인지 판단하여 수집한 자료를 선별한다.
③ 설명하려는 대상의 특징을 고려하여 독자가 이해하기 쉽도록 글을 구성한다.
④ 나열, 순서, 문제-해결, 비교·대조, 원인-결과 등 다양한 방법을 적절하게 사용하여 내용을 조직한다.

(2) 자기를 소개하는 글

① 타인이나 특정 단체, 기관 등에 자신이 어떤 사람인지 알리는 글이다.
② 입학, 취업 등의 특정 목적이 있는 경우 자신의 목적과 예상 독자를 염두에 두어 작문한다.
③ 진솔한 내용을 창의적이고 예의 바르게 표현한다.

(3) 보고하는 글

① 실험, 관찰, 조사, 연구한 결과를 독자에게 알리는 목적으로 쓰는 글이다.
② 결과를 과장하거나 왜곡하지 않고 객관적으로 제시한다.
③ 자료의 출처를 정확히 밝힌다.

(4) 설득하는 글

① 독자의 생각과 의견, 행동의 변화를 목적으로 하는 글이다.

② 독자의 수준과 관심사 등을 면밀히 분석하여 그에 맞는 전략을 사용해야 효과적이다.

③ 자신의 주장이 옳다는 것을 뒷받침할 논리적 근거(논거)를 수집해야 한다.

④ 논거에는 통계 자료, 사례 등 사실에 바탕을 둔 사실 논거와 전문가의 의견을 내용으로 하는 소견 논거가 있다.

⑤ 설득력을 높이기 위해 적절한 표현법을 활용한다.

(5) 비평하는 글

① 사회에서 일어난 사건을 자신의 관점으로 해석하고 평가하는 글이다.

② 쟁점 사안을 여러 각도에서 비판적으로 분석한 후 자신의 관점을 결정하고 그 관점이 명료하게 드러나는 글쓰기를 한다.

③ 반론을 예상하여 반론에 반박할 수 있는 근거를 마련해 둔다.

④ 책임감 있는 태도로 신중한 글쓰기를 한다.

(6) 건의하는 글

① 문제 상황에서 문제를 스스로 해결할 수 없을 때 해결할 수 있는 당사자에게 해결을 요구하는 글이다.

② 해결되었으면 하는 문제에 대해 자세하게 설명하고 해결 가능성이 충분함을 제시한다.

③ 문제가 해결되지 않았을 경우의 불편함, 불합리함을 설명하고 해결되었을 때의 기대 효과를 제시한다.

(7) 친교의 글

① 독자와의 관계와 그 관계의 유지, 발전을 위한 글이므로 독자에 대한 이해와 존중, 배려가 중요하다.

② 개인적 차원의 친교의 글과 사회적 차원의 친교의 글이 있다.

(8) 정서를 표현하는 글

일상에서 느낀 정서를 진솔하게 표현하여 독자에게 감동을 전파한다.

(9) 자신의 삶을 성찰하는 글

① 자신의 삶을 성찰하는 과정에서 얻은 깨달음을 쓴 글이다.

② 수필, 감상문, 회고문 등이 있다.

주요 작문 약술형 논술

○월 ○일, 역사 동아리 친구들과 함께 경주시를 방문했다. 신라 시대의 역사를 공부하고 있는 우리 동아리에서는 생생한 배움을 위해 답사를 추진하게 되었다. 답사할 도시를 정하면서 백제의 역사 탐구를 통해 많은 것을 배웠던 공주를 떠올리며, 이번에는 신라의 천 년 수도이자 유네스코 세계 유산으로 지정된 경주를 선택하게 되었다. 경주는 신라의 수도로서 역사적 가치가 매우 높아 우리의 배움에 큰 의미가 있을 것이라 기대되었다.

버스를 타고 경주에 들어서니, 봄의 시작을 알리는 벚꽃이 오랜만에 만나는 친구처럼 우리의 방문을 환영해 주는 것 같았다. 첫 번째로 찾은 곳은 천마총이었다. 천마총에 도착하자마자 우리는 그 거대한 고분의 웅장함에 압도되었다. 천마총은 신라의 왕족 무덤으로, 내부를 관람할 수 있는 몇 안 되는 고분 중 하나였다. 우리는 고분의 내부를 둘러보며, 천마도가 그려진 말안장과 다양한 금관 장식품들을 볼 수 있었다. 신라 시대의 뛰어난 예술성과 문화를 직접 눈으로 확인할 수 있어 감탄을 금치 못했다.

천마총을 둘러본 후, 우리는 불국사로 향했다. 불국사는 경주의 대표적인 불교 사찰로, 신라의 불교문화를 깊이 느낄 수 있는 곳이다. 사찰의 입구에 들어서자마자, 우리는 섬세하게 조각된 석가탑과 다보탑을 마주하게 되었다. 이 두 탑은 신라 시대의 건축술을 대표하는 유물로, 각각의 탑이 지닌 독특한 아름다움과 균형미에 매료되었다. 불국사 내부를 천천히 둘러보며, 우리는 신라인들의 불심과 그들이 쌓아 올린 문화적 유산에 깊은 인상을 받았다.

다음으로 방문한 곳은 석굴암이었다. 석굴암은 불국사와 함께 유네스코 세계 유산으로 지정된 신라 시대의 석굴 사원이다. 우리는 석굴암에 들어가며 경외심을 느꼈다. 본존불을 중심으로 한 아름답고 정교한 불상들과 조각들은 당시의 예술적 기교를 잘 보여 주고 있었다. 특히 본존불의 온화한 미소와 섬세한 손길은 보는 이로 하여금 평온함과 경외심을 동시에 느끼게 했다. 석굴암의 조용하고 엄숙한 분위기 속에서 우리는 신라인들의 정신세계를 조금이나마 이해할 수 있었다.

마지막으로 우리는 국립경주박물관을 방문했다. 박물관에는 경주 일대에서 발굴된 다양한 유물들이 전시되어 있었다. 우리는 박물관에서 금관, 장신구, 도자기, 무기 등 신라의 다양한 유물을 관람하며, 신라의 역사와 문화를 더욱 깊이 이해할 수 있었다. 특히 천마총에서 발견된 유물들을 직접 볼 수 있어 매우 흥미로웠다. 박물관의 전시를 통해 우리는 신라 시대의 일상생활과 문화를 더욱 생생하게 체험할 수 있었다.

박물관을 나서며, 우리는 이번 경주 답사가 얼마나 의미 있었는지 서로 이야기를 나누었다. 신라의 천 년 수도 경주는 우리가 교과서에서 배운 내용을 넘어, 실제로 보고 느끼며 배울 수 있는 소중한 기회를 제공해 주었다. 경주의 유적지와 유물들은 신라의 역사와 문화를 이해하는 데 큰 도움이 되었고, 앞으로의 역사 공부에도 큰 자양분이 될 것이다.

경주 답사를 마치고 돌아오는 길, 우리는 신라의 역사와 문화를 더 깊이 이해하게 된 것에 대한 감사함을 느꼈다. 이렇게 우리의 신라 역사 답사는 마무리되었다. 이번 답사를 통해 얻은 지식과 경험을 바탕으로 우리는 앞으로도 더 많은 역사 탐구를 이어 갈 것이다.

01 제시문에서 역사 동아리가 경주를 답사하게 된 동기는 무엇인지 서술하시오.

_____

_____

02 제시문에서 글쓴이의 '여정'을 찾아 쓰시오.

_____

03 다음 〈보기〉를 읽고, ㉠과 ㉡에 들어갈 적절한 단어를 각각 제시문에서 찾아 쓰시오.

┤ 보기 ├

　석굴암은 신라 시대의 석굴 사원으로, 불국사와 함께 유네스코 세계 유산으로 등재되어 있다. 석굴암에 들어서며 신비로움과 선조들에 대한 공경심을 느꼈다. 특히 본존불을 보며 얼굴에 나타난 (　　㉠　　)은 물론, 신라인들의 정신적 세계를 살피며 석굴암, 본존불에서 (　　㉡　　)을 느낄 수 있었다.

㉠ : _____

㉡ : _____

※ 다음은 학생이 학교 교지에 실을 글을 작성한 초고이다. 물음에 답하시오. [4~6]　　　● 정답·해설 p.4

현대 사회에서 급격히 증가하는 암 발병률은 많은 사람들의 건강에 심각한 위협이 되고 있다. 이러한 상황 속에서 식습관과 생활 방식의 변화가 암 예방에 중요한 역할을 한다는 연구 결과가 다수 발표되었다. 특히 '슬로우 푸드' 운동이 암 예방에 긍정적인 영향을 미칠 수 있다는 점이 주목받고 있다. 슬로우 푸드는 빠르게 소비되는 패스트푸드와 반대되는 개념으로, 전통적이고 자연적인 방식으로 천천히 조리되고 소비되는 음식을 의미한다. 이 글은 슬로우 푸드와 암의 상관 관계에 대해 구체적인 사례와 전문적이고 신뢰성 있는 내용을 바탕으로 탐구해 보고자 한다.

슬로우 푸드 운동은 1986년 이탈리아에서 시작된 운동으로, 전통 음식 문화를 보존하고 지역 식재료를 활용하여 건강한 식생활을 추구하는 것을 목표로 한다. 슬로우 푸드는 신선한 재료를 사용하고, 식재료의 본연의 맛과 영양을 최대한 유지하는 조리 방법을 선호한다. 이러한 식습관은 자연스럽게 가공식품과 인스턴트식품의 섭취를 줄이게 하며, 이로 인해 암 발병 위험을 낮추는 효과를 기대할 수 있다. 슬로우 푸드의 긍정적 영향에 대해 살펴보자.

첫째, 슬로우 푸드는 항산화 물질이 풍부한 식재료를 사용한다. 항산화 물질은 체내의 유해한 활성산소를 제거하여 세포 손상을 방지하고, 암을 비롯한 여러 만성 질환의 발생을 억제하는 역할을 한다. 예를 들어, 채소와 과일에는 비타민 C, 비타민 E, 베타카로틴, 폴리페놀 등의 항산화 물질이 풍부하게 함유되어 있다. 하버드 대학교 공중보건대학원의 연구에 따르면, 과일과 채소를 많이 섭취하는 사람들은 그렇지 않은 사람들에 비해 암 발생률이 현저히 낮은 것으로 나타났다. 이는 슬로우 푸드의 원칙을 따르는 식습관이 암 예방에 중요한 역할을 할 수 있음을 시사한다.

둘째, 슬로우 푸드는 가공식품의 섭취를 최소화한다. 가공식품에는 방부제, 인공첨가물, 과도한 설탕과 소금 등이 포함되어 있으며, 이러한 성분들은 암 발병 위험을 증가시킬 수 있다. 세계보건기구(WHO)는 가공육을 1군 발암물질로 지정하고, 가공식품의 섭취를 줄일 것을 권고하고 있다. 슬로우 푸드는 이러한 가공식품 대신 신선하고 자연 상태에 가까운 식품을 사용하는 것을 원칙으로 하기 때문에, 암 발생 위험을 줄이는 데 효과적이다.

셋째, 슬로우 푸드는 지역에서 생산된 식재료를 사용하는 것을 권장한다. 이는 식재료의 신선도를 유지하고, 장거리 운송 과정에서 발생할 수 있는 영양 손실을 최소화하는 데 도움이 된다. 또한, 지역 식재료는 계절에 맞는 식품을 소비하게 하여, 다양한 영양소를 고르게 섭취할 수 있게 한다. 한 연구에 따르면, 지역에서 생산된 제철 식품을 섭취하는 것이 암 예방에 긍정적인 영향을 미칠 수 있다는 결과가 발표되었다.

구체적인 사례로, 지중해 식단은 슬로우 푸드의 대표적인 예로 자주 언급된다. 지중해 식단은 올리브유, 신선한 채소, 과일, 생선, 견과류 등을 중심으로 하여, 전통적인 조리 방법을 사용한다. 스페인 나바라 대학의 연구진은 지중해 식단이 암 발병률을 낮추는 데 큰 효과가 있다는 연구 결과를 발표했다. 10년 동안 40,000명을 대상으로 한 이 연구에서, 지중해 식단을 충실히 따르는 사람들은 그렇지 않은 사람들에 비해 암 발병률이 12% 낮은 것으로 나타났다. 이는 슬로우 푸드 원칙을 실천하는 식단이 암 예방에 실질적인 효과를 가지고 있음을 보여 준다.

결론적으로, 슬로우 푸드는 암 예방에 중요한 역할을 할 수 있다. 항산화 물질이 풍부한 식재료의 사용, 가공식품의 섭취 최소화, 지역 식재료의 활용 등 슬로우 푸드의 원칙을 따르는 식습관은 암 발병 위험을 줄이는 데 효과적이다. 다양한 연구 결과와 사례들은 슬로우 푸드가 단순한 식문화 운동을 넘어, 건강을 지키는 중요한 수단임을 시사하고 있다. 현대 사회에서 빠르게 변화하는 식습관 속에서 슬로우 푸드의 가치를 재조명하고, 이를 실천함으로써 더 건강한 삶을 영위할 수 있을 것이다.

04 〈보기〉는 초고를 작성하기 전에 세운 글쓰기 계획표이다. 제시문을 참고하여 〈보기〉의 ㉠에 들어갈 작문의 목적을 쓰시오.

┤ 보기 ├

- 예상 독자 : 건강에 관심이 많고, 식품영양학이나 식품생명공학 등의 전공에 관심이 많은 우리 학교 학생들
- 작문 주제 : 슬로우 푸드와 암 예방의 상관 관계
- 작문 목적 : (㉠   )

---

05 다음 〈보기〉를 읽고, ㉠에 들어갈 제시문에서 사용한 설명 방식은 무엇인지 2가지 이상 쓰시오.

┤ 보기 ├

　이 글의 종류는 설명문입니다. 이 글은 슬로우 푸드와 암 예방의 상관 관계를 설명하는 글로, 독자들에게 정보를 제공하고 이해를 돕기 위해 작성되었습니다.
　이 글은 글쓰기에서 설명하는 방법인 (㉠   ) 등을 사용하여 주제를 명확히 하고 있습니다. 이러한 요소들은 독자들에게 슬로우 푸드의 중요성과 그 실천이 암 예방에 미치는 긍정적인 영향을 잘 설명해 주고 있습니다.

---

06 제시문에서 슬로우 푸드가 암 예방에 긍정적인 영향을 미치는 이유 중 하나로, 체내의 유해한 활성 산소를 제거하여 세포 손상을 방지하는 ① 물질은 무엇인지 쓰고, 세계보건기구(WHO)가 1군 발암 물질로 지정한 ② 식품은 무엇인지 쓰시오.

① : ＿＿＿＿＿＿＿＿＿＿＿＿＿＿＿

② : ＿＿＿＿＿＿＿＿＿＿＿＿＿＿＿

※ (가)는 학생이 대학 입학 관련 카페에 올린 글이고, (나)는 (가)에 대한 답변을 관련학과 졸업생이 한 것이다. 물음에 답하시오. [7~9]

❯ 정답·해설 p.5

(가) 학생의 질문

제목 : 문화인류학과와 고고학과의 차이점을 알고 싶습니다.

안녕하세요? 저는 ○○ 대학교 문화인류학과에 진학을 희망하는 고등학교 2학년 □□□입니다. 진로와 관련하여 궁금한 점이 있어 학과 게시판에 글을 남깁니다. 저는 얼마 전까지만 해도 진로에 대한 구체적인 계획이 없어 고민이 많았습니다. 그러던 중 얼마 전 부모님께서 가족 여행으로 역사 유적지를 방문하시며, 저에게도 동행을 권유하셨습니다. 사실 이번 여행 전까지 인류학과 고고학에 별 관심이 없었고, 이들은 그저 먼 과거의 학문이라는 생각을 가지고 있었기 때문에 역사 유적지 방문에 별 기대가 없었습니다.

하지만 역사 유적지 방문을 계기로 인류학과 고고학에 대한 생각이 긍정적으로 바뀌게 되었습니다. 특히 유적지에서 보았던 고대 유물들은 마치 시간을 거슬러 과거로 돌아간 듯한 느낌을 주었습니다. 그러나 동시에 유물들이 제대로 보존되지 못하고 있는 모습을 보며 아쉬운 마음이 들었습니다. 이 방문을 계기로 인류학과 고고학에 관심을 갖게 되었으며, 담임 선생님과 부모님의 조언을 듣고 문화인류학과에 진학하기로 결심했습니다. 저는 문화인류학과에 진학하여 인류와 문화에 대한 깊이 있는 연구를 하고 싶습니다. 하지만 문화인류학과와 고고학과의 차이가 무엇인지 정확히 알지 못해 재학생과 졸업생 분들의 조언을 듣고자 이렇게 글을 올립니다. 끝까지 읽어 주셔서 감사합니다.

(나) 문화인류학과 졸업생의 답변

제목 : 문화인류학과 졸업생입니다.

안녕하세요? 저는 ○○ 대학교 문화인류학과를 졸업한 08학번 △△△입니다. 제가 학교를 졸업한 이후 시간이 꽤 흘렀네요. 졸업 후에도 대학 생활이 그리울 때면 가끔 이곳 게시판에 들러 글을 읽곤 했는데, 학생의 글을 읽으며 고등학생 시절의 제 모습이 떠올라 오랜만에 글을 남깁니다. 저는 문화인류학과를 졸업하고 문화인류학 연구자로 활동하고 있습니다. 문화인류학과와 고고학과의 차이에 대해 궁금해하는 학생들을 위해 몇 가지 말씀드리고자 합니다.

문화인류학과 고고학은 비슷해 보이지만 연구 대상과 방법에서 차이가 있습니다. 문화인류학은 현대와 과거를 아우르는 다양한 인류 문화를 연구하는 학문으로, 주로 현지 조사와 참여 관찰을 통해 사람들의 생활, 관습, 신념 등을 분석합니다. 저는 문화인류학과를 졸업하고 다양한 문화권에서 현지 조사를 하며 그들의 문화를 이해하고 기록하는 일을 하고 있습니다. 예를 들어, 특정 부족의 의식이나 전통을 연구하는 것은 문화인류학의 중요한 부분입니다.

반면 고고학은 과거 인간의 생활을 물질적 유물을 통해 연구하는 학문입니다. 고고학자들은 주로 발굴 작업을 통해 유적과 유물을 분석하고, 이를 바탕으로 과거 인간의 생활 양식을 복원합니다. 예를 들어, 고대 유적지에서 발굴된 도자기나 건축물의 잔해를 분석하여 그 시대의 문화를 연구하는 것이 고고학의 주요 업무입니다.

두 학문 모두 인류의 역사를 이해하는 데 중요한 역할을 하지만, 문화인류학은 사람들과의 직접적인 소통과 현대 문화의 분석에 더 초점을 맞추고, 고고학은 유물과 유적을 통한 과거 생활의 복원에 중점을 둡니다. 이 차이를 이해하면 자신의 관심사와 적성에 맞는 학문을 선택하는 데 도움이 될 것입니다.

문화인류학과 고고학은 서로 보완적인 관계에 있습니다. 인류의 과거와 현재를 더 깊이 이해하고 싶은 학생에게 두 학문은 매력적인 선택지가 될 것입니다. 진로를 선택하는 데 있어 더 궁금한 점이 있으면 언제든지 질문해 주세요. ㉮ 저도 고등학교 시절 진로에 대해 확신이 들지 않아 많이 힘들었던 기억이 납니다. 지금은 진로 선택이 어려울 수 있습니다. 하지만 자신의 적성과 공부 성향을 잘 생각한다면 분명 현명한 선택을 하실 것이라 믿습니다.

07 〈보기〉는 (가)에서 학생이 질문을 하기 위해 작성한 메모이다. 〈보기〉의 ㉠에 들어갈 적절한 내용을 쓰시오.

┤ 보기 ├

- 글을 쓸 때 첫인사와 끝인사를 해야겠어.
- 문화인류학과나 고고학과에 (㉠)을/를 말해야겠어.
- 문화인류학과와 고고학과의 차이를 물어봐야겠어.

08 '문화인류학'과 '고고학'에서 어떤 공부에 중점을 두는지에 대한 ① 내용 차이를 제시문에서 찾아 한 문장으로 쓰고, ② 연구방법 차이는 무엇인지 쓰시오. (②는 '문화인류학은 ~ 방법을 통해, 고고학은 ~을 통해 연구합니다.' 형식으로 작성할 것)

① : _____

② : _____

09 〈보기〉는 제시문의 ㉮와 같이 수정하기 전 초고에서 작성한 것이다. 수정하면서 학생과 '이것'을 형성하기 위해 자신의 고등학교 시절의 경험을 제시하였다. '이것'은 무엇인지 한 단어로 쓰시오.

┤ 보기 ├

진로에 대해 걱정이 많으시겠습니다. 하지만 적성이 맞지 않다면 오랫동안 일을 할 수 없습니다. 저도 처음에는 영화에서 보던 멋진 고고학자나 인류학자의 모습만 생각했지만 사실, 문화인류학 연구는 영화와는 많이 다릅니다. 그러니 더 잘 알아보고 좋은 선택을 해보시기를 권합니다.

※ 다음은 학생이 봉사활동을 한 후에 쓴 소감문이다. 물음에 답하시오. [10~12]   ● 정답·해설 p.5

아침저녁으로 서늘한 바람이 불기 시작한 가을의 어느 날, 나는 텔레비전에서 기후위기와 환경오염이 심각해지고 있다는 뉴스를 보았다. 뉴스에서 바닷가에 쓰레기가 쌓여 있는 모습을 보며, 그동안 환경에 대한 관심이 부족했던 나를 반성하게 되었다. 그래서 환경 보호에 조금이라도 도움이 되고자 친구들과 함께 강원도 양양 남애리 부근 바닷가에서 진행되는 환경정화 봉사활동에 지원했다. 그리고 지원한 지 일주일 후, 우리는 강원도 양양에서 전국에서 모인 초중고 학생들과 함께 봉사활동을 수행하게 되었다.

[A]
봉사활동의 첫 단계는 환경오염과 기후위기에 대한 교육에 참여하는 것이었다. 그동안 환경오염은 먼 나라의 이야기라고만 생각했는데, 교육을 들으며 기후위기가 우리 생활에 얼마나 큰 영향을 미치는지 알게 되었다. 특히 바다로 흘러 들어간 플라스틱 쓰레기들이 해양 생태계를 위협하고 있다는 사실을 배우며, 우리가 바닷가 정화활동을 하는 것이 얼마나 중요한지를 깨달았다. 특히 초등학생들과 함께 바닷가로 향하면서 아이들이 깨끗한 환경에서 자라나기를 바라는 마음이 컸다.

바닷가에 도착하자 우리는 쓰레기봉투와 장갑을 나누어 받았다. 처음에는 쓰레기가 생각보다 많아 보이지 않아 쉽게 끝낼 수 있을 거라 생각했다. 하지만 막상 시작해 보니 모래사장 곳곳에 작은 플라스틱 조각들이 많이 있었다. 우리는 작은 조각 하나까지 놓치지 않기 위해 세심하게 모래사장을 뒤지며 쓰레기를 주웠다. 특히 플라스틱 병뚜껑이나 작은 비닐 조각들은 바람에 날아가거나 모래 속에 묻혀 있어서 발견하기가 어려웠다. 하지만 봉사활동에 참여한 학생들과 함께 힘을 합쳐 하나하나 주워 나갔다.

쓰레기를 주우며 우리는 환경 보호의 중요성에 대해 서로 의견을 나누었다. 학생들은 학교에서 배운 환경 교육을 바탕으로 자신들이 실천할 수 있는 작은 행동들을 이야기해 주었다. 나는 동아리에서 다뤄 온 환경에 대한 다양한 지식을 활용하여 학생들에게 플라스틱 사용을 줄이고, 재활용을 철저히 하는 것이 얼마나 중요한지 강조했다. 함께 환경 보호에 대한 의견을 나누며, 작은 실천들이 모여 큰 변화를 만들 수 있다는 믿음을 가지게 되었다.

봉사활동을 마치고 나니 모래사장은 우리가 처음 도착했을 때보다 훨씬 깨끗해졌다. 비록 한두 시간 동안의 활동이었지만, 우리가 한 작은 노력이 바다를 조금 더 깨끗하게 만들었다는 생각에 뿌듯함을 느꼈다. 그리고 나의 작은 행동이 환경 보호에 기여할 수 있다는 사실에 기분이 좋았다. 고등학생인 나보다 초등학생들이 더 열심히 참여해 준 덕분에 더 많은 쓰레기를 수거할 수 있었다.

봉사활동을 마친 후, 나는 앞으로도 꾸준히 환경정화 활동에 참여하겠다고 다짐했다. 이번 경험을 통해 환경 보호의 중요성을 다시 한번 깨닫게 되었고, 기후위기를 극복하기 위해 더 많은 사람들이 함께 노력해야 한다는 것을 알게 되었다. 앞으로도 환경 보호에 대한 관심을 가지고 작은 실천부터 시작하여 더 나은 세상을 만들기 위해 노력하겠다. 환경 보호에 대한 나의 작은 노력이 더 큰 변화를 가져올 수 있기를 바란다.

10 제시문의 [A]를 참고하여 봉사활동에 참가하여 활동한 내용 세 가지를 쓰시오.

① : _____

② : _____

③ : _____

11 학생이 봉사활동을 통해 깨닫고 느낀 점은 무엇인지 한 문장으로 쓰시오.

---

12 다음 〈보기〉를 읽고, 소감문을 작성한 학생이 봉사활동에 참여한 사람들과 나눈 환경 보호에 대한 의견을 바탕으로 어떤 제목의 글을 작성하면 좋을지, '제목'을 쓰시오.

┤ 보기 ├

　　소감문을 쓴 학생과 봉사활동에 참여한 학생들은 플라스틱 사용을 줄이고 재활용을 철저히 하는 것의 중요성에 대해 의견을 나누었다. 이러한 작은 실천들이 환경 보호에 큰 영향을 미칠 수 있다. 학생들은 학교에서 배운 환경 교육을 바탕으로 자신들이 실천할 수 있는 작은 행동들을 이야기하며, 공동체의 일원으로서 환경 보호에 기여할 수 있는 방법을 공유하였다. 이는 환경 보호 실천의 중요성을 일깨워 주며, 더 많은 사람들이 동참해야 한다는 필요성을 강조한다.

　　학생은 앞으로도 꾸준히 환경정화 활동에 참여할 계획이다. 또한, 일상생활에서 플라스틱 사용을 줄이고, 재활용을 철저히 하며, 에너지를 절약하는 등 작은 실천부터 시작할 것이다. 학생은 환경 보호에 대한 관심을 지속적으로 가지고, 주변 사람들에게도 환경 보호의 중요성을 알리며 함께 실천할 수 있는 방법을 모색할 것이다. 이러한 노력이 모여 더 나은 세상을 만드는 데 기여할 수 있을 것이라 믿고 있다.

※ 다음은 사회적 현안에 대한 모둠별 비평문 쓰기 활동이다. 물음에 답하시오. [13~15] ● 정답·해설 p.5

사회적 현안에 대한 모둠별 비평문 쓰기 활동

[활동 1] 모둠 활동을 통해 비평문에서 다룰 사회적 현안과 비평문의 관점 정하기

[활동 2] 우리 학교 학생들을 예상 독자로 하여 [활동 1]의 결과를 바탕으로 비평문 작성하기

[활동 3] [활동 2]에서 작성한 비평문에 대한 의견에 대해 게시판에 글 작성하기

(가) [활동 1] 학생들의 대화

학생 1 : 비평문에서 다룰 사회적 현안과 비평문의 관점을 정하는 활동을 시작할게. 지난 논의에서 모둠별 비평문 쓰기의 소재를 '각박해지는 우리 사회, 함께 사는 우리 사회로 나아갈 길'로 정하고 각자 맡은 분야의 자료를 찾아오기로 한 거 기억하지?

학생 2 : 응, 내가 '서울 ○○구 세 가족 사건'에 대해 조사해 왔어. 이 사건은 사회복지의 사각지대에서 발생한 비극적인 사례인데, 그들이 극단적 선택을 할 수밖에 없었던 이유에 대해 깊이 살펴봤어.

학생 3 : 나는 '□□시 택시기사 사망 사건'에 대해 조사해 왔어. 착한 사마리아인법의 필요성과 관련된 사례로, 그 당시 승객들이 택시기사를 두고 떠났다는 사실이 충격적이었어.

학생 4 : 나는 '서울 △△구 수소발전소 건립에 대한 지역 갈등'에 대해 조사했어. 이 사건은 님비(NIMBY) 현상과 핌피(PIMFY) 현상과 관련이 깊은데, 지역 주민들이 수소발전소 건립을 반대하며 심각한 갈등을 빚고 있어.

학생 1 : 다양한 사례를 통해 사회적 현안을 다루기로 했는데, 비평문의 관점을 어떻게 정할지 논의해 보자.

학생 2 : '서울 ○○구 세 가족 사건'을 통해 사회복지의 사각지대 문제를 지적하고, 이를 개선하기 위한 방안을 제시하는 게 좋을 것 같아. 사회복지 제도가 강화되어야 한다는 점을 강조하고 싶어.

학생 3 : '□□시 택시기사 사망 사건'에서는 착한 사마리아인법의 필요성을 강조해야 할 것 같아. 법이 없다면 비슷한 상황에서 사람들이 도움을 주지 않으려 할 수 있으니까.

학생 4 : '서울 △△구 수소발전소 건립에 대한 지역 갈등' 문제는 님비(NIMBY) 현상과 핌피(PIMFY) 현상의 문제점을 다루면서, 지역 사회가 협력하고 상생할 수 있는 방안을 제시하면 좋을 것 같아.

학생 1 : 그럼 이렇게 정리하자. 사회복지 사각지대 문제 해결을 위해 제도적 강화 필요성을, 착한 사마리아인법 제정의 필요성을, 그리고 지역 갈등 해결을 위한 협력 방안을 제시하는 방향으로 비평문을 작성하자.

학생 2 : 좋아. 그럼 각자 조사한 내용을 바탕으로 비평문의 초고를 작성해 보자.

(나) [활동 2] 비평문 제목 : 각박해지는 우리 사회, 함께 사는 우리 사회로 나아갈 길

　최근 우리 사회는 다양한 사회적 현안으로 인해 점점 각박해지고 있다. 이러한 문제들을 해결하기 위해서는 사회적 약자를 보호하고, 법적 제도를 강화하며, 지역 사회의 협력을 도모하는 방안이 필요하다. 우리 학교 학생들을 대상으로 한 설문 조사 결과, 사회적 현안에 대한 관심이 높아지고 있는 것으로 나타났다. 이에 따라 '각박해지는 우리 사회, 함께 사는 우리 사회로 나아갈 길'을 주제로 비평문을 작성하게 되었다.

　첫 번째로, '서울 ○○구 세 가족 사건'은 사회복지의 사각지대에서 발생한 비극적인 사례이다. 이들은 경제적 어려움과 사회적 고립으로 인해 극단적인 선택을 할 수밖에 없었다. 이러한 사건을 방지하기 위해서는 사회복지 제도를 강화하고, 지원 체계를 촘촘히 마련해야 한다. 예를 들어, 지역 사회의 복지 네트워크를 구축하고, 경제적 지원뿐만 아니라 심리적 지원도 병행해야 한다. 이를 통해 사회적 약자들이 도움을 받을 수 있는 환경을 조성해야 한다.

　두 번째로, '□□시 택시기사 사망 사건'은 착한 사마리아인법의 필요성을 부각시킨다. 당시 승객들이 택시기사를 두고 떠난 것은 충격적인 일이었다. 착한 사마리아인법은 위급 상황에서 타인을 돕는 행동을 장려하고, 법적으로 보호하는 제도이다. 이 법이 제정되면, 위급 상황에서 시민들이 더 적극적으로 도움을 줄 수 있게 되어 사회적 연대가 강화될 것이다.

세 번째로, '서울 △△구 수소발전소 건립에 대한 지역 갈등'은 님비(NIMBY) 현상과 핌피(PIMFY) 현상의 문제점을 잘 보여 준다. 전자는 주민들이 자신의 지역에 불리한 시설이 들어오는 것을 반대하는 것이지만, 후자는 그로 인해 혜택을 받을 수 있는 것들을 더 큰 이익으로 생각하고 있는 개념이다. 지역 주민들 사이에서도 사회적 갈등이 심화되고 있다. 이러한 갈등을 해결하기 위해서는 지역 주민들과의 소통을 강화하고, 상생할 수 있는 방안을 마련해야 한다. 예를 들어, 발전소 건립으로 인한 이익을 지역 주민들과 공유하고, 주민들의 의견을 적극 반영하는 협의체를 구성하는 것이 필요하다.

이처럼 사회적 현안들을 해결하기 위해서는 다양한 방안이 필요하다. 정부와 시민이 함께 협력하여 사회복지 제도를 강화하고, 법적 제도를 마련하며, 지역 사회의 협력을 도모해야 한다. 이를 통해 각박해지는 우리 사회가 함께 사는 사회로 나아갈 수 있을 것이다.

(다) [활동 3] 학교 토론 게시판에 게시된 비평문에 대한 의견 : 사례별 의견

- 서울 ○○구 세 가족 사건 : 옹호

이 사건은 사회복지의 사각지대에서 발생한 비극적인 사례로, 사회복지 제도의 강화가 절실히 필요하다. 경제적 어려움과 사회적 고립으로 인해 극단적인 선택을 할 수밖에 없었던 이들 가족을 통해, 우리 사회의 복지 시스템이 얼마나 부족한지 드러났다. 사회복지 제도를 촘촘히 마련하고, 지원 체계를 강화함으로써 이러한 비극을 예방할 수 있다. 따라서 사회복지 제도의 강화를 주장하는 비평문은 타당하며, 이를 적극 옹호한다.

- □□시 택시기사 사망 사건 : 반박

착한 사마리아인법 제정의 필요성에 대한 주장은 이해하지만, 법적인 강제성만으로는 시민들의 자발적인 도움을 이끌어 내기 어렵다. 오히려 법적 책임에 대한 두려움으로 인해 사람들이 도움을 주는 것을 망설이게 만들 수 있다. 따라서 법적 제도 마련보다는 시민들의 인식 개선과 교육을 통해 자발적인 도움 문화를 형성하는 것이 더 효과적일 것이다.

- 서울 △△구 수소발전소 건립에 대한 지역 갈등 : 옹호

서울 △△구 수소발전소 건립에 대한 지역 갈등을 해결하기 위해 님비(NIMBY) 현상과 핌피(PIMFY) 현상의 문제를 다루고, 주민들과의 소통을 강화하는 방안은 매우 중요하다. 발전소 건립으로 인한 이익을 지역 주민들과 공유하고, 주민들의 의견을 반영하는 협의체를 구성함으로써 상생할 수 있는 방안을 마련하는 것은 지역 사회의 협력을 도모하는 데 필수적이다. 따라서 이러한 방안을 제시하는 비평문은 타당하며, 적극 옹호한다.

13 제시문에서 나타난 사회적 현안 세 가지를 쓰시오.

① : _____

② : _____

③ : _____

14 제시문을 읽고 ① 사회복지 사각지대 문제를 해결하기 위한 제도적 강화 방안과 ② 착한 사마리아인 법 제정의 필요성과 그 효과에 대해 서술하시오. (단, ①과 ②를 각각 한 문장으로 작성할 것)

① : _____

_____

② : _____

_____

15 다음 〈보기〉를 읽고, ㉠과 ㉡에 해당하는 개념을 제시문에서 찾아 쓰시오.

┤ 보기 1 ├

〈개념〉

㉠은 사람들이 사회적으로 필요하다고 생각되는 공공시설이나 혐오시설의 설치를 자신의 지역에 반대하는 현상을 말합니다. 반면, ㉡은 사람들이 사회적으로 필요하다고 생각되는 공공시설이나 이익을 가져다줄 수 있는 시설을 자신의 지역에 유치하려고 하는 현상을 말합니다.

┤ 보기 2 ├

〈사례〉 – (㉠   ) 현상

1. 서울 상계동 소각장 건립 반대 운동(1990년대)

   서울시 노원구 상계동 주민들은 1990년대 중반 서울시가 계획한 소각장 건립에 대해 강력하게 반대했습니다. 주민들은 소각장이 자신들의 건강과 생활환경에 악영향을 미칠 것이라며 시위와 법적 대응을 통해 건립을 저지하려고 했습니다. 결국 이 소각장은 다른 지역으로 이전되었습니다.

2. 부산 기장군 방사능폐기물 처리장 건립 반대(2000년대)

   부산 기장군 주민들은 방사능폐기물 처리장 건립 계획에 대해 강하게 반대했습니다. 주민들은 방사능폐기물이 건강에 미칠 영향을 우려하며, 건립 반대 시위를 벌이고 정부와 대립했습니다.

3. 충북 음성군 소각장 건립 반대(2010년대)

   충북 음성군 주민들은 2010년대 후반에 소각장 건립 계획에 대해 크게 반발했습니다. 주민들은 소각장 건립이 자신들의 건강과 환경에 부정적인 영향을 미칠 것이라며 시위를 벌였고, 이에 따라 건립 계획은 큰 진통을 겪었습니다.

┤ 보기 3 ├

〈사례〉 – (㉡   ) 현상

1. 세종특별자치시 신도시 건설

   세종시는 대한민국의 행정수도로 계획되었고, 많은 중앙 정부 부처와 공공기관이 이전했습니다. 이로 인해 세종시는 교육, 의료, 교통 등 인프라가 크게 발전하고 부동산 가치가 상승하는 등의 긍정적인 효과를 누렸습니다. 따라서 다른 지역 주민들이 세종시에 살고 싶어 하는 경향이 생겼습니다.

2. 대전 대덕연구개발특구

   대전은 연구개발특구로 지정되면서 많은 연구기관과 기업들이 입주하여 지역 경제가 크게 활성화되었습니다. 이를 통해 대전은 과학 기술과 관련된 산업의 중심지로 자리 잡았고, 다른 지역에서도 이러한 특구 지정을 희망하는 목소리가 높아졌습니다.

3. 인천 송도국제도시

   송도국제도시는 경제자유구역으로 지정되어 외국인 투자 유치를 목표로 개발되었습니다. 첨단 산업단지, 국제학교, 국제병원 등 다양한 인프라가 갖추어지면서 지역 경제가 크게 성장했습니다. 다른 지역에서도 송도국제도시와 같은 경제자유구역 지정을 희망하는 사례가 많아졌습니다.

㉠ : _____

㉡ : _____

약술형 논술 **국어**

I 음운

CHECK

1 국어 음운

(1) 음운의 개념과 특성

① 음운의 개념 : 음운이란 음성 중에서 말의 뜻을 구별해 주는 가장 작은 소리의 단위

② 음운의 특성

  ㉠ 음운은 말을 쓰는 사람들의 머릿속에 기억되어 동일한 소릿값을 가졌다고 인식되는 추상적이고 관념적인 소리다.

  ㉡ 각 언어마다 음운의 개수는 다르다.

  ㉢ 문자로 나타낼 수 있는 음운의 수는 한정적이다.

(2) 음운과 음절

① 실제 발음할 수 있는 최소 단위를 '음절'이라고 한다. (음운이 모여서 음절을 이룸)

② 국어의 음절은 첫소리, 가운뎃소리(중간소리), 끝소리로 이루어진다.

③ 음절의 첫소리와 끝소리는 자음, 가운뎃소리는 모음으로 이루어져 있다.

④ 음절의 첫소리에 오는 'ㅇ'은 소릿값(음가)이 없어 음운이 아니다.

  (다만, 첫소리가 없을 때 그 자리를 채우는 형식적인 자음이 'ㅇ'이다.)

⑤ 국어 음절의 구조는 모두 네 가지 종류이다.

음절의 구조		예
모음	가운뎃소리로만 이루어진 음운	아, 우, 왜
모음 + 자음	가운뎃소리와 끝소리로 이루어진 음운	앞, 알, 원
자음 + 모음	첫소리와 가운뎃소리로 이루어진 음운	가, 나, 타
자음 + 모음 + 자음	첫소리, 가운뎃소리, 끝소리로 이루어진 음운	곰, 술, 잘

⑥ 모음은 단독으로 음절이 될 수 있지만, 자음은 단독으로 음절이 될 수 없다. 따라서 모음은 단독으로 소리 날 수 있지만, 자음은 단독으로 소리 날 수 없다.

(3) 음운의 종류

1) 자음

① 뜻 : 소리를 낼 때 공기 흐름이 발음 기관의 장애를 받는 소리

② 종류 : 기본 자음 14개, 된소리 5개로 총 19개이다.

  ㉠ 발음(소리 나는) 위치에 따른 분류 : 자음을 소리 나는 발음 기관의 위치에 따라 분류한다. 두 입술에서 나는 입술소리, 혀끝과 윗잇몸이 닿아서 나는 잇몸소리, 혓바닥과 센입천장 사이에서 나는 센입천장소리, 혀 뒤와 여린입천장 사이에서 나는 여린입천장소리, 목청 사이에서 나는 목청소리로 나눌 수 있다.

  ㉡ 발음 방법에 따른 분류 : 자음을 소리 나는 방법에 따라 분류한 것이다. 발음할 때 목청이 떨리지 않는 소리를 안울림소리라고 하고, 발음할 때 목청이 떨리면서 나는 소리는 울림소리라고 한다.

안울림 소리	파열음	허파에서 나오는 공기의 흐름을 완전히 막았다가 터뜨리면서 내는 소리
	파찰음	파열 후에 마찰을 일으키면서 내는 소리
	마찰음	공기가 나오는 발음 기관의 공간을 좁혀 마찰을 일으키면서 내는 소리
울림 소리	비음	여린입천장과 목젖을 내려 공기가 코로 들어가도록 하여 내는 소리
	유음	혀끝을 잇몸에 가볍게 대었다가 떼거나 혀끝을 윗잇몸에 댄 채 공기를 그 양옆으로 흘려보내면서 내는 소리

③ 자음 체계표

발음 방법 / 발음 위치			입술소리	잇몸소리	센입천장 소리	여린입천장 소리	목청소리
안울림 소리	파열음	예사소리	ㅂ	ㄷ		ㄱ	
		된소리	ㅃ	ㄸ		ㄲ	
		거센소리	ㅍ	ㅌ		ㅋ	
	파찰음	예사소리			ㅈ		
		된소리			ㅉ		
		거센소리			ㅊ		
	마찰음	예사소리		ㅅ			ㅎ
		된소리		ㅆ			
울림소리	비음		ㅁ	ㄴ		ㅇ	
	유음			ㄹ			

2) 모음

① 뜻 : 소리를 낼 때 공기의 흐름이 발음 기관의 장애를 받지 않고 나오는 소리다. 모음은 모두 울림소리에 해당한다.

② 종류 : 단모음 10개와 이중모음 11개로 총 21개이다.

③ 단모음 체계표

혀의 앞뒤 위치	전설 모음		후설 모음	
입술 모양 / 혀의 높낮이	평순 모음	원순 모음	평순 모음	원순 모음
고모음	ㅣ	ㅟ	ㅡ	ㅜ
중모음	ㅔ	ㅚ	ㅓ	ㅗ
저모음	ㅐ		ㅏ	

3) 소리의 길이 : 국어에서는 같은 모음을 길거나 짧게 소리 냄으로써 단어의 뜻을 구별하는 경우가 있다. 이처럼 소리의 길이는 단어의 뜻을 구별해 준다는 점에서 음운이다.

2 음운의 변동

음운의 변동이란 음운이 서로 만나 발음될 때 서로 영향을 주고받아 발음하기 쉽게 변하는 현상을 말한다.

표기	독립, 국물, 닫는, 밥물, 같이
발음	[동닙], [궁물], [단는], [밤물], [가치]
바뀐 음운	독립 : ㄱ + ㄹ → ㅇ + ㄴ 국물 : ㄱ + ㅁ → ㅇ 닫는 : ㄷ + ㄴ → ㄴ 밥물 : ㅂ + ㅁ → ㅁ 같이 : ㅌ + ㅣ → ㅊ

'독립'에서 'ㄱ'과 'ㄹ'을 각각 살려 발음하기 불편하므로 서로 어울려 쉽게 발음할 수 있는 'ㅇ'과 'ㄴ'으로 발음된다. 그리고 '같이'에서 'ㅌ'은 'ㅣ'를 만나서 'ㅣ'와 혀 위치가 비슷한 'ㅊ'으로 발음된다. 이처럼 음운이 특정 환경에서 변하는 현상을 '음운의 변동'이라고 한다.

(1) 음절의 끝소리 규칙

우리말에서는 음절의 끝소리에 'ㄱ, ㄴ, ㄷ, ㄹ, ㅁ, ㅂ, ㅇ'의 일곱 자음 외의 다른 자음이 올 경우 일곱 자음 가운데 하나로 바꾸어 발음한다.

1) 홑받침의 발음

받침(표기)	발음	예
ㄱ, ㄲ, ㅋ	[ㄱ]	박[박], 밖[박], 부엌[부억]
ㄴ	[ㄴ]	산[산], 단추[단추]
ㄷ, ㅌ, ㅅ, ㅆ, ㅈ, ㅊ, ㅎ	[ㄷ]	낟[낟], 낱[낟], 낫[낟], 났[낟], 낮[낟], 낯[낟], 낳[낟]
ㄹ	[ㄹ]	달[달], 벌레[벌레]
ㅁ	[ㅁ]	곰[곰], 가뭄[가뭄]
ㅂ, ㅍ	[ㅂ]	답[답], 수업[수업]
ㅇ	[ㅇ]	방[방], 공부[공부]

① 홑받침 뒤에 이어지는 음절이 모음으로 시작하는 경우의 발음

㉠ 모음으로 시작하는 조사나 어미, 접사 등의 형식 형태소와 결합할 때 끝소리 자음을 뒤 음절의 첫소리로 옮겨 발음한다. **예** 옷이[오시], 낮에[나제], 꽃을[꼬츨] 등

㉡ 'ㅏ, ㅓ, ㅗ, ㅜ, ㅟ'로 시작하는 실질 형태소와 결합할 때 끝소리 규칙의 대표음으로 바뀐 뒤 음절의 첫소리로 옮겨 발음한다. **예** 겉옷[거돋], 헛웃음[허두슴], 옷 안[오단] 등

2) 겹받침의 발음 : 겹받침도 음절의 끝소리에서 하나의 자음만 발음한다.

겹받침	발음	예
ㄳ, ㄵ, ㄼ, ㄽ, ㄾ, ㅄ	어말 또는 자음 앞에서 앞 자음인 [ㄱ, ㄴ, ㄹ, ㅂ]으로 발음함.	넋[넉], 앉다[안따], 여덟[여덜], 외곬[외골], 핥다[할따], 값[갑]
	다만, '밟-'은 자음 앞에서 [밥]으로, '넓-'은 [넙]으로 발음함.	
ㄺ, ㄻ, ㄿ	어말 또는 자음 앞에서 뒤 자음인 [ㄱ, ㅁ, ㅂ]으로 발음함.	닭[닥], 읽다[익따], 젊다[점따], 삶[삼], 읊다[읍따]
	다만, 용언의 어간 말음 'ㄺ'은 'ㄱ' 앞에서 [ㄹ]로 발음함.	

① 겹받침 뒤에 이어지는 음절이 모음으로 시작하는 경우의 발음

㉠ 모음으로 시작하는 조사나 어미, 접사 등의 형식 형태소와 결합할 때 겹받침 중 뒤 자음을 뒤 음절의 첫소리로 옮겨 발음한다. 단, 끝 자음이 'ㅅ'일 경우 된소리로 발음한다.

예 닭이[달기], 앉아[안자], 읊어[을퍼], 넋이[넉씨], 값을[갑쓸]

㉡ 'ㅏ, ㅓ, ㅗ, ㅡ, ㅟ'로 시작하는 실질 형태소와 결합할 때 겹받침 가운데 하나만 뒤 음절의 첫소리로 옮겨 발음한다.

예 값어치[가버치], 닭 앞에[다가페], 삶 앞에[사마페]

＊ 형식 형태소와 실질 형태소
- 형식 형태소 : 문법적인 뜻을 지닌 형태소로 실질 형태소에 붙어 주로 말과 말 사이의 관계를 표시한다. 조사, 어미 따위가 있다.
- 실질 형태소 : 실질적인 뜻을 지닌 형태소로 구체적인 대상이나 동작, 상태를 표시한다. '철수가 책을 읽었다.'에서 '철수', '책', '읽-' 등이 해당된다.

(2) 자음 동화

음절의 끝 자음과 그 뒤에 이어지는 자음이 만나 서로 영향을 주고받아 한쪽이나 양쪽 모두 비슷하거나 같은 소리로 바뀌는 현상

1) 자음 동화의 유형

① 비음화 : 비음이 아닌 음운이 비음 'ㄴ, ㅁ'과 만나 비음 'ㄴ, ㅁ, ㅇ'으로 바뀐다.

ㄱ 'ㄱ, ㄷ, ㅂ'이 'ㄴ, ㅁ'의 앞에서 각각 'ㅇ, ㄴ, ㅁ'으로 발음된다.

예 국물[궁물], 닫는[단는], 잡는[잠는]

ㄴ 'ㄱ, ㄷ, ㅂ'과 'ㄹ'이 만나면 'ㄹ'은 'ㄴ'으로 발음되고, 이렇게 변한 'ㄴ'의 영향으로 'ㄱ, ㄷ, ㅂ'은 'ㅇ, ㄴ, ㅁ'으로 발음된다.

예 독립[독닙 → 동닙], 몇 리[멷리 → 멷니 → 면니], 협력[협녁 → 혐녁]

ㄷ 'ㅁ, ㅇ' 뒤에 'ㄹ'이 이어지면 'ㄹ'은 'ㄴ'으로 발음된다.

예 담력[담녁], 종로[종노]

② 유음화 : 유음이 아닌 음운 'ㄴ'이 유음 'ㄹ'의 앞에나 뒤에서 유음 'ㄹ'로 바뀐다.

ㄱ 'ㄴ'이 'ㄹ'의 앞에서 'ㄹ'로 발음된다.

예 신라[실라], 난로[날로], 광한루[광할루]

ㄴ 'ㄹ'의 뒤에 'ㄴ'이 이어지면 'ㄴ'은 'ㄹ'로 발음된다.

예 칼날[칼랄], 물난리[물랄리], 줄넘기[줄럼끼]

2) 다른 음운의 변동과 자음 동화가 함께 일어나는 경우 : 음운의 변동은 한 가지만 일어나는 경우도 있지만, 두 가지 이상이 함께 일어나는 경우도 있다.

(3) 구개음화

잇몸소리 'ㄷ, ㅌ'이 모음 'ㅣ'를 만나 구개음(센입천장소리) 'ㅈ, ㅊ'으로 변하는 현상

1) 구개음화의 유형

유형	예
ㄷ + ㅣ → [지]	굳이[구디 → 구지], 해돋이[해도디 → 해도지]
ㅌ + ㅣ → [치]	같이[가티 → 가치], 붙이다[부티다 → 부치다]
ㄷ + 히 → [티] → [치]	굳히다[구티다 → 구치다], 닫히다[다티다 → 다치다]

2) 구개음화의 특징

① 구개음화는 음운의 동화 현상이다. 'ㄷ, ㅌ'은 'ㅣ'를 발음할 때 혀의 위치와 거리가 멀고 'ㅈ, ㅊ'은 'ㅣ'를 발음할 때 혀의 위치와 거리가 가깝다. 즉 'ㄷ, ㅌ'이 모음 'ㅣ'에 동화되어 'ㅈ, ㅊ'으로 발음된다.

② 구개음화는 한 형태소 안에서 일어나지 않는다. '굳-이, 같-이, 붙-이다'처럼 형태소와 형태소가 만나는 자리에서 일어난다.

예 느티나무[느티나무(ㅇ), 느치나무(×)], 잔디[잔디(ㅇ), 잔치(×)]

(4) 음운의 축약

두 음운이 결합하면서 하나의 음운으로 줄어 소리가 나는 현상

① 자음 축약 : 자음 'ㄱ, ㄷ, ㅂ, ㅈ'이 'ㅎ'과 만나 'ㅋ, ㅌ, ㅍ, ㅊ'으로 발음된다.

유형	예
ㄱ + ㅎ → ㅋ	막히다[마키다], 국화[구콰], 좋고[조코]
ㄷ + ㅎ → ㅌ	맏형[마텽], 묻히다[무티다], 넣다[너타]
ㅂ + ㅎ → ㅍ	좁히다[조피다], 밟혀[발펴], 입학[이팍]
ㅈ + ㅎ → ㅊ	젖히다[저치다], 맞히다[마치다], 좋지[조치]

② 모음 축약 : 앞뒤 형태소의 두 모음이 합쳐져 하나의 모음으로 줄어들어 발음한다.

유형	예
ㅣ + ㅓ → ㅕ	그리- + -어 → 그려, 잡히- + -어 → 잡혀
ㅗ + ㅏ → ㅘ	보- + -아라 → 봐라, 오- + -아라 → 와라
ㅚ + ㅓ → ㅙ	되- + -었다 → 됐다
ㅜ + ㅓ → ㅝ	맞추- + -어 → 맞춰, 키우- + -어 → 키워

(5) 음운의 탈락
두 음운이 결합하면서 하나의 음운이 사라져 소리 나지 않는 현상
① 자음 탈락 : 끝소리 자음이 있는 말이 다른 형태소를 만나 하나의 자음이 탈락한다.

유형	예
'ㄹ' 탈락	솔 + 나무 → 소나무, 딸 + -님 → 따님, 바늘 + -질 → 바느질
'ㅅ' 탈락	긋- + -어 → 그어, 젓- + -어 → 저어, 낫- + -아 → 나아
'ㅎ' 탈락	좋- + -아 → [조아], 잃- + -어 → [이러], 낳- + -아 → [나아]

② 모음 탈락 : 두 개의 모음이 만나 하나의 음운이 탈락한다.

유형	예
'ㅡ' 탈락	예쁘- + -어 → 예뻐, 고프- + -아 → 고파, 담그- + -아 → 담가
'ㅏ' 탈락	가- + -아서 → 가서, 차- + -았다 → 찼다, 사- + -았다 → 샀다
'ㅓ' 탈락	서- + -어서 → 서서, 켜- + -었다 → 켰다

(6) 음운의 첨가
① 형태소가 결합하여 합성어나 파생어를 이룰 때 'ㄴ' 음을 첨가하여 발음한다. 예 솜이불[솜니불]
② 자음으로 끝난 단어나 접두사 뒤에 '이, 야, 여, 요, 유' 등이 이어질 경우 'ㄴ' 음을 첨가하여 [니, 냐, 녀, 뇨, 뉴]로 발음한다.

담요	[담뇨]	두통약	[두통냑]
맨입	[맨닙]	식용유	[시콩뉴]
한여름	[한녀름]	물약	[물냑('ㄴ' 첨가) → 물략(유음화)]
서울역	[서울녁('ㄴ' 첨가) → 서울력(유음화)]	색연필	[색년필('ㄴ' 첨가) → 생년필(비음화)]
풀잎	[풀닙('ㄴ' 첨가) → 풀맆(유음화) → 풀립(음절의 끝소리 규칙)]	콩엿	[콩녓('ㄴ' 첨가) → 콩녇(음절의 끝소리 규칙)]

③ 두 단어를 이어서 한 마디로 발음하는 경우에도 'ㄴ' 음을 첨가하여 발음한다.

한 일	[한닐]	옷 입다	[온닙따]	서른여섯	[서른녀섣]
할 일	[할닐('ㄴ' 첨가) → 할릴(유음화)]	잘 입다	[잘닙따('ㄴ' 첨가) → 잘립따(유음화)]	스물여섯	[스물녀섣('ㄴ' 첨가) → 스물려섣(유음화)]

언어(문법)-음운 약술형 논술

※ 다음은 '음운'에 대한 학습 활동지 중 일부이다. 물음에 답하시오. [1~2]　　❷ 정답·해설 p.6

(가) 안녕하세요. 오늘은 '물'에 대한 이야기를 해보려고 합니다. (중략) 같은 물 종류인데 '술'은 어떤가요? 좋은 물로 담근 술은 그 가치가 뛰어납니다. (중략) '물'과 반대되는 개념으로는 '불'을 이야기해 볼 수 있습니다.

(나) '솔', '살', '술'은 중성을 바꾸자 뜻이 바뀌었습니다. '밥', '방', '반'은 종성을 바꾸자 뜻이 또한 바뀌었습니다.

(다) 다음 단어를 길게 발음할 때와 짧게 발음할 때의 차이를 이야기해 볼까요?
하늘에서 내리는 눈(雪)은 길게 발음해야 합니다. 구름에서부터 지상까지 얼마나 오랜 시간이 걸리겠습니까? 그 긴 시간을 생각하며 장음으로 기억하면 좋겠죠?
　그런데 신체의 눈(眼)은 짧게 발음해야 합니다. '눈 깜짝할 사이'라는 말처럼 '아주 짧은 시간'이라는 표현의 관용구를 생각해 보면 신체의 눈은 단음으로 기억하면 좋습니다.

01 (가)와 (나)의 내용을 고려할 때 (　　　　　　ⓐ　　　　　　)라는 사실을 알 수 있다. ⓐ에 들어갈 적절한 말을 '음운은~'으로 시작하는 완전한 한 문장으로 쓰시오.

_____

02 (다)는 (가), (나)와 다르게 (　　　　　　ⓑ　　　　　　)라는 사실을 알 수 있다. ⓑ에 들어갈 적절한 말을 완전한 한 문장으로 쓰시오.

_____

_____

_____

※ 다음 〈보기〉를 읽고, 물음에 답하시오. [3~4]　　　　　　　　　　　　　　　　　　　　　 ● 정답·해설 p.6

┤ 보기 1 ├

　'이것'은 단어를 구성하고 있는 나머지 요소는 모두 같다. 오직 하나의 소리로 인해 뜻이 구별되는 단어의 짝이라는 말이다. 예를 들어, '살'과 '쌀'은 단어를 구성하고 있는 나머지 요소는 모두 같고 오직 'ㅅ'과 'ㅆ'으로 인해 두 단어의 뜻이 구별되는 단어의 짝이므로 'ㅅ'과 'ㅆ'이 '이것'임을 알 수 있다.

┤ 보기 2 ├

　눈:(雪), 굴:(窟), 사진, 눈(眼), 밥, 달, 굴(石花), 우리, 사전, 둘, 치마, 이마, 구리, 누리, 방

03 〈보기 1〉에서 말하는 '이것'은 무엇인지 쓰시오.

_____

04 〈보기 1〉의 내용을 참고하여 '이것'에 해당하는 단어의 짝을 〈보기 2〉에서 찾아 짝으로 구성하여 쓰시오.

_____

05 〈보기〉는 음절에 대한 설명이다. 〈보기〉의 ⓐ~ⓕ에 들어갈 알맞은 내용을 각각 쓰시오.

┤ 보기 1 ├

발음할 때 한 번에 낼 수 있는 소리의 단위를 음절이라고 한다. 또는 음운이 모여서 이루어지는 소리의 결합체로 한 뭉치로 이루어진 소리의 덩어리를 음운이라고 한다. 즉, 최소 발음 단위가 되는 것이다. 음절은 표기가 아닌 (ⓐ   )을/를 기준으로 삼는다. 그렇기 때문에 음절 자체는 뜻을 지니고 있지 않다. 예를 들면, '학문'이라는 단어는 발음할 때 [항문]이 된다. 이때 '학'은 글자이고, '항'은 음절에 해당한다.

┤ 보기 2 ├

국어의 음절 구조는 초성(첫소리), 중성(가운뎃소리), 종성(끝소리)로 이루어진다. 음절이 만들어지는 방법은 총 4가지로 반드시 (ⓑ   )이 있어야 한다.

┤ 보기 3 ├

국어의 음절 구조		
ⓒ	( ) 단독	예 아, 야, 의
ⓓ	(+)	예 가, 나, 소
ⓔ	(+)	예 약, 옥, 암
ⓕ	(+ +)	예 강, 형, 문

ⓐ : _____

ⓑ : _____

ⓒ : _____

ⓓ : _____

ⓔ : _____

ⓕ : _____

06 다음 〈보기〉를 읽고, ⓐ~ⓔ에 들어갈 알맞은 내용을 각각 쓰시오.

---| 보기 1 |---

국어의 자음은 총 19개로, 소리를 낼 때, 발음 기관(목 안, 입안, 혀 등)에서 (ⓐ)을/를 받고 나오는 소리를 말한다.

기본 자음(14개) : ㄱ, ㄴ, ㄷ, ㄹ, ㅁ, ㅂ, ㅅ, ㅇ, ㅈ, ㅊ, ㅋ, ㅌ, ㅍ, ㅎ

된소리(5개) : ㄲ, ㄸ, ㅃ, ㅆ, ㅉ

---| 보기 2 |---

자음을 분류하는 기준은 장애가 일어나는 자리를 (ⓑ), 장애를 일으키는 방법을 (ⓒ) (이)라 한다.

---| 보기 3 |---

조음 위치			입술소리 (양순음)	잇몸소리 (치조음)	센입천장 소리 (경구개음)	여린입천장 소리 (연구개음)	목청소리 (후음)
성대의 울림	조음 방법	소리의 세기					
안울림 소리 (무성음)	파열음	예사소리	ㅂ	ㄷ		ㄱ	
		된소리	ㅃ	ㄸ		ㄲ	
		거센소리	ㅍ	ㅌ		ㅋ	
	파찰음	예사소리			ㅈ		
		된소리			ㅉ		
		거센소리			ㅊ		
	마찰음	예사소리		ㅅ			
		된소리		ㅆ			ㅎ
울림소리 (유성음)	비음		ㅁ	ㄴ		ㅇ	
	유음			ㄹ			

위 표를 확인해 볼 때 '굳이'는 [구지]로 발음되면서 파열음 'ㄷ'이 파찰음 'ㅈ'으로 (ⓓ)이/가 바뀐다. 또한 치조음 'ㄷ'이 경구개음 'ㅈ'으로 (ⓔ)이/가 바뀐다.
(ⓔ)이/가 바뀌는 음운의 변동은 오직 '구개음화'뿐이다.

ⓐ : ＿＿＿＿＿＿＿＿＿＿＿＿＿＿＿＿＿＿＿＿＿

ⓑ : ＿＿＿＿＿＿＿＿＿＿＿＿＿＿＿＿＿＿＿＿＿

ⓒ : ＿＿＿＿＿＿＿＿＿＿＿＿＿＿＿＿＿＿＿＿＿

ⓓ : ＿＿＿＿＿＿＿＿＿＿＿＿＿＿＿＿＿＿＿＿＿

ⓔ : ＿＿＿＿＿＿＿＿＿＿＿＿＿＿＿＿＿＿＿＿＿

07 〈보기〉는 조음 방법에 따른 분류에 대한 설명이다. 〈보기〉의 ⓐ~ⓘ에 들어갈 알맞은 단어를 쓰고, ⓙ~ⓝ에 기본자를 쓰시오.

┤ 보기 ├

종류	내용	기본자
파열음	(ⓐ)에서 나오는 공기를 일단 막았다가 그 막은 자리를 (ⓑ)면서 내는 소리	(ⓙ)
파찰음	(ⓒ)에서 나오는 공기가 일단 막혔다가 (ⓓ)하여 나는 소리	(ⓚ)
마찰음	입안이나 목청 따위의 (ⓔ) 기관이 좁혀진 사이로 공기가 비집고 나오면서 (ⓕ)하여 나는 소리	(ⓛ)
비음	입안의 (ⓖ)을/를 막고 (ⓗ)(으)로 공기를 내보내면서 내는 소리	(ⓜ)
유음	혀끝을 잇몸에 가볍게 대었다가 떼거나, 잇몸에 댄 채 공기를 그 양옆으로 (ⓘ) 보내면서 내는 소리	(ⓝ)

ⓐ : _____

ⓑ : _____

ⓒ : _____

ⓓ : _____

ⓔ : _____

ⓕ : _____

ⓖ : _____

ⓗ : _____

ⓘ : _____

ⓙ : _____

ⓚ : _____

ⓛ : _____

ⓜ : _____

ⓝ : _____

※ 다음 〈보기〉를 읽고, 물음에 답하시오. (8~9)　　　　　　　　　　　　　　● 정답·해설 p.7

━━━━━━┤ 보기 1 ┝━━━━━━

　　최소 대립쌍은 하나의 소리로 뜻이 구별되는 단어의 짝이다. 예를 들면, '쌀'과 '말'은 'ㅆ'과 'ㅁ'으로 인해 뜻이 달라지고, '나'와 '너'는 'ㅏ'와 'ㅓ'로 뜻이 달라진다. 이때 'ㅆ'과 'ㅁ' 그리고 'ㅏ'와 'ㅓ'는 음운의 자격을 얻게 된다. 이처럼 최소 대립쌍을 이용해 음운을 추출하면 음운 체계를 수립할 수 있다.

━━━━━━┤ 보기 2 ┝━━━━━━

귀리, 가루, 부실, 모래, 고리, 부설, 그루

08 〈보기 2〉의 단어를 최소 대립쌍으로 묶고, 최소 대립쌍들의 음운을 추출하시오.

_____

_____

_____

09 위 문제에서 추출한 음운은 공통의 조건에 따라 개수가 정해진다. ①~⑦에 들어갈 적절한 숫자를 쓰고, ⑧에 그 모두의 합을 쓰시오.

• 전설 모음은 (①)개	• 고모음은 (⑤)개
• 후설 모음은 (②)개	• 중모음은 (⑥)개
• 평순 모음은 (③)개	• 저모음은 (⑦)개
• 원순 모음은 (④)개	• 모든 개수의 합은 (⑧)개

①: _____　②: _____　③: _____　④: _____

⑤: _____　⑥: _____　⑦: _____　⑧: _____

10 다음은 음운의 변동에 대한 내용이다. 〈보기 1〉의 내용을 참고하여 〈보기 2〉의 밑줄 친 부분의 발음을 쓰고, 관찰된 음운 변동 현상을 모두 찾아 쓰시오.

━━━━━┥ 보기 1 ┝━━━━━

　　음운의 변동은 한 음운이 다른 음운을 만났을 때 일어나는 변동 현상이다. 음운이 놓이는 환경에 따라 음운은 변하는데 그 양상에 따라 '교체, 탈락, 첨가, 축약 네 가지로 나눌 수 있다.
1) 교체 : 한 음운이 다른 음운으로 바뀌는 현상(음절의 끝소리 규칙, 비음화, 유음화, 구개음화, 경음화 등)
2) 탈락 : 두 음운이 만났을 때 있던 음운이 없어지는 현상(자음군 단순화, 자음 탈락, 모음 탈락 등)
3) 첨가 : 두 음운이 만났을 때 새로운 음운이 추가되는 현상(반모음 첨가, 'ㄴ' 첨가 등)
4) 축약 : 두 음운이 합쳐져 새로운 음운으로 바뀌는 현상(격음화 : ㄱ, ㄷ, ㅂ, ㅈ + ㅎ = ㅋ, ㅌ, ㅍ, ㅊ)

━━━━━┥ 보기 2 ┝━━━━━

① 물건의 값을 <u>깎는</u> 사람들이 많다.
② 우표를 <u>붙여</u> 편지를 부친다.
③ <u>솜이불</u>이 물에 젖어 무겁다.
④ 경기가 좋지 않아 밤 12시만 되면 <u>갈 곳</u>이 없다.
⑤ 영화 '<u>신라</u>의 달밤'은 재밌다.

① : _____

② : _____

③ : _____

④ : _____

⑤ : _____

II 단어

1 단어 형성법

(1) 형태소와 단어

1) 형태소

① 뜻 : 뜻을 지니는 가장 작은 말의 단위로, 문법적 의미의 최소 단위라고도 한다. 형태소는 더 나눌 경우 본래의 뜻이 사라진다. ⓔ '바다', '나무'에서 '바 + 다', '나 + 무'로 나누면 본래의 의미가 없어진다.

② 형태소의 종류

분류 기준		형태소의 종류
자립성의 유무	자립 형태소	다른 말에 의존하지 않고 자립해서 쓸 수 있는 형태소
		명사, 대명사, 수사, 관형사, 부사, 감탄사
	의존 형태소	홀로 쓰이지 못해 다른 말에 붙어 쓰이는 형태소
		조사, 용언의 어간·어미, 접사
실질적 의미 기능의 유무	실질 형태소	실질적인 뜻을 지니고 구체적인 대상이나 동작, 상태를 표시하는 형태소
		자립 형태소 전부, 의존형 형태소 중 용언의 어간
	형식 형태소	실질 형태소에 붙어서 주로 말과 말 사이의 관계를 표시하는 형태소
		조사, 용언의 어미, 접사

2) 단어

① 뜻 : 뜻을 지니고 자립할 수 있는 말, 또는 그 말 뒤에 붙어서 문법적 기능을 나타내는 말이다.

문장		나는 학교에 간다.					
단어	분류	나	는	학교	에	간다	
	품사	대명사	조사	명사	조사	동사	
형태소	분석	나	는	학교	에	가-	-ㄴ-	-다
	자립 여부	자립 형태소	의존 형태소	자립 형태소	의존 형태소	의존 형태소	의존 형태소	의존 형태소
	의미 기능 여부	실질 형태소	형식 형태소	실질 형태소	형식 형태소	실질 형태소	형식 형태소	형식 형태소

② 단어를 구성하는 요소

㉠ 어근 : 단어를 형성할 때 실질적인 의미를 나타내는 중심 부분이다.

㉡ 접사 : 어근에 붙어 그 뜻을 제한하는 주변 부분이다.

• 접두사(接頭辭) : 어근이나 단어의 앞에 붙어 새로운 단어가 되게 하는 접사('두(頭)'는 머리 '두' 자(字)로 '맨 앞', '우두머리'라는 의미)

  ⓔ '풋사과'의 '풋-', '개나리'의 '개-', '시퍼렇다'의 '시-'

• 접미사(接尾辭) : 어근이나 단어의 뒤에 붙어 새로운 단어가 되게 하는 접사('미(尾)'는 꼬리 '미' 자(字)로 '꼬리', '등 뒤'라는 의미)

  ⓔ '선생님'의 '-님', '사냥꾼'의 '-꾼', '먹히다'의 '-히-'

③ 단어의 종류

단일어		
복합어	합성어	대등 합성어
		종속 합성어
		융합 합성어
	파생어	접두사에 의한 파생어
		접미사에 의한 파생어

(2) 단어의 짜임

1) 단어의 구성 요소

① 형태소와 어근, 접사

ㄱ 어근과 접사는 단어의 짜임에서만 사용하는 용어이다.

ㄴ 어근은 실질 형태소에 해당하고, 접사는 형식 형태소에 해당한다.

ㄷ 단일어는 어근 하나로 이루어지며, 하나의 실질 형태소이다. 또한 하나의 자립 형태소로 이루어졌다고 할 수 있다.

ㄹ 복합어는 어근 하나에 접사가 붙거나 두 개 이상의 어근이 결합하므로, 실질 형태소와 형식 형태소의 결합 혹은 두 개 이상의 실질 형태소로 이루어진다.

ㅁ 어근은 실질 형태소지만, 자립 형태소일 수도 있고 의존 형태소일 수도 있다. 반면 접사는 형식 형태소이자 의존 형태소이다.

② 어간과 어근의 구별

ㄱ 어간 : 용언의 활용에서 변하지 않는 부분 예 '먹다'에서 어간은 '먹-'이다.

ㄴ 어근 : 단어 형성에서 실질적인 의미를 가진 부분 예 '먹다'에서 어근은 '먹-'이다.

2) 단일어와 복합어

단일어	하나의 어근으로 이루어진 단어 예 나무, 하늘, 바람, 아버지, 아들, 마음, 새, 헌, 매우 등
복합어	하나의 어근에 접사가 붙거나 두 개 이상의 어근이 결합한 단어 예 소나무, 앞뒤, 오르내리다, 춤추다, 군것질, 풋사과, 사냥꾼, 개나리, 멋쟁이 등

3) 합성어

① 뜻 : 복합어 중에서 두 개 이상의 어근이 결합하여 이루어진 단어이다.

② 종류

ㄱ 대등 합성어 : 어근과 어근이 본래의 의미를 유지하면서 대등하게 결합한다.

예 운전할 때에는 앞뒤를 잘 살펴라.(앞 - 뒤)

ㄴ 종속 합성어 : 한쪽의 어근이 다른 한쪽의 어근을 꾸민다.

예 돌다리도 두들겨 보고 건너야 한다.(돌 + 다리 = 돌로 만든 다리)

ㄷ 융합 합성어 : 어근과 어근이 결합하여 형성된 합성어가 어근의 본래 의미와 다른 새로운 의미를 지니게 된다.

예 그 사람은 이번 프로젝트를 해내기 위해 밤낮 피땀을 흘렸다. (밤낮 = 항상, 늘 / 피땀 = 노력)

4) 파생어

① 뜻 : 복합어 중 하나의 어근에 접사가 붙어 이루어진 단어로, 접사가 앞에 붙으면 접두사로 이루어진 파생어, 접사가 끝에 붙으면 접미사로 이루어진 파생어이다.

② 종류

㉠ 접두사로 이루어진 파생어

접두사	의미	예
풋-	덜 익은, 처음 나온	풋고추, 풋사과 등
	미숙한, 깊지 않은	풋사랑, 풋잠 등
군-	쓸데없는	군침, 군기침, 군말 등 ※ '군고구마'의 '군-'은 파생어가 아니라 '구운'의 준말이므로 주의
	가외로 더한, 덧붙은	군사람, 군식구 등
선-	서툰, 충분치 않은	선잠, 선무당, 선웃음 등
	이미 죽은	선조부, 선대왕, 선대인 등

㉡ 접미사로 이루어진 파생어

접미사	의미	예
-장이	어떤 전문성과 기술을 가진 사람	미장장이, 땜장이, 옹기장이 등
-쟁이	어떤 속성이나 특성을 특별히 가진 사람	겁쟁이, 고집쟁이, 멋쟁이 등
-내기	한 지역에서 태어나고 자라서 그 지역 특성을 지닌 사람	서울내기, 시골내기 등
	어떤 특성을 지닌 사람	신출내기, 여간내기 등

③ 접사의 특징 : 접사는 의존 형태소이자 형식 형태소로 보통 어근 본래의 품사를 유지하지만, 때로는 접미사가 품사를 바꾸기도 한다.

단어	단어의 짜임	품사의 변화
지우다 → 지우개	지우-(어근) + -개(접사)	동사 → 명사
넓다 → 넓음	넓-(어근) + -음(접사)	형용사 → 명사
출랑출랑 → 출랑대다	출랑-(어근) + -대다(접사)	부사 → 동사

2 단어의 의미 관계

(1) 어휘의 개념

어휘는 공통된 성질에 따라 묶어 놓은 단어들의 집합이다. 특정 기준에 따라 단어를 나눌 수 있다.

(2) 어휘의 유형

1) 어원(단어가 생겨난 근원)에 따른 분류 : 고유어, 한자어, 외래어

① 고유어 : 오래전부터 선조들이 써오던 우리 고유의 말이다. ⑩ 윤슬, 어머니, 나무, 집, 꿈 등

② 한자어 : 중국의 한자를 바탕으로 만들어진 말이다. ⑩ 갈등, 신문, 고생, 학교, 예술 등

③ 외래어 : 다른 나라 말에서 빌려 와서 우리말처럼 쓰는 말이다. ⑩ 버스, 카드, 스포츠, 뉴스 등

2) 사용 양상에 따른 분류

① 은어 : 특정 집단 안에서 내부 비밀을 유지하기 위해 사용하는 말이다. ⑩ 학교를 상아탑으로 부름.

② 비속어 : 비어는 '낮은 말'로 상스럽고 천한 말, 속어는 '속된 말'로 통속적으로 쓰는 낮은 말이다.
　⑩ 다리몽뎅이(다리), 아가리·주둥아리(입), 되놈(중국인), 눈깔(눈) 등

③ 전문어 : 특정 분야에서 전문 개념을 표현하기 위해 쓰이는 말이다.
   ㉠ 의료 분야 : 예 바이털, 랩 차트, 어레스트, 에크모, 바이털 사인 등
   ㉡ 과학 분야 : 예 마찰력, 중력 가속도, 포물선 운동, 탄성, 만유인력 법칙 등
   ㉢ 인쇄 분야 : 예 누끼, 도무송, 미싱, 까데기, 단보루, 나오시, 돈보 등
④ 금기어와 완곡어 : 금기어는 두렵거나 불쾌해서 입 밖으로 꺼내기를 꺼리는 말, 완곡어는 금기어를 피해서 부드럽게 부르는 말

금기어	완곡어
변소 → 화장실, 뒷간	후진국 → 개발 도상국
홍역, 천연두 → 손님, 마마	감옥 → 형무소, 교도소
죽다 → 돌아가다, 떠나다, 뜨다, 잠들다	식모 → 가정부, 가사 도우미

⑤ 관용어 : 둘 이상의 단어들이 결합하여 관습적으로 굳어져 하나의 단어처럼 특별한 의미를 나타내는 말이다. 예 발이 넓다(인간관계가 넓다), 손이 크다(씀씀이가 후하다) 등
⑥ 속담 : 사람들의 오랜 생활이나 체험 속에서 얻어진 지혜와 교훈을 간결한 문장으로 표현한 말이다.

> • 열 길 물속은 알아도 한 길 사람 속은 모른다.
>   → 아무리 깊은 물이라도 그 깊이를 헤아릴 수 있지만 사람의 속마음은 도무지 알기 어렵다.
> • 사촌이 땅을 사면 배가 아프다.
>   → 가까운 사람이 잘되는 것을 기뻐해 주지는 않고 오히려 질투하고 시기하는 경우를 말한다.

(3) 단어의 의미 관계

단어들은 서로 비슷한 뜻을 지니거나 반대되는 뜻을 지니는 등 다양한 의미 관계를 맺는다.

1) 유의 관계 : 의미가 같거나 비슷한 둘 이상의 단어가 맺는 의미 관계로 '유의어'라고 한다.
   예 값 – 가격 – 비용   아버지 – 부친 – 가친 – 엄친   죽다 – 사망하다 – 돌아가시다
      때마침 – 우연히 – 공교롭게도   나이 – 연세 – 춘추

2) 반의 관계 : 서로 반대의 뜻을 지닌 단어들의 의미 관계로 '반의어'라고 한다.
   예 앞 ↔ 뒤   남 ↔ 녀   낮 ↔ 밤   뛰다 ↔ 걷다   오른쪽 ↔ 왼쪽   가다 ↔ 오다
      덥다 ↔ 춥다

3) 상하 관계 : 두 단어 중 한쪽이 의미상 다른 쪽을 포함하거나 다른 쪽에 포함되는 의미 관계이다. 다른 단어의 의미를 포함하는 단어를 '상위어', 포함되는 단어를 '하위어'라고 한다.
   예 과일 – 여름 과일 – 수박, 복숭아, 자두, 참외   나무 – 소나무, 전나무, 단풍나무
      신발 – 구두, 운동화, 슬리퍼, 장화   동물 – 포유류 – 호랑이, 토끼, 소

4) 동음이의 관계 : 단어의 소리가 우연히 같을 뿐 의미의 유사성은 없다. 형태와 소리는 같지만 의미는 다른 단어들을 '동음이의어(同音異議語)'라고 한다.
   예 배(선박) – 배(배수) – 배(신체) – 배(과일)
      단, 장단음은 존재함. (배:(배수)는 장음)

5) 다의 관계 : 의미적으로 유사성을 갖는 관계이다. 두 가지 이상의 의미를 가진 단어를 '다의어'라고 한다.
   예 손 • 나는 손이 시렵다.(사람의 팔목 끝에 달린 부분)
        • 손에 낀 반지가 반짝인다.(손가락)
        • 일손이 부족하다.(어떤 일을 하는 데 드는 사람의 힘이나 노력)
        • 범인은 경찰의 손에 미치지 않는 곳까지 도망갔다.(어떤 사람의 영향력이나 권한이 미치는 범위)

3 품사

(1) 품사의 개념

① 품사 : 단어들의 성질이 공통된 것끼리 모아 분류한 단어의 갈래이다.

② 품사의 분류 기준

분류 기준	품사							
형태	불변어			가변어		불변어		
기능	체언			용언		수식언	관계언	독립언
의미	명사	대명사	수사	동사	형용사	관형사	부사	조사	감탄사

(2) 품사의 분류와 특성

1) 체언 : '누구' 또는 '무엇'을 나타내는 말로 문장의 주체 자리에 나타나는 단어 → 명사, 대명사, 수사 체언은 형태가 변하지 않고, 조사와 결합하여 문장 성분으로 쓰이거나 홀로 사용된다.

① 명사 : 사람이나 사물 등의 이름을 나타내는 단어이다.

기준	종류	의미	예
자립성의 유무	자립명사	문장 가운데 홀로 쓰일 수 있는 명사	나무, 하늘, 바람, 나무 등
	의존명사	반드시 그 앞에 꾸며 주는 말이 있어야만 의미를 나타낼 수 있는 명사	수, 것, 개, 명, 분, 장 등
고유성의 유무	고유명사	특정한 사람이나 사물에 붙인 이름	이순신, 신라, 독도, 지리산, 서울 등
	보통명사	같은 종류의 사물에 두루 쓰이는 이름	학교, 학생, 강아지, 물건, 동물 등

② 대명사 : 사람이나 사물을 나타내는 명사를 대신하여 가리키는 단어이다.

㉠ 지시대명사 : 사물이나 사건, 장소 등을 대신해서 가리킨다.

사물 대명사	이, 그, 저, 이것, 저것, 그것, 무엇(미지칭) 등
처소(장소) 대명사	여기, 거기, 저기, 어디(미지칭) 등

㉡ 인칭대명사 : 사람을 대신해서 가리킨다.

1인칭	말하는 이가 자신을 가리킴.	나, 저, 본인, 우리, 저희, 소인, 짐, 과인 등
2인칭	듣는 이를 가리킴.	너, 너희, 당신, 그대, 자네, 댁, 여러분 등
3인칭	말하는 이와 듣는 이를 제외한 다른 사람을 가리킴.	그, 저, 이이, 저이, 그이, 이분, 저분, 그분, 누구(미지칭), 아무(부정칭), 당신(극존칭) 등

* 미지칭 : 모르는 사물이나 사람을 가리키는 대명사. '누구', '아무', '아무개', '무엇' 따위가 있다.
* 부정칭 : 정해지지 아니한 사람, 물건, 방향, 장소 따위를 가리키는 대명사. '아무', '아무개' 따위가 있다.

③ 수사 : 사물의 수량이나 순서를 나타내는 단어이다.

양수사	사물의 수량을 나타낸다.	하나, 둘, 셋, 넷 등 일, 이, 삼, 사 등
서수사	순서(차례)를 나타낸다.	첫째, 둘째, 셋째, 넷째 등 제일, 제이, 제삼, 제사 등

2) 용언 : 문장 안에서 '어찌하다' 또는 '어떠하다'를 나타내는 말로 주어의 동작, 상태, 성질 등을 서술하는 단어이다. → 동사, 형용사

① 동사 : 사람 또는 사물의 움직임이나 작용을 나타내는 단어이다.

종류	특성	예
자동사	움직임이나 작용이 주어에만 관련되므로 목적어가 필요하지 않다.	가다, 뛰다, 웃다, 놀다, 피다, 흐르다, 솟다, 오다 등
타동사	움직임이 다른 대상에게 미쳐서 목적어가 반드시 필요하다.	먹다, 읽다, 심다, 잡다, 태우다, 누르다, 부르다, 만들다 등

② 형용사 : 사람 또는 사물의 성질이나 상태를 나타내는 단어이다.

종류	기능	예
성상 형용사	대상의 성질이나 상태를 나타낸다.	예쁘다, 가볍다, 기쁘다, 달다, 높다, 아프다, 작다, 착하다 등
지시 형용사	사물의 성질, 시간, 수량 등이 어떠하다는 것을 형식적으로 나타낸다.	이러하다, 이렇다, 아무러하다, 어떠하다 등

③ 용언의 활용

㉠ 용언의 형태 : 어간 + 어미

어간	활용할 때 형태가 변하지 않는 부분. 기본형에서 '-다'를 뺀 부분
어미	활용할 때 형태가 변하는 부분. 어간을 제외한 부분

어미는 나타나는 위치에 따라 단어의 끝에 놓이는 어말 어미와 어말 어미의 앞에 높이는 선어말 어미로 나뉜다.

> 예 달리시다 → 달리-(어간) + -시-(선어말 어미) + -다(어말 어미)

＊ 어말 어미의 분류

어말 어미	역할	종류
종결 어미	문장을 끝맺음.	평서형 어미(-다, -네 등), 의문형 어미(-니, -ㅂ니까 등), 명령형 어미(-아라/-어라 등), 청유형 어미(-자, -ㅂ시다 등), 감탄형 어미(-구나, -구려 등)
연결 어미	문장과 문장을 이어 줌.	대등적 연결 어미(-고, -며, -으나 등), 종속적 연결 어미(-으면, -아서/-어서, -려고 등), 보조적 연결 어미(-아/-어, -게, -지, -고)
전성 어미	용언의 역할을 바꾸어 줌.	명사형 어미(-음, -기), 관형사형 어미(-(으)ㄴ, -는, -(으)ㄹ, -던 등), 부사형 어미(-게, -도록, -아서/-어서 등)

＊ 용언의 기본형 : 용언의 활용 형태 중 가장 기본이 되는 형태는 어간에 어미 '-다'가 붙은 것이다. 사전에서 용언의 의미를 찾을 때는 기본형으로 찾는다.

㉡ 용언의 활용 : 한 어간에 여러 다른 어미가 붙어서 말의 형태가 바뀌고, 문법적 의미가 달라지는 것이다.

> 예 먹다 → 먹고, 먹지, 먹어, 먹으니, 먹어라 등
> 높다 → 높고, 높지, 높아, 높으니, 높구나 등

3) 수식언 : 문장에서 다른 말을 꾸며 주는 단어이다. → 관형사, 부사

＊ 수식언의 특징 : 문장에서 다른 단어를 꾸미고, 꾸밈 받는 말 앞에 놓인다. 또한 형태가 바뀌지 않는다.

① 관형사 : 체언을 자세하게 꾸며 주는 단어이다.

성상 관형사	명사의 성질이나 상태를 꾸며 줌.	새, 헌, 첫, 순, 옛, 온갖 등
지시 관형사	어떤 대상을 가리킴.	이, 그, 저, 요, 다른, 아무, 이런, 무슨, 어느 등
수 관형사	수량을 나타냄.	한, 세, 네, 일, 이, 총, 전 등

② 부사 : 주로 용언을 꾸며서 그 뜻을 더 분명하게 해 주는 단어이다. 활용하지 않고, 격조사와 결합할 수 없으며, 보조사와는 결합이 가능하다. 문장에서 위치가 비교적 자유롭다.

종류			예
성분 부사	성상 부사 (상태나 정도의 표시)		너무, 매우, 멀리, 무척, 빨리, 슬피, 아주, 정말로, 제각각, 특히 등
	지시 부사	공간	이리, 그리, 저리, 이리저리 등
		시간	문득, 바야흐로, 아까, 앞서, 언제, 일찍이, 장차 등
	부정 부사		안(아니), 못
	의성 부사		콩콩, 쏴아, 철썩철썩, 퐁당퐁당 등
	의태 부사		깡충깡충, 사뿐사뿐, 울긋불긋 등
문장 부사	양태 부사		게다가, 과연, 도리어, 분명히, 의외로, 확실히 등
	접속 부사	문장	그래서, 그러나, 그러므로, 그리고, 따라서, 더욱이 등
		단어	곧, 또는, 및, 혹시 등

4) 관계언 : 주로 체언 뒤에 결합해서 다른 말과의 문법적 관계를 나타내거나 특별한 뜻을 더해 주는 단어이다. → 조사

① 조사 : 주로 체언(명사, 대명사, 수사) 뒤에 붙어 다른 말과의 문법적 관계를 나타내거나 특별한 뜻을 더해 주는 단어이다.

주격	이/가, 께서, 에서, 서
서술격	이다
목적격	을/를
보격	이/가(서술어 '되다, 아니다' 앞에 오는 경우에만 해당)
관형격	의
부사격	에, 에서, 에게, (으)로, 하고, 로써, 로서, 보다, 만큼, 와/과 등
호격	아/야, (이)여, 이시여

* 서술격 조사 '이다'의 특징
  • 다른 조사와 마찬가지로 자립하여 쓰일 수 없고, 다른 말과의 문법적인 관계를 나타내는 역할을 한다.
    예 나는 학생이다. ('학생'과 결합하여 그 단어가 서술어가 되게 한다.)
  • 다른 조사들은 형태가 바뀌지 않지만, '이다'는 활용하여 형태가 바뀔 수 있다.
    예 이다 → 이고, 이면, 이니, 이지, 이며 등
  • 용언은 단독으로 서술어가 될 수 있지만 서술격 조사는 체언에 의존해야만 서술어가 된다.
    예 그는 교사이다. ('교사'가 체언이고, '~이다'가 체언 '교사'에 의존한 서술격 조사이다.)

㉠ 접속 조사 : 두 단어를 같은 자격으로 이어 주는 조사이다. '과/와'는 문어(글말)에서, (이)랑, '하고'는 구어(입말)에서 주로 쓰인다.
  예 나는 사과와(랑/하고) 포도를 먹었다.

ⓛ 보조사 : 앞에 오는 말에 특별한 뜻을 더해 주는 조사이다.

보조사	은/는	만, 뿐	마다	요	부터	(이)나	도	마저	까지	조차
의미	대조	한정, 단독	보편, 균등	두루높임	먼저, 시작	선택	동일, 역시	한계, 강조	또한, 마친	첨가

5) 독립언 : 문장 안에서 다른 성분과 직접적인 관련 없이 독립적으로 쓰이는 단어이다. → 감탄사

① 감탄사 : 말하는 이의 부름이나 대답, 놀람이나 느낌을 나타내는 단어이다.

감정 감탄사	상대방을 의식하지 않고 감정을 표출함.	📖 아, 아하, 후유, 아이고, 아뿔싸, 에구머니 등
의지 감탄사	상대방을 의식하며 자기의 생각을 드러냄.	• 상대방에게 어떻게 행동할 것을 요구하고 상대방을 부름. 📖 아서라, 자, 여보, 여보세요, 이봐 등 • 상대방의 이야기에 대해 긍정이나 부정, 혹은 의혹을 표시함. 📖 응, 네, 예, 그래, 아니요, 천만에 등
무의미 감탄사	입버릇이나 더듬거리는 의미 없는 소리	📖 뭐, 어디, 어, 아, 에, 에헴 등

언어(문법)-단어 약술형 논술

01 다음 〈보기〉에서 ㉠에 들어갈 적절한 말을 쓰시오.

┤ 보기 ├

선생님 : 지금까지 형태소의 개념과 유형, 그리고 특성에 대해 공부했습니다. 그럼 다음 자료에서 밑줄 친 말들이 가진 공통점은 무엇인지 동헌이가 설명해 볼까요? (선생님이 칠판에 자료를 띄운다.)

　– 인생<u>은</u> 짧고 예술<u>은</u> 길다.
　– 모르는 사람의 말을 듣<u>지</u> 말고 부모님과 선생님의 말을 새겨 들어라.
　– 나는 좋은 기회를 잡<u>았</u>지만 더 큰 미래의 꿈을 위해 그 기회를 친구에게 양보해 주<u>었</u>다.

동　헌 : 밑줄 친 말들은 모두 (　　　　　　　　　㉠　　　　　　　　　)

---

02 다음 〈보기 1〉의 ⓐ~ⓒ에 들어갈 적절한 단어를 〈보기 2〉의 밑줄 친 것 중에서 찾아 쓰시오.

┤ 보기 1 ├

형태소
↓예
실질적 의미를 가지고 있는가? → 아니요 (　　ⓐ　　)
↓예
혼자 쓰일 수 있는가? → 아니요 (　　ⓑ　　)
↓예
(　　ⓒ　　)

┤ 보기 2 ├

　나는 캠핑을 좋아한다. <u>어느</u> 지역이든, 어느 나라든 관계없이 좋은 장소만 있다면 지금 당장 짐을 싸서 캠핑<u>에</u> 나설 수 있다. 내가 캠핑을 좋아하는 이유<u>는</u> 여러 사람들과 만날 수 있고, 인간관계 속에서 다양한 인연을 찾을 수 <u>있</u>기 때문이다. 특히 <u>해외</u>에서는 밤하늘의 별을 보거나, 오로라를 볼 수도 있다. 무수히 많은 별을 보거나 <u>오로라</u>를 볼 때에는 <u>가슴</u>이 크게 뛰기도 한다.

ⓐ : _____

ⓑ : _____

ⓒ : _____

03 다음 〈보기〉를 읽고, ㉠~㉢에 들어갈 적절한 말을 차례로 쓰시오.

┤ 보기 ├

선생님 : 어간은 용언의 활용 시에 변하지 않는 부분입니다. 어근은 단어 합성법에서 사용하는데, 실질적 의미를 나타내는 중심 부분을 가리키죠. 다음 예를 살펴볼까요?

용언	어간	어근
닫다(단일어)	닫–	닫–
치닫다(파생어)	치닫–	닫–
여닫다(합성어)	여닫–	여–, 닫– ※ '여–'는 '열다'의 어간이 '닫다에 바로 붙은 비통사적 합성어

범 준 : 선생님, 질문이 있어요. 용언의 첫 번째 '닫다(단일어)'는 어간과 어근이 일치하는 게 맞나요?

선생님 : 네, 맞아요. 하지만, 파생이나 합성어일 때는 어간과 어근이 일치하지 않아요.

소 이 : 그러면 '닫다'와 '치닫다', '여닫다' 세 단어의 어간과 어근을 분석해 보니까 다른 단어들도 분석이 가능할 것 같아요. 선생님, 제가 생각한 단어들이 있는데 제가 설명해 봐도 될까요?

선생님 : 좋아요. 그럼 소이가 앞으로 나와서 설명해 보세요.

소 이 : 용언 '늘이다'는 어간이 '늘이–'이고, 어근은 (㉠)이에요. 또 '본받다'는 어간이 '본받–' 이지만, 어근은 (㉡)이에요. 그리고 '오가다'는 어간이 '오가–'이고, 어근은 (㉢) 입니다.

형 준 : 어? 그럼 '들어가다'에서 어간은 '들어가–'이고, 어근은 '들–'과 '가–'인가요?

주 이 : 아니야! 어간은 '들어가–'가 맞지만, 어근은 '들–'뿐이야.

선생님 : 네, 주이 말이 (㉣).

㉠ : _____

㉡ : _____

㉢ : _____

㉣ : _____

04 다음 〈보기〉에서 밑줄 친 ㉠~㉤의 품사를 쓰시오.

┤ 보기 ├

㉠다섯 소녀 ㉡가 책가방을 ㉢메고 학교㉣에 ㉤간다.

㉠ : _____

㉡ : _____

㉢ : _____

㉣ : _____

㉤ : _____

05 〈보기 1〉을 참고하여 〈보기 2〉에서 각 단어의 품사와 형태소를 모두 쓰시오.

┤ 보기 1 ├

형태소는 뜻을 가진 가장 작은 말의 단위이다. 형태소는 다음과 같이 분류할 수 있다.

분류 기준		형태소의 종류
자립성의 유무	자립 형태소	다른 말에 의존하지 않고 자립해서 쓸 수 있는 형태소
		명사, 대명사, 수사, 관형사, 부사, 감탄사
	의존 형태소	홀로 쓰이지 못해 다른 말에 붙어 쓰이는 형태소
		조사, 용언의 어간·어미, 접사
실질적 의미 기능의 유무	실질 형태소	실질적인 뜻을 지니고 구체적인 대상이나 동작, 상태를 표시하는 형태소
		자립 형태소 전부, 의존형 형태소 중 용언의 어간
	형식 형태소	실질 형태소에 붙어서 주로 말과 말 사이의 관계를 표시하는 형태소
		조사, 용언의 어미, 접사

┤ 보기 2 ├

철수가 집에서 책을 읽었다.

_____

_____

_____

III 문장과 문법 요소

1 문장

머릿속에서 일어나는 우리의 생각이나 감정을 완결된 내용으로 표현하는 최소의 언어 형식이다.

주어	서술어	서술어의 성격	예
누가 / 무엇이	어찌하다	대상의 움직임을 나타냄.	승우가 뛰어간다.
누가 / 무엇이	어떠하다	대상의 상태나 성질을 나타냄.	꽃이 예쁘다.
누가 / 무엇이	무엇이다	대상을 지정함.	오늘은 수요일이다.

＊ 문장의 구성단위

하얀 눈이 펄펄 내린다.			
하얀 눈이 (주어부)		펄펄 내린다. (서술부)	
하얀 (관형어)	눈이 (주어)	펄펄 (부사어)	내린다 (서술어)

2 문장 성분

(1) **주성분** : 문장을 이루는 필수적인 성분을 말하며, 필수 성분이라고도 한다.
  ① **주어** : 문장에서 동작, 성질, 상태 등의 주체가 되는 성분으로 '무엇이', '누가'에 해당하는 말이다.
    예 <u>동영이가</u> 달린다. / <u>시냇물이</u> 흐른다.
  ② **서술어** : 주어의 동작, 성질, 상태 등을 설명하는 부분으로 '어찌하다', '어떠하다', '무엇이다'에 해당하는 말이다.
    예 하늘이 <u>푸르다</u>. / 강아지가 <u>짖는다</u>. / 내가 좋아하는 과일은 <u>사과이다</u>.
  ③ **목적어** : 서술어의 동작의 대상이 되는 성분으로 '무엇을', '누구를'에 해당하는 말이다.
    예 준우가 <u>공을</u> 던진다. / 서윤이가 <u>노래를</u> 부른다.
  ④ **보어** : 서술어가 '되다, 아니다'일 경우에 그 앞의 '무엇이', '누가'에 해당하는 말이다.
    예 물이 <u>얼음이</u> 되었다. / 세은이는 <u>장난꾸러기가</u> 아니다.

(2) **부속 성분** : 주성분을 꾸며 주는 역할을 하는 성분을 말한다.
  ① **관형어** : 체언(명사, 대명사, 수사)을 꾸며 주는 말이다.
    예 <u>게으른</u> 토끼가 잔다. / <u>빨간</u> 신발이 예쁘다.
  ② **부사어** : 주로 용언(동사, 형용사)을 꾸며 주는 말로, 관형어나 다른 부사어를 꾸며 주기도 하고 문장 전체를 꾸며 주기도 한다.
    예 형준이는 공을 <u>멀리</u> 던진다. / 영현이는 노래를 <u>매우</u> 잘 부른다. / <u>과연</u> 보라는 훌륭한 간호사구나.

    ＊ 필수 부사어 : 부사어는 일반적으로 문장에서 서술어를 꾸며 주는 역할을 하므로 생략해도 문장의 의미가 통한다. 이와 달리 생략하면 의미가 통하지 않아 문장에서 꼭 필요한 부사어를 '필수 부사어'라고 한다.

(3) 독립 성분 : 주성분이나 부속 성분과 직접적인 관계없이 그 문장에서 따로 떨어진 성분을 말한다.

① **독립어** : 문장의 어느 성분과도 관계가 없는 말로 주로 감탄, 부름, 응답 등을 나타낸다.

② **독립어의 성립**

    ㉠ 감탄사 : ⑩ <u>네</u>, 알겠습니다.

    ㉡ 체언 + 호격 조사 : ⑩ <u>범준아</u>, 이 책 정말 재미있어.

    ㉢ 제시어나 표제어 : ⑩ <u>청춘</u>, 이는 듣기만 하여도 가슴이 설레는 말이다.

3 문장의 종결 표현

종류	종결 어미의 종류	특징
평서문	-다, -네, -ㅂ니다 등	말하는 이가 듣는 이에 대해서 특별히 요구하는 일 없이 자신의 생각만을 단순하게 진술하는 문장 ⑩ 내년에는 주이와 형준이가 학교에 간다.
의문문	-니, -는가, -ㅂ니까 등	말하는 이가 듣는 이에게 질문하여 그 대답을 요구하는 문장 ⑩ 연하야 학교에 가니?
명령문	-아라/-어라, -거라 등	말하는 이가 듣는 이에게 어떤 행동을 하게 하거나 하지 않도록 요구하는 문장 ⑩ 도민아, 학교에 가거라.
청유문	-자, -세, -ㅂ시다 등	말하는 이가 듣는 이에게 어떤 행동을 함께 하도록 요청하는 문장 ⑩ 민서야 학교에 가자.
감탄문	-구나, -구려, -도다 등	말하는 이가 듣는 이를 별로 의식하지 않고, 거의 독백하는 상태에서 자신의 느낌을 표현하는 문장 ⑩ 도헌이가 학교에 가는구나!

4 문장의 확대

(1) 홑문장 : 주어와 서술어의 관계가 한 번만 나타나는 문장을 말한다.

    ⑩ 하늘이 맑다. / 주이는 형준이를 부산에서 만났다. / 큰 지붕의 집이 바로 나의 집이다.

(2) 겹문장 : 주어와 서술어의 관계가 두 번 이상 나타나는 문장을 말한다. 홑문장이 어떻게 이어지느냐에 따라 '이어진문장'과 '안은문장'으로 나눈다.

① **이어진문장** : 두 개 이상의 홑문장이 연결 어미로 결합되어 이루어진 문장을 말한다.

    ㉠ 대등하게 이어진문장

      • 앞뒤 문장의 의미 관계가 대등한 문장을 말한다.

      • 앞뒤 문장의 순서를 바꾸어 써도 의미의 차이가 거의 없다.

      • '-고', '-며', '-으나', '-지만', '-든지' 등의 연결 어미가 쓰인다.

      ⑩ 아빠는 남자이<u>고</u>, 엄마는 여자이다. / 범준이는 웃었<u>으나</u>, 형준이는 울었다.

    ㉡ 종속적으로 이어진문장

      • 앞뒤 문장의 의미가 독립적이지 못하고 종속적인 관계에 있는 문장을 말한다.

      • '-(으)면', '-(으)ㄹ지라도', '-(아)서', '-(으)려고', '-는데' 등의 연결 어미가 쓰인다.

      ⑩ 국어 공부를 열심히 하<u>면</u> 성적이 오를 것이다. / 비가 내려<u>서</u> 포비는 집으로 갔다.

② 안은문장과 안긴문장
　㉠ 안은문장 : 안긴문장을 포함하고 있는 문장을 말한다.
　㉡ 안긴문장 : 다른 문장 속에 들어가 하나의 성분처럼 쓰이는 문장을 말한다. '절'이라고 한다
　㉢ 안긴문장의 종류

안긴문장	특징
명사절	• 문장 안에서 명사처럼 쓰이며 주어, 목적어, 보어 등의 기능을 하는 절 • 명사형 전성 어미 '-(으)ㅁ', '-기' 등이 결합함. ⑩ 우리는 <u>시영이가 원하는 대학교에 합격하기</u>를 바랐다.
관형절	• 문장 안에서 관형어처럼 체언을 꾸며 주는 역할을 하는 절 • 관형사형 전성 어미 '-(으)ㄴ', '-는', '-(으)ㄹ', '-던' 등이 결합함. ⑩ 나는 <u>비가 오는</u> 소리를 들었다.
부사절	• 문장 안에서 부사어로 쓰이면서 서술어를 꾸며 주는 역할을 하는 절 • 부사형 전성 어미 '-게', '-이', '-도록', '-(아)서' 등과 결합함. ⑩ 우리는 막차를 <u>눈이 빠지게</u> 기다렸다.
서술절	• 문장 안에서 서술어로 쓰이는 절 • 다른 안긴문장과 다르게 어미나 조사와 결합하지 않음. • 안은문장의 주어와 안긴문장의 주어가 각각 나타남. ⑩ 토끼는 <u>귀가 길다</u>.
인용절	• 문장 안에서 다른 사람의 말을 인용하는 절 • 인용 부사격 조사 '고', '라고' 등과 결합함. • 직접 인용 : 다른 사람의 말이나 글을 그대로 옮기는 인용, 조사 '라고'를 사용함. • 간접 인용 : 다른 사람의 말이나 글을 간접적으로 옮기는 인용, 어미 '-다'에 조사 '고'를 붙여 사용함. ⑩ • 그는 <u>"날씨가 좋구나."</u>라고 말했다. (직접 인용) 　• 그는 <u>날씨가 좋다</u>고 말했다. (간접 인용)

5 중의적 표현

(1) 중의적 표현
① 두 가지 이상의 의미로 해석될 수 있는 표현이다.
② 문학 작품에서 의도적으로 사용하여 표현의 효과를 높이기도 한다.
③ 전달하려는 의미가 분명하지 않은 표현이기 때문에 의사소통을 방해하기도 한다.

(2) 중의적 표현의 원인
① 어휘적 중의성 : 하나의 단어가 두 가지 이상의 의미로 해석된다.
　⑩ 저 <u>배</u>를 보십시오. : 사람 신체의 일부 / 배나무의 열매 / 사람이나 짐을 싣고 다니도록 만든 물건
② 구조적 중의성 : 문장의 구조적인 특징 때문에 일어난다.
　⑩ 보라는 <u>예쁜 고향집의</u> 뜰을 좋아한다. : 고향집이 예쁘다. / 뜰이 예쁘다.
③ 범위의 부정확성 : 부정 표현의 범위가 명확하지 않기 때문에 일어난다.
　⑩ 모임에 친구들이 <u>다 오지 않았다</u>. : 한 명도 오지 않았다. / 일부는 오고 일부는 오지 않았다.
④ 비유적 중의성 : 비유적 표현이 다양한 의미로 해석된다.
　⑩ 그녀는 <u>귀가 얇다</u>. : 귓불이 얇다. / 남의 말을 쉽게 받아들인다.

(3) 중의적 표현을 고치는 방법

① 단어의 의미를 명확하게 한다.

- 예 저기 물 <u>위에 떠 있는</u> 배를 보아라. : 사람이나 짐을 싣고 다니도록 만든 물건

② 반점(,)을 사용한다.

- 예 보라는 예쁜, 고향집의 뜰을 좋아한다. : 뜰이 예쁘다.

③ 뜻이 분명하도록 어절의 위치를 바꾼다.

- 예 보라는 고향집의 <u>예쁜</u> 뜰을 좋아한다. : 뜰이 예쁘다.

④ 조사를 사용하여 문장의 의미를 한정하거나 상황을 분명히 드러낸다.

- 예 모임에 친구들이 다 오지<u>는</u> 않았다. : 일부는 오고 일부는 오지 않았다.

⑤ 필요한 정보를 추가한다.

- 예 <u>그렇게 행동하다니,</u> 그녀는 귀가 얇다. : 남의 말을 쉽게 받아들인다.

＊ 모호한 표현 : 의미가 명확하지 않은 표현으로 중의적 표현과 모호한 표현이 있다. 모호한 표현은 그 표현이 의미하는 바가 분명하지 않아 정확하게 무엇을 나타내는지를 알기 어려운 표현이다. 문장에 의미의 경계가 불분명한 단어나 구가 쓰이면 그 문장은 모호성을 띠게 된다.

- 예 적당히 삶아 먹어라! → '적당히'의 의미 경계가 불분명하다.

6 문법 요소

문법적 의미를 실현하기 위해서 사용되는 것으로, 문법적 기능을 담당한다. 우리말에서는 높임, 시간, 부정 표현, 피동·사동 등이 주요 문법 요소이다. 이 문법 요소를 잘 알고 상황에 맞는 정확한 문장 표현 능력을 기르는 것은 바르고 효과적인 국어 생활에 도움을 준다.

(1) 높임 표현

말하는 이가 말하는 대상이나 듣는 이의 높고 낮은 정도에 따라 말할 때 구별하여 표현하는 방법이다.

① **주체 높임법** : 서술의 주체(주어)를 높이는 방법이다.

- ㉠ 서술어의 어간 다음에 선어말 어미 '-(으)시-'를 넣는다.
  - 예 선생님께서 가신다.
    - ('-시-'를 넣어 걸어가는 주체인 선생님을 높였다.)
- ㉡ 주격 조사 '이/가' 대신에 '께서'를 사용한다.
  - 예 어머니께서 요리를 하신다.
    - ('-께서'를 넣어 주체인 어머니를 높였다.)
- ㉢ 높임 표현의 어휘를 사용한다.
  - 예 할아버지께서 주무신다.
    - ('자다' 대신에 '주무시다'를 사용하여 주체인 할아버지를 높였다.)

② **객체 높임법** : 서술의 객체(목적어나 부사어)를 높이는 방법이다.

- ㉠ 부사어에 조사 '에게' 대신에 '께'를 사용한다.
  - 예 소이가 선생님께 인사를 하였다.
    - ('께'를 넣어 객체인 선생님을 높였다.)
- ㉡ 높임 표현의 어휘를 사용한다.
  - 예 도헌이가 선생님께 숙제를 여쭈었다.
    - ('묻다' 대신에 '여쭈다'를 사용하여 객체인 선생님을 높였다.)

③ 상대 높임법 : 말하는 이가 듣는 이에 따라 높임의 표현을 달리하는 방법이다.

　㉠ 상대에 따라 높임을 달리한다.

　　예 날씨가 좋아! / 날씨가 좋아요.

　　　→ 친구에게는 '좋아!'라고 말을 낮추었지만, 어른에게는 '좋아요.'라고 말해야 한다.

　㉡ 상대 높임법은 격식체와 비격식체가 있다.

　　• 격식체 : 격식을 차리는 경우에 사용되며, '합쇼체, 하오체, 하게체, 해라체'가 있다.

합쇼체	이 책을 읽으십시오.	하게체	이 책을 읽게.
하오체	이 책을 읽으시오.	해라체	이 책을 읽어라.

　　• 비격식체 : 격식을 갖출 필요가 없거나 친근한 경우에 사용되며, '해요체, 해체'가 있다.

해요체	이 책을 읽어요.
해체	이 책을 읽어.

(2) 피동 표현

① 뜻 : 주어가 다른 주체에 의해서 동작을 당하게 되는 것을 나타내는 표현을 말한다.

　예 경찰이 도둑을 잡았네. / 도둑이 경찰에게 잡혔어!

　　→ '경찰이 '도둑'을 잡는 행동은 능동 표현인 반면, '도둑'이 '경찰'에게 잡힌 것은 동작을 입은 것으로 피동 표현이다.

② 피동 표현을 만드는 방법

　㉠ 용언의 어간에 접사 '-이-, -히-, -리-, -기-'를 붙인다.

　　예 • 쌀과 콩이 섞이다.

　　　• 토끼가 사냥꾼에게 잡히다.

　　　• 재민이가 금상을 받았다는 소문이 들리다.

　　　• 아기가 어머니에게 안기다.

　㉡ 용언의 어간에 '-아/-어지다'를 붙인다.

　　예 남학생과 여학생이 나누어지다.

　㉢ 명사에 피동의 뜻을 더하는 '-되다'를 붙이다.

　　예 나뭇가지가 젓가락으로 사용되다.

＊ 능동 : 주어가 어떤 동작이나 행위를 자발적으로 하는 것을 말한다.

＊ 피동

　• 주어가 다른 주체에 의해서 동작이나 행동을 당하게 되는 것을 말한다.

　• 능동 표현의 주어가 불분명하거나 행위를 하지 못하는 대상일 때도 피동 표현을 사용한다.

　　예 날씨가 풀렸다. / 친구가 감기에 걸렸다.

＊ 피동 표현의 의미적 특성 : 피동 표현은 동작을 입은 사람이나 사물에 초점을 두고, 행동을 당함을 강조하고자 하는 말하는 이의 심리가 반영되어 있다.

(3) 사동 표현

① 뜻 : 주어가 다른 사람에게 어떤 동작이나 행동을 하도록 시키는 것을 나타내는 표현을 말한다.

　예 A : 어머나! 민주야. 아기가 혼자 의자에 앉았니?

　　B : 아뇨. 지현이가 아기를 의자에 앉혔어요.

　　→ A는 '앉다'라는 동작을 하는 '아기'의 행동에 초점을 맞추는 반면, B는 아기가 의자에 앉도록 행동을 한 '지현'에 초점을 맞추고 있다.

② 사동 표현을 만드는 방법

    ㉠ 용언의 어간에 접사 '-이-, -히-, -리-, -기-, -우-, -구-, -추-'를 붙인다.

        ㉐ • 새에게 모이를 먹<u>이</u>다.

           • 엄마가 소이에게 옷을 입<u>히</u>다.

           • 나무꾼이 사슴을 나무 뒤에 숨<u>기</u>다.

           • 어머니가 아이를 재<u>우</u>다.

    ㉡ 용언에 '-게 하다'를 붙인다.

        ㉐ 시후가 새를 날<u>게 하였다</u>.

    ㉢ 명사에 사동의 뜻을 더하는 '-시키다'를 붙인다.

        ㉐ 의사가 포비를 입원<u>시켰다</u>.

✽ 주동 : 주어가 스스로 어떤 동작이나 행위를 하는 것을 말한다.

✽ 사동 : 주어가 남에게 어떤 동작을 하도록 시키는 것을 말한다.

✽ 사동 표현의 의미적 특성 : 사동 표현은 행동을 시키는 사람과 시키는 행위를 강조하고자 하는 심리가 반영되어 있다.

언어(문법)-문장과 문법 요소

▶ 정답·해설 p.8

01 〈보기 1〉을 참고하여 〈보기 2〉에서 서술어 자릿수를 모두 확인한 후 ㉠~㉢의 서술어 자릿수의 합을 쓰시오.

┤ 보기 1 ├

문장에서 서술어가 꼭 필요로 하는 성분의 개수를 서술어 자릿수라고 한다. 여기서 해당되는 성분에서는 주어, 목적어, 보어, 그리고 필수 부사어가 있다.

'그녀는 예쁘다.'는 서술어가 주어 하나만 필요로 하므로 '한 자리 서술어'이다. 또한 '주이는 형준이에게 선물을 주었다.'에서 '주었다'라는 서술어가 '주어, 필수 부사어, 목적어'를 수반하므로 세 자리 서술어가 된다.

┤ 보기 2 ├

㉠ 영국 날씨는 한국과 다르다.
㉡ 소이가 범준이에게 친절을 베풀었다.
㉢ 범준이는 외교관이 되었다.

_____

02 〈보기〉의 ㉠~㉢은 모두 안은문장이다. 각각 어떠한 절로 안겼는지 쓰시오.

┤ 보기 ├

㉠ 상주가 이 드라마에서 회장의 아들임이 밝혀졌다.
㉡ 여주가 남주를 좋아하는 사실이 드러났다.
㉢ 나는 제대할 날만을 기다렸다.

㉠ : _____

㉡ : _____

㉢ : _____

03 다음 〈보기 1〉을 읽고, 〈보기 2〉에서 쓰인 높임의 양상을 서술하시오.

┤ 보기 1 ├

국어는 높임의 양상에 따라 '주체 높임', '객체 높임', '상대 높임' 크게 셋으로 나뉜다. 주체 높임은 문장의 주어인 주체가 가리키는 대상을 높인다. 객체 높임은 문장의 목적어나 부사어가 지시하는 대상을, 상대 높임은 말을 듣는 상대, 즉 청자가 높임의 대상이 된다. 그런데 실제로는 대개 두세 가지의 높임법이 동시에 사용되기도 하는데, 이때 존대를 A로, 비존대를 B로 나타낸다면, 다음 〈보기 2〉의 문장은 어떻게 표기할 수 있을까?

┤ 보기 2 ├

소이가 손님들을 모시고 극장에 갔습니다.

04 다음 〈보기 1〉을 읽고, 〈보기 2〉의 ㉠~㉢에 들어갈 피동 표현을 각각 쓰시오.

┤ 보기 1 ├

피동은 주어가 스스로 행동하지 않고 남의 동작을 받는 것을 말한다. 또한 국어사전적 의미는
'① 남의 힘에 의해 움직이는 일.
② 〔언〕 주체가 다른 힘에 의해 움직이는 동사의 성질《안기다·먹히다 따위》. ↔ 능동.'이다.
피동 표현을 사용할 때 피동 접미사 '-이-, -히-, -리-, -기-'에 의한 피동과 '-되다', '-어지다'에 의한 피동이 있다. 이외에 피동의 의미를 갖는 단어를 이용하여 피동 표현을 만들 수 있다.

┤ 보기 2 ├

• 어제, 어디선가 음악 소리가 들(㉠)
• 지금 건물 사이로 무지개가 보(㉡)
• 이 의자는 나무로 만들어(㉢)

㉠ : _____

㉡ : _____

㉢ : _____

05 〈보기〉는 중의적인 표현을 담은 문장이다. 올바른 문장으로 수정하시오.

┤ 보기 ├

아름다운 소이의 목소리가 듣고 싶다.

_____

_____

_____

약술형 논술 **국어**

PART

3

문학

Ⅰ 현대시

1 시(時)와 시어

(1) 시(時)

시(詩)는 언어 예술의 한 형태로, 인간의 정서와 사상을 압축적이고 함축적으로 표현하는 문학 장르다. 시는 일반적으로 짧은 형식 안에 깊은 감정이나 철학적 사유를 담아내며, 독자의 상상력을 자극하고 공감대를 형성한다. 시는 운율, 이미지, 상징 등을 통해 감동을 전달하며, 언어의 음악성과 미학성을 중시한다.

① **압축된 표현** : 시는 짧은 형식 안에 많은 의미를 담아내는 특징을 가진다. 간결한 언어로 깊은 감정을 전달하는 것이 시의 핵심이다.

② **운율과 리듬** : 시는 소리의 반복과 리듬을 통해 독자에게 음악적인 감각을 제공하고 이는 시의 읽는 즐거움을 더해 준다.

③ **심상(이미지)** : 시는 감각적 이미지를 통해 독자의 상상력을 자극한다. 시적 이미지는 독자가 시를 읽으며 구체적인 장면을 떠올리게 한다.

④ **함축성** : 시는 많은 의미를 내포한 언어로 구성된다. 이는 독자가 시를 해석하며 다양한 의미를 발견할 수 있게 한다.

(2) 시어

① **시어의 의미** : 시어(詩語)는 시에서 사용되는 특별한 언어를 의미한다. 시어는 일상 언어와는 다르게 독특한 표현과 의미를 지니며, 시의 주제와 감정을 전달하는 데 중요한 역할을 한다.

② **시어의 구성요소**

㉠ **비유적 표현** : 시어는 비유, 은유, 상징 등을 통해 독자가 직접적으로 느끼지 못하는 감정을 간접적으로 표현한다. 예를 들어, '바람'은 자유를, '꽃'은 아름다움이나 덧없음을 상징할 수 있다.

㉡ **음악적 요소** : 시어는 운율과 리듬을 통해 시의 음악성을 강화한다. 이는 시어가 반복적으로 사용되거나 소리의 유사성을 통해 이루어질 수 있기 때문이며 리듬감을 형성한다.

㉢ **함축성과 다의성** : 시어는 여러 가지 의미를 내포하여 독자가 다양한 해석을 할 수 있게 한다. 이는 시의 해석을 풍부하게 만들고 독자와의 소통을 다층적으로 만든다.

㉣ **감각적 이미지** : 시어는 독자의 오감을 자극하는 이미지를 만들어 낸다. 시어를 통해 독자는 시 속의 장면을 생생하게 상상할 수 있다.

③ **시어의 의미 파악 방법** : 시어는 문맥에 따라 의미가 결정된다. 시어의 함축성은 문맥에 의해 새롭게 나타나는 의미라고도 할 수 있다. 시의 문맥은 시적 상황에 따라 내적 문맥과 외적 문맥으로 살필 수 있다. 시어의 함축적 의미는 이 두 가지에 따라 적절하게 파악하는 것이 중요하다.

㉠ 내적 문맥에 따른 의미 파악은 시의 내적 요소(화자, 상황, 어조, 표현 방법, 서술상 특징)와 표현 효과 등을 고려하여 시어의 의미를 파악한다.

    예 이육사의 「광야」에서 '눈'은 시련과 고통을 의미한다.

㉡ 외적 상황에 따른 의미 파악은 시가 창작된 시기나 시인이 처한 현실적 상황을 고려하여 시어의 의미를 파악하는 것이다.

    예 이육사의 「광야」에서 '눈'은 일제 강점기 대한민국의 상황을 의미한다.

2 심상(이미지)

(1) 개념

심상(心象, 이미지)은 시에서 사용되는 중요한 표현 기법으로, 독자가 시를 읽을 때 마음속에 구체적인 그림이나 감각적인 느낌을 떠올리게 하는 역할을 한다. 심상은 시의 내용을 생생하고 구체적으로 전달하며, 독자의 상상력을 자극하여 시적 경험을 더욱 풍부하게 만든다.

(2) 심상의 특징

① 감각적 이미지 : 심상은 시각, 청각, 후각, 미각, 촉각 등 다양한 감각을 자극하는 표현을 포함한다. 이를 통해 독자는 시 속의 장면이나 분위기를 실제로 느끼는 것처럼 경험할 수 있다.

② 구체적 묘사 : 심상은 구체적인 사물이나 장면을 묘사하여 독자가 쉽게 이해하고 상상할 수 있도록 도와준다. 이는 시의 내용을 더 명확하고 생동감 있게 전달하는 데 기여한다.

③ 상징성 : 심상은 종종 상징적인 의미를 지니며, 단순한 묘사 이상의 깊은 의미를 전달한다. 예를 들어, '꽃'은 아름다움뿐만 아니라 덧없음이나 삶의 짧음을 상징할 수 있다.

④ 정서적 효과 : 심상은 독자의 감정을 자극하여 시의 주제나 메시지를 더욱 강렬하게 전달한다. 이는 독자가 시에 더 깊이 공감하고 감동을 느끼게 한다.

(3) 심상의 예시

① 김소월의 「진달래꽃」 : "나 보기가 역겨워 가실 때에는 말없이 고이 보내 드리오리다"라는 구절에서 '진달래꽃'은 이별의 슬픔과 아름다움을 동시에 떠올리게 하는 심상이다.

② 정지용의 「향수」 : "넓은 벌 동쪽 끝으로 옛이야기 지줄대는 실개천이 휘돌아 나가고"라는 구절에서 '실개천'은 고향의 평화롭고 따뜻한 이미지를 떠올리게 한다.

③ 윤동주의 「서시」 : "죽는 날까지 하늘을 우러러 한 점 부끄럼 없기를"에서 '하늘'은 깨끗하고 고결한 이미지를 통해 윤동주의 도덕적 결백을 상징한다.

(4) 심상의 종류

① 시각적 심상 : 눈에 보이는 대상을 묘사하는 심상 예 '붉은 노을', '푸른 바다'

② 청각적 심상 : 소리를 통해 이미지를 전달하는 심상 예 '새들의 지저귐', '바람의 속삭임'

③ 후각적 심상 : 냄새를 통해 느끼는 이미지를 묘사하는 심상 예 '꽃향기', '비 내린 후의 흙냄새'

④ 미각적 심상 : 맛을 통해 이미지를 전달하는 심상 예 '달콤한 사과', '짠 바다의 맛'

⑤ 촉각적 심상 : 촉감을 통해 이미지를 표현하는 심상 예 '부드러운 실크', '차가운 얼음'

3 운율과 운율 형성 방식

(1) 개념

시에서 느껴지는 말의 가락으로 음보와 음수율, 어휘와 문장의 반복, 통사 구조의 반복 등으로 운율을 형성한다.

(2) 운율의 종류

① 압운의 종류

㉠ 각운 : 시행의 끝에서 일정한 말소리가 규칙적으로 반복되는 압운

예 김소월의 「진달래꽃」 "나 보기가 역겨워 / 가실 때에는 / 말없이 고이 보내 드리오리다. // 영변에 약산 / 진달래꽃 / 아름 따다 가실 길에 뿌리오리다."에서 '오리다'가 반복되어 각운 형성

ⓛ 두운 : 시행의 첫머리나 어절의 첫소리 위치에서 특정한 말소리가 반복되는 압운

　　　예 한용운의 「님의 침묵」 "님은 갔습니다. / 아아, 사랑하는 나의 님은 갔습니다."에서 '님은'과 '갔습니다.'가 반복되어 두운 형성

② 율격의 종류

　　　㉠ 내재율 : 시의 표면에 드러나지 않고 내면에 존재하는 운율. 주관적이고 개성적인 가락

　　　㉡ 외형률 : 규칙적인 리듬이 시의 표면에 드러나는 운율

　　　　• 음수율 : 글자의 수를 규칙적으로 반복함으로써 생기는 운율. 3·4조, 4·4조, 7·5조 등

　　　　　예 <u>손톱으로 톡 튀기면</u> / <u>쨍하고 금이 갈 듯,</u> / <u>새파랗게 고인 물이</u> / <u>만지면 출렁일 듯</u>
　　　　　　　　4　　　4　　　　　3　　　4　　　　　4　　　4　　　　　3　　　4

　　　　• 음보율 : 음보를 반복함으로써 생기는 운율

　　　　　예 행여나 ∨ 다칠세라 ∨ 너를 안고 ∨ 줄 고르면 (4음보)

③ 운율 형성의 방법

　　　㉠ 동일 음운의 반복 : 예 갈래 갈래 갈린 길

　　　㉡ 동일 음절의 반복 : 예 마당에 햇살이 노란 <u>집</u> / 저녁 연기에 곧게 올라가는 <u>집</u> / 뒤 안에 감이 붉게 익는 <u>집</u>

　　　㉢ 동일 시어의 반복 : 예 두 점을 치는 <u>소리</u> / 방범 대원의 호각 <u>소리</u>, 메밀묵 사려 <u>소리</u>에

　　　㉣ 일정한 음수와 음보의 반복 : 예 산 너머 남촌에는 누가 살길래 / 해마다 봄 바람이 남으로 오네 (7·5조 3음보)

　　　㉤ 동일한 통사 구조의 반복 : 예 바람보다 늦게 누워도 / 바람보다 먼저 일어나고 / 바람보다 늦게 울어도 / 바람보다 먼저 웃는다

　　　㉥ 음성 상징어(의성어, 의태어)의 반복 : 예 보리피리 불며 / 봄 언덕 / 고향 그리워 / <u>피─ㄹ닐니리.</u> 보리피리 불며 / 꽃 청산 / 어린 때 그리워 / <u>피─ㄹ닐니리.</u>

4 시적 화자

(1) 시적 화자

시적 화자는 시인이 자신의 생각이나 감정을 효과적으로 전달하기 위해 의도적으로 설정한 허구적 대리인으로, 시 속 목소리의 주인공이다. 이를 '서정적 자아'나 '시적 자아'라고도 한다. 시적 화자는 시적 상황을 드러내고, 시적 대상에 대한 정보를 전달하며, 시인의 내면세계를 효과적으로 표현한다.

(2) 시적 상황

시적 상황은 화자 혹은 시적 대상이 처해 있는 내적 상황과 외적 상황을 말한다.
① 내적 상황은 시 내부에서 화자 혹은 시적 대상이 처한 시간적, 공간적, 심리적 상황을 의미한다.
② 외적 상황은 시인의 시 창작 과정에 반영된 역사적, 사회적 상황을 의미한다.

(3) 시적 대상

시적 대상은 시 속 화자가 바라보는 구체적인 사물, 말을 건네는 청자, 시의 소재나 제재가 되는 관념 및 사물, 넓게는 화자의 심리적 정황까지 포함한다.

(4) 시적 화자의 태도

시적 화자의 태도는 시적 대상과 시적 상황에 대해 화자가 취하는 심리적 자세 또는 대응 방식을 말한다.

이는 주로 어조에 반영된다. 태도의 유형에는 반성적 태도, 비판적 태도, 의지적 태도, 달관적 태도, 예찬적 태도, 자연 친화적 태도 등이 있다.

(5) 시적 화자의 정서

시적 화자의 정서는 시적 대상과 시적 상황에 대해 갖는 다양한 감정이나 기분, 생각 등을 말한다. 감정은 흔히 말하는 '칠정'보다 훨씬 다양하고 섬세하다. 정서의 유형에는 기쁨, 슬픔, 희망, 절망, 소망, 동경, 사랑, 한, 체념, 그리움, 즐거움, 노여움, 안타까움, 아쉬움, 안도감 등이 있다.

(6) 시의 어조

① 시의 어조는 시적 화자가 시적 대상이나 독자에게 취하는 언어적 태도를 말한다. 이는 시의 분위기와 정서와 관련되며, 주로 시어와 종결 어미에서 드러난다.

② 어조의 형성 요인에는 화자의 성별, 연령, 시어의 의미와 이미지, 말소리가 주는 느낌, 경어체, 의고체, 독백체, 대화체 및 방언, 평서형, 의문형 등의 문장을 끝맺는 어말 어미 등이 있다.

③ 어조의 종류는 청자의 유무에 따라(독백조, 회화조), 화자의 유형에 따라(남성적, 여성적), 청자에 대한 화자의 태도에 따라(권유, 명령, 기원, 예찬, 순응, 소망, 의문, 간청), 화자의 일반적 태도에 따라(낙천적, 염세적, 격정적, 관조적, 종교적, 사색적, 친화적, 냉소적, 우호적, 비판적, 예찬적, 풍자적, 해학적, 교훈적) 나뉜다.

(7) 시의 주제

시의 주제는 시적 화자의 태도와 정서에서 드러난다. 시적 화자의 정서는 시인의 내면세계와 맞닿아 있다. 따라서 시인의 중심 생각(주제)은 시적 상황 속에서 화자가 어떤 정서적 상태에 놓여 있는지를 살핌으로써 보다 효과적이고 바르게 이해할 수 있다. 간혹 화자의 감정이 절제되어 정서가 드러나지 않는 경우 시적 상황 자체를 주제로 삼기도 한다.

5 발상과 표현

(1) 발상

① 개념 : 발상은 시의 창작 과정에서 시인이 처음 떠올린 창작 의도와 표현 전략을 말한다. 시에서 발상은 사상이나 정서를 드러내는 창조적 사고나 생각을 의미하며, 이는 시적 진술의 특성과 개성을 표현하는 과정과 맞물려 이해될 필요가 있다. 발상은 '표현'과 함께 고려해야 한다.

② 발상의 유형

㉠ 감정 이입 : 자신의 감정을 대상에 이입시켜, 마치 대상이 그러한 감정을 느끼고 생각하는 것처럼 표현하는 방법이다. 이때 시적 화자의 정서나 사상을 나타내는 대상물을 객관적 상관물이라고 한다.

예 "초롱에 불빛, 지친 밤 하늘 / 굽이굽이 은핫물 목이 젖은 새"

㉡ 주객전도 : 객체화된 대상이 주체를 지배하는 것처럼 표현하는 기법이다.

예 "산이 날 에워싸고 / 씨나 뿌리며 살아라 한다. / 밭이나 갈며 살아라 한다."

㉢ 패러디 : 유명 작품의 문체나 운율 등을 모방하여 표현하는 기법이다.

예 원본시 – "내가 그의 이름을 불러 주기 전에는 / 그는 다만 / 하나의 몸짓에 지나지 않았다."
모방시 – "내가 그의 단추를 눌러 주기 전에는 / 그는 다만 / 하나의 라디오에 지나지 않았다."

㉣ 추상적 관념의 사물화 : 추상적인 관념을 감각적으로 구체화하여 표현하는 기법이다.

예 "동지ㅅ들 기나긴 밤을 한 허리를 버혀 내어 / 춘풍 니불 아래 서리서리 너헛다가"

ⓓ **고전 작품의 차용** : 고전 작품을 차용하여 시의 의미를 더욱 효과적으로 표현하는 기법이다.

　　ⓔ "안녕히 계세요 / 도련님 // 저승이 어딘지는 똑똑히 모르지만 / 춘향의 사랑보단 오히려 더 먼 / 딴 나라는 아마 아닐 것입니다."

ⓑ **상황의 가정** : 특정 상황을 가정하여 시의 의미를 더욱 효과적으로 표현하는 기법이다.

　　ⓔ "먼 훗날 당신이 찾으시면 / 그 때에 내 말이 '잊었노라' / 당신이 속으로 나무라면 / '무척 그리다가 잊었노라'"

ⓢ **모티브의 차용** : 문학 작품 창작의 근원적 동기가 되는 모티브를 차용하여 작가의 정서와 의도를 형상화하는 기법이다.

　　ⓔ "누나라고 불러 보랴 / 오오 불설워 / 시새움에 몸이 죽은 우리 누나는 / 죽어서 접동새가 되었습니다"

(2) 표현

시적 화자의 의도를 효과적으로 드러내기 위해 사용하는 다양한 글쓰기 장치를 말한다.

① **비유법** : 비유는 표현하고자 하는 대상을 다른 사물에 빗대어 표현하는 방법으로, 원관념과 보조 관념 사이의 유사성을 전제로 한다. 유사성을 바탕으로 하되 차이성이 클수록 시의 긴장감과 참신성이 높아진다.

ⓐ **직유법** : '~처럼', '~같이' 등의 연결어를 사용하여 원관념과 보조 관념을 직접 연결하여 표현하는 방법이다.

　　ⓔ "길은 한 줄기 넥타이처럼 풀어져"

ⓑ **은유법** : 연결어를 사용하지 않고 두 대상이 동일한 것처럼 간접적으로 연결하여 표현하는 방법이다.

　　ⓔ "사랑하는 나의 하나님, 당신은 / 늙은 비애다. 푸줏간에 걸린 커다란 살점이다."

ⓒ **의인법** : 인간이 아닌 사물이나 관념에 인격을 부여하여 인간적인 요소를 지니게 하는 표현 방법이다.

　　ⓔ "조국을 언제 떠났노. / 파초의 꿈은 가련하다."

ⓓ **활유법** : 무생물에 생물적 특성을 부여하여 살아 있는 생물처럼 나타내는 방법이다.

　　ⓔ "어둠은 새를 낳고 돌을 / 낳고 꽃을 낳는다."

ⓔ **대유법** : 대상의 어느 한 부분이나 속성만으로 전체를 대신하여 표현하는 방법이다.

　　ⓔ "껍데기는 가라 한라에서 백두까지 / 향그러운 흙가슴만 남고 / 그 모오든 쇠붙이는 가라."

ⓑ **풍유법** : 원관념은 숨긴 채 특정 대상을 은근히 비꼬아 속뜻을 짐작하게 하는 방법이다.

　　ⓔ "야, 이눔아, / 뿌리가 없으면 썩는겨 / 귀신 씨나락 까먹는 소리 허지두 말어."

ⓢ **중의법** : 한 단어나 문장에 두 가지 뜻을 포함시켜 표현하는 방법이다.

　　ⓔ "청산리 벽계수야 수이감을 자랑 마라." ('벽계수'는 '푸른 시냇물' 자체로 볼 수도 있고, 사람의 이름인 '벽계수'로도 볼 수 있다.)

② **변화법** : 문장에 변화를 주어 독자의 주의를 불러일으키고, 지루한 느낌을 없애는 수사법이다.

ⓐ **도치법** : 정상적인 문장 성분의 배열 순서나 문장 자체의 순서를 바꾸어 놓는 방법이다. 강조의 초점은 뒤에 있다.

　　ⓔ "나는 아직 기다리고 있을 테요, 찬란한 슬픔의 봄을."

ⓑ **설의법** : 의문문의 형식으로서, 내용상으로는 의문이 아니고 반어적 표현으로 상대방을 납득시키는 방법이다.

　　ⓔ "어디 닭 우는 소리 들렸으랴."

ⓒ **문답법** : 글쓴이가 스스로 묻고, 스스로 답하는 형식을 빌려 문장을 전개해 나가는 표현 방법이다.
　　⑩ "아희야 무릉이 어디오. 나는 옌가 하노라."

ⓔ **대구법** : 통사 구조가 서로 같거나 비슷한 두 문장을 짝지어 나란히 배열하여 의미를 조화롭게 나타내는 방법이다.
　　⑩ "봄이 오면 꽃이 피고, 여름이 오면 새가 운다."

ⓜ **생략법** : 서술의 일부나 대화의 일부를 생략하여 여운을 주어 표현의 효과를 높이는 방법이다.
　　⑩ "학, 학 나무를, 학 나무를…."

ⓗ **돈호법** : 글을 써 내려가다가 갑자기 사람이나 사물의 이름을 불러 주의를 환기시키는 표현 방법이다.
　　⑩ "산아, 우뚝 솟은 푸른 산아, 철철철 흐르듯 짙푸른 산아!"

ⓢ **역설법** : 표면적으로는 모순되지만 내면적으로는 진리를 담고 있는 표현법이다.
　　⑩ "우리들의 사랑을 위하여서는 / 이별이, 이별이 있어야 하네."

ⓞ **반어법** : 진술된 것과 반대되는 뜻을 표현하는 방법이다.
　　⑩ "죽어도 아니 눈물 흘리우리다."

③ **강조법** : 문장 내용을 더욱 뚜렷이 전달하고자 독자의 신경을 자극하여 강렬한 느낌을 주는 수사법이다.

㉠ **과장법** : 사물의 수량, 성질, 상태를 실제보다 더 확대하거나 축소하여 의미를 강조하는 방법이다.
　　⑩ "모란이 지고 말면 그뿐, 내 한 해는 가고 말아 / 삼백 예순날 하냥 섭섭해 우옵내다."

㉡ **영탄법** : 감탄사나 감탄형 어미를 사용하여 강렬한 심정을 나타내는 방법이다.
　　⑩ "아! 바다 소리와 함께 부서지고 싶어라 / 죽고 싶어라……."

㉢ **반복법** : 같거나 비슷한 단어나 어절, 구절을 되풀이하여 뜻을 강조하는 방법이다.
　　⑩ "가시리 가시리잇고, 바리고 가시리잇고"

㉣ **점층법** : 사상, 감정, 사물을 점차 고조시키는 표현 방법이다.
　　⑩ "주인도 취하고 나그네도 취하고 산도 하늘도 모두 취했다."

주요 작품 약술형 논술

※ 다음 글을 읽고 물음에 답하시오. [1~3]

▶ 정답·해설 p.9

(가) 검은 벽에 기대선 채로
　　해가 스무 번 바뀌었는디
　　내 기린(麒麟)은 영영 울지를 못한다

　　그 가슴을 퉁 흔들고 간 노인의 손
　　지금 어느 끝없는 향연(饗宴)에 높이 앉았으려니
　　땅 우의 외론 기린이야 하마 잊어졌을라

　　바깥은 거친 들 이리떼만 몰려다니고
　　사람인 양 꾸민 잔나비떼들 쏘다니어
　　내 기린은 맘둘 곳 몸둘 곳 없어지다

　　문 아주 굳이 닫고 벽에 기대선 채
　　해가 또 한 번 바뀌거늘
　　이 밤도 내 기린은 맘 놓고 울들 못한다

　　　　　　　　　　　　　　　　　　　　　　　　　　　　　　　　　　　　　　　- 김영랑, 「거문고」

(나) 풀이 눕는다
　　비를 몰아오는 동풍에 나부껴
　　풀은 눕고
　　드디어 울었다
　　날이 흐려서 더 울다가
　　다시 누웠다

　　풀이 눕는다
　　바람보다도 더 빨리 눕는다
　　바람보다도 더 빨리 울고
　　바람보다 먼저 일어난다

　　날이 흐리고 풀이 눕는다
　　발목까지
　　발밑까지 눕는다
　　바람보다 늦게 누워도
　　바람보다 먼저 일어나고
　　바람보다 늦게 울어도
　　바람보다 먼저 웃는다
　　날이 흐리고 풀 뿌리가 눕는다

　　　　　　　　　　　　　　　　　　　　　　　　　　　　　　　　　　　　　　　- 김수영, 「풀」

01 〈보기〉는 (가)에 대한 해설의 일부이다. 〈보기〉의 ①, ②에 들어갈 알맞은 시어를 (가)에서 찾아 쓰시오.

┤ 보기 ├

이 시는 일제 강점기라는 암울한 현실에 놓인 화자의 답답한 처지를 영영 울지 못하는 거문고에 빗대어 표현하고 있다. 거문고는 시에서 (①)(으)로 형상화되어 있는데, 이는 예전부터 상서로이 여겨지는 귀한 동물로 바깥에서 몰려다니고 쏘다니는 (②)와는 대비되는 존재이다. 그러나 이러한 상서로운 동물이 마음껏 운다는 것은 실현 가능성이 희박한 일이라고 볼 수 있다.

① : _____

② : _____

02 〈보기〉는 (나)의 표현상의 특징을 정리한 것이다. 〈보기〉의 ①, ②에 들어갈 알맞은 말을 쓰시오.

┤ 보기 ├

이 시에서의 풀은 흔히 겉으로 보기엔 약한 존재이나 외부의 압력에도 굴하지 않고 살아남는 우리 민중을 상징한다고 읽힌다. 이 강인한 생명력을 강조하기 위해 시인은 다양한 시적 기법을 사용하는데 그중에서도 (①)과 (②)을 많이 사용한다.
(①)이 사용된 곳을 살펴보면 '눕는다', '운다', '일어난다' 등의 시어를 여러 번 사용함으로써 시의 의미를 강조하고 운율을 만들어 냈음을 찾을 수 있다.
(②)은 유사한 구조를 가진 문장을 나란히 두어 의미를 강조하는 방법으로 '바람보다도 더 빨리 울고 / 바람보다 먼저 일어난다', '바람보다 늦게 누워도 / 바람보다 먼저 일어나고', '바람보다 늦게 울어도 / 바람보다 먼저 웃는다' 등에서 사용했음을 찾을 수 있다.

① : _____

② : _____

03 (가)와 (나)의 시적 대상은 모두 암울한 시대에서 외부의 힘에 의해 압력을 받고 있는 존재이다. 그러나 화자가 시적 대상을 보는 시각에는 차이가 있다. (가)의 '기린'과 (나)의 '풀'의 차이를 1~2줄 내외로 서술하시오.

_____

_____

※ 다음 글을 읽고 물음에 답하시오. [4~5]

● 정답·해설 p.9

(가) 당신과 나와 이별한 때가 언제인지 아십니까.

　　가령 우리가 좋을 대로 말하는 것과 같이, 거짓 이별이라 할지라도 나의 입술이 당신의 입술에 닿지 못하는 것은 사실입니다.

　　이 거짓 이별은 언제나 우리에게서 떠날 것인가요.

　　한 해 두 해 가는 것이 얼마 아니 된다고 할 수가 없습니다.

　　시들어 가는 두 볼의 도화(桃花)가 무정한 봄바람에 몇 번이나 스쳐서 낙화가 될까요.

　　㉠ 회색이 되어 가는 두 귀밑의 푸른 구름이, 쪼이는 가을볕에 얼마나 바래서 백설(白雪)이 될까요.

　　머리는 희어 가도 마음은 붉어 갑니다.

　　피는 식어 가도 눈물은 더워 갑니다.

　　사랑의 언덕엔 사태가 나도 희망의 바다엔 물결이 뛰놀아요.

　　이른바 거짓 이별이 언제든지 우리에게서 떠날 줄만은 알아요.

　　그러나 한 손으로 이별을 가지고 가는 날은 또 한 손으로 죽음을 가지고 와요.

－ 한용운, 「거짓 이별」

(나) 님은 갔습니다. 아아, 사랑하는 나의 님은 갔습니다.

　　푸른 산빛을 깨치고 단풍나무 숲을 향하여 난 작은 길을 걸어서, 차마 떨치고 갔습니다.

　　황금(黃金)의 꽃같이 굳고 빛나던 옛 맹세는 차디찬 티끌이 되어서 한숨의 미풍(微風)에 날아갔습니다.

　　날카로운 첫 키스의 추억은 나의 운명의 지침(指針)을 돌려놓고, 뒷걸음쳐서 사라졌습니다.

　　나는 향기로운 님의 말소리에 귀먹고, 꽃다운 님의 얼굴에 눈멀었습니다.

　　사랑도 사람의 일이라, 만날 때에 미리 떠날 것을 염려하고 경계하지 아니한 것은 아니지만, 이별은 뜻밖의 일이 되고, 놀란 가슴은 새로운 슬픔에 터집니다.

　　그러나 이별을 쓸데없는 눈물의 원천(源泉)을 만들고 마는 것은 스스로 사랑을 깨치는 것인 줄 아는 까닭에, 걷잡을 수 없는 슬픔의 힘을 옮겨서 새 희망의 정수박이에 들어부었습니다.

　　우리는 만날 때에 떠날 것을 염려하는 것과 같이, 떠날 때에 다시 만날 것을 믿습니다.

　　아아, 님은 갔지마는 나는 님을 보내지 아니하였습니다.

　　제 곡조를 못 이기는 사랑의 노래는 님의 침묵(沈默)을 휩싸고 돕니다.

－ 한용운, 「님의 침묵」

04 (가)에서 사랑하는 대상과의 이별을 대하는 화자의 시적 정서와 유사한 정서를 드러내는 시행을 (나)에서 찾아 첫 어절과 마지막 어절을 쓰시오.

첫 어절 : _____ , 마지막 어절 : _____

05 〈보기〉는 (가)의 표현적 특징에 대한 해설의 일부이다. ㉠을 반영하여 〈보기〉의 ①, ②에 들어갈 알맞은 말을 쓰시오.

┤ 보기 ├

이 작품은 경어체를 사용하여 간절하고 경건한 분위기를 조성하고, 서로 (①   )되는 (②   ) 이미지의 시어를 통해 사랑하는 당신에 대한 간절한 마음을 표현하고 있다.

① : _____

② : _____

※ 다음 글을 읽고 물음에 답하시오. [6~7]

● 정답·해설 p.10

(가) 접동
　접동
　아우래비 접동

　진두강 가람 가에 살던 누나는
　진두강 앞마을에
　와서 웁니다

　옛날, 우리나라
　먼 뒤쪽의
　진두강 가람 가에 살던 누나는
　의붓어미 시샘에 죽었습니다

　누나라고 불러 보랴
　오오 불설워
　시새움에 몸이 죽은 우리 누나는
　죽어서 접동새가 되었습니다

　아홉이나 남아 되던 오랩동생을
　죽어서도 못 잊어 차마 못 잊어
　야삼경 남 다 자는 밤이 깊으면
　이 산 저 산 옮아가며 슬피 웁니다

　　　　　　　　　　　　　　　－ 김소월, 「접동새」

(나) 눈물 아롱아롱
　　피리 불고 가신 님의 밟으신 길은
　　진달래 꽃비 오는 서역(西域) 삼만 리

　　흰 옷깃 여며 여며 가옵신 임의
　　다시 오진 못하는 파촉(巴蜀) 삼만 리

　　신이나 삼아 줄걸 슬픈 사연의
　　올올이 아로새긴 육날 메투리
　　은장도 푸른 날로 이냥 베어서
　　부질없는 이 머리털 엮어 드릴걸

　　초롱에 불빛, 지친 밤하늘
　　굽이굽이 은핫물 목이 젖은 새,
　　차마 아니 솟는 가락 눈이 감겨서
　　제 피에 취한 새가 귀촉도 운다
　　그대 하늘 끝 호올로 가신 님아

　　　　　　　　　　　　　　　－ 서정주, 「귀촉도」

06 〈보기 1〉과 〈보기 2〉는 각각 (가)와 (나)의 모티브가 된 설화이다. 〈보기 1〉과 〈보기 2〉의 ①과 ②가 상징하는 시어를 제시문에서 찾아 쓰시오.

┤ 보기 1 ├

옛날 진두강 근처 마을에 10남매가 살고 있었다. 어머니가 돌아가시자 아버지는 의붓어머니를 들였는데 그녀는 성격이 포악하여 아이들을 구박하였다. 남매 중 첫 딸이 혼기가 차 부잣집 도령과 약혼을 하게 되었는데 도령이 많은 예물을 보내오자 의붓어머니는 샘이 나 딸을 장롱 안에 가두고 불을 질러 죽였다. 불 탄 재 속에서 ① 접동새 한 마리가 날아올랐다. 이를 알게 된 관아에서 의붓어머니를 잡아서 똑같은 방법으로 불태워 죽였는데 이번에는 재 속에서 까마귀가 날아올랐다. 원통하게 죽어 접동새가 된 딸은 동생들을 그리워하는 마음에 마을을 떠도는데 그나마 까마귀가 된 계모가 무서워 밤에만 나타나 울다 간다고 한다.

┤ 보기 2 ├

중국 촉나라에 망제라는 왕이 있었는데 어느 날 강가에서 시신 한 구를 발견하여 건져 내었는데 시신이 살아났다. 신기하게 여긴 망제는 그를 궁궐로 데려왔고 하늘이 보낸 사람이라 생각하며 귀하여 대접하였다. 그러나 그는 본디 음흉한 사람으로 자신의 딸을 바쳐 가며 망제의 환심을 산 후 궁궐을 매수하여 그를 내쫓고 왕이 되었다. 나라를 빼앗긴 망제는 울분으로 죽게 되었는데 그 후 대궐이 보이는 서산에 밤마다 두견새가 나타나 울어대니 사람들이 이 새를 망제의 혼이라 여기고 촉나라로 돌아가고 싶은 망제의 마음을 담아 ② 귀촉도라 불렀다.

①: _____

②: _____

07 〈보기〉는 (가)와 (나)에 대한 해설의 일부이다. 〈보기〉의 ①에 들어갈 알맞은 말을 쓰시오.

┤ 보기 ├

(가)와 (나)는 설화를 모티브로 하여 (①   )을/를 표현하고 있다. (①   )(이)란 외국어로 번역하기 어려운 우리 민족 고유의 정서로 반도라는 지리적 특성 때문에 오랜 시간을 거쳐 침략을 받으며 살아온 한국인의 역사적 배경으로 인해 일종의 슬픔, 비감, 애절함 등이 내면화되어 이러한 정서가 생겼다는 해석이 있다.

_____

※ 다음 글을 읽고 물음에 답하시오. [8~9]   ▶ 정답·해설 p.10

(가) 아주 오랜 세월이 흐른 뒤에
      힘없는 책갈피는 이 종이를 떨어뜨리리
      그때 내 마음은 너무나 많은 공장을 세웠으니
      어리석게도 그토록 기록할 것이 많았구나
      구름 밑을 천천히 쏘다니는 개처럼
      지칠 줄 모르고 공중에서 머뭇거렸구나
      나 가진 것 탄식밖에 없어
      저녁 거리마다 물끄러미 청춘을 세워 두고
      살아온 날들을 신기하게 세어 보았으니
      그 누구도 나를 두려워하지 않았으니
      내 희망의 내용은 질투뿐이었구나
      그리하여 나는 우선 여기에 짧은 글을 남겨 둔다
      나의 생은 미친 듯이 사랑을 찾아 헤매었으나
      단 한 번도 스스로를 사랑하지 않았노라

                                      - 기형도, 「질투는 나의 힘」

(나) 창밖에 밤비가 속살거려
      육첩방은 남의 나라.

      시인이란 슬픈 천명인 줄 알면서도
      한 줄 시를 적어볼까.

      땀내와 사랑내 포근히 품긴
      보내주신 학비 봉투를 받아,

      대학 노트를 끼고
      늙은 교수의 강의를 들으러 간다.

      생각해 보면 어릴 때 동무들
      하나, 둘, 죄다 잃어버리고,

      나는 무얼 바라
      나는 다만, 홀로 침전하는 것일까?

      인생은 살기 어렵다는데
      시가 이렇게 쉽게 씌어지는 것은
      부끄러운 일이다.

      육첩방은 남의 나라
      창밖에 밤비가 속살거리는데,

㉠ 등불을 밝혀 어둠을 조금 내몰고
시대처럼 올 아침을 기다리는 최후의 나,

나는 나에게 작은 손을 내밀어
눈물과 위안으로 잡는 최초의 악수.

– 윤동주, 「쉽게 쓰여진 시」

08 〈보기〉는 (가)의 시간적 시점의 특이성을 설명한 내용의 일부이다. 〈보기〉의 ①, ②에 들어갈 알맞은 말을 쓰시오.

┤ 보기 ├

　　(가)에서 화자는 질투로 대변되는 감정의 소용돌이를 겪으면서도 진정 자신을 사랑하지 못하는 자신의 청춘을 반성적으로 성찰하고 있다. 일반적으로 현재에 과거를 회고하며 반성과 성찰을 얻는 구성과 다르게 이 시는 '아주 오랜 세월이 흐른 뒤에'라고 시작하여 (　　①　　)의 시점에서 청춘을 살아가는 (　　②　　)을/를 회고한다는 점에서 시점상의 특이성이 있다.

① : _____

② : _____

09 (가)는 화자 자신의 삶에 대해 내적 평가에서 비롯된 내적 요인이라면 (나)는 화자가 성찰의 계기가 일제 치하라는 시대상황에서 비롯된 외부요인이라는 점에서 차이가 있다. 그렇다면 (가)와 (나)의 공통점은 무엇인지 한 문장으로 서술하시오.

_____

_____

※ 다음 글을 읽고 물음에 답하시오. (10~12)

● 정답·해설 p.10

(가) 내 유년의 7월에는 냇가 잘 자란 미루나무 한 그루 솟아오르고 또 그 위 파란 하늘에 뭉게구름 내려와 어린 눈동 자 속 터져나갈 듯 가득 차고 찬물들은 반짝이는 햇살 수면에 담아 쉼 없이 흘러갔다. 냇물아 흘러 흘러 어디로 가니, 착한 노래들도 물고기들과 함께 큰 강으로 헤엄쳐 가버리면 과수원을 지나온 달콤한 바람은 미루나무 손들 을 흔들어 차르르 차르르 내 겨드랑이에도 간지러운 새 잎이 돋고 물 아래까지 헤엄쳐가 누워 바라보는 하늘 위로 삐뚤삐뚤 헤엄쳐 달아나던 미루나무 한 그루. 달아나지 마 달아나지 마 미루나무야, 귀에 들어간 물을 뽑으려 햇 살에 데워진 둥근 돌을 골라 귀를 가져다 대면 허기보다 먼저 온몸으로 퍼져오던 따뜻한 오수, 점점 무거워져 오 는 눈꺼풀 위로 멀리 누나가 다니는 분교의 풍금소리 쌓이고 미루나무 그늘 아래에서 7월은 더위를 잊은 채 깜빡 잠이 들었다.

– 정일근, 「흑백 사진 – 7월」

(나) 열무 삼십 단을 이고
　　시장에 간 우리 엄마
　　안 오시네, 해는 시든 지 오래
　　나는 찬밥처럼 방에 담겨
　　아무리 천천히 숙제를 해도
　　엄마 안 오시네, 배추잎 같은 발소리 타박타박
　　안 들리네, 어둡고 무서워
　　금 간 창틈으로 고요히 빗소리
　　빈방에 혼자 엎드려 훌쩍거리던

　　아주 먼 옛날
　　지금도 내 눈시울을 뜨겁게 하는
　　그 시절, 내 유년의 윗목

– 기형도, 「엄마 걱정」

10 (가)와 (나)는 모두 그리움을 감각적 이미지로 형상화하였다. 두 시에서 다양한 시적 표현 중 공감각 적 심상이 드러나는 시어를 (가)와 (나)에서 각각 찾아 쓰시오.

　　(가) : _____

　　(나) : _____

11 〈보기〉는 (가)의 형식적 특징에 대한 설명이다. 〈보기〉의 ①, ②에 들어갈 적절한 말을 쓰시오.

┨ 보기 ┠

이 시는 행과 연의 구분이 없이 줄글 형태로 이루어진 (　　①　　)이다. 줄글 형태이지만 이 시는 유사 시구, 음성 상징어, 같은 종결 어미 등을 (　　②　　)함으로써 운율을 형성하고 있다.

① : _____

② : _____

12 〈보기〉는 (나)에 대한 설명이다. 〈보기〉의 ㉠이 가장 잘 드러내는 시구를 (나)에서 찾아 쓰시오.

┨ 보기 ┠

이 시는 화자가 자신의 어린 시절을 회상하며 느끼는 슬픔이 잘 드러난다. 비유적 표현과 감각적 심상으로 ㉠ 엄마의 고단했던 삶과 자신의 유년기의 외로움을 잘 표현하고 있고, 비슷한 문장을 반복하거나 변조하여 배치함으로써 시의 운율을 만들어 냄과 동시에 의미를 심화하고 있다.

_____

※ 다음 글을 읽고 물음에 답하시오. (13~15) ⓑ 정답·해설 p.10

(가) 떠나고 싶은 자
　　　떠나게 하고
　　　잠들고 싶은 자
　　　잠들게 하고

　　　그리고도 남는 시간은
　　　침묵할 것.

　　　또는 꽃에 대하여
　　　또는 하늘에 대하여
　　　또는 무덤에 대하여
　　　서둘지 말 것
　　　침묵할 것.

　　　그대 살 속의
　　　오래전에 굳은 날개와
　　　흐르지 않는 강물과
　　　누워 있는 누워 있는 구름,
　　　결코 잠깨지 않는 별을

　　　쉽게 꿈꾸지 말고
　　　쉽게 흐르지 말고
　　　쉽게 꽃피지 말고
　　　그러므로

　　　실눈으로 볼 것
　　　떠나고 싶은 자
　　　홀로 떠나는 모습을
　　　잠들고 싶은 자
　　　홀로 잠드는 모습을

　　　가장 큰 하늘은 언제나
　　　그대 등 뒤에 있다.

　　　　　　　　　　　　　　　　　　　　　　　　　－ 강은교, 「사랑법」

(나) 우리들의 사랑을 위하여서는
　　　이별이, 이별이 있어야 하네.

　　　높았다, 낮았다, 출렁이는 물살과
　　　물살 몰아갔다 오는 바람만이 있어야 하네.

　　　오! 우리들의 그리움을 위하여서는
　　　푸른 은핫물이 있어야 하네.

돌아서는 갈 수 없는 오롯한 이 자리에
불타는 홀몸만이 있어야 하네.

직녀여, 여기 번쩍이는 모래밭에
돋아나는 풀싹을 나는 세이고…

허이언 허이언 구름 속에서
그대는 베틀에 북을 놀리게.

눈썹 같은 반달이 중천에 걸리는
칠월 칠석이 돌아오기까지는,

검은 암소를 나는 먹이고
직녀여, 그대는 비단을 짜세.

– 서정주, 「견우의 노래」

13 〈보기〉는 (가)에 대한 해설의 일부이다. 〈보기〉의 ①~③에 각각 들어갈 알맞은 말을 (가)에서 찾아 쓰시오.

보기

　이 시에서 화자는 마치 명령이라도 하듯 단호한 어조로 '(　①　) 것, (　②　) 것, (　③　) 것'이라고 말한다. 이는 자신의 내면을 바라보는 행위로 사랑하는 대상에 대해 집착하고 조급하게 구는 것은 진정한 사랑이 아니며 관조하는 자세로 사랑을 기다릴 때 비로소 화자가 생각하는 진정한 사랑을 찾을 수 있음을 드러내는 것이다.

---

①: _____

②: _____

②: _____

14 〈보기〉와 같은 시적 기법이 사용된 부분을 (나)에서 찾아 첫 어절과 마지막 어절을 쓰시오.

┤ 보기 ├

아아, 님은 갔지마는 나는 님을 보내지 아니하였습니다.
제 곡조를 못 이기는 사랑의 노래는 님의 침묵을 휩싸고 돕니다.

– 한용운, 「님의 침묵」 중

길이 끝나는 곳에서도
길이 있다.

– 정호승, 「봄길」 중

괴로웠던 사나이,
행복한 예수 그리스도에게
처럼

– 윤동주, 「십자가」 중

첫 어절 : _____ , 마지막 어절 : _____

15 〈보기〉는 (가)와 (나)를 읽은 학생이 쓴 감상문의 일부이다. 〈보기〉의 ①에 들어갈 알맞은 말을 쓰시오.

┤ 보기 ├

　(가)와 (나)의 시적 화자가 처한 처지에는 차이점이 있지만 사랑하는 이와의 (　①　)을/를 슬퍼하고 거부하지 않고 받아들이고 담담히 견딤으로써 더 성숙한 사랑과 삶의 자세를 지향한다는 것에는 공통점이 있다.

※ 다음 글을 읽고 물음에 답하시오. (16~18)

정답·해설 p.11

(가) 아득한 옛날에 나는 떠났다

　　부여(扶餘)를 숙신(肅愼)을 발해(渤海)를 여진(女眞)을 요(遼)를 금(金)을

　　흥안령(興安嶺)을 음산(陰山)을 아무우르를 숭가리를*

　　범과 사슴과 너구리를 배반하고

　　송어와 메기와 개구리를 속이고 나는 떠났다

　　나는 그때

　　자작나무와 이깔나무의 슬퍼하던 것을 기억한다

　　갈대와 장풍*의 붙드던 말도 잊지 않았다

　　오로촌*이 멧돝*을 잡아 나를 잔치해 보내던 것도

　　쏠론*이 십릿길을 따라 나와 울던 것도 잊지 않았다

　　나는 그때

　　아무 이기지 못할 슬픔도 시름도 없이

　　다만 게을리 먼 앞대*로 떠나 나왔다

　　그리하여 따사한 햇귀에서 하이얀 옷을 입고 매끄러운 밥을 먹고 단 샘을 마시고 낮잠을 잤다

　　밤에는 먼 개소리에 놀라나고

　　아침에는 지나가는 사람마다에게 절을 하면서도

　　나는 나의 부끄러움을 알지 못했다

　　그동안 돌비*는 깨어지고 많은 은금보화는 땅에 묻히고 가마귀도 긴 족보를 이루었는데

　　이리하야 또 한 아득한 새 옛날이 비롯하는 때

　　이제는 참으로 이기지 못할 슬픔과 시련에 쫓겨

　　나는 나의 옛 하늘로 땅으로—나의 태반(胎盤)으로 돌아왔으나

　　이미 해는 늙고 달은 파리하고 바람은 미치고 보래구름*만 혼자 넋 없이 떠도는데

　　아, 나의 조상은 형제는 일가친척은 정다운 이웃은 그리운 것은 사랑하는 것은 우러르는 것은 나의 자랑은 나의 힘은 없다 바람과 물과 세월과 같이 지나가고 없다

　　　　　　　　　　　　　　　　　　　　　　　　　　　　　　　　　－ 백석, 「북방에서 – 정현웅에게」

* 흥안령을 ~ 숭가리를 : 중국 북부에 위치한 산맥과 강 등을 일컬음.
* 장풍 : 창포. 천남성과의 여러해살이풀로, 뿌리는 약용으로 쓰고 단오에 창포물을 만들어 머리를 감거나 술을 빚음.
* 오로촌 : 오로촌족. 중국의 동북 지방에 거주하는 소수 민족의 하나
* 멧돝 : 멧돼지
* 쏠론 : 솔론족. 중국의 동북 지방에 거주하는 소수 민족의 하나
* 앞대 : 평북 내지 평안도를 벗어난 남쪽 지방. 황해도·강원도에서부터 제주도까지에 이르는 각지
* 돌비 : 돌로 된 비석
* 보래구름 : 보랏빛 구름

(나) 까마득한 날에
　　하늘이 처음 열리고
　　어데 닭 우는 소리 들렸으랴.

　　모든 산맥들이
　　바다를 연모(戀慕)해 휘달리 때도
　　차마 이곳을 범하지 못하였으리라.

　　끊임없는 광음(光陰)을
　　부지런한 계절이 피어선 지고
　　큰 강물이 비로소 길을 열었다.

　　지금 눈 내리고
　　매화 향기 홀로 아득하니
　　내 여기 가난한 노래의 씨를 뿌려라.

　　다시 천고(千古)의 뒤에
　　백마 타고 오는 초인이 있어
　　이 광야에서 목 놓아 부르게 하리라.

　　　　　　　　　　　　　　　　　　　－ 이육사, 「광야」

16 〈보기〉는 (가)에 대한 해설의 일부이다. 〈보기〉의 ㉠을 짐작하게 하는 시행을 (가)에서 찾아 첫 어절과 마지막 어절을 쓰시오.

┤ 보기 ├

　　이 시는 북방의 드넓은 대륙에서 시작한다. 그곳은 '아득한 옛날' 우리 민족이 고구려, 발해 등을 건국하며 번성하던 곳이다. 이후 우리 민족은 점차 넓은 영토를 잃고 남하하여 한반도에 머물게 된다. 그러므로 '나는 떠났다'고 할 때의 나는 특정한 개인이라기보다 우리 역사적 관점에서의 우리 민족 전체라고 볼 수 있다. 시인은 광활한 영토를 잃은 후에도 그를 극복지 않고 회피하며 ㉠ 소박한 행복에 안위하며 살아온 우리 민족의 태도에 대해 '부끄러움을 알지 못했다'면서 반성적 태도를 보이고 있다. 일제 강점기에 이르러 민족의 뿌리가 있는 북방에 가 보았지만 자랑스러운 역사는 사라지고 '보래구름'만이 남아 있을 뿐이다.

첫 어절 : ＿＿＿＿＿＿＿＿, 마지막 어절 : ＿＿＿＿＿＿＿＿

17 〈보기〉는 (나)의 표현적 특징을 정리한 것의 일부이다. 〈보기〉의 ①에 들어갈 알맞은 말을 쓰시오.

┤ 보기 ├

　　이 시는 제목이자 중심 소재인 광야의 신성성을 강조하기 위해 하늘이 처음 열린 까마득한 옛날부터 천지가 창조된 지금까지 시간의 흐름에 따라 작품을 구성하고 있다. 이처럼 시간의 순서대로 작품을 구성하는 것을 (　　①　　) 구성이라고 한다.

_____

18 〈보기〉는 (가)와 (나)가 쓰여진 시대적 배경에 대한 설명이다. 〈보기〉의 ㉠에 해당하는 작품이 (가)와 (나) 중 무엇인지 쓰고, 그렇게 판단한 근거가 되는 시어를 찾아 하나 이상 쓰시오.

┤ 보기 ├

　　1940년대는 대동아 전쟁이 막바지에 이르며 일제가 최후의 발악을 하던 시기로 식민지 지배하의 우리 민족의 삶도 극한에 이른 시기이다. 많은 우리 청년들이 전쟁에 총알받이로 끌려가고 가난한 민중의 놋그릇까지 수탈되었다. 일본은 또한 창씨개명을 강요하고 우리말로 쓴 글은 발행이 금지되는 민족 말살 정책을 펼쳤다. 이 시기는 우리 문학사의 암흑기로 불린다. 일부 문인들은 붓을 꺾음으로 일제에 저항하였고 일부는 끝까지 작품 활동을 하며 암흑기에도 마지막 등불을 밝혔는데 백석과 이육사도 이와 같은 시인이다.
　　이 시기에 쓰여진 시의 특징을 살펴보면 우리의 민족성을 잃지 않기 위해 민속적이고 전통적인 소재를 작품화하려는 움직임이 있었고 절망적인 상황에서 허무주의적 내용의 작품과 극단적 유미주의에 탐닉하는 작품도 있었지만 그런 상황에서도 ㉠ 광복에의 의지를 잃지 않고 조국의 밝은 미래를 노래한 작품 또한 있었다.

① ㉠에 해당하는 작품 : _____

② 시어 : _____

II 현대소설

1 소설의 개념

(1) 설화성

소설은 이야기의 형태로 전개된다. 인물들이 등장하고, 사건이 발생하며, 이러한 사건들이 서로 얽히고 풀리는 과정을 통해 하나의 이야기가 완성된다. 이러한 설화성은 독자에게 이야기를 통해서 교훈이나 감동을 전달한다.

(2) 진실성

소설은 인간의 경험과 감정을 진실되게 반영하려고 한다. 이는 현실에서 있을 법한 상황과 인물들의 심리적 상태를 사실적으로 그려 내려는 노력으로 나타난다. 하지만 진실성은 꼭 현실 그대로의 재현을 의미하는 것은 아니며, 현실의 본질적인 진실을 추구하는 것을 뜻한다.

(3) 허구성

소설은 허구의 세계를 창조한다. 이는 현실에서 직접적으로 경험하지 못하는 상황이나 인물을 상상력을 통해 그려 낸다는 의미이다. 작가의 상상력에 의해 창조된 이야기이지만, 그 속에는 인간과 사회에 대한 깊은 통찰이 담겨 있다.

(4) 모방성

소설은 현실 세계를 모방하는 특성을 지닌다. 이는 현실의 사건, 인물, 환경 등을 바탕으로 하여 이야기를 구성한다는 의미이다. 아리스토텔레스는 이러한 모방을 예술의 본질로 보았으며, 소설 역시 현실을 모방함으로써 독자에게 공감을 일으키고, 현실을 반영하거나 비판하는 기능을 한다.

(5) 예술성

소설은 단순한 이야기 이상의 예술적 가치를 지닌다. 문체, 상징, 주제 의식 등 다양한 요소들이 결합되어 하나의 예술 작품으로 완성된다. 예술성은 독자에게 미적 체험을 제공하고, 소설의 깊이와 풍부함을 더한다.

(6) 구조적 특성

소설은 일반적으로 기승전결의 구조를 따른다. 인물들이 등장하여 갈등을 겪고, 그 갈등이 절정에 이른 후 해결되는 과정이 전개된다. 이러한 구조적 특성은 이야기를 이해하기 쉽게 만들고, 독자에게 일종의 서사적 쾌감을 제공한다.

2 소설의 3요소

(1) 소설의 3요소

① 주제 : 소설의 주제는 작품이 전달하고자 하는 중심 사상이나 메시지를 의미한다. 이는 작가가 독자에게 전달하려는 핵심 내용으로, 소설의 의미를 규정하는 중요한 요소이다. 주제는 소설의 사건과 인물, 배경 등을 통해 드러난다. 주제를 통해 독자는 작품의 본질적인 의미를 이해할 수 있다.

② **구성** : 소설의 구성은 이야기가 전개되는 방식과 구조를 의미한다. 이는 사건의 배열, 전개 방식, 절정과 결말 등을 포함한다. 구성은 소설의 전체적인 흐름을 결정하며, 독자가 이야기를 이해하고 몰입하게 만드는 중요한 역할을 한다. 일반적으로 소설은 발단, 전개, 절정, 결말의 네 단계로 나뉘어 구성된다. 이러한 구성은 이야기의 긴장감을 높이고, 독자에게 서사적 쾌감을 제공한다.

③ **문체** : 소설의 문체는 작가가 이야기를 전달하는 데 사용하는 언어적 표현 방식을 의미한다. 문체는 작가의 독특한 개성과 스타일을 반영하며, 소설의 분위기와 감정을 전달하는 중요한 요소이다. 문체는 서술 방식, 대화, 묘사 등의 다양한 요소를 포함한다. 문체는 독자가 소설에 몰입하게 만들고, 이야기의 생동감을 더하며, 독자에게 미적 체험을 제공한다.

(2) 소설 구성의 3요소

① **인물** : 소설의 인물은 이야기를 이끌어 가는 등장인물들을 의미한다. 인물은 소설의 사건과 주제를 드러내는 중요한 매개체이다. 주인공과 조연, 악역 등 다양한 인물이 등장하며, 이들의 성격, 동기, 행동 등이 소설의 전개에 큰 영향을 미친다. 인물의 심리적 변화와 갈등은 소설의 깊이를 더하고, 독자에게 감정적인 공감을 일으킨다. 인물은 독자가 이야기 속에 몰입하게 만들고, 이야기의 진행을 이끌어 나간다.

② **사건** : 소설의 사건은 이야기를 구성하는 일련의 사건들을 의미한다. 사건은 인물 간의 갈등, 위기, 해결 등의 과정을 포함한다. 사건은 이야기의 전개를 이끌며, 독자의 흥미를 유발한다. 주요 사건들은 인물의 성격과 동기를 드러내고, 이야기의 주제를 전달하는 중요한 역할을 한다. 사건은 이야기의 긴장감을 높이고, 독자에게 서사적 쾌감을 제공한다.

③ **배경** : 소설의 배경은 이야기의 시간적, 공간적 환경을 의미한다. 배경은 인물들이 살아가는 시대적, 지리적, 사회적 환경을 포함한다. 배경은 이야기의 분위기를 조성하고, 인물과 사건에 현실감을 부여한다. 배경은 소설의 주제와 의미를 강화하는 역할을 하며, 독자가 이야기 속에 몰입하게 만든다. 배경은 인물의 행동과 사건의 전개에 영향을 미치며, 이야기를 더욱 풍부하고 생생하게 만든다.

3 인물의 갈등

(1) 인물과 인물 간의 갈등

인물과 인물 간의 갈등은 두 명 이상의 등장인물 사이에서 발생하는 대립을 의미한다. 이 갈등은 주인공과 반대 인물 사이에서 주로 발생하며, 서로 다른 목표, 가치관, 이해관계로 인해 충돌한다. 예를 들어, 소설에서 주인공이 악역과 맞서 싸우는 이야기는 인물과 인물 간의 갈등을 통해 긴장감을 조성한다. 이러한 갈등은 이야기의 전개를 이끌며, 인물들의 성격과 동기, 변화를 드러낸다.

(2) 인물과 사회 간의 갈등

인물과 사회 간의 갈등은 한 인물이 사회적 규범, 관습, 제도와 충돌하는 상황을 의미한다. 이는 개인의 신념이나 행동이 사회의 기대와 어긋날 때 발생하며, 주로 사회적 억압이나 불평등, 부조리 등을 다룬다. 예를 들어, 사회적 약자가 권력 구조에 맞서 싸우는 이야기는 인물과 사회 간의 갈등을 통해 사회 비판적인 메시지를 전달한다. 이러한 갈등은 개인의 성장을 보여 주고, 사회의 문제점을 부각시킨다.

(3) 인물과 운명 간의 갈등

인물과 운명 간의 갈등은 인물이 자신의 운명이나 불가피한 상황과 대립하는 것을 의미한다. 이는 주로 운명에 대한 수용과 거부, 운명을 바꾸려는 시도 등을 다룬다. 예를 들어, 주인공이 예언된 비극적인 운명에 맞서 싸우는 이야기는 인물과 운명 간의 갈등을 통해 인간의 의지와 한계를 탐구한다. 이러한 갈등은 인물의 내면적 갈등과 성장을 강조하며, 이야기의 깊이를 더한다.

(4) 인물과 자연 간의 갈등

인물과 자연 간의 갈등은 인물이 자연의 힘과 대립하는 상황을 의미한다. 이는 자연재해, 생존의 어려움, 자연환경과의 싸움 등을 포함한다. 예를 들어, 주인공이 험난한 자연 속에서 생존을 위해 싸우는 이야기는 인물과 자연 간의 갈등을 통해 인간의 끈기와 적응력을 보여 준다. 이러한 갈등은 이야기의 긴장감을 높이고, 인물의 강인한 정신과 생존 본능을 부각시킨다.

4 인물의 유형

(1) 주동인물과 반동인물

① **주동인물** : 이야기의 중심이 되는 인물로, 주로 주인공 역할을 한다. 주동인물은 사건을 이끌고, 이야기를 전개하는 데 중요한 역할을 한다. 이 인물은 목표를 가지고 있으며, 갈등을 해결하기 위해 적극적으로 행동한다. 예를 들어, 「돈키호테」의 돈키호테는 자신의 이상을 실현하기 위해 끊임없이 도전하는 주동인물이다.

② **반동인물** : 주동인물에 대항하는 역할을 하는 인물로, 주로 반대자나 악역으로 등장한다. 반동인물은 주동인물의 목표를 방해하거나 갈등을 일으키는 역할을 한다. 예를 들어, 「해리 포터」 시리즈의 볼드모트는 해리 포터의 목표를 방해하는 반동인물이다.

(2) 평면적 인물과 입체적 인물

① **평면적 인물** : 단순하고 변화가 없는 인물로, 이야기에서 단일한 성격이나 역할을 보여 준다. 평면적 인물은 주로 부차적인 역할을 하며, 복잡한 내면이나 성격 변화를 잘 드러내지 않는다. 예를 들어, 「로빈슨 크루소」의 프라이데이는 비교적 평면적 인물로 묘사된다.

② **입체적 인물** : 복잡하고 다면적인 성격을 가진 인물로, 이야기를 통해 변화하고 성장한다. 입체적 인물은 다양한 감정과 동기를 지니며, 갈등을 통해 성격의 깊이와 변화를 보여 준다. 예를 들어, 「오만과 편견」의 엘리자베스 베넷은 입체적 인물로, 자신의 편견을 극복하고 성숙해진다.

(3) 전형적 인물과 개성적 인물

① **전형적 인물** : 특정 사회나 시대를 대표하는 인물로, 그 사회의 일반적인 특성을 반영한다. 전형적 인물은 종종 그 시대나 사회의 전형적인 가치관, 태도, 역할을 나타낸다. 예를 들어, 「카라마조프가의 형제들」의 드미트리 카라마조프는 러시아 사회의 전형적 인물로 볼 수 있다.

② **개성적 인물** : 독특하고 개별적인 성격을 지닌 인물로, 그 자체로 특별한 개성을 가진다. 개성적 인물은 다른 인물들과 구별되는 독특한 성격, 행동, 동기를 지니며, 이야기에 독창성을 부여한다. 예를 들어, 「피터 팬」의 피터 팬은 개성적 인물로, 영원히 어린아이로 남고자 하는 독특한 성격을 가진다.

5 인물의 성격 표현 방법

(1) 직접적 제시

직접적 제시는 작가가 인물의 성격, 외모, 감정 등을 명확하게 서술하는 방법이다. 이 방법은 독자가 인물에 대해 곧바로 이해할 수 있도록 도와준다. 작가는 서술을 통해 인물의 특징을 직접적으로 설명하며, 독자는 이를 통해 인물의 성격이나 동기 등을 명확히 파악할 수 있다.

예를 들어, "그는 매우 용감하고 정의로웠다."와 같은 문장은 인물의 성격을 직접적으로 제시하는 방식이다. 이 방법은 독자가 인물의 본질을 빠르게 이해하도록 도와주지만, 인물의 성격이 단순하고 일면적으로 느껴질 수 있다.

(2) 간접적 제시

간접적 제시는 인물의 행동, 대화, 다른 인물들의 반응 등을 통해 인물의 성격을 드러내는 방법이다. 이 방법은 독자가 인물의 특징을 추론하고 이해하도록 유도하며, 인물의 성격을 보다 입체적이고 생동감 있게 표현한다.

예를 들어, "그는 위험을 무릅쓰고 불타는 건물로 뛰어들었다."와 같은 문장은 인물의 용기를 간접적으로 보여 준다. 또 다른 인물이 "그 사람은 정말 용감해."라고 말하는 것도 간접적 제시의 한 예이다. 이 방법은 독자가 인물의 성격을 행동과 상황을 통해 자연스럽게 이해하게 만들며, 인물의 복잡성과 현실감을 더해 준다.

6 소설 구성의 단계

(1) 발단

발단은 이야기의 시작 부분으로, 주요 인물과 배경이 소개되고, 사건의 기초가 마련되는 단계이다. 여기서 독자는 이야기가 진행될 환경과 등장인물들의 초기 상황을 파악하게 된다. 발단은 독자의 관심을 끌고, 이후 전개될 사건에 대한 기대감을 형성한다.

(2) 전개

전개는 이야기가 본격적으로 진행되는 단계로, 주요 사건들이 발생하고 갈등이 시작되는 부분이다. 인물들 간의 관계가 발전하고, 문제의 본질이 드러난다. 전개 단계에서는 인물들이 목표를 향해 나아가며 다양한 장애물과 마주치게 된다. 이 단계는 이야기의 중심을 이루며, 독자의 흥미를 유지하는 데 중요한 역할을 한다.

(3) 위기

위기는 이야기의 긴장이 최고조에 달하는 단계로, 주요 갈등이 심화되고 인물들이 큰 위험에 처하게 된다. 위기 단계에서는 주인공이 가장 큰 어려움에 직면하며, 이야기의 방향이 결정되는 중요한 순간이다. 이 단계는 독자에게 큰 긴장감을 제공하고, 이야기에 대한 몰입을 강화한다.

(4) 절정

절정은 이야기의 최고조로, 갈등이 해결되기 시작하는 부분이다. 주인공이 위기를 극복하거나 중요한 결정을 내리는 순간으로, 이야기의 가장 중요한 사건이 발생한다. 절정 단계에서는 모든 갈등이 최고조에 달하고, 이야기의 방향이 명확하게 드러난다. 이 단계는 독자에게 큰 감정적 반응을 일으키며, 이야기의 클라이맥스를 형성한다.

(5) 결말

결말은 이야기의 마무리 단계로, 모든 갈등과 문제가 해결되고 이야기가 종결되는 부분이다. 인물들의 운명이 결정되고, 이야기의 주제가 명확하게 드러난다. 결말 단계에서는 독자가 이야기의 전체적인 의미를 이해하고, 작가가 전달하려는 메시지를 명확하게 인식하게 된다. 이 단계는 독자에게 만족감을 제공하고, 이야기를 완성한다.

7 소설 구성의 유형

(1) 단순 구성

단순 구성은 하나의 주된 사건이나 줄거리를 중심으로 이야기가 전개되는 형태이다. 이 구성은 비교적 직선적이며, 주요 인물과 사건에 초점을 맞추어 간단하고 명확하게 이야기를 진행한다. 독자는 이야기의 흐름을 쉽게 따라갈 수 있으며, 사건의 인과 관계가 명확하게 드러난다.

　예「홍길동전」은 주인공 홍길동의 일생을 중심으로 전개되는 단순 구성을 가진 소설이다.

(2) 복합 구성

복합 구성은 여러 개의 사건이나 줄거리가 교차하거나 병행하여 전개되는 형태이다. 이 구성은 복잡한 인물 관계와 다층적인 사건 전개를 통해 이야기를 풍부하고 깊이 있게 만든다. 다양한 사건들이 서로 얽히면서 이야기의 긴장감과 흥미를 높인다.

　예「죄와 벌」은 주인공 라스콜니코프의 범죄와 그로 인한 심리적 갈등을 중심으로 여러 인물들의 이야기가 복합적으로 전개된다.

(3) 옴니버스 구성

옴니버스 구성은 여러 개의 독립된 이야기가 모여 하나의 큰 주제를 형성하는 형태이다. 각 이야기는 독립적인 사건과 인물을 다루지만, 전체적으로는 공통된 주제나 배경을 공유한다. 이 구성은 다양한 시각과 이야기를 통해 주제를 다층적으로 조명한다.

　예「난장이가 쏘아올린 작은 공」은 각자의 인물이 하나의 대주제에 대해 이야기를 펼쳐 가는 옴니버스 구성을 가진다. (「난장이가 쏘아올린 작은 공」은 전체적으로는 옴니버스 구성이다. 하지만 피카레스크 구성도 일부 포함하고 있다.)

(4) 피카레스크 구성

피카레스크 구성은 독립적인 이야기가 연속적으로 전개되고 있는 구성을 말한다. 동일한 등장인물과 동일한 배경이 반복되면서 각각의 이야기가 독립적으로 존재하는 일종의 시리즈 정도로 이해하면 된다.

　예「공중그네」는 이라부 정신과 의사가 사연 있는 사람들의 병을 고쳐 주는 독립된 이야기로 구성된다.「원미동 사람들」도 피카레스크 구성의 대표작이다.

8 소설의 배경

(1) 시간적 배경

시간적 배경은 이야기의 사건이 발생하는 시간대를 의미한다. 이는 특정 시대나 계절, 하루 중의 특정 시간 등을 포함한다. 시간적 배경은 이야기의 분위기를 형성하고, 사건의 전개와 인물의 행동에 큰 영향을 미친다. 예를 들어, 특정 시간이나 계절을 나타내는 분위기는 고독감이나 쓸쓸함을 더 크게 만들어 독자를 자극한다.

(2) 공간적 배경

공간적 배경은 이야기의 사건이 발생하는 장소나 환경을 의미한다. 이는 도시, 마을, 집, 자연환경 등 다양한 공간을 포함한다. 공간 배경은 이야기의 분위기와 현실감을 높이며, 인물의 행동과 심리에 영향을 미친다. 예를 들어, 광활한 자연을 배경으로 한 소설은 고독감이나 자유로움을 강조할 수 있다.

(3) 사회적 배경

사회적 배경은 이야기의 사회적, 문화적, 경제적 환경을 의미한다. 이는 이야기 속에서 인물들이 살아가는 사회의 계층 구조, 관습, 제도 등을 포함한다. 사회적 배경은 인물의 가치관과 행동에 큰 영향을 미치며, 이야기의 주제를 형성하는 데 중요한 역할을 한다. 예를 들어, 계급 사회를 배경으로 한 소설은 계급 갈등과 불평등을 주제로 다룰 수 있다.

(4) 심리적 배경

심리적 배경은 이야기의 인물들이 처한 정신적, 감정적 상태를 의미한다. 이는 인물들의 내면 갈등, 감정 변화, 심리적 압박 등을 포함한다. 심리적 배경은 인물의 행동 동기와 성격을 이해하는 데 중요한 요소이다. 예를 들어, 주인공이 극도의 불안감을 느끼는 상황을 배경으로 한 소설은 긴장감과 몰입감을 높인다.

(5) 상황적 배경

상황적 배경은 이야기의 사건이 발생하는 구체적인 상황이나 맥락을 의미한다. 이는 특정 사건이나 위기, 갈등 상황 등을 포함한다. 상황적 배경은 이야기의 긴장감과 전개를 좌우하며, 인물들의 행동과 결정을 이해하는 데 중요하다. 예를 들어, 전쟁 상황을 배경으로 한 소설은 생존과 도덕적 갈등을 중심으로 전개될 수 있다.

(6) 역사적 배경

역사적 배경은 이야기의 사건이 발생하는 역사적 시기와 그 시기의 중요한 사건들을 의미한다. 이는 특정한 역사적 사건, 인물, 시대적 변화 등을 포함한다. 역사적 배경은 이야기의 현실성과 깊이를 더하며, 독자가 그 시대의 맥락에서 이야기를 이해하게 한다. 예를 들어, 프랑스 혁명을 배경으로 한 소설은 혁명기의 혼란과 이상을 다룰 수 있다.

9 소설의 시점

(1) 1인칭 시점

① 주인공 1인칭 시점 : 주인공이 자신의 시점에서 이야기를 서술하는 방식이다. '나'라는 표현을 사용하여 이야기를 진행하며, 주인공의 생각과 감정을 직접 전달한다. 이 시점은 독자가 주인공과 밀접하게 연결되고, 주인공의 내면을 깊이 이해할 수 있게 한다. 그러나 다른 인물의 심리나 사건의 전체적인 맥락을 파악하기 어려울 수 있다.

② 관찰자 1인칭 시점 : 주인공이 아닌 다른 인물이 관찰자의 입장에서 이야기를 서술하는 방식이다. '나'라는 표현을 사용하지만, 주로 주인공의 행동과 사건을 관찰하여 전달한다. 이 시점은 독자가 객관적인 관찰을 통해 이야기를 이해하게 하지만, 주인공의 내면을 직접적으로 파악하기는 어렵다.

(2) 3인칭 시점

① 전지적 작가 시점 : 서술자가 모든 것을 알고 있는 전지적 시점에서 이야기를 서술하는 방식이다. 서술자는 인물들의 생각과 감정을 포함하여 모든 사건과 상황을 자유롭게 서술할 수 있다. 이 시점은 이야기를 전체적으로 조망할 수 있게 하며, 모든 인물과 사건에 대한 깊이 있는 설명을 제공할 수 있다. 그러나 독자와 인물 간의 정서적 거리가 멀어질 수 있다.

② 제한적 3인칭 시점 : 서술자가 특정 인물의 시점에 한정하여 이야기를 서술하는 방식이다. '그' 또는 '그녀'라는 표현을 사용하며, 특정 인물의 생각과 감정에 집중한다. 이 시점은 주인공이나 특정 인물의 내면을 깊이 탐구할 수 있게 하며, 독자가 해당 인물과의 정서적 연결을 형성할 수 있게 한다. 그러나 다른 인물의 심리나 사건의 전체적인 맥락을 제한적으로만 파악할 수 있다.

10 소설의 관점

(1) 내재적 관점

내재적 관점은 작품 자체의 내적 요소에 집중하여 소설을 분석하는 방식이다. 이 관점은 텍스트의 구조, 문체, 서술 기법, 인물, 주제 등을 중심으로 작품을 이해하려고 한다. 내재적 관점에서는 작품 외부의 요소들, 즉 작가의 생애, 사회적 맥락, 독자의 반응 등을 배제하고, 오로지 작품 내부의 요소들에 초점을 맞춘다.

⑩ 내재적 관점에서 분석할 때는 소설의 서사 구조, 상징, 이미지, 문체 분석 등을 통해 작품의 의미를 해석한다. 예를 들어, 한 작품에서 반복되는 특정한 이미지나 상징이 작품의 주제를 강화하는 방법을 분석할 수 있다.

(2) 외재적 관점

① **반영론적 관점** : 반영론적 관점은 문학 작품이 그 시대의 사회적, 역사적 현실을 반영한다고 보는 시각이다. 이 관점에서는 작품을 통해 당대의 사회적 문제, 역사적 사건, 문화적 경향 등을 이해하려고 한다.

⑩ 찰스 디킨스의 「올리버 트위스트」를 반영론적 관점에서 분석할 때, 빅토리아 시대의 사회적 문제와 노동 계급의 현실을 반영하는 작품으로 해석할 수 있다.

② **표현론적 관점** : 표현론적 관점은 문학 작품이 작가의 개인적 경험, 감정, 생각을 표현하는 매체라고 보는 시각이다. 이 관점에서는 작가의 생애, 심리적 상태, 창작 동기 등을 통해 작품을 이해하려고 한다.

⑩ 에밀리 브론테의 「폭풍의 언덕」을 표현론적 관점에서 분석할 때, 작가의 개인적 경험과 감정이 작품에 어떻게 투영되었는지를 탐구할 수 있다.

③ **효용론적 관점** : 효용론적 관점은 문학 작품이 독자에게 주는 영향과 효과에 초점을 맞춘 시각이다. 이 관점에서는 작품이 독자에게 어떤 감정적, 지적, 도덕적 영향을 미치는지, 그리고 독자가 작품을 통해 어떤 교훈을 얻는지를 분석한다.

⑩ 하퍼 리의 「앵무새 죽이기」를 효용론적 관점에서 분석할 때, 인종 차별과 사회적 정의에 대한 메시지가 독자에게 어떤 영향을 미치는지를 탐구할 수 있다.

주요 작품 약술형 논술

※ 다음 글을 읽고 물음에 답하시오. [1~3]　　　　　　　　　　　　　　　● 정답·해설 p.11

응칠이는 모든 사람이 저에게 그 어떤 경의를 갖고 대하는 것을 가끔 느끼고 어깨가 으쓱거린다. 백판 모르던 사람도 데리고 앉아서 몇 번 말만 좀 하면 대번 구부러진다. 그렇게 장한 것인지 그 일을 하다가, 그 일이라야 도적질이지만, 들어가 욕보던 이야기를 하면 그들은 눈을 커다랗게 뜨고

"아이구, 그걸 어떻게 당하셨수!"

하고 저으기 놀라면서도

"그래 그 돈은 어떡했수?"

"또 그럴 생각이 납디까유?"

"참, 우리 같은 농군에 대면 호강살이유!"

하고들 한편 썩 부러운 모양이었다. 저들도 그와 같이 진탕 먹고살고는 싶으나 주변 없어 못하는 그 울분에서 그런 이야기만 들어도 다소 위안이 되는 것이다. 응칠이는 이걸 잘 알고 그 누구를 논에다 거꾸로 박아 놓고 달아나다가 붙들리어 경치던 이야기를 부지런히 하며

"자네들은 안적 멀었네, 멀었어."

하고 흰소리를 치면 그들은, 옳다는 뜻이겠지, 묵묵히 고개만 꺼떡꺼떡하며 속없이 술을 사 주고 담배를 사 주고 하는 것이다.

그런데 이번 벼를 훔쳐 간 놈은 응칠이를 마구 넘보는 모양 같다.

이렇게 생각하면 응칠이는 더욱 괘씸하였다. 그는 물푸레 몽둥이를 벗 삼아 논둑길을 질러서 산으로 올라간다. 이슥한 그믐은 칠야……

길은 어둡고 흐릿한 언저리만 눈앞에 아물거린다.

그 논까지 칠 마장은 느긋하리라. 이 마을을 벗어나는 어귀에 고개 하나를 넘는다. 또 하나를 넘는다. 그러면 그담 고개와 고개 사이에 수목이 울창한 산 중턱을 비겨대고 몇 마지기의 논이 놓였다. 응오의 논은 그중의 하나이었다. 길에서 썩 들어앉은 곳이라 잘 뵈도 않는다.

[중략 부분 줄거리] 벼 도둑이라는 의심을 받는 상황에 처한 응칠은 진범을 잡기 위해 응오의 논으로 향한다.

얼마나 되었는지 몸을 좀 녹이고자 일어나 서성서성할 때이었다. 논으로 다가오는 희미한 그림자를 분명히 두 눈으로 보았다. 그러고 보니 피로고, 한고이고 다 딴소리다. 고개를 내대고 딱 버티고 서서 눈에 쌍심지를 올린다.

흰 그림자는 어느 틈엔가 어둠 속에 사라져 보이지 않는다. 그리고 다시 나올 줄을 모른다. 바람 소리만 왱왱 칠 뿐이다. 다시 암흑 속이 된다. 확실히 벼를 훔치러 논 속으로 들어갔을 것이다. 여깽이 같은 놈이 궂은 날씨를 기회 삼아 맘껏 하겠지. 의리 없는 썩은 자식, 격장에서 같이 굶는 터에…… 오냐 대거리만 있어라. 이를 한번 부윽 갈아붙이고 차츰차츰 논께로 내려온다.

응칠이는 논께로 바특이 내려서서 소나무에 몸을 착 붙였다. 섣불리 서둘다간 낫의 횡액을 입을지도 모른다. 다 훔쳐 가지고 나올 때만 기다린다. 몽둥이는 잔뜩 힘을 올린다.

한 식경쯤 지났을까, 도적은 다시 나타난다. 논둑에 머리만 내놓고 사면을 두리번거리더니 그제야 기어 나온다. 얼굴에는 눈만 내놓고 수건인지 뭔지 형겊이 가리었다. 봇짐을 등에 짊어 메고는 허리를 구붓이 뺑소니를 놓는다. 그러자 응칠이가 날쌔게 달려들며

"이 자식, 남우 벼를 훔쳐 가니!"

하고 대포처럼 고함을 지르니 논둑으로 고대로 데굴데굴 굴러서 떨어진다. 얼결에 호되이 놀란 모양이었다.

응칠이는 덤벼들어 우선 허리를 내리조겼다. 어이쿠쿠, 쿠 하고 처참한 비명이다. 이 소리에 귀가 번쩍 뜨여 그 고개를 들고 팔부터 벗겨 보았다. 그러나 너무나 어이가 없었음인지 시선을 치걷으며 그 자리에 우두망찰한다.

그것은 무서운 침묵이었다. 살똥맞은 바람만 공중에서 북새를 논다.

한참을 신음하다 도적은 일어나더니 / "성님까지 이렇게 못살게 굴기유?"

제법 눈을 부라리며 몸을 홱 돌린다. 그리고 느끼며 울음이 복받친다. 봇짐도 내버린 채

"내 것 내가 먹는데 누가 뭐래?" / 하고 데퉁스러이 내뱉고는 비틀비틀 논 저쪽으로 없어진다.

형은 너무 꿈속 같아서 멍하니 섰을 뿐이다.

그러다 얼마 지나서 한 손으로 그 봇짐을 들어 본다. 가뿐하니 끽 말가웃이나 될는지. 이까짓 걸 요렇게까지 해 가려는 그 심정은 실로 알 수 없다. 벼를 논에다 도로 털어 버렸다. 그리고 아내의 치마이겠지, 검은 보자기를 척척 개서 들었다. 내 걸 내가 먹는다. 그야 이를 말이랴. 하나 내 걸 내가 훔쳐야 할 그 운명도 얄궂거니와 형을 배반하고 이 짓을 벌인 아우도 아우이렸다. 에이 고얀 놈, 할 제 볼을 적시는 것은 눈물이다. 그는 주먹으로 눈물을 쏙 비비고 머리에 번쩍 떠오르는 것이 있으니 두리두리한 황소의 눈깔. 시오 리를 남쪽 산속으로 들어가면 어느 집 바깥뜰에 밤마다 늘 매여 있는 투실투실한 그 황소. 아무렇게 따지든 칠십 원은 갈데없으리라. 그는 부리나케 아우의 뒤를 밟았다.

공동묘지까지 거반 왔을 때에야 가까스로 만났다. 아우의 등을 탁 치며

"애, 존 수 있다. 네 원대로 돈을 해 줄게 나구 잠깐 다녀오자."

씩씩한 어조로 기쁘도록 달랬다. 그러나 아우는 입 하나 열려 하지 않고 그대로 실쭉하였다. 뿐만 아니라 어깨 위에 올려놓은 형의 손을 부질없단 듯이 몸으로 털어 버린다. 그리고 뻐익 달아난다. 이걸 보니 하 엄청이 나고 기가 콱 막히었다.

"이눔아!" / 하고 악에 받치어

"명색이 성이라며?"

대뜸 몽둥이는 들어가 그 볼기짝을 후려갈겼다. 아우는 모로 몸을 꺾더니 시나브로 찌그러진다. 뒤미처 앞정강이를 때렸다. 등을 팼다. 일지 못할 만치 매는 내리었다. 체면을 불고하고 땅에 엎드리어 엉엉 울도록 매는 내리었다.

홧김에 하긴 했으되 그 꼴을 보니 또한 마음이 편할 수 없다. 침을 퉤 뱉어 던지곤 팔자 드센 놈이 그저 그렇지 별수 있냐. 쓰러진 아우를 일으키어 등에 업고 일어섰다. 언제나 철이 날는지 딱한 일이었다. 속썩는 한숨을 후하고 내뿜는다. 그리고 어청어청 고개를 묵묵히 내려온다.

– 김유정, 「만무방」

01 〈보기〉는 제시문에 대한 감상의 일부이다. 〈보기〉의 ①, ②가 드러난 인물의 대사를 제시문에서 찾아 쓰시오.

┤ 보기 ├

만무방이란 바로 응칠을 말하고 있는 것으로 보인다. 그러나 사람들은 이런 응칠을 배척하지 않고 오히려 ① 부러움을 표하거나 추켜세워 주는 태도를 보인다. 한편 형과 달리 성실한 농군으로 살아가고 있는 동생 응오는 정당한 노동의 대가를 얻기는커녕 가난을 이기지 못하고 ② 만무방이 되는 억울한 상황에 처하는 것이다. 이러한 아이러니한 상황들은 일제 강점기 농촌 사회의 구조적 모순에서 비롯되었다고 볼 수 있다.

① : _____

② : _____

02 〈보기〉는 제시문에 대한 해설의 일부이다. 제시문을 읽고, 응칠과 응오가 만무방인 이유를 서술하시오.

┤ 보기 ├

　　만무방이란 염치가 없이 막된 사람을 이르는 말이다. 제목인 만무방은 응칠이라는 인물을 형상화하고 있다. 작품 내에는 응칠 외에도 노동보다는 도박판에 뛰어드는 농촌 청년들이 다수 등장하며, 성실하게 농사를 짓던 응오조차 결국은 똑같은 만무방이라는 것이 드러난다. 응칠과 응오 형제를 비롯한 농촌 청년들이 다 만무방이 되어 가는 상황은 일제 강점기 농촌의 현실이 가진 구조적 모순에서 비롯된다. 작가는 추수를 해도 아무런 수확이 돌아오지 않는 소작농의 현실을 적나라하게 드러내어 많은 이들이 만무방이 될 수밖에 없는 현실을 고발하면서도, 암담한 현실 속에서 나름대로의 삶을 이어 가는 사람들의 모습을 해학적으로 그려 내었다.

① 응칠 : _____

② 응오 : _____

03 〈보기 1〉은 소설의 서술 방식과 시제에 대한 설명이고, 〈보기 2〉는 제시문의 서술상의 특징을 정리한 것이다. 〈보기 2〉의 ①, ②에 들어갈 적절한 말을 〈보기 1〉에서 찾아 쓰시오.

┤ 보기 1 ├

　　소설에서 가장 흔히 사용되는 서술 방식은 시간의 흐름에 따른 순행적 구성이지만, 시간 순서와 관련 없이 이야기를 전개하는 구성 방식도 있다. 소설의 전개가 과거, 현재, 미래를 지속적으로 오가며, 시간 순서로 전개되지 않기 때문에 이를 역순행적 구성이라 부른다. 시간을 나타내기 위한 표현은 시제라 하는데, 발화시와 사건시의 관계에 따라 과거, 현재, 미래 시제로 구분한다. 사건시가 발화시보다 앞서면 과거 시제이며, 사건시와 발화시가 같다면 현재 시제, 사건시가 발화시 이후면 미래 시제이다.

┤ 보기 2 ├

　　전지적 작가 시점으로 쓰여진 「만무방」은 현재와 과거를 분명하게 구별하지 않는 (　①　) 구성을 보여 주고 있다. 또한 상황을 현장감 있게 보여 주기 위해 (　②　)형 어미를 자주 활용하여 역동적이고 실감 나는 서술이 가능했는데, 벼를 훔친 범인이 누군가를 알아가는 과정을 마치 수수께끼를 풀어 가는 것 같은 구조로 풀어내어 이야기의 몰입도를 높였다. 또한 예상치 못한 사건이 전개되면서 나타나는 반전과 반어적 풍자로 강렬한 인상을 남기고, 문제의 심각성을 더욱 뚜렷하게 느끼게 해 주었다. 토속적인 어휘의 사용과 사실적인 표현을 통해 당시 농촌의 현실을 더욱 현실감 있게 그려 내고 있다.

① : _____

② : _____

※ 다음 글을 읽고 물음에 답하시오. (4~5)

● 정답 · 해설 p.11

[앞부분 줄거리] 6 · 25 전쟁 중 낙오된 국군 '양'과 인민군 소년 '장'은 우연히 산속에서 마주치게 된다. 이후 서로 해치지 않을 것을 약속하고 동굴 안에서 하룻밤을 같이 보내게 된다.

둘은 총 묶음을 기대고 어깨와 어깨를 비볐다. 레이숀의 모닥불은 거의 꺼져 가고 있는데 동굴 밖 설경은 어스름 달밤 속에 고요히 잠들고 있었다.

장의 가느다란 코 고는 소리를 들으면서 반잠을 자고 있던 양은 깜박 떨어진 지 얼마가 되었을까 갑자기 확! 세차게 가슴을 윽박지르는 충격에 소스라쳐 일어나자 가슴을 쥐어 잡은 장의 두 손을 날쌔게 뿌리쳤다.

"이 자식이."

그의 주먹이 기우는 장의 얼굴에서 터졌다.

"우악!"

하고 장은 땅바닥에 쓰러졌다.

"너 이 새끼."

장은 쓰러진 채 우우우 신음하면서 손으로 땅바닥을 더듬었다.

"너 죽인다."

전신에 돋았던 소름이 걷히며 양은 어느만큼 마음을 가라앉힐 수 있었다.

장은 신음 소리를 내며 좀처럼 일어나지를 못했다. 양은 조심성 있게 성냥을 그어 레이숀 곽의 조각에 불을 붙였다. 그는 그 불길을 땅바닥을 더듬고 있는 장의 얼굴 가까이로 가져갔다. 장의 코에서 피가 흘러내리고 있었다.

불길을 의식한 장은 힘없이 두 눈을 뜨고 조금 부신 듯이 얼굴을 찡그리더니 어어어 하고 헛소리를 틀어 냈다.

"이 새끼야 너!"

그 소리에 장은 '예' 하고 정신을 거두었다. 양은 장의 멱살을 잡아 치켜올렸다.

"이 죽일 놈의 새끼."

"예?"

장은 언뜻 흩어진 시선을 모두며 양의 노여움에 찬 얼굴을 건너보았다.

"요 쥐 같은 새끼 날 죽여 볼려구?"

"예? 무어요?"

"너 고런 수작을……."

양은 장의 몸을 힘껏 밀어젖히며 멱살을 잡았던 손을 놓았다. 장은 뒤로 쓰러지며 넋 없는 표정을 지었다.

양은 그것을 한번 노려보고 레이숀 껍데기를 긁어모아 모닥불을 만들기 시작했다. 흥분이 가라앉으며 으스스 몸이 떨렸다.

"장 이리 가까이 와."

장은 흐르는 코피를 손등으로 닦아 내며 황급히 모닥불 가까이로 다가왔다.

"너 그런 짓이 되리라 여겼나?"

"예?"

"예라니 내 목을 조르려 했지?"

"아뇨, 무슨 말씀예요?"

"왜, 가슴을 쥐어박았어?"

"아뇨, 전 그저 꿈을, 꿈을 꾸었을 뿐예요."

"꿈?"

"예, 무슨 꿈인지 잊었는데 아주 무서운 꿈을 꾸고 그만 놀래서……."

순간 양의 전신을 쭉 소름이 스쳤다. 소름은 연거푸 파상적으로 그의 전신을 스쳐 갔다. 가슴에서 뭉클하고 어떤 커다란 뜨거운 덩어리가 치밀어 올랐다.

"장!"

양은 그 덩어리를 간신히 목구멍에서 삼켜 버렸다.

양은 소용돌이치는 마음을 가누며 장한테로 가까이 가서 손으로 그의 얼굴을 젖히고 장갑을 뒤집어 그것으로 코피를 닦아 주었다.

"장, 난 그것을 모르고 자네가 날……."

"아뇨, 제 잘못이죠. 퍽 놀라셨겠어요."

"아냐, 장."

양은 깡통 속에서 휴지를 꺼내 그것을 조그맣게 말아 그의 콧구멍에 찔러 주었다.

"장, 좀 더 가까이 다가앉어 불을 쪼여. 좀 있으면 날이 밝겠지."

장은 모닥불 옆에 다가와서 다리를 꺾으며 쪼그리고 앉았다.

양은 한참 동안 종이가 타는 조그만 불길을 넋 잃은 사람처럼 물끄러미 쳐다보았다.

그는 혼잣말처럼 중얼거렸다. 그 음성은 신음에 가까웠다.

"정말 그들을 죽이고 싶네."

"예?"

"전쟁을 일으킨 놈들을 말야."

양은 일어서서 동굴 밖으로 나갔다. 희뿌연 하늘을 올려보고 또 흰 눈이 깔린 골짜구니를 굽어보았다.

한번 크게 숨을 내어 쉬었다.

날이 밝자 뜬눈으로 드새운 양이 레이숀의 모닥불을 피우고 반합에 눈을 넣어 물이 끓도록 장은 총 묶음에 기대어 자고 있었다.

볼과 인중에는 아직 여기저기 코피가 말라붙어 있었다. 양이 가만히 그의 어깨를 두드려 깨웠을 때 장은 멋쩍은 듯이 얼굴에 미소를 지어 보였다.

둘은 눈으로 얼굴을 닦고 나서 아침을 먹었다. 장은 따뜻이 데운 통조림과 양이 끓여 낸 커피를 먹으며 퍽이나 즐겨 했다.

"장 너, 저 레이숀을 모두 가져."

"아 저걸 다 어떻게요."

"난 한 통이면 돼. 집어넣을 수 있는 대로 가져가지그래."

장이 갑자기 시무룩해졌다.

"이젠 헤어지게 됐군요?"

"안 만났던 것만 못하군. 코언저리가 아프지?"

"아뇨, 괜찮아요."

식사를 끝낸 둘은 저마다 짐을 꾸렸다.

"자 탄환을 받아."

양은 레이숀 한 통을 꾸려 들고, 장은 두 통을 꾸려 메었다.

둘은 함께 동굴을 나섰다.

"장!" / "예?"

"잘 가라니 못 가라니 인사를 말기로 해. 자네는 저리로 가고 난 이리로 갈 뿐이야, 뒤도 돌아보지 마."

양은 동굴을 내려서서 눈을 헤치며 골짜구니를 향해 비탈을 더듬었다.

장은 그것을 한참 보고 섰더니 저편 골짜구니로 발을 옮겼다.

― 선우휘, 「단독 강화」

04 〈보기 1〉은 제시문에 대한 해설의 일부이다. 〈보기 2〉의 ①, ②에 들어갈 적절한 말을 〈보기 1〉에서 찾아 쓰시오.

┤ 보기 1 ├

'단독 강화'란, 어느 한 국가가 자국의 동맹국을 제외한 적국과 단독으로 강화 조약을 맺는 것을 의미한다. 이 작품에서는 남과 북이 전쟁 상황임에도 개인적으로 일시적 휴전을 이룬 양과 장 두 사람의 상황을 표현한 것이라 할 수 있다. 양과 장은 처음 서로가 적군임을 알았을 때 적대감을 드러내지만, 하룻밤을 보내면서 서로 마음을 터놓게 된다. 이들의 행동 변화와 대화를 통해, 이데올로기 대립이 극심하던 당시의 시대적 현실과 외세에 의해 발발한 전쟁의 부당함을 느낄 수 있다. 작가는 또한 갈등을 극복하고 공존하게 된 두 사람의 모습에서, 남과 북의 대립이 해소될 수 있는 가능성을 그려 보았다. 또한 결말 부분에서 함께 중공군에 대항하는 장면은, 외세에 저항하기 위해서는 우리 민족이 민족적 동질성을 회복해야 한다는 주제를 드러내고 있다고 할 수 있다.

┤ 보기 2 ├

양이 혼잣말처럼 중얼거린 '전쟁을 일으킨 놈들을 죽이고 싶다'는 말은 전쟁을 겪고 있는 인물의 괴로움을 표현한 것이지만, 전쟁이 발발한 원인이 (①   )에 있다는 것을 간접적으로 시사하는 말이기도 하다. 마지막 장면에서 죽은 두 사람의 피가 엉기는 장면은, 한 민족으로서의 혈연적 (②   )을/를 회복하는 모습을 보여 주고 있다.

① : ＿＿＿＿＿＿＿＿

② : ＿＿＿＿＿＿＿＿

05 〈보기〉는 제시문을 읽은 학생이 쓴 감상문의 일부이다. 〈보기〉의 ①, ②에 들어갈 내용을 제시문에서 찾아 쓰시오.

┤ 보기 ├

양과 장이 함께 밤을 보낸 곳은, 다른 사람과 분리되어 고립된 공간인 (①   )이다. 이 두 사람은 국가의 권력이나 이데올로기로부터 격리된 공간에 단 둘이 있었기 때문에 서로 진심을 나누고 공존할 수 있었다. 만일 이들이 다른 누군가가 함께 있는 탁 트인 공간에 있었다면, 이처럼 쉽게 마음을 터놓을 수 없었을 것이다. 양이 장의 코피를 직접 닦아 주기도 하고, 장은 이별을 앞두고 시무룩해지는 모습을 보이는 것은 두 사람 간에 화해와 공존이 잘 이루어졌음을 보여 준다. 두 사람은 각자 방향의 (②   )(으)로 발을 옮기지만, 양은 장이 배신할 것을 두려워하지 않고 등을 보인다. 또한 장은 작별에서 아쉬움을 느끼고 양의 뒷모습을 한참 보고 서 있기도 한다.

① : ＿＿＿＿＿＿＿＿

② : ＿＿＿＿＿＿＿＿

※ 다음 글을 읽고 물음에 답하시오. (6~8)

● 정답 · 해설 p.12

1964년 겨울을 서울에서 지냈던 사람이라면 누구나 알 수 있겠지만, 밤이 되면 거리에 나타나는 선술집 ─ 오뎅과 군참새와 세 가지 종류의 술 등을 팔고 있고, 얼어붙은 거리를 휩쓸며 부는 차가운 바람이 펄럭거리게 하는 포장을 들치고 안으로 들어서게 되어 있고, 그 안에 들어서면 카바이드 불의 길쭉한 불꽃이 바람에 흔들리고 있고, 염색한 군용 잠바를 입고 있는 중년 사내가 술을 따르고 안주를 구워 주고 있는 그러한 선술집에서, 그날 밤, 우리 세 사람은 우연히 만났다. 우리 세 사람이란 나와 도수 높은 안경을 쓴 안(安)이라는 대학원 학생과 정체는 알 수 없지만, 요컨대 가난뱅이라는 것만은 분명하여 ⊙ 그의 정체를 알고 싶다는 생각은 조금도 나지 않는 서른대여섯 살짜리 사내를 말한다.

먼저 말을 주고받게 된 것은 나와 대학원생이었는데, 뭐 그렇고 그런 자기소개가 끝났을 때는 나는 그가 안씨라는 성을 가진 스물다섯 살짜리 대한민국 청년, 대학 구경을 해 보지 못한 나로서는 상상이 되지 않는 전공을 가진 대학원생, 부잣집 장남이라는 걸 알았고, 그는 내가 스물다섯 살짜리 시골 출신, 고등학교는 나오고 육군 사관 학교를 지원했다가 실패하고 나서 군대에 갔다가 임질에 한 번 걸려 본 적이 있고 지금은 구청 병사계(兵事係)에서 일하고 있다는 것을 아마 알았을 것이다.

자기소개들은 끝났지만 그러고 나서는 서로 할 얘기가 없었다. 잠시 동안은 조용히 술만 마셨는데 나는 새카맣게 구워진 군참새를 집을 때 할 말이 생겼기 때문에 마음속으로 군참새에게 감사하고 나서 얘기를 시작했다.

"안 형, 파리를 사랑하십니까?"

"아니오, 아직까진……." 그가 말했다. "김 형은 파리를 사랑하세요?"

"예."라고 나는 대답했다. "날 수 있으니까요. 아닙니다. 날 수 있는 것으로서 동시에 내 손에 붙잡힐 수 있는 것이니까요. 날 수 있는 것으로서 손안에 잡아 본 적이 있으세요?"

"가만 계서 보세요." 그는 안경 속에서 나를 멀거니 바라보며 잠시 동안 표정을 꼼지락거리고 있었다. 그리고 말했다. "없어요, 나도 파리밖에는……."

낮엔 이상스럽게도 날씨가 따뜻했기 때문에 길은 얼음이 녹아서 흙물로 가득했었는데 밤이 되면서부터 다시 기온이 내려가고 흙물은 우리의 발밑에서 다시 얼어붙기 시작했다. 소가죽으로 지어진 내 검정 구두는 얼고 있는 땅바닥에서 올라오고 있는 찬 기운을 충분히 막아 내지 못하고 있었다. 사실 이런 술집이란, 집으로 돌아가는 길에 잠깐 한 잔하고 싶은 생각이 든 사람이나 들어올 데지, 마시면서 곁에 선 사람과 무슨 얘기를 주고받을 만한 데는 되지 못하는 곳이다. 그런 생각이 문득 들었지만 그 안경잡이가 때마침 나에게 기특한 질문을 했기 때문에 나는 '이놈 그럴듯하다'고 생각되어 추위 때문에 저려 드는 내 발바닥에게 조금만 참으라고 부탁했다.

[중략 부분 줄거리] 아무런 의미가 없는 대화를 주고받던 '나'와 안은 외교원 일을 하는 사내를 만난다. 사내는 '나'와 안에게 자신과 함께 있어 주기를 청하고, 세 사람은 중국집으로 자리를 옮겨 대화를 나눈다.

"말씀드리고 싶은 게 있는데요." 마음씨 좋은 아저씨가 말하기 시작했다. "들어 주셨으면 고맙겠습니다…… 오늘 낮에 제 아내가 죽었습니다. 세브란스 병원에 입원하고 있었는데……." 그는 이젠 슬프지도 않다는 얼굴로 우리를 빤히 쳐다보며 말하고 있었다.

"네에에." "그거 안되셨군요."라고, 안과 나는 각각 조의를 표했다.

"아내와 나는 참 재미있게 살았습니다. 아내가 어린애를 낳지 못하기 때문에 시간은 몽땅 우리 두 사람의 것이었습니다. 돈은 넉넉하진 못했습니다만, 그래도 돈이 생기면 우리는 어디든지 같이 다니면서 재미있게 지냈습니다. 딸기 철엔 수원에도 가고, 포도 철엔 안양에도 가고, 여름이면 대천에도 가고, 가을엔 경주에도 가 보고 밤엔 함께 영화 구경, 쇼 구경하러 열심히 극장에 쫓아다니기도 했습니다……."

"무슨 병환이셨던가요?" 하고 안이 조심스럽게 물었다.

"급성 뇌막염이라고 의사가 그랬습니다. 아내는 옛날에 급성 맹장염 수술을 받은 적도 있고, 급성 폐렴을 앓은 적도 있다고 했습니다만 모두 괜찮았었는데 이번의 급성엔 결국 죽고 말았습니다…… 죽고 말았습니다."

사내는 고개를 떨구고 한참 동안 무언지 입을 우물거리고 있었다. 안이 손가락으로 내 무릎을 찌르며 우리는 꺼지는 게 어떻겠느냐는 눈짓을 보냈다. 나 역시 동감이었지만 그때 사내가 다시 고개를 들고 말을 계속했기 때문에 우리는 눌러앉아 있을 수밖에 없었다.

"아내와 재작년에 결혼했습니다. 우연히 알게 됐습니다. 친정이 대구 근처에 있다는 얘기만 했지 한 번도 친정과는 내왕이 없었습니다. 난 처갓집이 어딘지도 모릅니다. 그래서 할 수 없었어요." 그는 다시 고개를 떨구고 입을 우물거렸다.

"뭘 할 수 없었다는 말입니까?" 내가 물었다.

그는 내 말을 못 들은 것 같았다. 그러나 한참 후에 다시 고개를 들고 마치 애원하는 듯한 눈빛으로 말을 이었다. "아내의 시체를 병원에 팔았습니다. 할 수 없었습니다. 난 서적 월부 판매 외교원에 지나지 않습니다. 할 수 없었습니다. 돈 사천 원을 주더군요. 난 두 분을 만나기 얼마 전까지도 세브란스 병원 울타리 곁에 서 있었습니다. 아내가 누워 있을 시체실이 있는 건물을 알아보려고 했습니다만 어딘지 알 수 없었습니다. 그냥 울타리 곁에 앉아서 병원의 큰 굴뚝에서 나오는 희끄무레한 연기만 바라보고 있었습니다. 아내는 어떻게 될까요, 학생들이 해부 실습하느라고 톱으로 머리를 가르고 칼로 배를 찢고 한다는데 정말 그러겠지요?"

우리는 입을 다물고 있을 수밖에 없었다. 사환이 단무지와 파가 담긴 접시를 갖다 놓고 나갔다.

"기분 나쁜 얘길 해서 미안합니다. 다만 누구에게라도 얘기하지 않고서는 견딜 수 없었습니다. 한 가지만 의논해 보고 싶은데, 이 돈을 어떻게 하면 좋을까요? 저는 오늘 저녁에 다 써 버리고 싶은데요."

"쓰십시오." 안이 얼른 대답했다.

"ⓛ 이 돈이 다 없어질 때까지 함께 있어 주시겠어요?" 사내가 말했다. 우리는 얼른 대답하지 못했다. "함께 있어 주십시오." 사내가 말했다. 우리는 승낙했다.

"멋있게 한번 써 봅시다."라고 사내는 우리와 만난 후 처음으로 웃으면서 그러나 ⓒ 여전히 힘없는 음성으로 말했다.

중국집에서 거리로 나왔을 때는 우리는 모두 취해 있었고, 돈은 천 원이 없어졌고 사내는 한쪽 눈으로는 울고 다른 쪽 눈으로는 웃고 있었고, 안은 도망갈 궁리를 하기에도 지쳐 버렸다고 내게 말하고 있었고, 나는 "악센트 찍는 문제를 모두 틀려 버렸단 말야, 악센트 말야."라고 중얼거리고 있었고, ⓔ 거리는 영화 광고에서 본 식민지의 거리처럼 춥고 한산했고, 그러나 여전히 소주 광고는 부지런히, 약 광고는 게으름을 피우며 반짝이고 있었고, 전봇대의 아가씨는 '그저 그래요.'라고 웃고 있었다.

– 김승옥, 「서울 1964년 겨울」

06 〈보기〉는 제시문에 대한 해설의 일부이다. 〈보기〉의 ①, ②에 들어갈 적절한 단어를 제시문에서 찾아 쓰시오.

┤ 보기 ├

　이 작품은 우연히 만난 세 사람이 하룻밤 사이에 겪게 된 일을 통해 당시 시대가 당면한 문제를 제시하고 있다. 1960년대의 서울은 급속한 산업화와 도시화를 추구하던 시기로, 자본주의의 모순에 의해 인간적인 관계가 단절되고 공동체가 붕괴되는 문제를 안고 있었다. 사람들은 경제적인 가치가 최우선이 되는 삭막한 도시 속에서 익명적인 존재가 되어 갔다.

　일면식도 없던 '나'와 안, 사내가 만난 (　①　)은/는 집으로 돌아가는 길에 잠깐 들리는, 곁에 선 사람과 대화를 나눌 만한 곳은 되지 못하는 곳이다. 그곳에서 아무런 의미가 없는 대화를 주고받던 '나'와 안은 사내의 청으로 (　②　)(으)로 자리를 옮기고, 사내는 그곳에서 비로소 '나'와 안에게 자신의 이야기를 털어놓는다. 하지만 남에게 함부로 털어놓을 수 없었던 사정을 서로 나누었음에도 셋은 연대감을 이루지 못하고 각자 단절된 시간을 이어 가는 것이다.

①： ＿＿＿＿＿＿＿＿＿＿＿

②： ＿＿＿＿＿＿＿＿＿＿＿

07 〈보기〉는 제시문의 ㉠～㉣에 담긴 시대상에 관해 해석한 것이다. 〈보기〉의 ①～④에 들어갈 알맞은 구절을 제시문에서 찾아 기호를 쓰시오.

┤ 보기 ├

(　①　)	일제의 36년간의 식민지 시절에서 벗어난 이후, 당시의 정부는 충분한 사과나 보상금 없이 시민들의 격렬한 반대에도 불구하고 강압적인 한일 관계 정상화를 이루어 냈다. 작품에서는 이러한 굴욕적인 현실에 대한 사람들의 회의감을 이 구절에 녹여 내었다.
(　②　)	유대감이 없는 사람들끼리 함께 시간을 보내기 위해서 어떻게든 수단을 만들어 내야 했던 이 구절을 보면, 고립되어 있는 상황에서 벗어나 내면적 교감과 연대를 강하게 원했던 당대 사람들의 심리를 느낄 수 있다.
(　③　)	서로 같은 공간에서 대화를 주고 받았던 사람을 이렇게 표현한 것은 당대 사람들이 타인에 대해 무관심한 모습을 가지고 있었다는 것을 의미하며, 단절된 관계를 적나라하게 드러내고 있다.
(　④　)	작품이 쓰여진 시기는 시민들의 의사와 상관없는 정부 주도의 강압적인 정치와 사회적 분위기 속에서 지식인들이 무력감을 느끼던 시대였다. 이 구절에서는 현실을 바꿀 힘이 없던 당대 사람들의 무기력한 내면을 엿볼 수 있다.

①： ＿＿＿＿＿　　②： ＿＿＿＿＿　　③： ＿＿＿＿＿　　④： ＿＿＿＿＿

08 〈보기〉를 읽고, ①, ②에 들어갈 적절한 말을 제시문에서 찾아 쓰시오.

┤ 보기 ├

이 작품의 제목은 작품의 시간적, 공간적 배경을 그대로 드러내고 있다. 공간적 배경인 '서울'은 많은 사람이 살아가고 있지만 그 속에서 오히려 소외감을 느끼게 되는 개인화되고 익명화된 도시이다. 이 안에서 (①   )(으)로 익명화된 인물들은 인간적인 만남을 이어 가는 존재가 아닌, 비개성적이고 무덤덤한 만남을 이어 가는 존재이다. 1964년이라는 시대적 배경은 정치적, 사회적으로 혼란스러운 시기였다. 인물들은 이러한 혼란 속에서 실질적 의미가 사라진 헛된 대화를 주고받는다. 또한 배경은 추운 겨울이다. 혹독하고 차가운 계절 속에서, 인물들은 선술집이나 여관 등 정착지가 아닌 곳을 떠돌아다닌다. 우울하고 단절된 인간관계 속에서 '안은 (②   )을/를 하는 것조차 적극적이지 않다. 이러한 모습들로 삶의 가치와 목표를 상실한 채 배회하며 살아가는 현대인의 모습을 극명하게 그려 내고 있는 것이다.

① : _____

② : _____

※ 다음 글을 읽고 물음에 답하시오. (9~10)

정답·해설 p.12

"까짓거 몸 돌보지 않고 열심히만 하면 농사꾼보다야 낫겠거니 했지요. 처음에는 땅 판 돈이 좀 있어서 생선 장사를 하다가 밑천 잘라먹고 농사꾼 출신이라 고추 장사는 자신 있지 싶어 덤볐다가 아예 폭삭 망했어요."

밥그릇 비우는 솜씨도 일솜씨 못지않아서 임 씨는 그가 반도 비우기 전에 벌써 숟가락을 놓았다. 그리고 은하수한 개비를 물었다.

"밑천 댈 돈이 없으니 그다음부터는 닥치는 대로죠. 서울서 밑천 털리고 부천으로 이사 온 게 한 육 년 되나. 이 바닥서 안 해 본 게 없어요. 얼음 장수, 채소 장수, 개장수, 번데기 장수, 걸리는 대로 했으니까요. 장사를 하려면 단돈 천 원이라도 밑천이 들게 마련인데 이게 걸핏하면 밑천 까먹기라 이겁니다. 좀 되는가 싶어도 자식새끼가 많다 보니 쓰이는 돈도 많고. 그래서 재작년부터는 몸으로 벌어먹는 노가다 일을 주로 했지요. 뺑끼쟁이, 미쟁이, 보일러쟁이 뭐 손 안 댄 게 없어요. 잡부가 없다면 잡부로 뛰고, 도배쟁이가 없다면 도배도 해요. 그러다 겨울 닥치면 공터에 연탄 부려 놓고 연탄 배달로 먹고살지요."

키 작은 하청일과 키 큰 서수남이 재잘재잘 숨넘어가게 가사를 읊어 대는 노래가 생각날 만큼 그가 주워섬기는 직업 또한 늘어놓기 힘들 만큼 많았다. 그렇게 많은 일을 했다면서 아직도 요 모양 요 꼴인가 싶으니 견적에서 돈 남기고 공사에서 또 돈 남기는 재주는 임 씨가 막판에 배운 못된 기술인지도 몰랐다.

"연탄 배달이 그래도 속이 젤로 편해요. 한 장 배달에 얼마, 이렇게 금새가 매겨져 있으니 한철에 얼마큼만 나르면 입에 풀칠은 하겠다는 계산도 나오구요. 없는 살림에는 애들 크는 것도 무서워요. 지하실에 꾸며 놓은 단칸방에 살면서 하루에 두 끼는 백 원짜리 라면으로 때우게 되더라구요. 그래도 농사질 때는 명절 닥치면 떡 한 말쯤이야 해 놓을 형편이었는데……. 시골서 볼 때는 돈이란 돈은 왼통 도시에 몰려 있는 것 같음서도 정작 나와 보니 돈 구경하기 힘들데요."

그는 또 공사 맡아서 주인 속여 남긴 돈은 다 뭣 하누 하는 생각에 임 씨 얼굴을 다시 보게 된다. 하기야 임 씨 같은 뜨내기 인부에게 일 맡길 집주인도 흔치 않겠지 하고 어림하다 보니 스스로가 바보가 된 것 같아서 그는 입맛이 썼다.

[중략 부분 줄거리] 당초 예상보다 이르게 목욕탕 수리를 마무리한 임 씨는 '그'와 '그'의 아내에게 집에 더 손볼 곳이 있으면 봐 주겠다고 제안을 하고, 임 씨가 수리비 비용을 과하게 청구할까 봐 불안했던 '그'는 옥상 방수 공사를 추가로 부탁한다. 임 씨를 도와 옥상 방수 공사를 늦은 시간까지 하면서 '그'는 집수리 일이 생각보다 어렵다는 것을 알게 된다. 또, 임 씨의 정직한 계산서를 받고 자신이 임 씨를 오해했음에 부끄러움을 느낀다.

"좋수다. 형씨. 한잔하십시다."

임 씨가 호기를 부리며 소리 나게 잔을 부딪쳤다.

"그렇지, 그렇지. 다 같은 토끼 새끼 주제에 무슨 얼어 죽을 사장이야!"

그의 허세도 임 씨 못지않았으므로 이윽고 두 사람은 주거니 받거니 술잔을 비우기 시작하였다.

"내가 이래 봬도 자식 농사는 꽤 지었지요."

임 씨는 자신의 아들딸이 네 명이란 것. 큰놈은 국민학교 4학년인데 공부를 썩 잘하고 둘째 딸년은 학교 대표 농구 선수인데 박찬숙 못지않을 재주꾼이라고 자랑했다.

"그놈들 곰국 한번 못 먹인 게 한이오, 형씨. 내 이번에 가리봉동에 가면 그 녀석 멱살을 휘어잡아야지."

임 씨가 이빨 사이로 침을 찍 뱉었다. 뭐 맛있는 거나 되는 줄 알고 김 반장의 발발이 새끼가 쪼르르 달려왔다.

"가리봉동에 가면 곰국이 나와요?"

임 씨가 따라 주는 잔을 받으면서 그는 온몸을 휘감는 술기운에 문득 머리를 내둘렀다. 아까부터 비 오는 날에는 가리봉동에 간다는 임 씨의 말이 술기운과 더불어 떠올랐다.

"곰국만 나오나. 큰놈 자전거도 나오고 우리 농구 선수 운동화도 나오지요. 마누라 빠마값도 쑥 빠집니다요. 자그마치 팔십만 원이오, 팔십만 원. 제기랄. 쉐타 공장 하던 놈한테 일 년 내 연탄을 대 줬더니 이놈이 연탄값 떼어먹고 야반도주했어요. 공장이 망했다고 엄살을 까길래, 내 마음인들 좋았겠소. 근데 형씨, 아, 그놈이 가리봉동에 가서 더 크게 공장을 차렸지 뭡니까. 우리네 노가다들, 출신이 다양해서 그런 소식이야 제꺼덕 들어오지, 뭐."

"그럼 받아야지, 암. 받아야 하구 말구."

그는 딸꾹질을 시작했다. 임 씨에게 술을 붓는 손도 정처 없이 흔들렸다. 그에 비하면 임 씨의 기세 좋은 입만큼은 아직 든든하다.

"누군 받기 싫어 못 받수. 줘야 받지. 형씨, 돈 있는 놈은 죄다 도둑놈이오. 쫓아가면 지가 먼저 울상이네. 여공들 노임도 밀렸다. 부도가 나서 그거 메우느라 마누라 목걸이까지 팔았다고 지가 먼저 성깔 내."

"죽일 놈."

그는 스웨터 공장 사장을 눈앞에 그려 본다. 빤질빤질한 상판에 배는 툭 불거져 나왔겠지.

"그게 작년 일인데 형씨, 올여름에 비가 오죽 많았소. 비만 오면 가리봉동에 갔지요. 비만 오면 갔단 말이오."

"아따. 일 년 삼백육십오 일 비 오는 날은 쌔고 쌨는디 머시 그리 걱정이당가요?"

김 반장이 맥주를 새로 가져오며 임 씨를 놀려 먹었다.

"시끄러, 임마. 비가 와야 가리봉동에 가지, 비가 와야……."

"해 뜨는 날은 돈 벌어서 좋고, 비 오는 날은 돈 받아서 좋고, 조오타!"

김 반장이 젓가락으로 장단까지 맞추자 임 씨는 김 반장 엉덩이를 찰싹 갈긴다.

"형씨, 형씨는 집이 있으니 걱정할 것 없소. 토끼띠면 어쩔 거여. 집이 있는데, 어디 집값이 내리겠소?"

"저런 것도 집 축에 끼나……."

이번엔 또 무슨 까탈을 일으킬 것인지, 시도 때도 없이 돈을 삼키는 허술한 집이라고 대꾸하려다가 임 씨의 말에 가로채여서 그는 입을 다물었다.

"난 말요. 이 토끼띠 사내는 말요, 보증금 백오십만 원에 월세 삼만 원짜리 지하실 방에서 여섯 식구가 살고 있소. 가리봉동 그 새끼는 곧 죽어도 맨션아파트요, 맨션아파트!"

임 씨는 주먹을 흔들며 맨션아파트라고 외쳤는데 그의 귀에는 꼭 맨손 아파트처럼 들렸다.

"돈 받으러 갈 시간도 없다구. 마누라는 마누라대로 벽돌 찍는 공장에 나댕기지, 나는 나대로 이 짓 해서 벌어야지. 그래도 달걀 후라이 한 개 마음 놓고 못 먹는 세상!"

임 씨의 목소리가 거칠어졌다. 술이 너무 과하지 않나 해서 그는 선뜻 임 씨에게 잔을 돌리지 못하고 있었다.

"돌고 돌아서 돈이라고? 돌고 도는 돈 본 놈 있음 나와 보래! 우리 같은 신세는 평생 이 지랄로 끝장이야. 돈? 에이! 개수작 말라고 해."

임 씨가 갑자기 탁자를 내리쳤다. 그 바람에 기우뚱거리던 맥주병이 기어이 바닥으로 나뒹굴면서 요란한 소리를 내었다.

"참고 살다 보면 나중에는……."

"모두 다 소용없는 일이야!"

임 씨의 기세에 눌려 그는 또 말을 맺지 못하고 입을 다물었다. 나중에는 임 씨 역시 맨션아파트에 살게 되고 달걀 프라이쯤은 역겨워서, 곰국은 물배만 채우니 싫어서 갖은 음식 타박에 비 오는 날에는 양주나 찔끔거리며 사는 인생이 될 것이다, 라고 말할 수는 없었다. 천 번 만 번 참는다고 해서 이 두터운 벽이, 오를 수 없는 저 꼭대기가 발밑으로 걸어와 주는 게 아님을 모르는 사람이 그 누구인가.

그는 임 씨의 핏발 선 눈을 마주 보지 못하였다. 엉터리 견적으로 주인 속이는 일꾼이라고 종일토록 의심하며 손해 볼까 두려워 궁리를 거듭하던 꼴을 눈치채이지는 않았는지, 아무래도 술기운이 확 달아나 버리는 느낌이었다.

– 양귀자, 「비 오는 날이면 가리봉동에 가야 한다」

09 〈보기〉는 제시문에 대한 감상의 일부이다. 〈보기〉의 ①, ②에 들어갈 적절한 말을 제시문에서 찾아 쓰시오.

┤ 보기 ├

　　임 씨는 솜씨 있는 일꾼이며, 일을 더 해 주고도 비용을 깎아 주는 정직한 사람이다. 게으름 피우는 일 없이 성실하게 일하지만 가난을 극복하지 못하는데, 부유한 (　　①　　)은/는 오히려 그런 임 씨의 돈을 떼먹는 행태를 보인다. 결국 임 씨가 도시에서 겪고 있는 생활고는 극복하기 힘든 빈부의 격차와, 부도덕한 부유층의 탐욕스러운 행태로 인한 것이라고 볼 수 있다. 임 씨의 세상에 대한 원망과 무력감은 사회 구조적인 모순을 생각하게 한다. 떼먹힌 돈을 받으러 갈 시간도 없이 일하면서도 달걀 프라이나 곰국조차 마음놓고 먹지 못하는 임 씨의 형편이, 마음껏 음식 타박을 할 수 있는 상황으로 풀릴 희망은 희박하다. 경제적 계층을 나누는 경계가 마치 (　　②　　)처럼 높아, 극복하기가 어렵기 때문이다.

① : _____

② : _____

10 〈보기〉는 제시문의 제목을 분석한 것이다. 〈보기〉의 ①과 ②의 이유를 각각 간략하게 서술하시오.

┤ 보기 ├

　　가난한 임 씨에게 지불해야 할 돈을 떼먹은 것은, 아이러니하게도 부유하게 살고 있는 공장 사장이다. 이처럼 부도덕한 인물이 부유층인 채로 살아가는 부당한 현실 속에서, 성실하고 정직한 이들은 힘겨운 삶을 살아가고 있다. 제목인 '비 오는 날이면 가리봉동에 가야 한다'는 이러한 상황을 적나라하게 드러낸다. 왜 ① 비 오는 날에만, 어째서 매번 ② 가리봉동에 가야 하는지를 생각하면 부유층의 탐욕스러운 행태에 착취당하고 있는 소시민의 현실을 직면하게 되는 것이다.

① : _____

② : _____

※ 다음 글을 읽고 물음에 답하시오. (11~12)　　　　　　　　　　　　　　　　　　　　　　● 정답·해설 p.13

　　안마당 정원에 철쭉꽃이 활짝 핀 5월 초순 어느 날이었다. 길중이가 오전반 공부를 끝내고 돌아와, 길수까지 합쳐 네 식구가 점심밥을 먹고 나서였다. 어머니는 나를 불러 재봉틀 앞에 앉히더니, 재봉틀 서랍에서 돈을 꺼내어 내 앞에 밀어 놓았다.

　　"얼만가 세어 봐라."

　　돈을 세어 보니 80환으로, 공작 담배로 따지면 네 갑을 살 수 있었다. 나는 어머니가 무슨 심부름을 시키려는 줄 알았다. 어머니는 나를 빤히 바라보았다.

　　"길남아, 내 말 잘 들거라. 니는 인자 애비 읎는 이 집안의 장자다. 가난하다는 기 무신 죈지, 그 하나 이유로 이 세상이 그런 사람한테 얼마나 야박하게 대하는지 니도 알제? 난리 겪으며 배를 철철 굶을 때, 니가 아무리 어렸기로서니 두 눈으로 가난 설움이 어떤 긴 줄 똑똑히 봤을 끼다. 오직 성한 몸뚱이뿐인 사람이 이 세상 파도를 이기고 살라 카모 남보다 갑절은 노력해야 겨우 입에 풀칠한다. 니는 위채에 사는 학생들과 처지가 다른 기라. 양친 부모 있고, 집 있고, 묵을 것 넉넉하이까 저들이사말로 머가 부럽겠노. 지만 열심히 공부하모 좋은 대학 졸업하고 좋은 직장을 가지겠제. 돈 있고 집안 좋으이 남보다 출세도 빨리할 끼라. 니가 위채 학생들보다 갑절로 노력해서 어른이 되더라도 그 차이는 하나 달라지지 않고 지금 처지와 똑같을란지 모른다. 그렇다고 가뭄 심한 농사철에 농사꾼이 하늘만 쳐다본다고 어데 양식이 그저 생기겠나. 앞으로도 지금처럼 늘 위채를 올려다보고 살게 되더라도, 니는 니 대로 우짜든동 힘자라는 대로 노력해 보는 길밖에 더 있겠나. 내사 인제 너그 성제간 잘 크고 남한테 눈총 안 받으며 사람 구실 하고 사는 기나 바라보고 살아갈 내리막 인생길 아인가……."

　　어머니 목소리에 물기가 느껴졌다. 머리 숙이고 있던 나는 눈을 조금 치켜떠 어머니를 보았다. 어머니 속눈썹에 눈물이 묻어 있었다. 아직 마흔 살도 안 된 나이에 어머니는 노인 티를 내고 있었다. 사실 어머니는 전쟁이 나고 서너 해 사이 나이를 곱절로 먹은 듯 윤기 흐르던 탱탱한 살결은 어디에도 찾아볼 수 없었다. 어머니는 손수건에 물코를 풀곤 말을 이었다.

　　"길남이 니는 앞길이 구만리 같은 창창한 세월이 남았잖나. 그러이 지금부터라도 악심 묵고 살아야 하는 기라. 내가 보건대 지금 우리 처지에서 니 장래는 두 가지 길밖에 읎다. 한 가지는, 공부 열심히 해서 배운 바 실력이 남보다 월등하여 훌륭한 사람이 되는 길이다. 평양댁 정민이 학생 봐라. 아부지 읎이 저거 엄마가 군복 장수해도 공부를 얼마나 잘하노. 위채 학생 둘 가르쳐서 번 돈을 가용에 보태고, 12시 넘어까지 호롱불 켜 놓고 자기 공부를 안 하나. 그러이 반장하고 늘 일등이라 안 카나. 갸는 반드시 판검사나 대학교 교수가 될 끼다. 또 한 가지, 니가 이 세상 파도를 무사히 타 넘고 이기는 길은, 세상살이를 몸으로 겪어 갱험을 많기 쌓는 길이다. 재주 읎고 공부하기 싫으모 부지런키라도 해야제. 준호 아부지는 한 팔이 읎어도 묵고살겠다고 매일 아침에 집을 나서잖나. 남자는 그렇게 밥숟가락 놓자마자 밥상을 걷어 넘고 나서서 부랄이 요령 소리 나도록 뛰댕겨야 제 식구를 믹이 살린다. 그러이 내 하는 말인데, 니도 이렇게 긴 해를 집에서만 보내기 오죽 심심하겠나. 그래서 내가 궁리를 짜낸 끝에 그 돈을 니한테 주는 기다."

　　"이 돈으로 멀 우째 하라고예?"

　　나는 어리둥절하여 손에 쥔 돈을 내려보았다.

　　"길남아, 그 80환으로 신문을 받아서 팔아 봐라. 신문 팔아 돈을 얼매만큼 버는 기 문제가 아이라, 니 힘으로 돈벌이해 보모, 돈이 얼마나 귀한 줄 알 수 있을 끼다. 이 세상으 쓴맛을 알라 카모 그런 갱험이 좋은 약이 될 테이께. 초년고생은 돈 주고도 몬 산다는 속담도 있느니라……."

　　내가 감히 거역할 수 없는 어머니의 옹이 박인 말이었다.

　　지금 생각해 보면, 어머니 그 말씀은, 입학기가 지난 뒤 나를 대구로 불러올렸을 때 이미 예정해 둔 계산임이 분명했다. 시골서 내놓은 망아지로 지내며 초등학교나마 근근이 마치고 올라왔으니 한 해 동안 도시 물정이나 익히게 하며, 제가 벌어 제 학비를 조달할 수 있는 길을 뚫게 해 주자. 어머니는 그런 궁리를 해 두었고, 내가 대구시로 나온 지 열흘쯤 지나자 드디어 실행의 용단을 내렸음에 틀림없었다.

나는 돈 80환을 주머니에 넣고 막막한 심정으로 집을 나섰다.

"신문을 팔지 몬하겠거덩 그 돈으로 차비해서 다시 진영으로 내려가 술집 중노미가 되든 장돌뱅이가 되든 니 마음대로 해라." 어머니의 아귀찬 마지막 말을 떠올리자, 나는 용기를 내지 않을 수 없었다. 길거리나 어슬렁거리다 돌아가면 어머니는 틀림없이 저녁밥을 굶기고, 어쩌면 방에서 잠을 자지 못하게 내쫓을는지도 몰랐다. 어머니는 누구보다 자식에게만은 엄격하고 냉정한 분이셨다.

(중략)

어느 날, 저녁 끼니로 보리죽 한 그릇을 먹고도 나는 얼마나 배가 고팠던지 밤중에 위채 부엌으로 몰래 찾아든 적이 있었다. 속이 쓰려 한밤중에 눈을 뜬 나는 주인집 부엌의 남은 밥을 뒤져 먹기로 작정했던 것이다. 그런 작정을 하기까지 식모 안 씨가 남은 밥을 부엌 어디에 두는지를 엿보아 두었다. 나는 살그머니 잠자리에서 빠져나와 반바지를 껴입고 마당으로 나섰다. 몇 시인지 몰랐으나 사위는 고요했다. 나는 우선 변소로 갔다. 먹는 양이 적다 보니 나올 건더기 없는 똥을 누는 체 변소간에 앉아 위채 동정을 살폈다. 방마다 불이 꺼져 있었다. 나는 위채 부엌으로 살쾡이처럼 다가가 닫힌 부엌문을 살짝 열었다. 안 씨가 쓰는 부엌 골방은 깜깜했다. 나는 부엌 안으로 들어가서 시렁 위를 더듬었다. 소쿠리가 만져졌다. 안 씨는 밤새 남긴 밥이 쉴까 보아 밥뚜껑을 덮지 않고 소쿠리로 덮어 두곤 했다. 놋쇠 밥그릇은 밥이 반 그릇쯤 남아 있었다. 나는 손으로 밥을 한 움큼 집어내어 찬도 없이 허겁지겁 먹기 시작했다. 그날은 그렇게 반 그릇 밥을 비워 내고 다시 우리 방으로 돌아와 잠자리에 들었다. 이튿날 아침. 내가 숯불을 피우자 위채 부엌에서, 쥐가 소쿠리를 벗기고 밥그릇을 뒤졌다고 안 씨가 종알거렸다. 내가 부리나케 위채 부엌에서 나오느라 소쿠리를 제대로 덮지 않았음을 알았으나, 나는 시침을 떼었다.

하루걸러 이틀 뒤, 밤중에 나는 또 그 짓을 했다. 이제는 좀 더 대담해져 찬장의 김치 사발까지 부뚜막에 내려 반찬과 함께 남은 밥 한 그릇을 몽땅 비웠다. 종지가 있어 손가락으로 건덕지를 집어내어 먹다 보니 풋고추 넣은 쇠고기 장조림이었다. 나로서는 난생처음 먹어 보는 찬이었다. 부자는 쇠고기를 이런 반찬으로도 만들어 먹는구나 싶었다. 다음은 이틀을 건너뛰어 사흘 만에 위채 부엌을 뒤졌다.

세 차례째 그렇게 훔쳐 먹고 난 이튿날이었다. 나는 신문을 받아 팔려고 집을 나섰다. 내가 바깥마당으로 나서자 뒤쪽에서, "길남아, 나 좀 보제이." 하고 누군가가 불렀다. 돌아보니 안 씨였다.

"부, 불렀습니꺼?"

나는 말부터 더듬거렸고 얼굴이 불을 쐰 듯 달아올랐다. 가슴이 뛰었다.

"길남아, 니가 밤중에 우리 부엌으로 들어오는 거 안데이."

"아, 아지매가 봤다 말이지예?"

"내 누구한테도 그 말 안 할 테이 다시는 그런 짓 말거래이. 설령 점심밥을 굶어 배가 쪼매 고프더라도 사나이 대장부가 될라 카모 그쯤은 꿋꿋이 참을 줄 알아야제. 너거 어무이는 물론이고 성제간도 그렇게 참으미 이 여름철을 힘겹게 넘기고 안 있나. 내 아무한테도 이 말 안 하꾸마."

안 씨가 부드러운 목소리로 말하며 고개 빠뜨린 내 어깨를 다독거렸다.

"알았심더." 내가 조그만 소리로 대답했다.

안 씨 충고에는 도둑이란 말이 한마디도 들어 있지 않았음을, 나는 지금도 기억하고 있다. 고개 빠뜨린 내 얼굴이 홍당무가 되었고, 어느 사이 뜨거운 눈물이 뺨을 타고 흘러내렸다. 안 씨가 내 밥도둑질을 어머니한테 귀띔했다면 나는 숯포대 회초리로 종아리며 등줄기에 지렁이 자국이 나도록 매를 맞았을 테고, 몇 끼니 밥은 굶게 되었을 터였다. 또한 두고두고 어머니로부터, "집안으 장자가 남으 밥도둑질까지 하다니." 하는 지청구를 들었을 것이다. 그러나 안 씨는 내 행실을 왜자기지 않겠다는 약속을 지켰고, 그 뒤부터 나는 남의 물건이라면 운동장이나 교실 바닥에 떨어진 동전, 도막 연필이라도 내 것으로 하지 않았으니, 그때 안 씨의 그 따뜻한 충고 덕분이었다.

– 김원일, 「마당 깊은 집」

11 〈보기〉는 제시문에 나타나는 서술자의 시점에 관해 설명한 것이다. 〈보기〉의 ①, ②에 들어갈 적절한 말을 제시문에서 찾아 쓰시오.

┤ 보기 ├

　이 작품은 작가의 자전적 소설로, 주인공인 소년이 '마당 깊은 집'에 세들어 살면서 여러 가지 사건을 겪고 성장하는 과정이 그려져 있다. 6 · 25 전쟁 직후 피난민들의 곤궁한 삶과, 풍요롭지만 나눌 줄 모르는 주인집의 삶이 대비되는 모습이 1인칭 주인공 어린아이인 '나'의 시점으로 섬세하게 묘사되고 있는 것이다. 작품 안의 '나는 어리둥절하여 손에 쥔 돈을 내려보았다.'라거나, '나는 말부터 더듬거렸고 얼굴이 불을 쐰 듯 달아올랐다.'는 표현은 어린 시절 과거 시점의 '나'이다. 그러나 작가는 (　　①　　)(이)나, (　　②　　)와/과 같이 어른이 된 후의 '나'가 과거를 회상하는 현재 시점을 교차하여 보여 주고 있다. 이러한 시점의 변화를 통해, 독자들은 어린아이로서는 미처 깨닫지 못했던 당시의 상황을 화자가 나중에 어떻게 이해하였고, 화자의 성장에 그 일이 어떤 영향을 미쳤는지 또한 알 수 있게 되는 것이다.

① : _____

② : _____

12 〈보기〉는 제시문에 대한 해설의 일부이다. 〈보기〉의 ①, ②에 들어갈 적절한 말을 쓰시오.

┤ 보기 ├

　「마당 깊은 집」에는 소년의 눈으로 관찰하고 파악한 한국 전쟁 직후의 현실이 생생하게 그려져 있다. 서술자이자 주인공인 길남은 대구로 와서 '마당 깊은 집'에 세들어 사는 가족들과 합류하는데, 그 집에는 주인집을 포함하여 네 가구의 피난민들이 함께 살아가고 있다. 출신과 구성, 직업이 서로 다른 다섯 가구의 사람들이 각자의 삶의 방식에 따라 살아가는 모습은 하나의 작은 사회로서의 상징적인 공간을 구성한다.

　이 속에서 '어머니'는 남편의 부재 속에서 모성성보다는 살아남기 위한 강하고 냉정한 모습을 보인다. 또한 갓 초등학교를 졸업한 아직 어린 길남에게 장남으로서 (　　①　　)의 역할을 요구하기도 한다. 이는 전쟁 직후의 어렵던 상황 속에서 상실되거나 왜곡된 가족의 모습과, 그로 인해 어머니에게 느끼는 주인공의 심리적 갈등과 억압 의식을 형상화한다.

　또한 이 작품에서는 주인집인 (　　②　　)와/과 세들어 사는 사람들 간의 계층 간 갈등을 보여 주고 있다. 당시 피난민들은 끼니를 잇지 못할 정도로 물질적 빈곤 상태에 있었지만, 부유층은 소외된 사람들을 외면하는 정신적 빈곤 상태에 있었다고도 말할 수 있다.

① : _____

② : _____

　　과수원. 내가 알고 있던 과수원은 깊은 산골의 야산 자락에 위치한 작고 황량한 것이었다. 그리고 거기에는 호수……가 있었다. 그 호수는 어렸을 때 나의 은근한 자랑거리였다. 일찍이 서울로 단신 유학을 떠난 나에게는 서울내기들에게 억울한 놀림을 당할 때마다 내심으로 부르짖을 수 있는 유일한 조커 패였다. 시골 우리 과수원에는 말이지 호수가 있다구. 호수가. 그 호수라는 말을 그토록 자랑스럽게 발음하는 것은, 그 호수라는 마술의 단어를 발음하자마자 어김없이 딸려 오는 얼굴이 있었기 때문이었다. 바로 그 얼굴의 주인에게서 받은 비밀스런 사랑, 거의 무조건적이라고 느낀 서툰 사랑, 서툴렀기 때문에 오랫동안 남는 사랑이 있었던 것이다.

　　사라져 버린 모든 것이 다 아름답지는 않다는 것을 나는 일찍이 배웠다. 일생―최소한 반생―동안, 내 부모가 어렵사리 장만한 고향의 황량한 과수원의 과수원지기로 일하던 아재비를 통해서, 그는 스스로를 그렇게 비하해서 칭했고 어느새 그는 누구에게나 아재비가 되었다. 지금은 과수원도 아재비도 사라져 버렸다. 그의 삶에 대해 나는 많은 시간 거의 잊고 지냈다. 그는 쉰 중반도 못 넘기고 일찍 죽었으며, 오래전부터 누적된 빚을 처리하느라, 딸애가 태어나기 바로 전에 우리는 그 과수원을 팔 수밖에 없었다. 지금 그 자리에는 산장 비슷한 여관이 들어섰으니 어디에고 흔적은 없다. 그도 갔고 과수원도 사라졌으며, 호수도 흙에 묻혔다. 그러나 아무리 생각해 보아도 그것은 내게 울먹거림만을 남겼다. 깊이 받은 사랑을 한 번도 갚지 못한 사람이, 삶의 가감 계산에 어렴풋이 눈떠 그 사랑을 조금이라도 갚으려고 했을 때, 대상이 이미 사라져 버린 것을 느끼는 순간 샘처럼 가득 고이는, 그런 울먹거림. 그리고 그 울먹거림이 치솟아 올 때마다, 나의 자랑이던 그 빚진 사랑에 대해, 그 사랑의 작은 상징인 호수에 대해 끝도 없이 말을 토해 내고 싶은 그 광증과 깊은 욕구. 사라져 버린 모든 것은 사람을 울먹거리게 만든다.

　　그러나 나는 아무에게도 그 얘기를 끝까지, 모두, 말해 본 적이 없다. 남편에게조차도. 남편도 내게 그토록 중요했던 과수원을 팔 때, 나만큼은 아니더라도 나를 위로할 만큼 충분히 슬픔을 표시했고, 그를 만났을 때는 이미 저세상 사람이 된 지 오래인 과수원지기 아저씨의 존재에 대해 들을 만큼 들었다. 그렇지만 한 사람의 삶에 대해, 그를 알지 못했던 누군가에게 모두를 이야기한다는 것은 얼마나 많은 조바심을 자아내는가 말이다. 처음부터 하나하나 설명해야 하는 참을성이 내게는 없었다. 그건 그러니까 불가능한 것이었다. 뿐만 아니라 듣는 사람이 나와 동일한 감정의 굴곡을, 같은 장소에서 전달받지 않는 것 때문에 오히려 더 외로움을 겪기 일쑤인 것이다. 이런저런 이유로 그것은 늘 진부하고 싱거운 이야기로 변해 버렸다. 설령 다 얘기했다고 생각하는 순간이 있어도 바로 다음 순간 예기치 않은 공백이 생겨나 나를 당황시키는 것이다.

　　내가 의식적으로 무엇을 감지하기도 전에, 때로는 커튼의 미동 때문에, 때로는 화초의 그림자 때문에, 자주 아무것도 아닌 어떤 것에 부추겨져, 예의 울먹거림이 나도 모르게 심장에서 목구멍으로 여울져 올라올 때면 나는 난감해진다. 그 과수원의 이야기는, 아재비의 이런 이야기는 어떤 어조로 말해야 하는 것일까. 금지된 속내 이야기를 어렵사리 털어놓는 것처럼 속살거려야 하는가. 아니면 무관한 한 사람의 이야기를 전달하듯이 과장을 섞어서 부산스럽게?

[중략 부분 줄거리] '나'는 남편, 어린 딸과 함께 지인의 과수원에서 여름휴가를 보내는 중이다. 그곳에서 '나'는 어린 시절 과수원지기로 일하던 아재비와의 일들을 떠올린다. 아재비는 '나'를 정성스럽게 보살펴 주기도 하고 아재비 가족에게 편지를 전해 달라는 부탁을 하기도 했다. '나'는 이런 과거 일들을 떠올리는 동시에 그 추억들이 불러일으키는 상념을 딸에게 털어놓는 이야기의 형식으로 전한다.

　　이애, 사람들은 모두가 언제나 너만큼 크냐? 너의 양미간은 참으로 넓고 깊구나. 그 작은 호수 모양, 채송화꽃이 쪼르르 둘레에 피어 있던 그 호수 모양, 너를 보고 있노라면 나는 목이 마르다. 이애, 저 길 앞으로 나가 보자. 이래서는 안 되는데, 네가 자고 있을 때면 이애, 나는 너를 흔들어 깨우고 싶다. 그리고 자꾸 수다를 떨고 싶구나. 그래 옛날 옛적에 사람들이 모두 평화로이 잠들어 있는 사이에 말이지, 그만 땅에 틈이 생기더니 …… 그게 바로 옛날이야기가 되어 버린 오늘의 이야기. 아, 이애 나는 아직도 찾지 못했구나. 어떻게 얘기를 해 주랴. 폭풍의 이야기로, 아니면 가벼운 봄비의 이야기로, 그것도 아니면 지금처럼 피웅피웅 내리박히는 여름 햇살의 이야기로?

한때 남로당 고위급 간부였던 그는 사형이 선고된 도망자였다. 그는 고위 간부의 자격으로 월북의 기회를 엿보며 도피해 있다가 검거되었고, 검거되어 송환되던 중 도망하였다. 도망하지 못하도록 동행하던 호송자들이 소지품과 의복을 빼앗아 놓은 상태에서 하룻밤을 나던 중, 그는 기적적으로 도망한 것이다. 검은 몇 날의 밤을 말처럼 집어타고. 한 과수원 속으로. 영원히.

아버지에 이어 그의 장례를 치르러 시골집에 내려갔을 때 지쳐 있는 어머니의 입에서 당신도 모르게 넋두리처럼 흘러나온 말들이었다. 아마도 그를 잃은 슬픔이 무한히 컸던 때문이었겠으나, 나는 그렇게 뒤늦게 들은 사실을 핑계로 그를 미워할 출구를 찾았다. 어떤 종류의 거대한 도망을 나는 그에게서 기대했던 것일까. 바보 같은 아재비. 멍청이. 겁쟁이. 아, 비겁한 도피자. 그렇게 딱한 사람의 삶의 증인으로 채택된 것이, 그의 삶을 억누르고 있는 음험한 그 무엇인가에 감염되어 입 한번 뻥긋 못 하고 그토록 강한 열망으로 말을 붙이고 싶었던 그의 아내와 아들과의 만남을 방해한 것이 바로 그이기라도 한 것처럼 말이다. 이상하게 꼬인 감정의 매듭이었다. 당신들의 남편, 아버지가 저기 야산 자락에 살고 있다고 한 번도 외쳐 보지 못하고 그의 편지 심부름을 한 것이 미치도록 미웠던 것이다. 그를 열렬히 미워하면서 조금씩 나의 슬픔이 진정되었다고나 할까. 그 미움의 기간은 다행히도 그리 길지 않았다.

그가 간 후 한참이 지나, 이미 야산으로 변해 버린 과수원을 정리하기 위해 내려갔었다. 인력도 달렸거니와 무엇보다도 오래된 아버지의 투병으로 진 빚 감당으로 팔려 나간 과수원에 방책을 만들러 벌써 남자 서너 명이 와서 일하고 있었다. 나는 딸애의 출산을 얼마 남겨 놓고 있지 않은 때였다.

과수원의 길이 곧게 뻗어 나가는 게 보이는 호숫가에 앉아서 나는 다시는 못 보게 될지도 모르는 낯익은 풍경들 하나하나에 나의 애정 어린 시선을 나누어 주었다. 과수원은 황폐했어도 내게는 평화였다. 설령 그것이 어느 날 없어졌다 해도. 그 안에서 일어난 일을 알고 있는 무언의 동반자인 나무들은, 내일에 다가올 걱정에는 무관심한 채 늠연하게 푸른 하늘에 미세한 실핏줄을 그리고 있었다. 잎이 다 진 가을이었던 것이다.

그 비어 있는 길 위에 하나의 영상이 떠올랐다. 아재비의 어깨에 팔을 얹어 기대고 불편한 몸을 움직이며 짧은 산책을 하는 아버지와 그 옆에 그림자처럼 엉킨 아재비의 모습이었다. 그들은 늘 할 말이 많았다. 단둘이서. 나는 그럴 때의 그들이 제일 아름다웠다고 생각한다. 그들은 무에 그리 할 말이 많았을까. 홀홀단신 가족을 모두 버리고 남쪽을 택해 내려온 아버지였던 만큼 건강이 좋았던 젊은 시절만 해도 읍으로 나가서 또는 내가 다니는 국민학교에 와서 가끔 반공 강연을 하곤 했었다. 모든 사람이 고개를 끄덕여 주어 내 어깨를 으쓱하게 한 강연들이었다.

바로 그가 남로당의 열성 간부였던 아재비를 과수원에서 발견했고 그의 불안한 신원의 바람막이가 되어 주었으며 그와 일생의 의형제가 된 것이다. 그리고 어머니가 내준 아재비의 공책에는 자연을 읊은 글만 있었던 것이 아니었다. 거기에는 잘 알아볼 수 없을 정도로 흘려 쓴 글씨이기는 하지만 그가 일생 동안 붙잡고 있었던 생각들이 두서없이 채워져 있었다. 그가 겪어 온 사고의 모든 갈피들. 어떻든 그는 변하지 않은 채로 일생을 살았던 것 같고 그것을 아버지나 어머니한테 그다지 숨겼던 것 같지도 않다. 상식으로는 설명되지 않는 일들이, 그 이전 혹은 그것을 뛰어넘은 어떤 곳에 그들의 삶과 함께 위치해 있었던 것이다.

과수원의 사방에 그들의 속삭임이 있었다. 그들이 근본적으로 지니고 있는 차이가 끝도 없는 속삭임을 만들었던 것일까. 특히 늦은 밤의 집 앞에 내놓은 평상 위와 과수원의 좁은 길들. 야산 밑에 파여진 호수 주변…… 사방에서 귀만 기울이면 바람 소리 같은 그들의 속삭임이 들려왔다. 무엇보다도 호수 주변에. 그것이 수많은 세월이 흐른 지금까지도 황량하고 지난하던 과수원의 생활을 안온한 미소로써 기억하게 하는 것이다.

또 다른 영상이 있다. 내가 몇 살 때쯤이었을까. 스물다섯, 스물여섯? 여전히 여름이었고 과수원에서 보낸 연휴의 끝이었다. 나는 서울에서 직장에 다니고 있었고 주말이 끝나고 출근하기 위해 서울행 기차를 타려고 어머니가 준비해 준 밑반찬을 들고 거기, 호숫가에서 곧바로 보이는 그 길을 거의 다 걸어 나왔다. 사각사각 흙길 위에 속살거리듯 작은 간지럼을 만드는 자전거의 바퀴 소리가 들렸다. 머리가 허연 아재비였다. 송이야! 하고 부르지도 않았다. 그저 이를 한껏 드러내고 깊은 주름이 잡히는 미소를 짓는 것이 다였다. 자전거의 사각거림이 멎고 그가 내렸다. 자전거 뒤쪽에 얹혀 있는 허름한 바구니에는 채송화 화분이 하나 들어 있었다.

창가에 놓고 아재비 생각도 해여.

다시 자전거를 뒤돌아 세우고 이어서 멀어져 가던 사각거리는 소리. 그것이 그를 마지막으로 본 것이었다. 그때 그의 미소는 그토록 깊었는데, 직장 생활에 얽매여 고향에 들르지 못하는 기간이 점점 길어지던 그즈음의 어느 날 아주 갑작스럽게 그는 그렇게 가 버린 것이다. 내게 채송화 화분 하나를 아프게 남겨 놓고.

아, 이애, 오늘은 왜 이리 목이 마르냐, ㉠너의 잠은 또 왜 이리 깊으냐, 사방에 정적이다. 이애, 어서 깨어 내 말을 좀 들어 주렴. 눈을 잠시 감았다가 떴을 때, ㉡저 앞으로 부활한 호수가 걸어온다면…… 그늘에 쉬고 있던 먼지 덮인 자전거의 바퀴가 둥글둥글 소리 없이 홀로 돌기 시작한다면…… 아, ㉢세상의 모든 속삭임이 물이 되어 흐른다면…… 이애, 우리가 한 몸일 때 그랬던 것처럼, ㉣네게 해 줄 속삭임이 이다지도 많은데, 이제는 어떻게 그 얘기를 해야만 할까. 울음처럼, 웃음처럼, 옛날이야기로 혹은 미래의 이야기로, 기체의 이야기 아니면 액체의 이야기로? 이애, 햇볕이 아직도 이렇게 따가운데…… ㉤우리가 예전에 한 몸이었을 때처럼, 그렇게 얘기해 볼까.

– 최윤, 「속삭임, 속삭임」

13 〈보기〉는 제시문에 대한 해설의 일부이다. 〈보기〉의 ①, ②에 들어갈 적절한 말을 쓰시오.

┤ 보기 ├

이 작품은 대립을 초월하는 화해와 공존에 대한 주제를 (①   )와/과 (②   )을/를 통해 드러내고 있다. 주인공은 이념적으로 대척되는 상황에서도 조용한 대화를 이어 나가며 서로를 이해하고 인정한 아버지와 아재비의 관계를 묘사함으로써, 민족이 겪어 온 분단과 이념 대립의 아픔도 부드러운 대화로 해결할 수 있을 것임을 드러내고 있다. 또한 자신의 어린 딸에게도 이 이야기를 전해 주기 위해 편지글 형식으로 자신의 상념을 내보인다. 이는 큰 상처였던 역사의 기억을 다음 세대와 공유하는 데 있어서도 강압적 방식이 아닌, 평화로운 대화가 필요함을 역설하는 것이다.

① : _____

② : _____

14 〈보기〉를 읽고, ①, ②에 들어갈 적절한 단어를 제시문에서 찾아 쓰시오.

┤ 보기 ├

　　작품 속에서 '호수'는 아버지와 아재비가 대화로 소통하고 정을 나누던 곳이며, 아재비가 '나'에게 보여 준 사랑을 드러내는 곳이기도 하다. 또한 (　　①　　)은/는 아버지가 아재비를 포용하였음을 상징하는 곳임과 동시에, 곳곳에 아재비와 '나'의 추억이 깃들어 있는 곳이기도 하다. 채송화 화분과 자전거 등의 소재는 아재비가 나에게 갖고 있던 애정과 따뜻한 모습을 떠올리게 한다. 그리고 '나'가 아재비의 삶과 사상, 아버지와 아재비가 나누었던 대화의 가치를 이해하게 된 계기는 (　　②　　)을/를 통해 형상화된다.

① : ＿＿＿＿＿＿＿＿＿

② : ＿＿＿＿＿＿＿＿＿

15 〈보기〉를 읽고, ①, ②에 들어갈 알맞은 구절을 제시문 ㉠～㉤에서 찾아 기호를 쓰시오.

┤ 보기 ├

　　딸에게 하고 싶은 말을 쓴 편지글 속에서는, 아버지와 아재비의 이야기를 딸에게 전달하고자 하는 화자의 마음이 드러난다. 딸을 보며 떠오르는 상념을 두서없이 적어 놓은 것 같은 편지글은 비유적이고 감각적인 표현을 통해 서정적으로 서술자의 내면을 그려 내고 있다. (　　①　　)에서는 대화를 통해 화합할 수 있기를 바라는 마음이 드러나고 있으며, (　　②　　)에서는 아버지와 아재비가 나누던 대화처럼, '나'와 딸도 포용적이고 부드러운 상호관계로 이어지기를 바라는 마음이 드러난다.

① : ＿＿＿＿＿＿＿＿＿

② : ＿＿＿＿＿＿＿＿＿

※ 다음 글을 읽고 물음에 답하시오. (16~18)

정답·해설 p.13

편지에 따르면, 2001년 9월 11일 텔레비전으로 뉴욕의 쌍둥이 빌딩이 무너지는 광경을 목격한 뒤, 그녀는 오래전 미국에서 실종된 아버지의 행적을 찾아 나서기 시작했다. 그녀가 기억하는 아버지는 알이 두꺼운 안경을 쓰고 가족들에게 신경질적으로 소리를 지르거나, 아침이면 숙취에서 깨어나지 못하고 얼음물에 담가 둔 물수건을 얼굴에 뒤집어 쓰고 누워 있었다. 아직 어렸던 그녀를 바라볼 때면 검정색 뿔테 안경 너머의 두 눈동자가 연민으로 젖어 드는 경우도 있었지만, 대개는 감정이 없는 짐승처럼 일없이 주르르 눈물을 흘리는 때가 더 많았다. 그녀로서는 아버지의 눈물을 단 한 방울도 이해할 수 없었다. 아버지가 안경을 쓰기 시작한 것은 1977년 이리역 폭발 사고가 일어났을 때 역 근처 삼남극장에서 공연을 앞두고 대기실에 있다가 크게 다친 뒤부터였다. 그때, 극장 지붕이 모두 날아간 삼남극장에는 하춘화도 있었고, 이주일도 있었다고 아버지는 회상했다.

늘 짜증스럽다는 듯 찌푸리거나 눈물을 흘리던 얼굴이었기 때문에 1980년 5월, 1970년대 내내 보조 MC로 지방 쇼단을 전전하면서 무명 생활을 거친 끝에 마침내 아버지가 TBC 방송국의 한 쇼 프로그램에 등장했을 때, 그녀는 '과연 저 사람이 아버지가 맞는 걸까?' 하고 의아하게 여길 수밖에 없었다. 텔레비전에 나온 아버지의 얼굴은 어떤 일을 당해도 바보처럼 웃고 있었기 때문이었다. 일곱 살밖에 먹지 않았지만, 바보 연기를 하느라 안경을 벗은(검은색 뿔테 안경을 낀 바보는 없었으니까) 아버지가 초점이 잡히지 않는 눈을 게슴츠레 뜨고는 다른 사람들에게 조롱당할 때 그녀는 수치심을 느꼈다. 그래서 서울 변두리 극장에서 공연할 때면 동네 골목길이나 전신주에 붙은 계란 모양 사진을 가리키며 친구들 앞에서 아버지가 연예인이라는 걸 자랑하던 두 오빠들이 마침내 아버지가 TV에 등장했다는 사실에 환호작약하는 동안, 그녀는 방 한구석에서 귀를 틀어막고 라푼젤이 나오는 동화책만 들여다봤다.

유랑극단 시절부터 그녀 아버지의 레퍼토리는 '달나라로 간 별주부전'이었다. 그는 지구에서 토끼가 멸종한 21세기, 토끼 간을 구해 오라는 용왕의 특명으로 로켓을 타고 달까지 찾아간 별주부 역을 맡아서 시종일관 계수나무에 부딪치고, 먹다 버린 당근을 밟아 미끄러지고, 토끼의 꾀에 속아서 옷을 다 벗은 채 속옷 차림으로 엉금엉금 기어 다니는 슬랩스틱 코미디를 선보였다.

[중략 부분 줄거리] 군부 세력이 수권했던 80년대, 코미디언 안복남은 대통령을 '성군'으로 부르는 등의 연기로 인정받아 방송 출연을 하고, 정부 주도 대규모 문화 행사였던 '국풍81'을 끝으로 더 이상 등장하지 못하게 된다. 라디오 피디(PD) 일을 하며 기록물을 찾다가 영상 기록을 통해 이런 아버지의 모습을 본 그녀(안미선)는 그의 모습에 심한 부끄러움을 느끼지만, 그럼에도 실종된 아버지의 흔적을 꾸준히 찾아 나선다. '나'는 점자 도서관 관장에게 시디(CD)를 전해 달라는 그녀의 편지에 적힌 부탁에 따라 점자 도서관을 방문한다.

"그렇게 목소리를 내어서 대답하기 전까지 당신이 내 앞에 있는지 없는지 나는 알 수 없어요. 청각적으로 봐서는 당신은 지금 존재하지 않습니다. 그러다가 대답하면 '아, 거기 있구나' 그렇게 생각하게 됩니다. 그래서 어떨 때는 혼자 막 떠들고 있는 거죠. 앞에 없는 줄도 모르고. 제가 사는 세계는 그런 세계예요. 하지만 잠을 잘 때는 여전히 많은 것들을 봅니다. 물론 내 무의식 속에 남아 있는 시각적 잔영이겠지만, 꿈속에서는 많은 것들을 봐요. 마찬가지로 이렇게 눈이 멀기 전까지 내가 봤던 것들에 대한 시각적 기억은 희미하나마 아직도 남아 있어요."

이 관장은 말을 끊고 문 옆에 정수기가 있으니 물 한 잔만 달라고 했다. 나는 위에 놓인 종이컵에다 물을 받아서 탁자 위에 놓은 뒤, 그의 손을 잔까지 잡아끌었다. 이 관장이 잔을 들어 물을 마셨다.

"좋습니다. 잘하십니다. 이렇게 하면 저희는 물을 마실 수 있죠. '거기 앞에 있잖아'라고 말하면 물을 한 모금도 마실 수 없습니다. 길을 걷다가 주차한 차에 부딪치면 '왼쪽으로 가세요'라고 말하는 사람들이 있어요. 우리에게 왼쪽은 무한대의 공간인데 그걸 아는 비장애인들은 드물죠. 어쨌든 하던 이야기를 계속하면, 결국 저는 1981년 여름까지 살았던 시각적 세계에서 한 번 죽은 뒤, 시각이 사라진 세계에 다시 태어난 셈입니다. 그건 마치 전생의 기억을 안고 사는 것과 비슷해요. 누군가 광화문 거리에 대해서 얘기할 때 제가 머릿속으로 떠올리는 광화문 거리는 1981년 여름까지의 광화문 거리죠. 안구를 적출한 뒤에는 전에 한번 가 본 곳일수록 다시 가지 않으려는 성향이 생기는데, 그건 혹시라도 제 기억과 다른 부분을 발견할까 두려워서죠. 그건 아마도 성장을 두려워하는 일과 비슷할 테죠. 완강하게 과거의 시각적 잔영만 붙들고 있는 셈입니다. 하지만 그 통에 다른 사람들은 잘 기억하지 못하는 일도 저는 잘 기억합니다. 예컨대 안 피디의 아버지에 대해서도 마찬가지였습니다. 안 피디의 아버지가 코미디언 안복남 씨라는 건 아시겠죠?"

"이번에 편지 받고 알게 됐습니다." / "아, 그렇습니까? 두 사람은 서로 사랑하는 사이인 것 같은데, 안 피디는 아버지에 대해서 한마디도 하지 않았군요."

나는 좀 겸연쩍었다. / "지금은 사랑하는 사이라고 말할 수 없습니다만, 어쨌든 그 이전에도 아버지에 대한 이야기를 들어 본 일은 없었어요."

"제게 남은 마지막 시각적 잔영에 대해서 설명하다가 국풍81에 대한 이야기가 나왔어요. 그때는 안복남 씨가 아직 유명할 때였습니다. 그 안복남 씨가 자기 아버지라고 안 피디가 말하기에 제가 '그분은 지금 어떻게 됐느냐'고 물었습니다. 안 피디는 침을 삼키며 머뭇거리다가 '가족을 버리고 양옥집을 몰래 판 돈을 들고 애인과 함께 미국으로 도망쳐 버렸어요'라고 말하더군요. 그래서 제가 말했어요. '저런, 치료를 받아야 했을 텐데, 그렇게 애인과 도망칠 여력이 있었다니요. 연예인이니 돈도 많으셨을 텐데 빨리 치료받았더라면'이라고 중얼거렸습니다. 그랬더니 안 피디가 그게 무슨 소리냐고 묻더군요. '아버님은 시력을 잃어 가고 있는 상태였는데, 그걸 몰랐나요?'라고 말했더니 '그걸 어떻게 아시나요?'라고 안 피디가 되묻더군요. 그래서 말했어요. '그분이 하신 연기를 보면 알 수 있잖아요. 아무리 코미디를 한다고 해도 앞이 어느 정도 보이는 비장애인들은 그런 식으로 계수나무에 부딪치거나 무대에서 떨어지지 못합니다. 그렇게 심하게 부딪치거나 떨어진다면 눈앞이 희뿌연 상태였다고 봐야겠죠.' 그랬더니……."

이 관장이 말을 멈췄다. / "그랬더니요?"

"그랬더니 안 피디에게서 아무런 기척이 느껴지지 않더라구요. 말했다시피 제 앞에서 누군가 얘기하다가 기척을 내지 않으면 마치 눈앞에 있던 사람이 갑자기 사라진 것처럼 당황하게 됩니다. 그래서 간 줄 알았어요. '거기 있습니까?'라고 내가 조심스럽게 물었어요. 그런데도 아무런 대답이 없었어요. 괜히 제 마음이 불안해져서 더듬더듬 손을 뻗었는데, 그랬더니 안 피디의 얼굴이 만져지더군요. 새벽, 이슬이 맺힌 풀잎을 만질 때와 비슷한 느낌이었습니다. 젖은 목소리로 안 피디가 '예, 저 여기 계속 있어요'라고 말했고, 그렇게 안면 근육이 움직이는 게 제 손끝으로 느껴졌습니다."

– 김연수, 「달로 간 코메디언」

16 〈보기〉는 제시문에 대한 해설의 일부이다. 〈보기〉의 ①, ②에 들어갈 적절한 단어를 쓰시오.

┤ 보기 ├

　　인물의 성격이나 심리를 제시하는 방법 중 하나로 서술자가 직접 말을 하는 직접 제시를 들 수 있다. 서술자 본인의 목소리로 인물의 성격이나 벌어진 사건을 요약, 설명하는 이 방식은 '말하기' 방식이다. 이와는 다르게 장면을 세밀하게 묘사하거나 인물의 대화를 인용하여 인물에 대해 간접적으로 파악하게 해 주는 것을 간접 제시라 한다. 서술자 본인의 목소리는 뒤에 숨긴 채 인물의 말과 행동, 사건 등을 연극처럼 그대로 보여 주는 이 방식은 '보여주기' 방식이다. 작품에서 서술자인 '나'는 안미선이 보낸 편지와 이 관장을 통해 안미선과 안미선의 아버지인 안복남의 관계를 서술하고 있다. 이 관장의 말을 전달한 부분은 (　①　)의 방식을, 안미선이 보낸 편지의 내용을 전달한 부분은 (　②　)의 방식을 사용하고 있는 것이 이 작품의 서술상의 특징이라 할 수 있다.

① : _____

② : _____

17 〈보기〉를 읽고, ①, ②에 들어갈 역사적 사건을 제시문에서 찾아 순서대로 쓰시오.

┤ 보기 ├

　　정치, 사회적 흐름 속에서 의미를 갖고 오래 회자되는 역사적 사건은, 그 사건을 겪는 개인의 삶에도 큰 영향을 끼치기도 한다. 이 작품은 잘 알려진 당시의 역사적 사건들을 언급하며 그 사건 속의 현장에서 개인이 겪은 의미들을 담아내고 있다. (　　①　　), (　　②　　) 등 실제 일어났던 당시의 역사적 사건에 가상의 인물 '안복남'의 삶을 관련지어 그 시대를 살아온 인물과 당시 사회의 모습, 그리고 후손들의 삶까지 그려 내고 있는 것이다.

① : _____

② : _____

18 〈보기〉를 읽고, ①, ②에 들어갈 적절한 단어를 제시문에서 찾아 쓰시오.

┤ 보기 ├

　　안미선의 아버지 안복남은 사고를 당해 눈을 다친 뒤, 차차 시력을 잃어 가지만 주변 사람들은 그 사실을 알지 못한다. 안복남의 눈과 시력에 문제가 있었다는 것은 여러 가지 소재를 통해 드러나는데, (　　①　　)(이)나 물수건 찜질, 이유 없는 눈물도 이에 해당한다. 또한 이 관장이 안복남이 시력을 잃어 가고 있다는 것을 눈치챈 것은 안복남의 (　　②　　)을/를 통해서였다. 이 관장은 자신의 이야기를 통해 비장애인들은 알기 어려운 사실들을 설명한다. 비장애인으로서는 이해하기 어려웠던 상황들이, 사실은 알리지 못한 고통에 기인한 것이었음을 통해서, 작가는 타인의 고통을 이해하는 것이 얼마나 어려운가를 이야기하고 있다.

① : _____

② : _____

III 극·수필

1 수필

(1) 개념

수필(隨筆)은 작가가 자신의 경험, 감상, 의견 등을 자유로운 형식으로 표현한 글을 의미한다. 수필은 일상적인 주제에서부터 철학적 고찰에 이르기까지 다양한 내용을 다루며, 형식에 얽매이지 않고 자유롭게 서술된다. 수필은 작가의 개인적 목소리와 개성을 담아내는 문학 장르로, 독자에게 친근하게 다가갈 수 있는 특징을 가진다.

(2) 수필의 특징

① **자유로운 형식** : 수필은 정해진 형식이 없으며, 작가가 자유롭게 글을 구성하고 전개할 수 있다. 이는 수필의 가장 큰 특징 중 하나로, 형식적 제약에서 벗어난 글쓰기를 가능하게 한다.

② **개인적 성격** : 수필은 작가의 개인적인 경험, 생각, 감정을 중심으로 서술된다. 작가의 주관적 견해가 강조되며, 독자와의 친밀한 소통을 지향한다.

③ **주제의 다양성** : 수필은 특정한 주제에 국한되지 않고, 일상생활, 자연, 여행, 인생, 철학 등 다양한 주제를 다룬다. 이는 수필의 내용이 다양하고 풍부한 이유이다.

④ **비형식적 문체** : 수필은 대화체, 일기체, 독백체 등 다양한 문체를 사용할 수 있으며, 문어체와 구어체가 혼합된 글쓰기도 가능하다. 이는 수필이 독자에게 친근하게 다가가는 중요한 요소이다.

⑤ **자유로운 서술 방식** : 수필은 이야기, 묘사, 논평, 설명 등 다양한 서술 방식을 혼합하여 사용할 수 있다. 이는 수필의 표현을 다채롭게 하고, 독자의 흥미를 유발한다.

(3) 수필의 형식

① **단문형 수필** : 짧은 길이의 수필로, 한 가지 주제나 사건을 간결하게 다룬다. 독자의 관심을 끌기 위해 짧고 명확한 문장을 사용한다.

② **장문형 수필** : 비교적 긴 길이의 수필로, 주제에 대해 깊이 있게 탐구하고 다양한 측면을 다룬다. 서사적 요소나 설명이 풍부하게 포함될 수 있다.

③ **연재형 수필** : 연재 형식으로 발표되는 수필로, 하나의 주제나 사건을 여러 회에 걸쳐 서술한다. 이는 독자의 관심을 지속적으로 유지하는 데 효과적이다.

④ **여행 수필** : 여행 경험을 중심으로 서술되는 수필로, 여행지의 풍경, 문화, 사람들에 대한 감상을 담는다. 여행 수필은 독자에게 간접적인 여행 경험을 제공한다.

(4) 작품

피천득 「인연」, 유길준 「서유견문」, 이광수 「금강산 기행」, 최남선 「심춘순례」, 이희승 「딸깍발이」 등

2 시나리오

(1) 개념

시나리오는 영화, 드라마 등의 영상물 제작을 전제로 장면이나 배우의 행동, 대사, 배경 등을 상세히 기술한 각본을 말한다. 시나리오는 이야기의 전개, 대사, 장면 설명 등을 포함하여 작품의 전체적인 구조를 제공하는

문서이다. 시나리오는 감독, 배우, 제작진 등이 작품을 이해하고 제작하는 데 중요한 역할을 하며, 작품의 시각적, 청각적 요소를 구체적으로 설명한다.

(2) 시나리오의 특징

① **구체적이고 명확한 지시** : 시나리오는 장면, 동작, 대사 등을 구체적이고 명확하게 지시한다. 이는 감독과 배우, 제작진이 의도한 대로 작품을 구현할 수 있도록 돕는다.

② **시각적이고 청각적인 요소** : 시나리오는 주로 시각적이고 청각적인 요소를 중시한다. 카메라 앵글, 배경음악, 효과음 등 시각과 청각을 통한 표현 방법이 상세히 기재된다.

③ **대사와 행동의 균형** : 시나리오는 대사와 행동이 균형 있게 배치된다. 인물의 대사뿐만 아니라 인물의 행동, 표정, 동작 등이 상세하게 묘사된다.

④ **장면 전환과 시간의 흐름** : 시나리오는 장면 전환과 시간의 흐름을 명확하게 지시한다. 각 장면의 시작과 끝, 시간의 경과 등을 명확히 표시하여 이야기의 전개를 명확히 한다.

⑤ **줄거리의 구성** : 시나리오는 기승전결의 구조를 따르며, 이야기의 흐름을 구성한다. 각 장면은 이야기의 전개에 따라 배치되며, 클라이맥스와 결말을 향해 진행된다.

(3) 시나리오의 형식

① **표지** : 시나리오의 제목, 작가 이름, 연락처 등이 기재된 표지로 시작한다.

② **시놉시스** : 작품의 전체 줄거리를 간략하게 요약한 부분이다. 이야기의 주요 사건, 인물, 배경 등을 간략하게 소개한다.

③ **등장인물 소개** : 주요 등장인물들의 이름, 나이, 성격, 배경 등을 소개하는 부분이다. 이는 배우와 제작진이 인물을 이해하는 데 도움이 된다.

④ **장면 번호와 제목** : 각 장면은 번호와 제목으로 구분된다. 이는 제작진이 각 장면을 쉽게 식별하고 참고할 수 있도록 돕는다.

⑤ **장면 설명** : 각 장면의 배경, 시간, 분위기, 인물의 행동 등을 설명한다. 이는 감독과 배우가 장면을 구체적으로 이해하고 재현하는 데 중요한 역할을 한다.

⑥ **대사** : 등장인물들의 대사가 각 인물의 이름과 함께 기재된다. 대사는 인물의 성격과 감정을 표현하는 중요한 요소이다.

⑦ **행동 묘사** : 인물의 행동, 표정, 동작 등이 상세하게 묘사된다. 이는 배우가 인물의 행동을 이해하고 연기하는 데 도움을 준다.

⑧ **장면 전환** : 장면 전환 시에는 '컷', '페이드 인/아웃', '디졸브' 등 장면 전환 방식을 명시한다. 이는 영화나 드라마에서 시간의 흐름이나 장소의 변화를 명확하게 표현하는 데 사용된다.

(4) 시나리오 용어

① **FADE IN(페이드 인)** : 화면이 서서히 밝아지면서 시작되는 것을 의미한다. 주로 영화의 시작 부분에서 사용된다.

② **FADE OUT(페이드 아웃)** : 화면이 서서히 어두워지면서 끝나는 것을 의미한다. 주로 장면의 끝이나 영화의 마지막에 사용된다.

③ **CUT TO(컷 투)** : 한 장면에서 다른 장면으로 갑작스럽게 전환하는 것을 의미한다. 주로 빠른 장면 전환을 나타낼 때 사용된다.

④ **DISSOLVE TO(디졸브 투)** : 한 장면이 서서히 사라지면서 다음 장면이 서서히 나타나는 전환 방식을 의미한다. 시간의 경과나 장소의 변화를 표현할 때 사용된다.

⑤ **EXT.(Exterior)** : 외부 장면을 나타내는 용어이다. 특정 장면이 실외에서 이루어지는 것을 의미한다.

⑥ INT.(Interior) : 내부 장면을 나타내는 용어이다. 특정 장면이 실내에서 이루어지는 것을 의미한다.

⑦ VO(Voice Over) : 화면 속 인물의 목소리가 아닌, 보이지 않는 해설자나 인물의 목소리가 삽입되는 것을 의미한다.

⑧ OS(Off Screen) : 화면에 보이지 않는 인물이 대화하는 것을 의미한다. 등장인물의 대사가 화면 밖에서 들릴 때 사용된다.

⑨ CUTAWAY : 주요 장면에서 잠시 다른 장면으로 전환한 후 다시 원래 장면으로 돌아오는 것을 의미한다. 주로 배경 설명이나 상황 전환을 위해 사용된다.

⑩ BG(Background) : 배경 소리를 의미한다. 배경에서 들리는 소리나 음악을 나타낼 때 사용된다.

⑪ CLOSE-UP(CU) : 인물의 얼굴이나 중요한 물체 등을 클로즈업하여 촬영하는 장면을 의미한다. 감정 표현이나 디테일을 강조할 때 사용된다.

⑫ MEDIUM SHOT(MS) : 인물의 허리 위를 포함하여 촬영하는 장면을 의미한다. 대화 장면이나 상반신을 강조할 때 사용된다.

⑬ LONG SHOT(LS) : 인물의 전체 몸을 포함하여 촬영하는 장면을 의미한다. 주변 환경과 함께 인물을 보여 줄 때 사용된다.

⑭ OVER-THE-SHOULDER SHOT : 특정 인물의 어깨 너머로 다른 인물을 촬영하는 장면을 의미한다. 대화 장면에서 자주 사용된다.

⑮ FLASHBACK : 과거의 사건이나 상황을 회상하는 장면을 의미한다. 주로 이야기의 배경 설명이나 인물의 과거를 보여 줄 때 사용된다.

⑯ MONTAGE : 짧은 장면들을 연속적으로 편집하여 특정한 의미나 분위기를 전달하는 장면을 의미한다. 주로 시간의 경과나 변화 과정을 표현할 때 사용된다.

3 희곡

(1) 개념
희곡(戱曲)은 연극을 위한 대본으로, 무대에서 배우들이 연기할 수 있도록 작성된 극문학의 한 형태이다. 희곡은 대사와 행동을 중심으로 이야기가 전개되며, 독자뿐만 아니라 관객을 염두에 두고 쓰여진다. 희곡은 사건의 서술보다는 등장인물들의 대화와 행동을 통해 갈등과 주제를 전달한다.

(2) 희곡의 특징
① 대사 중심 : 희곡은 주로 인물들의 대사를 통해 이야기를 전개한다. 대사는 인물의 성격과 감정을 드러내고, 사건을 발전시키는 중요한 요소이다.

② 행동과 지시문 : 대사 외에도 인물의 행동과 무대 지시문(Stage Directions)이 포함된다. 지시문은 배우와 감독이 무대에서 연기와 연출을 어떻게 해야 하는지를 안내한다.

③ 갈등과 극적 요소 : 희곡은 주로 갈등을 중심으로 전개되며, 극적인 요소가 강조된다. 인물 간의 갈등, 내적 갈등 등이 극의 긴장감을 높인다.

④ 무대 공연을 전제로 함 : 희곡은 무대에서 공연되기 위해 쓰여지므로, 시각적, 청각적 요소가 고려된다. 무대 배경, 소품, 조명, 음향 등이 중요한 역할을 한다.

(3) 희곡의 3요소
① 해설(Exposition) : 해설은 희곡의 서두나 특정 장면에서 독자와 관객에게 배경 정보, 상황 설명, 인물의 소개 등을 제공하는 부분이다. 해설은 주로 작품의 맨 처음이나 새로운 막의 시작 부분에 등장하여

이야기를 이해하는 데 필요한 기초 정보를 제공한다.
② 지문(Stage Directions) : 지문은 인물의 동작, 표정, 무대 배경, 소품 사용, 조명, 음향 효과 등을 지시하는 부분으로, 주로 대사와 대사 사이에 삽입된다. 지문은 감독, 배우, 무대 디자이너 등이 작품을 무대에서 구체적으로 구현하는 데 중요한 참고 자료가 된다.
③ 대사(Dialogue) : 대사는 희곡의 가장 중요한 요소로, 인물들이 대화를 통해 사건을 전개하고, 성격을 드러내며, 갈등을 표현하는 부분이다. 대사는 대화, 독백, 방백으로 나눌 수 있다.

(4) 희곡의 형식
① 막(Act) : 희곡은 여러 막으로 구성될 수 있으며, 각 막은 독립적인 단위로 주요 사건이나 전환점을 담고 있다. 한 막은 여러 장(Scene)으로 나뉘어질 수 있다.
② 장(Scene) : 한 막 내에서 장소나 시간이 바뀔 때마다 장으로 나누어 표현한다. 각 장은 이야기의 특정 부분을 집중적으로 다룬다.
③ 대사
  ㉠ 직접 대사(Direct Dialogue) : 인물들이 서로 주고받는 대화로, 사건의 진행과 인물 관계를 드러낸다.
  ㉡ 독백(Soliloquy) : 인물이 혼자서 자신의 생각이나 감정을 말하는 대사로, 내면의 갈등이나 중요한 결심을 표현한다.
  ㉢ 방백(Aside) : 다른 인물들에게 들리지 않게 혼자서 관객에게 말하는 대사로, 인물의 속마음이나 의도를 드러낸다.

주요 작품 약술형 논술

※ 다음 글을 읽고 물음에 답하시오. (1~3)
● 정답·해설 p.14

[앞부분 줄거리] 일제 강점기에 친일 행위로 재물을 모은 이중생은 해방 직후에도 기회주의적 행태를 이어 간다. 그러던 어느 날, 사기, 횡령, 탈세 등의 혐의를 받아 재산을 몰수당할 위기에 처하자, 허수아비로 세운 사위 송달지에게 재산을 상속하기로 하고 죽음을 위장한다.

최 변호사 : 영감, 그만두십쇼. 또 좋은 방법이 서겠죠. 철머리가 없어서 그렇게 된걸.

이 중 생 : (최에게) 뭣이 어쩌구 어째? 그래, 자넨 철머리가 있어서 일껀 맹글어 논 게 이 모양인가?

최 변호사 : 고정하십쇼. 저 보구꺼정 왜 야단이슈.

이 중 생 : 자네가 뭘 잘했길래 왜 나더러 죽으라고 해, 응. (면도칼을 휘두르며) 여보, 최 변호사. 내가 뭘 잘못했길래 이걸로 목 따는 시늉까지 하구 나흘 닷새를 두고 이 고생, 이 망신을 시키는 거냐아! 유서는 왜 쓰라고 했어! 내 재산을 몰수하는 증거가 되라고! 고문 변호사라구 믿어 온 보람이 이래야만 옳단 말이야. 이 일을 다 망쳐 버린 게 누구 탓이야, 응? 유서는, 저 사람에게 책잡힐 유서는 왜 쓰랬어! 왜 내 입으로 변명 한마디 못 하게 죽여 놨냐 말이야, 나를 왜 죽여! 이 이중생을······.

최 변호사 : 영감, 왜 노망이슈. 누가 당신 서사구 머슴인 줄 아슈. 누구에게 욕설이구 누구에게 패담이야!

이 중 생 : 예끼 적반하장두 유만부동이지. 배라먹을 놈 같으니라구! 은혜도 정리두 몰라 보구 살구도 죽은 송장을 맨들어 말 한마디 못 하구 송두리째 재산을 빼앗기게 해야 옳단 말인가!

최 변호사 : 헛헛······ 영감 말씀 좀 삼가시죠. 영감 가정일은 가정일이구 내게 내줄 것이나 깨끗이 셈을 하십쇼. 영감 사위께 내 수수료를 청구하리까?

임 표 운 : 최 선생, 오늘은 어서 그냥 돌아가세요.

최 변호사 : 왜? 나만 못난이 노릇을 허란 말인가. 영감이 환장을 해두 분수가 있지, 내게다 욕지거리라니 당찮은 짓 아닌가 말일세, 임 군!

이 중 생 : (벌벌 떨며) 예끼 사기꾼 같으니라구, 아직두!

최 변호사 : 사기꾼? 영감은 무엇이구, 응, 영감은 뭐야!

　(독경 소리 처량히 들려온다. 일동 무거운 침묵과 긴장한 공기 가운데 싸였다. 용석 아범, 륙색을 손에 들고 총총히 등장.)

용석 아범 : 영감마님! 도련님이 돌아오십니다, 도련님이. 이런 경사로울 데가 어딨습니까. 어서 좀 나가 보십쇼. (달지, 방에서 뛰쳐 내려와 하수*에서 등장하는 하연과 하식을 만난다.)

송 달 지 : 오! 하식이!

하　　식 : 형님····· 아버지.

임 표 운 : 하식 씨.

하　　식 : 임 선생.

최 변호사 : 영감, 내일 사무원 해서 청구서를 보내 드릴 테니 잘 생각허슈. 괜히 그러시단 서루 좋지 않지! 살구두 죽은 척하는 죄는····· 헛 헛 참, 이건 무슨 죄에 해당하누? 형법인가, 민법인가! (퇴장)

이 중 생 : 하식아!

하　　식 : (비로소 아버지의 의상을 보고) 아버지, 이게 웬일이십니까?

이 중 생 : 하식아, 네가 살아왔구나. 네가······. (상수*로부터 우 씨, 하주, 옥순 등장.)

우　　씨 : 에그 네가 웬일이냐. (운다.)

하　　주 : 하식아!

하　　식 : 어머니! 누나 잘 있었수?

우　　씨 : 에그····· 네가 살아 돌아올 줄이야······.

하　　　주 : 얼마나 고생했니? 자, 어서 들어가자……. 아버진 나와 계셔두 괜찮수?

이 중 생 : 다 틀렸다, 틀렸어! 네 남편 놈 때문에 다 뺏기구 말았어. 네 남편 놈이 내 돈으로 종합 병원을 세우고 싶다구 했어.

하　　　주 : 네?

이 중 생 : 하식아, 최가 놈의 말을 들었지. 내가 죽어서라두 집 재산이나마 보전하려던 게 아니냐. 그런 걸 예끼, (달지에게) 내가 글쎄 자네에게 뭐랬던가, 응? 난 무료 병원 세울 줄 몰라 자네 내세웠나? 자네만 못해 죽은 형지꺼정 하는 줄 아나? 하식아, 글쎄 그놈들이 나를 아주 모리꾼, 사기횡령으로 몰아내는구나. 그러니, 죽은 형이라두 해야만 집 한 칸이라두 건져 낼 줄 알았구나. 왜 푼푼이 모아 대대로 물려 오던 재산을 그놈들에게 털꺼덕 내주냐 말이다. 왜 뺏기느냐 말이다. 그래 갖은 궁리를 다했다는 게 이 꼴이 됐구나. 에이 갈아 먹어두 션치 않은 놈! 최 변호사 그놈두 그저 한몫 볼 생각이었지. 하식아, 인제 집에 돈두 없구 아무것두 없는 벌거숭이다. 내겐 소송할 데두 없구 말 한마디 헐 수도 없게 됐구나. (흐느낀다.) 네 매부 놈이, 매부 놈이 다 후려 먹었다. 저놈들이 우리 살림을 뒤집어엎었어! 하식아.

하　　　식 : 아버지!

이 중 생 : 오냐, 하식아.

하　　　식 : 제가 하식인 걸 아시겠습니까. 제 이야긴 왜 하나도 묻지 않으십니까?

이 중 생 : 오 참! 그래 얼마나 고생했니?

하　　　식 : 일본 놈에게 끌려가 죽을 고생을 하다가 그것두 모자라 우리나라가 독립된 줄도 모르고 화태*에서 십 년이나 고역을 치르고 돌아온 하식이올시다. 화태에서는 아직두 아버지 같은 사람이 떠밀다시피 보낸 젊은이와 북한에서 잡혀 온 수많은 동포가 무지막도한 소련 놈 밑에서 강제 노동을 허구 있어요.

하　　　주 : (달지에게) 여보, 당신은 뭣이 잘났다고 챙견했수.

송 달 지 : 누가 하겠다는 걸 시켜 놓구 이래? 이런 탈바가지를 억지로 씌워 논 건 누군데? (상복을 내동댕이친다.)

하　　　주 : 누가 당신더러 무료 병원 이야기하랬소?

송 달 지 : 하면 어때? 난 의견도 없구 생각두 없는 천치 짐승이란 말이야? 난 제 이름 가지구 살 줄 모르는 인간이구? 왜 사람을 가지고 볶는 거야?

(중략)

이 중 생 : 하식아.

하　　　식 : …… 네?

이 중 생 : 나는 어쩌란 말이냐. 네 애빈 그럼 어떻게 하면 좋단 말이냐?

하　　　식 : …… 아버지, 어서 그 구차스러운 수의를 벗으십쇼. 창피하지 않아요?

　(하식 퇴장. 무대에서는 이중생 혼자 넋 잃은 사람처럼 서 있다. 독경 소리 커진다. 후원에서는 "아범, 아범! 아까 부텀 술상 봐 오라는데 뭣 하구 있어." 하는 중건의 소리와 지껄이는 조객의 소리. 박 씨, 혼자 중얼거리며 하수로부터 등장.)

박　　　씨 : 내가 뭐라구 했수. 형님은 참 유복두 허시지, 자기 아버지 장사 전에 생사조차 모르던 아드님이 돌아오셨다니 천우신조로 하느님이 인도하였지. 귀, 귀신, 귀신이야! (온 길로 달아난다. 이중생, 다시 나와 사방을 살피고 방 안에 떨어져 있는 면도칼을 무심코 들여다본다.)

이 중 생 : 귀신? 헛헛! 그럼 내게는 집두 없구 돈도 없구 자식두 없구…… 벗지 못할 수의밖엔 아무것도 없는 귀신이란 말이냐. 하식아……. (이윽고 후면으로 사라진다. 독경 소리와 달빛이 처량하다. 무대는 잠시 비었다.)

– 오영진, 「살아 있는 이중생 각하」

* 하수(下手) : 무대 하수를 일컬음. 관객을 향하고 있는 배우의 입장에서 본 무대 중심선의 왼쪽 구역
* 상수(上手) : 무대 상수를 일컬음. 관객을 향하고 있는 배우의 입장에서 본 부대 중심선의 오른쪽 구역
* 화태(樺太) : 일본식 한자어로 사할린(러시아 동부, 오호츠크해에 있는 섬)을 일컫는 말

01 〈보기〉는 제시문에 이어지는 이 극의 결말이다. 〈보기〉와 같은 결말을 예상할 수 있는 복선으로 사용된 소재를 제시문에서 찾아 쓰시오.

┤ 보기 ├

조문객의 술상을 봐 후원으로 간 용식 아범은 자살한 이중생의 시체를 발견하고 놀라 술상을 떨어뜨린다. 온 가족이 놀라 뛰어나오고 조문객도 따라 나온다. 달빛은 밝고 독경 소리가 커진다.

02 〈보기〉는 제시문과 같은 갈래의 글의 특징을 정리한 것이다. 〈보기〉의 ①, ②에 들어갈 알맞은 말을 쓰시오.

┤ 보기 ├

- 무대 상영을 전제로 하여 쓰여진 글이므로 시공간의 제약이 있다.
- 현재 진행형인 대사를 통해 사건이 눈앞에서 일어나는 듯한 현장감을 느끼게 한다.
- 무대 구성을 지시하는 해설, 인물 행동을 지시하는 지시문, 인물이 말하는 대사로 이루어진다.
- 대사는 인물들끼리 이야기하는 대화, 인물이 혼자 이야기하는 (①   ), 인물이 직접 관객에게 이야기하는 (②   )(으)로 구성된다.

① : _____

② : _____

03 제시문의 제목이 가진 의미에 대해 1~2줄 내로 서술하시오.

※ 다음 글을 읽고 물음에 답하시오. (4~6)

정답 · 해설 p.14

짹짹 짹. 짹 짹. 뭇 참새의 조잘대는 소리. 반가운 소리다. 벌써 아침나절인가. 오늘도 맑고 고운 아침. 울타리에 햇발이 들어 따스하고 명랑한 하루를 예고해 주는 귀여운 것들의 조잘대는 소리다. 기지개를 켜며 눈을 비빈다. 캄캄한 밤이 아닌가. 전등의 스위치를 누르고 책상 위의 시계를 보니, 새로 세 시다. 형광등만 훤하다. 다시 눈을 감아도 금방 들렸던 참새 소리는 없다. 눈은 멀거니 천장을 직시한다.

참새는 공작같이 화려하지도, 학같이 고귀하지도 않다. 꾀꼬리의 아름다운 노래도, 접동새의 구슬픈 노래도 모른다. 시인의 입에 오르내리지도, 완상가에게 팔리지도 않는 새다. 그러나 그 조그만 몸매는 귀엽고도 매끈하고, 색깔은 검소하면서도 조촐하다. 어린 소녀들처럼 모이면 조잘댄다. 아무 기교 없이 솔직하고 가벼운 음성으로 재깔재깔 조잘댄다. 쫓으면 후루룩 날아갔다가 금방 다시 온다. 우리나라 방방곡곡, 마을마다 집집마다 없는 곳이 없다.

진달래꽃을 일명 참꽃이라 부르는 것은 무슨 까닭인가. 삼천리강산 가는 곳마다 이 연연한 꽃이 봄소식을 전해 주지 않는 데가 없어 기쁘든 슬프든 우리의 생활과 떠날 수 없이 가까웠던 까닭이다.

민요 시인 김소월이 다른 꽃 다 버리고 오직 약산의 진달래를 노래한 것도 다 이 나라의 시인인 까닭이다. 하고한 새가 많건만 이 새만을 참새라 부르는 것도 같은 뜻에서다. 이 나라의 민요 시인이 새를 노래한다면 당연히 이 새가 앞설 것이다. 우리 집 추녀에서 보금자리를 하고 우리 집 울타리에서 자란 새가 아닌가. 이 새 울음에 동창에 해가 들고 이 새 울음에 지붕에 박꽃이 피었다.

미물들도 우리와 친분이 같지가 않다. 제비는 반갑고 부엉새는 싫다. 까치 소리는 반갑고 까마귀 소리는 싫다. 이 참새처럼 한집안 식구같이 살아온 새도 없고, 이 참새 소리처럼 아침의 반가운 소리도 없다.

"위혀어, 위혀어." 긴 목소리로 새 쫓는 소리가 가을 들판에 메아리친다. 들곡식을 축내는 새들을 쫓는 소리다. 그렇게 보면 참새도 우리에게 해로운 새일지 모르지만 봄여름에는 벌레를 잡는다. 논에 허수아비를 해 앉히고 새를 쫓아, 나락 먹는 것을 금하기는 하지만 쥐 잡듯 잡아 없애지는 않는다. 만일 참새를 없애자면 그리 불가능한 일은 아니다. 반드시 추녀 끝에 서식하기 때문이다. 그러나 그렇게 매몰하지도 않았고, 이삭이나 북데기까리나 겨 속의 낟알, 수채의 밥풀에까지 인색하지는 아니했다. "새를 쫓는다."라고 하지 않고 "새를 본다."라고 하는 것도 애기같이 귀엽게 여긴 부드러운 말씨다. 그리하여 저녁때는 다 같이 집으로 돌아온다.

지금 생각하면 황금빛 들판에서 푸른 하늘을 향하여 "위혀어, 위혀어." 새 쫓는 소리도 유장하기만 하다. 새 보는 일은 대개 소녀들의 일이다. 문득 목단이 모습이 떠오른다. 목단이는 우리 집 앞 논에 새를 보러 매일 오는 아랫말 처녀다. 나는 웃는 목단이가 공주 같다고 생각한 일이 있다. 나보다 네댓 살 손위라 누나라고 불러 달라고 했지만, 나는 굳이 목단이라고 부르고 누나라고 불러 주지 아니했다. 그는 가끔 삶은 밤을 까서 나를 주곤 했다. 혼자서는 종일 심심한 까닭에 내가 날마다 와서 같이 놀아 주기를 바라는 것이었다. 그도 만일 지금 살아 있다면 물론 할머니가 되었을 것이다.

패가한 집을 가리켜 "참새 한 마리 안 와 앉는 집"이라고 한다. 또 참새 많이 모이는 마을을 복 마을이라고도 한다. 후덕스러운 말이요, 이유 있는 말이기도 하다. 참새는 양지바르고 잔풍한 곳을 택한다. 여러 집이 오밀조밀 모인 대촌(大村)을 택하고 낟알이 풍족하고 방앗간이라도 있는 부유한 마을을 택하니 복지일 법도 하다. 풍족한 마을에서는 새 한테도 각박하지가 않다. 언제인가 나는 어느 새 장수와 만난 적이 있었다. 조롱 안에는 십자매, 잉꼬, 문조, 카나리아 기타 이름 모를 새들도 많았다. 나는 "참새만 없네." 하다가, 즉시 뉘우쳤다. 실은 참새가 잡히지 아니해서 다행인 것을……. 나는 어려서 조롱을 본 일이 없다. 시골서 새를 조롱에 넣어 기르는 사람은 한 사람도 없었다. 제비는 찾아와서 『논어』를 읽어 주고, 까치는 찾아와서 반가운 소식을 전해 주고, 꾀꼬리는 문 앞 버들가지로 오르내리며 "머리 곱게 빗고 담배밭에 김매러 가라."라고 일깨워 주고, 또한 참새는 한집의 한 식구인데 조롱이 무엇이 필요하랴. 뒷문을 열면 진달래 개나리가 창으로 들어오고, 발을 걷으면 복사꽃 살구꽃 가지각색 꽃이 철 따라 날고, 뜰 앞에 괴석에는 푸른 이끼가 이슬을 머금고 있다. 여기에 만일 꽃꽂이를 한다고 꽃가지를 꺾어 방 안에서 시들리고, 돌을 방구석에 옮겨 놓고 먼지를 앉혀 이끼를 말리고 또 새를 잡아 가두어 놓고 그 비명을 향락하는 자가 있다면, 그는 분명 악취미요, 그것은 살풍경이었을 것이다.

그런데 이제는 이 참새도 씨가 져서 천연기념물로 보호 대책이 시급하다는 이야기다. 세상에 참새들조차 명맥을 보존할 수가 없게 되었는가. 그동안 이렇게 세상이 변했는가. 생각하면 메마르고 삭막하고 윤기 없는 세상이다.

달 속의 돌멩이까지 캐내도록 악착같이 발전해 가는 인간의 지혜가 위대하다면 무한히 위대하지만, 한편 인간의 행복을 위하여 한 마리의 참새나마 다시금 아쉽고 그립지 아니한가.

연화봉(蓮花峯)에서 하계로 쫓겨난 양소유(楊少遊)가 사바 풍상을 다 겪고 또 부귀공명을 한껏 누리다가, 석장(錫杖) 짚은 노승의 "성진아." 한 마디에 황연대각, 옛 연화봉이 그리워 다시 연화봉으로 돌아갔다.

짹 짹 짹. 잠결에 스쳐 간 참새 소리는 나에게 무엇을 깨우쳐 주려는 것인가. 날더러 어디로 돌아가라는 것인가. 사십 년간 꿈에도 생각해 본 적이 없는 네 소리. 무슨 인연으로 사십 년 전 옛 추억— 가 버린 소년 시절, 고향 풍경을 이 오밤중에 불러일으켜 놓고 어디로 자취를 감춘 것이냐. 잠결에 몽롱하던 두 눈은 이제 씻은 듯 깨끗하다.

나는 문득 일어나 불을 피워 차를 달이며 고요히 책상머리에 앉는다.

– 윤오영, 「참새」

04 〈보기〉는 제시문을 읽은 학생의 감상이다. 〈보기〉의 ①, ②에 들어갈 적절한 말을 제시문에서 찾아 쓰시오.

┤ 보기 ├

작가는 (①   )이/가 화려하지도 고귀하지도 않지만 우리나라 방방곡곡에서 볼 수 있는 친근한 새라고 표현하며 민요 시인 김소월이 참꽃이라고도 불리는 (②   )을/를 소재로 하여 시를 쓴 것도 같은 이유일 것이라 짐작하고 있어.

① : _____

② : _____

05 〈보기〉의 내용이 반영된 문장을 제시문에서 찾아 첫 어절과 마지막 어절을 쓰시오.

┤ 보기 ├

이 글의 작가는 소설 「구운몽」의 내용을 인용하여 자연을 속박하고 소유하려는 현 세태를 비판하고 옛날로 돌아가고 싶은 마음을 드러내고 있다.

첫 어절 : _____ , 마지막 어절 : _____

06 〈보기〉는 제시문의 작가가 과거와 현재를 보는 시각을 정리한 것이다. 〈보기〉의 ①, ②에 들어갈 적절한 말을 쓰시오.

┤ 보기 ├

과거	현재
• 참새는 우리나라 어디에서든 볼 수 있는 흔하고 친근한 새이다. • 자연과 어울리며 더불어 살아가려는 후덕한 민족 정서가 있다.	• 참새의 씨가 져서 (　　①　　)(으)로 보호 대책이 시급하다. • 자연을 거스르고 소유하려 하는 메마르고 삭막한 정서가 있다.
긍정적, 우호적	(　　②　　)

① : ＿＿＿＿＿＿＿＿＿＿＿＿

② : ＿＿＿＿＿＿＿＿＿＿＿＿

※ 다음 글을 읽고 물음에 답하시오. (7~9)　　　　　　　　　　　　　● 정답·해설 p.15

　　사람들은 이곳을 두물머리라고 부른다. 한자로 표기되면서 양수리(兩水里)가 된 것이나, 사람들은 여전히 두물머리라 일컫는다. 두물머리, 입속으로 가만히 뇌어 보면, 얼마나 정이 가는 말인지 느낄 수 있다.

　　그토록 오래 문서마다 양수리로 기록되어 왔어도, 두물머리는 시들지 않고 살아 우리말의 혼을 전해 준다. 끈질기고 무서운 힘이기도 하다.

　　두물머리를 시원스럽게 볼 수 있는 곳은, 물가가 아닌 산 중턱이다. 가까운 운길산, 남양주 운길산에 이르는 산길에 올라 보면, 눈앞에 두물머리가 좌악 펼쳐진다. 두 물줄기 만나는 모습이 한눈에 들어온다.

　　교통 체증에 걸리지 않는다면 서울에서 불과 한 시간. 그래 주말은 피하고, 날씨가 고우면 오늘처럼 주중에 온다. 주위엔 볼거리가 여러 곳에 있다. 다산 선생의 유적지, 차 맛을 제대로 맛볼 수 있는 수종사, 연꽃이 볼 만한 세미원, 또 종합 영화 촬영소도 있다.

　　만나면 만날수록 큰 하나가 되는 것이 물이다. 두 물줄기가 만나 큰 흐름이 되는 모습을 내려다보노라면, '물이 사는 방법이 저것이로구나.' 하는 생각이 절로 든다. 만나고 만나서 줄기가 커지고 흐름이 느려지는 것. 이렇게 불어난 폭으로 바다에 이르는 흐름이 되는 것.

　　바다에 이르면 엄청난 힘을 지닌 승천이 가능해진다. 물의 승천이야말로 새롭게 다시 사는 실제 방법이다. 만약 큰 하나가 되지 못하고 갈라지게 되면, 지천이나 웅덩이로 빠져들어 말라 버리게 된다. 이것은 물의 실종이거나 죽음인 것이다.

　　두 물이 만나서 하나의 물이 되는 것을 글자로 표기할 때 '한'은 참으로 크고 넓다는 뜻을 지닌다. 두 물줄기가 서로 껴안듯 만나, 비로소 '한강'이 된다. 운길산 산길에서 내려다보면, 이 모든 것을 실감하게 된다.

　　한강을 발견하는 곳이 운길산이라고 말하고 싶다. 만나도 격정이 없는 다소곳한 흐름. 서로가 서로를 편안하게 받아들이는 모습은 정말 아름다운 풍광이다. 만나서 큰 하나가 되는 것이 어디 이곳의 물뿐이랴.

　　살펴보면 우주 만물이 거의 다 그렇다. 들꽃도 나무도 꽃술의 꽃가루로 만난다. 그리하되, 서로 만나서 하나 되는 기간이 봄 여름 가을 겨울의 네 철 안에 이루어지도록 틀 잡혀 있어 짧은 편인데, 다만 사람의 경우엔 이 계절의 틀이 무용이다. 계절의 틀을 벗어날 능력이 사람에겐 주어져 있다.

　　하나가 다른 하나를 만나서 새로운 하나를 만들지 못하면, 그 끝 간 데까지 외로울 수밖에 없다. 외롭지 않을 수 없는 이치가 거기 잠재해 있다. 다른 하나를 선택하기 위한 기다림. 선택을 결정하기까지, 채워지지 아니하는 목마름이 자리 잡기에, 외로울 수밖에 없는 노릇이다. 원래 거기 자리 잡고 있는 바람은, 완성을 기다리는 바람인 것이다.

　　이 외로움을 견디면서 참아 내느라 스스로 생각하고 또 생각하다가 때로는 뒤를 돌아보게 된다. 여기 반성과 성찰의 기회가 오며, 명상도 따르게 마련이다. 명상은 해답을 찾는 노력의 사색이다.

　　해답을 얻는다 하여도, 그것은 물음표인 갈고리 모양 또 다른 물음을 이어 올리고 끌어올리기 일쑤다. 이런 과정을 통해 삶을 진지하게 짚어 보는 기회와 만난다. 곧 자기와의 만남이 가져오는 성숙인 것이다.

　　물은 개체(個體)라는 것을 만들지 않는다. 스스로 그것을 받아들이지 않기에, 큰 하나를 만들 수 있다. 개체를 부정하기 때문에, 새로운 하나에로의 융합이 가능하다.

　　개체를 허용치 않으므로 큰 하나일 수 있다는 사실, 이는 큰 하나가 되기 위한 순명일 수도 있다. 다른 목숨들이 못 따를 뜻을 물이 지니고 있음을 이렇게 안다.

　　사람이 그 어떤 목숨보다 길고 긴 사색을 한다지만, 물이 바다에 이르기까지 맞고 또 겪는 것에 비하면, 입을 다물어야 옳다. 흐르면서 부딪혀야 하고, 나뉘었다 다시 만나야 하고, 갇히면 기다렸다 넘어야 한다. 이러기를 얼마나 되풀이하는가. 그러면서도 상선약수(上善若水)의 본을 잃지 않는다.

　　두물머리를 내려다보며 이곳에 이르기까지 얼마나 많은 만남이 있었던가를 짐작해 본다. 수없이 거친 만남. 하나, 작은 만남은 이름을 얻지 못하고, 큰 것만 이름을 얻는다. 작은 것들이 있기에 큰 것이 있거늘. 큰 것에만 이름이 붙은 것을 어쩌랴.

　　산전수전 다 겪은 사람이 지닌 인품의 향기처럼, 두물머리에서부터 물은 유연한 흐름을 지닌다. 여기 비끼는 햇살이 비치니, 흐름이 반짝이기 시작한다. 두물머리는 그 어느 곳보다 아름답다. 보기에 아름다운 것보다 깊이 지니고 있는 뜻이 아름답다.

　낮에는 꽃들이 앉고 밤에는 별들이 앉는 숲이 아름답다고 여겼는데, 오늘 보니 두물머리는 그 이상이다. 조용한 물고기들 삶터에 날이 저물자, 하늘의 별이 있는 대로 다 내려와 쉼터가 된다. 만나서 깊어진 편안한 흐름. 이 흐름이 그 위의 모든 것 다 받아 안을 수 있는 넉넉한 품까지 여니, 이런 수용이 얼마나 황홀한지, 어느 시인이 이를 다 전해 줄 수 있을까 묻고 싶다.

– 유경환, 「두물머리」

07 〈보기〉는 제시문에 대한 해설의 일부이다. 〈보기〉의 ①, ②에 들어갈 적절한 단어를 제시문에서 찾아 쓰시오.

> ┤ 보기 ├
>
> 　이 작품은 여행하며 풍경을 바라본 글쓴이의 개성적인 체험이 담긴 수필이다. 여행지의 지명과 위치 등의 정보가 그대로 드러나고 있지만, 단순한 여행기가 아니라 자연물에 대한 사색을 바탕으로 자연의 이치와 인간의 삶에 대해 통찰한 것을 서술하고 있다. 글쓴이는 두 물줄기가 만나는 모습에서 만남의 의미에 대해 생각하며, 다양한 비유적 표현을 통해 (　①　)의 모습을 묘사한다. 또한 (　②　)의 긍정적 속성에 대해 예찬적인 태도를 드러내고 있다. 순환하는 만물의 이치를 떠올리는 깨달음을 통해 글쓴이는 풍경을 더욱 아름답게 느꼈으며, 이때 느낀 감동을 진솔하게 형상화하고 있다.

① : _____

② : _____

08 〈보기〉는 제시문에 대한 해설의 일부이다. 〈보기〉의 ①, ②에 들어갈 적절한 단어를 제시문에서 찾아 쓰시오.

> ┤ 보기 ├
>
> 　글쓴이는 유연하게 흐르는 물줄기를 바라보며 물을 예찬하고 있다. 물은 큰 하나로 융합되기 위해, (　①　)을/를 만들지 않는다. 바다에 이르기까지 오랜 인고의 시간을 거치며 만남을 반복하는 물은, 모든 것을 다 받아 안을 수 있는 (　②　)의 자세를 가지고 있는 것이다.

① : _____

② : _____

09 〈보기〉는 제시문에서 사용된 비유적 표현에 대한 설명이다. 〈보기〉의 ①과 ②에 각각 해당하는 구절을 제시문에서 찾아 쓰시오.

┤ 보기 ├

① 글쓴이는 만남을 통해 서로 화합을 이루는 두물머리의 아름다움을 의인법을 통해 서술하며, 두물머리의 모습이 주는 조화로운 인상을 부각하고 있다.

② 자연물을 사람에 빗대어 표현한 직유법을 통해 물이 지닌 유연성을 강조하고 있다.

①: _____

②: _____

※ 다음 글을 읽고 물음에 답하시오. (10~12)

정답·해설 p.15

S# 22. 조종사가 누워 있는 방 N / INT

갑자기 소란스러워진 밖이 궁금한 조종사, 부상당한 몸을 간신히 움직여 머리로 문을 밀어낸다.

겨우 열린 틈으로 밖을 내다본다. ㉠ "저건 또 뭐 하는 짓들이지…?"

평상 위에 부락민들이 죽 올라서 있는 이상한 행동을 보며 머리를 갸웃거리는 조종사.

S# 23. 다시 촌장집 마당 N / EXT

부락민들 사이사이로 간간이 보이는 적군의 모습들… 싸늘한 기운이 흐르고….

영 희 : (겁에 질린 투로) 상위 동지… 아니 군대 없대서 왔는데… 결정하는 것마다 와 이럽네까?

치 성 : (이를 악문다)……!!

택 기 : 열 발 안짝에 있습니다… 우린 셋이고 저게는 둘입니다… 확 까 치웁시다!!

치 성 : 전사 동무, 그냥 내 뒤에 있으라우…!

영 희 : 아새끼래… 쫄랑거리며 일 맨들디 말구 가만 좀 있수라우….

상 상 : 수적으로 우리가 밀리는데 어떡해요? 그러게… 그냥 지나쳐 가자니까… 왜 여기까지 와 가지구… 씨바… 난 되는 게 없어… 니미….

현 철 : (무섭게 인민군을 노려보다 소리 지른다) 야―!!

인민군 셋… 침묵…. / 마을 사람들… 인민군과 국군을 번갈아 보다가….

달 수 : ㉡ (인민군들에게) 안 들려요? 부르는 거 같은데….

달 수 처 : ㉢ (현철에게) 우리한테 말해요. 전해 줄 테니….

치 성 : 와?… 방아쇠에 손가락 집어넣었으면 땡겨야지… 다른 볼 일 있네?

영 희 : 상위 동지… 거 괜히 세게 나가디 마시라요… 우린 총알도 없는데….

현 철 : 여기서 이러지 말고 나가서 제대로 한번 붙자!!

상 상 : 미쳤어요… 수적으로 밀린다니까….

현 철 : 죄 없는 부락 사람들 피해 주지 말고 일단 나가자…!

석 용 : 우리 때문이면 괜찮아요….

촌 장 : (지긋이) 석용아….

치성… 자신의 빈총이 의식됐는지 고민하다 이를 악물고 수류탄을 빼 든다.

치 성 : 내 말 잘 딛으라우…! 괴뢰군 아새끼나 부락 사람이나 조금만 허튼짓했단 그 즉시 직살하는 거야…! 지금 한 말 허투루 딛디 말라!

영희와 택기도 눈치챘다… 옆으로 총을 집어 던지고 모두 수류탄을 꺼내 든다.

부락민들 치성의 말뜻을 전혀 이해하지 못했는지 그저 수군거리고만 있다.

치 성 : 뭐 이런 것들이… 야 말 같디 않네!! (버럭) 전체 손 버쩍 들라우!!

부락민들 서로 눈치를 보다 하나둘… 손 올린다… 왼손을 드는 사람… 오른쪽 손을 드는 사람….

현철의 소총 가늠자로 보이는 흥분한 치성의 얼굴… 옆으로 팬 하면 손에 들린 수류탄이 보인다.

무슨 이유에선지 불안한 표정이 되는 현철….

이때, 밖에서 용봉이 뛰어 들어온다.

용 봉 : 촌장님요!!

일제히 용봉을 향해 총과 수류탄을 겨누는 군인들. 무슨 상황인지 몰라 잠시 멍하게 서 있는 용봉.

부락민 모두 : 거 섰지 말고 얼른 일루 올라와. 이 사람들 부애가 마이 났어.

치 성 : 올라 가라우.

택   기 : 썅!! 빨리 게바라 올라가간!!

소리치는 바람에 깜짝 놀라… 평상 위로 올라서는 용봉.

촌   장 : 용봉아 우터 이리 늦었나?

용   봉 : 벌토으— 좀 보고 오느라고요… 아 그보다 짐 난리 났어요!

달 수 처 : 용봉 아재… 소느— 들고 얘기하래요….

어색하게 손 하나 드는 용봉… "아… 예…."

용   봉 : 그 뭐냐… 실천 위 감자밭 있잖아요… 새로 심군 데… 그 밭 초입부터 멧돼지가 길을 내 버렸어요!! 길 크기를 보이 그기 한두 마리가 아인 거 같아요.

부락민들. 그 말에 모두 놀라고…

마   님 : 우터 거다 길을 냈는데….

응   식 : 재작년에도 옥시기밭을 헤집고 돌아댕기미 싹 마호나서 겨울 한 달을 굶었는데….

촌   장 : (아주 근심스럽게) 흥분하지들 말고 차근차근 얘기르— 해 보자고….

석   용 : 감재나 캐믄 그리지… 우리 천식이 좋아하는 감재 인제 엄따.

아쉬워하는 꼬마 천식… 사람들 모두 한숨… 휴—.
군인들은 안중에도 없고 모두들 멧돼지 문제로 걱정이 태산이다.

치   성 : 이보라우…! (수류탄 치켜들며) 이거이 안 보이네? 까딱하면 다 죽을 판에… 그깟 돼지 길이 뭐이가 걱정이가…!! (여전히 반응은 없고) 이놈 까문 이 마당에 송장 길 생게!!

버럭 겁을 줘도 심각하게 논의를 하는 건지… 수군수군… 시끄럽다.

영   희 : (혼란스러운) 기리니까네… 이 부락… 뭐이래 좀… 이상하다 않습네까…?

(중략)

S# 28c. 촌장집 마당 D / EXT (시간 경과)

쨍하게 내리쬐는 햇볕.

이제 군인들은 지칠 대로 지쳐 사물이 일렁이며 보인다. 피로와 졸음이 그들을 괴롭히고 있다.

이 와중에도 김 선생은 심각한 얼굴로 아이들에게 글을 가르치고… 부락민은 자연스레 일상을 보내고… 이제 군인들도 선 채로 눈을 감고 있다.

수류탄을 쥐고 있는 택기만이 잔뜩 인상을 찌푸린 채 군인들을 둘러본다… 야속하지만 어쩔 수 없다.

이제 손도 저리고, 졸음도 밀려오고….

끝내 졸음을 참지 못하고 스르르 감기는 택기의 눈, 손에 힘이 풀리면서 수류탄이 떨어진다. 수류탄이 굴러가는 대로 이연의 시선도 따라간다… 배시시 웃는 이연.

평상 밑을 굴러 현철의 발에 맞고 멈춰 서는 수류탄, 뭔가 부딪히는 느낌에 눈을 뜨는 현철….

현   철 : (화들짝 놀라서) 위험해!! 모두 피해!!

악!! 소리를 지르며 급하게 수류탄을 끌어안고 엎드리는 현철, 놀란 군인들 사방으로 피한다. 폭발 일보 직전… 이를 악무는 현철…. / …. / …. / 잠잠하다… 불발탄….

하나둘 고개를 들고… 잔뜩 웅크렸던 현철도 슬며시 눈을 뜨며 수류탄을 살핀다.

그런 현철을 예의 주시하는 치성의 눈빛.

겨우 안심이 되는 현철… 불발탄을 집어 들고는 인민군을 본다. 비웃듯 코웃음을 치고는 불발탄을 뒤로 던진다.

현   철 : ㉣ (조롱 섞인) 뭐 하나 제대로 된 것도 없는 것들이….

영   희 : ㉤ 뭐… 좀 종종 그 따우메두 있을 수 있디 뭐… 아새끼 노골적으루다….

132

인민군들… 좀 쪽팔리다… 자신이 들고 있는 수류탄도 한번 보고는… "혹시 이것도…?"

갑자기, 엄청난 폭발음과 함께 곡간의 지붕이 날아간다. 놀란 군인들, 몸을 날려 엎드린다.

거대한 불길과 함께 치솟는 곡물들… 하늘로 치솟았던 노란색 옥수수들… 내려올 땐 하나씩 터져 팝콘이 된다. (그 광경이 아이러니하게도 벚꽃이 날리는 것처럼 너무나 아름답다.)

"눈이다…." 웃음 띤 얼굴로 팝콘 비 사이로 걸어 들어가는 이연……. / 그리곤 이상한 몸짓으로 춤을 추기 시작한다. 엎드린 채 그 모습을 보는 군인들. / 조종사도. 내리는 팝콘 비를 물끄러미 본다.

이연의 몸짓에 신비로운 음악이 덧씌워지면서 촌장집 마당은 묘한 기운으로 출렁인다. / 사방이 조용해지고… 오직 신비한 음악 소리와… / 이연의 몸짓…. / 서서히 환각에 휩싸이는 군인들… 정신이 혼미해지고… / 한 명씩 두 명씩 자신도 모르게 스르르 눈이 감긴다. / 누렁이도 쩍 하품을 한다.

엎어진 채로 아이처럼 잠이 드는 군인들…. / 마지막까지 안간힘을 쓰며 잠들지 않으려는 현철… 퀭한 눈으로 이연을 보다가… / 스르르 빨려 들어가듯 잠이 든다. / 바닥에 떨어지는 팝콘이 점점 흐릿하게 보인다. 아주 천천히 F.O.

– 장진, 「웰컴 투 동막골」

10 〈보기〉는 제시문에 대한 해설의 일부이다. 〈보기〉의 ①, ②에 들어갈 적절한 말을 제시문에서 찾아 쓰시오.

┤ 보기 ├

해학이란 선의의 웃음을 유발하여 고통과 갈등을 극복하는 웃음의 정신을 말한다. 풍자나 조롱과는 다르게 인간에 대한 긍정을 전제로 하는데, 이 작품에서도 이러한 점이 돋보인다고 할 수 있다. 국군과 인민군이 총과 수류탄을 들고 대치하고 있는 위험한 상황 속에서, 마을 사람들의 긴장감 없는 말과 행동은 해학적인 웃음을 유발한다. 특히 마을 사람들은 생명의 위협을 당하고 있음에도 전혀 신경쓰지 않는 반응을 보이는데, 이는 전쟁에 대한 무지에서 비롯된다. 마을 사람들을 모아 놓은 (①)은/는 국군과 인민군 사이의 완충 기능을 하기도 하여, 군인들은 이를 사이에 두고 대치하지만 점차 긴장감은 옅어지고, 결정적으로 수류탄이 엉뚱한 곳에서 터지며 발생한 (②)(으)로 인해 긴장 관계는 완전히 풀어지고 마는 것이다. 이러한 소재들을 통해 유발된 웃음은 마을 사람들의 순수함을 부각시킴과 동시에, 그들의 평화로운 삶을 위협하는 전쟁과 대립의 문제점을 더욱 여실히 드러내고 있다.

① : ＿＿＿＿＿＿＿

② : ＿＿＿＿＿＿＿

11 〈보기〉에 해당하는 대사를 제시문에서 찾아 ㉠~㉢ 중 기호를 쓰시오.

┤ 보기 ├

　　국군과 인민군이 대치하며 긴장감이 넘치는 상황에서, 이 두 사람의 대사는 목숨을 위협받고 있는 상황과 전혀 상관없는 우스꽝스러운 반응으로 해학적인 분위기를 연출하고 있다.

_____

12 〈보기〉는 제시문에 등장하고 있는 인물들에 대한 설명이다. 〈보기〉의 ①, ②가 설명하고 있는 인물을 제시문에서 찾아 쓰시오.

┤ 보기 ├

(　①　) : 동막골은 일반적인 세상과 단절된 공간으로, 순박한 사람들이 사는 순수한 공간이다. 이 곳의 사람들은 전쟁에 대해 이해하지 못하여 긴장된 상황에서도 상황에 맞지 않는 언행을 이어가는데, 이 사람만은 사태를 파악하고 문제를 해결하기 위해 사람들을 다독이는 모습을 보인다. 또한 대사를 통해 차분하고 침착한 성격이 드러나고 있다.

(　②　) : 서로 적대시하는 군인들은 총과 수류탄 등 생명을 위협할 수 있는 무기를 겨누고 서로 대립한다. 그러나 이 사람은 자신들 때문에 사람들이 위험에 빠지지 않기를 바라는 모습을 보이며, 남을 위해 희생하려는 희생정신을 보여 주기도 한다.

① : _____

② : _____

※ 다음 글을 읽고 물음에 답하시오. [13~15]

▶ 정답 · 해설 p.15

[앞부분 줄거리] 트럭에 상자를 옮기는 일을 하는 창고지기 자앙은 꼼꼼하고 성실하지만, 동료인 기임은 일을 대충 처리한다. 기임은 트럭 운전수의 딸인 다링과 사귀며 술에 취해 들어오고, 자앙은 기임에게 잔소리를 하면서도 북어 해장국을 끓여 준다. 창고지기 생활에 싫증이 난 기임은 상자 하나를 일부러 잘못 실어 보내 놓고 자앙에게 이야기한다. 자앙은 상자 주인에게 편지를 써서 잘못을 바로잡으려 하고, 기임은 다링을 따라 창고를 떠나려고 한다.

(창고 밖으로 상자들을 옮기고 있던 자앙과 트럭 운전수 사이에 언쟁이 벌어진다. 자앙은 트럭 운전수에게 편지를 전달해 주도록 간청하고 운전수는 목청을 높여 가며 거절의 이유를 설명한다.)

운전수 : 그건 미친 짓이야! 일부러 잘못했다고 편지를 보낼 필요는 없어!

자 앙 : (편지를 운전수에게 내밀며) 제발 보내야 해요!

운전수 : 여봐, 내가 상자를 운반하고 다니니깐 주인과 통할 수 있다고 생각한 모양인데, 그건 큰 착각이야. 난 말이야, ㉠ 뭐가 뭔지도 모르고 그냥 싣고 왔다가 그냥 실어 가는 거라구. 실제로 내가 아는 건, 정거장에서 여러 트럭들이 상자를 나눠 받을 때 만나는 분배 반장 딸기코하고, 창고에 보관했다가 다시 나눠 싣고 정거장에 가서 만나는 접수 반장 외눈깔, 그 둘뿐이라구. 딸기코와 외눈깔은 내가 붙인 별명인데, 물론 진짜 이름이야 있겠지. 하지만 그들이 내 이름을 부르지 않고 노름꾼이라 하듯이 나도 그들을 별명으로만 불러. 어쨌든 딸기코가 상자를 분배하는 곳은 정거장의 왼쪽이고, 외눈깔이 상자를 접수하는 곳은 정거장의 오른쪽이야. 그래서 그들은 같은 정거장에서 둘 다 상자를 취급하면서도 서로 얼굴 한번 볼 수조차 없어.

자 앙 : 별명이든 이름이든 상관없어요. (편지를 억지로 운전수 손에 쥐여 준다.) 상자를 싣고 가는 곳에 내 편지를 갖다주면서, 다음 사람에게 전달하라고 하면 되거든요.

운전수 : 내가 자네 편지를 외눈깔에게 주면, 외눈깔은 그다음 사람에게 전달하고, 그다음 사람은 또 다음 사람에게…… 계속해서 운반되는 상자들을 따라가 맨 나중엔 주인에게 전달되기를 바라는 거지?

자 앙 : 네, 바로 그겁니다.

운전수 : 그게 또 큰 착각이라구. 부속품이 든 상자들은 말야. 중간중간에서 여러 갈래로 수없이 나눠지거든.

자 앙 : 부속품 상자들은 결국 한 군데로 모아지는 것이 아닙니까?

운전수 : 물론, 모아지는 곳도 있겠지. 상자들이 한군데에서 나와 여러 군데로 흩어지느냐, 여러 군데에서 나와 한군데로 모아지느냐……. 그건 그럴 수도 있구, 그렇지 않을 수도 있어. 어쨌든 중간에 있는 우리가 어떻다고 확실하게 알 수는 없지.

자 앙 : 그래도 상자 주인에게는 반드시 알려 줘야죠. 엉뚱하게 바뀌어진 상자 하나 때문에 뭔가 잘못 만들어지면 안 되잖아요.

(중략)

기 임 : 미안해! 그런데 막상 떠나려니까 조금은 서운하군. (창고 안을 둘러보며) 너하고 여기서 얼마나 살았더라…… 몇 십 년은 훨씬 더 될 거야. 아마……

자 앙 : 그래…… 우린 철부지 시절부터 이 창고지기였어.

기 임 : 언제나 너는 나를 고맙게도 보살펴 줬지.

자 앙 : 날 의붓어미라고 미워했으면서 뭘…….

기 임 : 진짜로 미워한 건 아니잖아?

자 앙 : 나도 알아. (기임을 껴안는다.) 제발 가지 말아! 이 창고도, 나도, 전혀 달라진 게 없잖아?

기 임 : 그건 안 돼. 이 창고는 더 이상 내가 살 곳이 아냐.

운전수 : 남자들끼리 헤어지면서 무슨 말이 그렇게 많아? (창고 밖으로 나가며) 시간 없어! 나 먼저 트럭에 가서 있을 테니까 너희는 어서 짐 싸들고 나와!

다 링 : (놋쇠 국자로 소리나게 두드리며) 그만하고, 서로 자기 물건들이나 골라 봐요.

기　임 : (자앙의 포옹을 풀며) 난 내 물건을 잘 모르겠어. 굼벵아, 네가 골라 줘.

자　앙 : 아냐, 쓸만한 게 있거든 모두 네가 가져.

기　임 : 너는 이 창고 속에서 혼자 살 텐데⋯⋯.

자　앙 : 내 걱정은 말고 어서 먼저 골라 봐. 그리고 내가 너한테 줄 게 있어. (침대 밑의 상자들 중에서 화려한 색깔의 스웨터를 찾아낸다.) 너의 생일날 주려고 두었던 건데, 헤어지는 날 선물이 됐군.

기　임 : (자앙에게 스웨터를 받아 몸에 대본다.) 근사한데!

다　링 : (자앙의 침대 밑을 바라보며) 좋은 건 이 속에 다 있잖아요! 이걸 가져가도 돼요?

기　임 : 안 돼, 그건 손대지 마.

자　앙 : 가져가요.

다　링 : (자앙의 침대 밑에서 상자 하나를 꺼낸다.) 이건 뭐죠?

자　앙 : 북어 대가리죠. 그건 가져가세요. 꼭 필요할 겁니다.

다　링 : 북어 대가리⋯⋯?

기　임 : 이게 왜 필요한지는 두고 보면 알게 될 거야. (상자를 열어서 북어 대가리를 하나 꺼내 자앙에게 준다.) 난 너한테 이것밖에 줄 게 없군. 내 생각이 날 거야. 항상 곁에 두고 보라구.

자　앙 : (북어 대가리를 받으며) 그래, 언제나 내 곁에 두고 볼게.

　　(창고 밖에서 트럭의 재촉하는 경음기가 울린다. 미스 다링은 서둘러서 물건들을 담요에 담는다.)

다　링 : 아버지가 재촉해요. (상자와 담요를 들며) 어서 들고 나가요.

기　임 : (트렁크를 들고, 자앙에게) 그럼 잘 있어.

자　앙 : (마지못해 대답한다.) 잘 가⋯⋯ 가서 행복해.

　　(기임과 미스 다링, 창고 밖으로 나간다. 자앙은 북어 대가리를 식탁 위에 놓고, 떠나는 기임을 바라본다. 창고 문 앞에서 자앙과 기임의 외치는 소리가 들린다.)

기　임 : (소리) 이 창고 앞의 상자들은 어쩔 거야? 내가 좀 창고 안에 옮겨 주고 갈까?

자　앙 : 괜찮아! 나 혼자서도 할 수 있어!

　　(창고 밖으로 떠나는 것이 즐겁다는 듯이 기임의 환호성이 들린다. 트럭 운전수와 다링의 웃음 소리도 들린다. 잠시 후, 트럭이 경음기를 울리며 떠나는 소리가 들린다. 창고는 조용해진다. 자앙, 식탁의자에 힘없이 주저앉는다. 늙고 허약해진 모습이다. 그는 식탁 위에 놓여 있는 북어 대가리를 물끄러미 바라본다.)

자　앙 : 그래, 나도 너처럼 머리만 남았군. 그저 쓸쓸하고⋯⋯ 허무한 생각으로⋯⋯ 가득찬⋯⋯ 머리만⋯⋯ 덜렁⋯⋯ 남은 거야. (두 손으로 북어 대가리를 집어서 얼굴 가까이 마주 바라보며) 말해 보렴. 네 눈엔 내가 어떻게 보이는지? 그토록 오랜 나날⋯⋯ 나는 이 어둡고 조그만 창고 속에서⋯⋯ 행복했었다. 상자들을 옮겨 오고⋯⋯ 내보내며⋯⋯ 내가 맡고 있는 일을 잘 하고 있다는 뿌듯함⋯⋯ 그게 내 삶을 지탱해 왔었는데⋯⋯. 하지만 네 생각을 말해 봐. 만약에⋯⋯ 정말 그럴 리가 없겠지만⋯⋯ 이 창고 속에서의 성실함이⋯⋯ 무슨 소용 있는 거지? (사이) 북어 대가리야, 왜 대답이 없니? 멀뚱멀뚱 바라만 볼 뿐 왜 대답이 없어? (북어 대가리를 식탁 위에 내려놓는다.) 네가 말하지 않으니까 난 두려웁고⋯⋯ 불안해⋯⋯. (사이) 아냐, 내 물음은 틀린 거야. 덜렁 남은 머리 속의 생각만으로 세상을 잘못됐다구 판단해선 안 돼. (핸들 카에 실린 상자들을 서류와 대조하며 제자리에 쌓기 시작한다.) 제자리에 상자들을 옮겨 놓아라! 나는 의붓어미다! 정확하게 쌓아라! 틀리면 야단칠 테다! 단 하나의 착오도 없게, 절대로 틀려서는 안 된다!

　　(자앙, 정성을 다해 상자들을 쌓는다. 무대 조명, 서서히 자앙에게 압축되면서 암전한다.)

— 이강백, 「북어 대가리」

13 제시문에서 어떠한 방식으로 인물 간의 갈등을 보이며 사건을 전개하고 주제를 부각하고 있는지
쓰시오.

_____

14 〈보기 2〉의 내용을 참고하여 〈보기 1〉의 ①에 들어갈 알맞은 말을 쓰시오.

┤ 보기 1 ├

　이 작품은 창고라는 배경과 상자, 북어 대가리 등의 상징적인 소재를 활용하여 주제를 (　　①　　)(으)로
표현하고 있다.

┤ 보기 2 ├

　어떤 대상을 빗대거나 풍자하기 위하여 직접 말하는 방식이 아닌 간접적으로 표현하는 방법이 있다. 「북
어 대가리」는 이러한 표현법을 활용하였다.

　예를 들면, 이상화 시인의 「빼앗긴 들에도 봄은 오는가」는 빼앗긴 우리 조국을 '빼앗긴 들'로 돌려서 표현
하였고, '뱁새가 황새 따라가다가 가랑이 찢어진다.'라는 관용 표현은 분수에 넘치는 행동을 하지 말라는
의미를 돌려서 표현한 것이다. 마지막으로 「토끼와 거북이」에서 토끼는 재능이 좋지만 꾀를 부리다 원하
는 것을 얻지 못하였고, 거북이는 재능은 부족하지만 노력을 통해 승리하는 내용도 이러한 표현을 활용한
것이다.

　사설시조에도 이러한 표현을 활용하였다.

두터비* 파리*를 물고 두엄* 우희 치다라 안자
것넌 산 바라보니 백송골(白松鶻)*이 떠 잇거늘 가슴이 금즉하여 풀덕 뛰여 내닷다가 두엄 아래 잣바지거고
모쳐라 날낸 낼싀만졍 에헐질 번하괘라

* 두터비 : 지방관리(탐관오리)
* 파리 : 힘없는 백성
* 두엄 : 수탈한 재물
* 백송골 : 매의 한 종류이나 여기서는 지방관리보다 더 힘 센 중앙관리 또는 외세

_____

15 제시문의 밑줄 친 ㉠의 의미는 "산업 사회에서 (　①　)처럼 살아가는 삶의 모습"으로 볼 수 있다.
①에 들어갈 알맞은 단어를 쓰시오.

_____

※ 다음 글을 읽고 물음에 답하시오. (16~18)

● 정답·해설 p.16

내 조카 '허친(許親)'이 그의 서실을 짓고 편액을 '통곡헌(慟哭軒)'이라 하였다. 사람들이 모두 크게 웃으며 말하기를, "인간 세상에 즐거워할 만한 일이 매우 많은데, 어찌하여 울음[哭]으로 서실의 편액을 하였다는 말인가? 하물며 통곡이란 것은 부모를 여읜 자식이거나 아니면 사랑하는 사람을 잃은 부녀자일 것이다. 사람들은 그 소리를 듣기를 싫어하는데 그대만 오직 사람들이 싫어하는 바를 범하여 거처에다 걸어 놓은 것은 어째서인가?"
라고 허니, 허친이 말하기를,

"나는 시속이 좋아하는 바를 거슬린 사람이다. 시류(時流 : 시대의 풍조나 경향)가 기쁨을 좋아하므로 나는 슬픔을 좋아하고, 세속이 흔쾌해하므로 나는 근심스러워한다. 부귀나 영화까지도 세상이 기뻐해하는 바이지만 나는 내 몸을 더럽히는 것인 양 버리며, 오직 천하고 빈한하고 검약한 것을 본받아 이에 처하면서 하고자 하는 일마다 어긋나고자 한다. 그리하여 항상 세상이 가장 싫어하는 바를 택하면 곧 통곡보다 더한 것이 없으므로, 나는 그것으로써 내 집의 편액으로 삼은 것이다."
라고 했다. 나는 그 이야기를 듣고, 비웃던 여러 사람들에게 말하기를,

"통곡하는 데도 역시 도(道)가 있습니다. 대개 사람의 칠정(七情) 중에서 쉽게 움직이고 감발(感發 : 감동하여 분발함)하는 것으로는 슬픔만한 것이 없습니다. 슬픔이 일면 반드시 곡을 하는데, 슬픔이 일어나는 것에도 역시 여러 가지 단서가 있지요. 그러므로 시사(時事 : 당시의 여러 가지 일)를 행할 수 없는 것에 상심(傷心)하여 통곡하는 사람으로는 가태부(賈太傅)요, 흰 실이 그 바탕(사랑)을 잃은 것을 슬퍼하여 곡을 한 사람은 묵적(墨翟)이요, 갈림길이 동서로 나뉜 것을 싫어하여 운 사람은 양주(楊朱)요, 길이 막혀서 운 사람은 완보병(阮步兵)이었으며, 운명이 불우함을 슬퍼하여 스스로를 세상 밖으로 추방하여 정에 부쳐 운 사람은 당구(唐衢)입니다. 이들은 모두 품은 생각이 있어서 운 것이지 이별에 상심(傷心)하고, 억울한 마음을 품고, 하찮은 일로 아녀자들의 곡을 본받은 것이 아닙니다.

지금의 시대는 (앞선)여러 사람의 시대에 비해서 더욱 말세(末世)지요, 나랏일은 날로 그릇되고, 선비들의 행실도 날로 야박해져 벗을 사귐에도 배치(背馳 : 서로 반대되어 어긋남)되는 것이 길이 갈리는 것보다 더 심하며, 어진 선비가 곤액(困厄 : 딱하고 어려운 사정과 재앙)을 당하는 것도 길이 막힌 것뿐이 아니어서, 모두 인간 세상 밖으로 달아날 생각을 하고 있습니다.

만약 몇 사람의 군자로 하여금 이 시대를 목격하게 한다면 어떤 생각을 품을지 모르겠습니다. 아마도 장차 통곡할 겨를도 없이 모두 팽함(彭咸)이나 굴대부(屈大夫)처럼 돌을 끌어안거나 모래를 품으려고(죽으려고) 했을 것입니다. (조카)'허친'이 곡(哭)으로써 서실의 편액을 한 것도 역시 이것에서 나온 것이니, 여러분들은 그의 통곡을 비웃지 않는 것이 옳겠습니다."
내 말을 듣고, 비웃던 자들이 "잘 알았습니다."라며 물러났다. 오간 대화를 정리하여 글로 써서, 뭇 사람들이 의아하게 생각하는 심정을 풀어 주고자 한다.

– 허균, 『성소부부고(惺所覆瓿稿)』 중 「통곡헌기(慟哭軒記)」

16 〈보기〉는 제시문의 구성에 대한 내용이다. 〈보기〉의 ①, ②에 들어갈 적절한 말을 쓰시오.

┤ 보기 ├

　　세상 사람들은 환락과 부귀, 영예 등 세속적 (　　①　　)을/를 추구하며, 허친은 비애와 비천함, 곤궁과 궁핍을 추구하며 세속과 (　　②　　)을/를 추구한다.

①: _____

②: _____

17 「통곡헌기」를 쓴 이유를 직접 밝힌 구절을 제시문에서 찾아 첫 어절과 마지막 어절을 쓰시오.

첫 어절 : _____ ,　마지막 어절 : _____

18 다음 〈보기〉를 읽고, ①에 공통적으로 들어갈 적절한 말을 쓰시오.

┤ 보기 ├

　　"지금의 시대는 (앞선)여러 사람의 시대에 비해서 더욱 말세(末世)지요."라는 표현은 현실에 대한 (　　①　　) 인식을 드러낸다. 또한 "나랏일은 날로 그릇되고, 선비들의 행실도 날로 야박해져 벗을 사귐에도 배치(背馳)되는 것이 길이 갈리는 것보다 더 심하며, 어진 선비가 곤액(困厄)을 당하는 것도 길이 막힌 것뿐이 아니어서, 모두 인간 세상 밖으로 달아날 생각을 하고 있습니다."에서 현실에 회의감을 느끼고 숨으려는 사람들을 표현한 것이고, (　　①　　) 현실에서 도피하려는 태도를 보이는 것이다. 이러한 점에서 작가는 오늘날 현실을 (　　①　　)으로 바라보는 이유를 밝히고 있다.

※ 다음 글을 읽고 물음에 답하시오. (19~21) 정답·해설 p.16

(말뚝이와 양반 일행이 과거를 보러 가던 중 양주 땅에서 해가 넘어가는 줄도 모르고 산대 탈놀이를 구경하다가, 객지에서 거처할 곳을 구하지 못하였다.)

말뚝이 : 얘, 그러나저러나 내게 좀 곤란한 일이 생겼다.

쇠뚝이 : 무슨 곤란한 일이 생겼단 말이냐?

말뚝이 : 다름이 아니라 내가 우리 댁의 샌님, 서방님, 도령님을 데리고 과거를 보러 가는 도중에 산대놀이 구경을 하다가 하루해가 저물었는데, 하룻밤 묵을 의막*을 정하지 못하였다. 나는 여기 아는 친척도 없고, 아는 친구도 없어 곤란하던 차에 너를 만나서 다행이다. 얘, 나를 봐서 우리 댁 양반들이 임시로 거처할 의막을 정해 다오.

쇠뚝이 : 옳지, 구경을 하다가 의막을 정하지 못하였구나. 그래라, 의막을 하나 정해 주마. ㉠(놀이판을 여러 번 돌고 나서 말뚝이 앞으로 다가간다.) 얘, 말뚝아, 양반들이 임시로 거처할 의막을 지었다. 얘, 보아 하니 거기 담배도 먹을 듯하여, 방 하나 가지고 쓸 수 없어 안팎 사랑이 있는 집을 지었다. 바깥사랑에는 동그랗게 말뚝을 돼지우리같이 박고, 안은 동그랗게 담을 쌓고, 문은 하늘로 냈다. 이만하면 되겠지.

말뚝이 : 그럼. 고래담 같은 기와집이로구나. 그 방에 들어가자면 물구나무를 서야겠구나.

쇠뚝이 : 암, 그렇고말고.

말뚝이 : 얘, 너하고 나하고 말하는 게 불찰이지. 미안하지만 우리 양반들을 안으로 모셔야겠다.

쇠뚝이 : 야, 이놈아, 내가 무슨 상관이 있느냐. 너는 대관절 그 댁의 누구란 말이냐?

말뚝이 : 나는 그 댁의 하인이다.

쇠뚝이 : 그러면, 그 양반들이 어디에 있느냐?

말뚝이 : 저 밖에 있다. 우리 어서 안으로 모시자.

쇠뚝이 : (쇠뚝이는 앞에 서고 말뚝이는 뒤에 서서, 양반을 의막 안으로 모는 소리를 한다.) 고이 고이 고이.

말뚝이 : (쇠뚝이 뒤에서 채찍을 들고 돼지를 쫓듯이 소리를 친다.) 두우 두우 두우.

샌 님 : (의막 안에 들어가서 앉으며) 얘, 말뚝아.

말뚝이 : 네이―.

샌 님 : 이 의막을 네가 정하였느냐? 누가 정해 주었느냐?

말뚝이 : (쇠뚝이를 보고) 얘, 우리 댁 샌님께서, "우리가 거처할 이 의막을 누가 잡았느냐? 네가 얻었느냐, 누가 다른 사람이 얻었느냐?" 하고 말씀하시기에 "이 동네 아는 친구 쇠뚝이가 얻었습니다." 하고 말씀드리니, "그럼 걔 좀 보자꾸나." 하시는데, 들어가서 네가 샌님을 한번 뵙는 게 좋겠다.

쇠뚝이 : 내가 그런 양반들을 왜 뵙느냐?

말뚝이 : 너, 그렇지 않다. 나중에 벼슬을 하려면 꼭 뵈어야 한다.

쇠뚝이 : 그러면 네 말대로 보고 오마.

말뚝이 : 어서 갔다 오너라.

쇠뚝이 : 쳐라. (악사들이 타령 장단을 연주하면, ㉡쇠뚝이가 춤을 추면서 양반 일행 앞뒤를 돈다. 연주를 중지하면, 말뚝이 앞으로 와서) 얘, 내가 가서 양반들을 자세히 보니 그놈들은 양반의 자식들이 아니더라. 샌님을 보니 도포는 입었으나 전대띠를 두르고, '두부 보자기'를 쓰고 꽃 그림이 그려진 부채를 들었는데, 그게 무슨 양반의 자식이냐? 한량의 자식이지. 또 서방님이란 자를 보니 관은 썼으나 그놈도 꽃 그림이 그려진 부채를 들고 있으니, 그게 무슨 양반의 자식이냐? 잡종이더라. 또 도령님이란 놈은 전복에 전대띠를 매고 '사당 보자기'를 썼으니, 그놈도 양반의 자식이 아니더라.

말뚝이 : 아니다, 그 댁이 무척 가난하여 세물전에서 빌려 입고 와서, 구색을 맞추어 의관을 입지 않아서 그렇다.

쇠뚝이 : 옳거니, 세물전에서 빌려 입고 와서 구색이 맞지 않아서 그렇다고.

샌　님 : (말뚝이를 부른다.) 말뚝아ー.
말뚝이 : 네이ー.
샌　님 : 너ー 어디 갔었느냐?
말뚝이 : 네ー. 샌님을 찾으려고요.
샌　님 : 어디로?
말뚝이 : 네이ー. 서산 나귀 솔질하여 호랑이 가죽으로 만든 안장을 높게 놓아 가지고 안남산 밖남산 벽계동으로 칠패 팔패 돌모루 동작강을 건너 남대문 안을 썩ー 들어서니, 일간장 이먹골 삼청동 사직골 오궁터 육조 앞 칠관 안 팔각재 구리개 십자각 © 아이머리 다방골로 어른머리 감투전골로 해서요, 언청다리 쇠경다리를 건너와서 배우개 안 네거리를 썩ー 나서서 아래위로 치더듬고 내리 더듬어도 샌님의 새끼라고는 개새끼 한 마리 없기에, 아는 친구를 만나서 물어보았더니 내소문 밖으로 나갔다고 하기에 나와서 여기저기 찾아봤는데도 없어서, 다시 산대놀이판에 와서 보니 내 증손자 아들놈을 여기서 만나는구려. (하며 샌님의 탈을 탁 친다.)

– 작자 미상, 「양주 별산대놀이」

* 의막 : 막사로 쓰는 천막이나 장막으로, 임시로 거처하게 된 곳을 이르는 말

---

19 〈보기〉는 제시문에 등장하는 말뚝이와 쇠뚝이에 대한 설명이다. 〈보기〉의 ①, ②에 들어갈 적절한 말을 쓰시오.

┤ 보기 ├

　말뚝이와 쇠뚝이의 공통점은 피지배층을 대표하는 인물로 무능하고 위선적이며 허위로 가득찬 양반들을 (　①　)하고 있으며, 양반으로 대표되는 지배층에 대한 (　②　)을/를 드러내고 있다.

①: _____　　②: _____

20 제시문에서 밑줄 친 ㉠과 ㉡에 나타난 전통극의 특징을 쓰시오.

㉠: _____

㉡: _____

21 제시문에서 밑줄 친 ㉢에 나타난 효과는 무엇인지 〈보기〉의 ①에 들어갈 적절한 말을 쓰시오.

┤ 보기 ├

　서로 대립되는 의미의 단어들을 나란히 배열함으로써 유사 음운(음절)의 반복을 활용한 (　①　) 을/를 보이고 있다.

IV 고전시가

1 고대시가의 이해

(1) 원시 종합 예술
문학, 음악, 춤, 연극 등이 분리되지 않고 하나의 통합된 예술 형태로 존재하는 것을 의미한다. 원시 사회에서는 예술이 의식이나 공동체의 행사와 밀접하게 연관되어 있었으며, 이러한 종합 예술 형태는 부족 국가 시대와 고대 국가 성립 시기에 국가마다 농사를 짓고 풍년이 되기를 기원하는 의미에서 온 나라가 하늘에 제사를 지내며 노래와 춤을 즐기는 것으로 나타난다.

2 향가

(1) 개념
향가는 신라 때에 불리던 민간 노래로서 보통 향찰로 기록되었다. 보통 신라 때부터 고려 초기까지의 것을 말한다. 승려, 화랑을 포함한 다양한 작자층에 의해 불교적 기원, 정치적 이념, 민요 또는 주술적 성격의 내용을 담은 작품들이 많다.

(2) 형식
① 4구체 향가
  ㉠ 형식 : 4구체 향가는 네 구절로 이루어져 있다. 이는 가장 간단한 형태로, 주로 민요적 성격을 띤다.
  ㉡ 예시 : 「서동요(薯童謠)」
  ㉢ 내용 : 신라의 서동이 지은 노래로, 백제의 선화 공주와의 사랑 이야기를 담고 있다.

원문	현대역
善化公主主隱 他密只嫁良置古 薯童房乙 夜矣卯乙抱遣去如	선화공주님은 남 몰래 사귀어(통정하여 두고) 맛둥[薯童]도련님을 밤에 몰래 안고 간다

② 8구체 향가
  ㉠ 형식 : 8구체 향가는 여덟 구절로 이루어져 있고, 중간 길이의 시가 형태를 띠며 전·후절의 구분이 뚜렷하지 않다. 신라의 불교적 사상을 반영한 경우가 많다.
  ㉡ 예시 : 「모죽지랑가(慕竹旨郎歌)」
  ㉢ 내용 : 죽지랑에 대한 그리움을 표현한 노래로, 그의 충성과 우정을 기리는 내용이다.

원문	현대역
간 봄 그리매 모든 것사 우리 시름 아름 나토샤온 즈시 살쯈 디니져 눈 돌칠 스이예	간 봄을 그리워함에 모든 것이 울며 시름하는데 아름다움을 나타내신 얼굴에 주름살이 지려 하는구나 눈 깜박할 동안에

맛보읍디 지소리	만나 뵙기를 짓고져
郎이여 그릴 모수민 녀올 길	낭이여, 그리운 마음의 가는 길에
다봊 모술히 잘 밤 이시리	다북쑥 마을에 잘 밤 있으리

③ 10구체 향가

- ㉠ 형식 : 10구체 향가는 열 구절로 구성되어 있으며, 향가의 정형화된 형태로 여겨진다. 특히 불교적 내용이 많이 포함되며, 당시 사회의 종교적, 철학적 사상을 잘 반영하고 있다.
- ㉡ 예시 : 「제망매가(祭亡妹歌)」
- ㉢ 내용 : 월명사가 죽은 누이를 기리며 지은 노래로, 삶과 죽음의 이치를 노래한다.

원문	현대역
生死 길흔	생사(生死)의 길은
이에 이샤매 머믓그리고	여기에 있으매 머뭇거리고
나는 가ᄂ다 말ㅅ도	나는 간다 라는 말도
몯다 니르고 가ᄂ닛고	못다 이르고 가는가
어느 ᄀ술 이른 ᄇ르매	어느 가을 이른 바람에
이에 뎌에 ᄯ러딜 닙곤	이에 저에 떨어질 잎같이
ᄒ든 가지라 나고	한 가지에 나고
가논 곧 모ᄃ론뎌	가는 곳 모르는구나
아야 彌陀刹아 맛보올 나	아아 미타찰(彌陀刹)에서 만날 나
道 닷가 기드리고다	도(道) 닦아 기다리겠다

3 고려가요

(1) 개념

고려가요는 고려 시대에 창작되고 전해진 시가 형태로, 주로 민중들 사이에서 구전되었다. 고려가요는 고려 시대의 생활상과 감정, 사상을 담고 있으며, 당시의 사회적·문화적 배경을 반영하고 있다. 주로 노래 형식으로 불렸기 때문에 "속요"라고도 불린다. 고려가요는 민중들의 삶과 애환, 사랑과 이별, 자연 경외 등의 주제를 다룬다.

(2) 형식

① 분절체 형식 : 여러 개의 절(구절)로 나누어지며, 각 절이 반복되거나 변형되는 구조를 가진다. 이러한 구조는 노래의 리듬감을 강화하고, 구전되는 과정에서 기억을 쉽게 한다.

② 후렴구 : 각 절의 끝에 후렴구가 반복된다. 후렴구는 노래의 핵심 주제를 강조하고, 리듬감을 더해 주며, 청중의 참여를 유도하는 역할을 한다.

③ 운율 : 일정한 음수율(音數律)을 가지고 있어, 리듬감이 있다. 3음보, 4음보 등 일정한 음보에 맞추어 노래가 불린다.

④ 소박하고 진솔한 표현 : 일상생활과 관련된 소박한 주제와 진솔한 감정 표현이 특징이다. 복잡한 수사보다는 직접적이고 이해하기 쉬운 언어를 사용한다.

청산별곡	가시리	정석가
살어리 살어리랏다 청산(靑山)애 살어리랏다 멀위랑 드래랑 먹고 청산(靑山)애 살어리랏다 얄리얄리 얄랑셩 얄라리 얄라	가시리 가시리잇고 나는 브리고 가시리잇고 나는 위 증즐가 大대平평盛셩代딩	딩아 돌하 당금(當今)에 계샹이다. 딩아 돌하 당금(當今)에 계샹이다. 션왕셩딕(先王聖代)예 노니ᄋ와지이다.
우러라 우러라 새여 자고 니러 우러라 새여 널라와 시름 한 나도 자고 니러 우니로라 얄리얄리 얄라셩 얄라리 얄라	날러는 엇디 살라 ᄒ고 브리고 가시리잇고 나는 위 증즐가 大대平평盛셩代딩 잡ᄉ와 두어리마ᄂᆞᄂᆞᆫ 선ᄒ면 아니 올셰라	삭삭기 셰몰애 별헤 나는 삭삭기 셰몰애 별헤 나는 구은 밤 닷 되를 심고이다. 그 바미 우미 도다 삭나거시아 그 바미 우미 도다 삭나거시아 유덕(有德)ᄒ신 님믈 여희ᄋ와지이다.
가던 새 가던 새 본다 믈 아래 가던 새 본다 잉무든 장글란 가지고 믈 아래 가던 새 본다 얄리얄리 얄라셩 얄라리 얄라 (하략)	셜온 님 보내ᄋ노니 나는 가시는 듯 도셔 오셔셔 나는 위 증즐가 大대平평盛셩代딩 (하략)	옥(玉)으로 련(蓮)ㅅ고즐 사교이다. 옥(玉)으로 련(蓮)ㅅ고즐 사교이다. 바회 우희 졉듀(接柱)ᄒ요이다. 그 고지 삼동(三同)이 퓌거시아 그 고지 삼동(三同)이 퓌거시아 유덕(有德)ᄒ신 님 여희ᄋ와지이다. (하략)

4 경기체가

(1) 개념

경기체가(景幾體歌)는 고려 말에서 조선 초기에 걸쳐 유행한 문학 형식으로, 궁중의 음악적 배경을 바탕으로 한 노래이다. "경기"라는 말은 '서울(경기 지역)'을 의미하며, "체가"는 '특정한 형식을 갖춘 노래'를 의미한다. 따라서 경기체가는 서울 지역에서 유행한 특정한 형식의 노래라는 뜻을 가진다. 주로 왕실과 귀족층에서 향유되었으며, 내용은 주로 자연 경관의 아름다움을 찬양하거나 유교적 덕목을 예찬하는 것이 많다.

(2) 형식

① **분절체 형식** : 경기체가는 여러 개의 연(段)으로 나뉘어져 있으며, 각 연은 주로 4행으로 구성된다. 각 연이 반복되는 구조를 가지며, 전체적으로 일정한 리듬과 운율을 유지한다.

② **후렴구의 사용** : 각 연의 끝에는 후렴구가 반복된다. 후렴구는 노래의 일관성을 유지하고, 리듬감을 강화하며, 청중의 참여를 유도한다.

③ **음수율** : 일정한 음수율(音數律)을 가지고 있어, 각 행의 음절 수가 일정하게 맞춰진다. 이는 노래의 리듬감을 높이고, 구전되는 과정에서 기억하기 쉽게 한다. 3음보나 4음보 등으로 구성된다.

④ **내용의 형식화** : 내용적으로는 자연의 아름다움, 유교적 덕목, 왕실의 권위 등을 찬양하는 내용이 주를 이룬다. 이는 고려 말에서 조선 초기에 이르는 시기의 사회적, 문화적 분위기를 반영한다.

5 시조

(1) 개념

시조(時調)는 고려 말부터 조선 시대에 이르기까지 한국 문학에서 주로 창작된 정형시이다. 시조는 한글 창제로 인한 문자 생활의 변화와 더불어 유행하게 되었으며, 특히 조선 시대에 이르러 그 전성기를 맞았다.

시조는 주로 3장(三章)으로 구성되며, 각각의 장은 4구(句)로 이루어진다. 시조는 일정한 음수율과 운율을 가지며, 짧은 형식 속에 깊은 사상과 감정을 담고 있어 한국 문학의 정수로 평가받는다.

(2) 형식

① 3장 6구 45자 내외의 구조 : 시조는 3장으로 구성되며, 각 장은 4구로 이루어져 있다. 전체적으로는 6구, 45자 내외의 분량을 가지는 것이 일반적이다. 초장(初章), 중장(中章), 종장(終章)으로 나뉘며, 각 장의 첫 구는 34음절, 나머지 구는 45음절로 구성된다.

② 운율과 음수율 : 시조는 일정한 운율과 음수율을 가진다. 각 구의 음절 수가 비교적 엄격하게 맞춰져 있으며, 이를 통해 리듬감을 형성한다. 주로 3음보 또는 4음보로 구성되어 있다.

(3) 갈래

① 단시조

㉠ 평시조(平時調)

- 개념 : 가장 기본적인 형태의 시조로, 정형화된 3장 6구의 구조를 가지며, 일정한 음수율과 운율을 유지한다.
- 내용 : 자연의 아름다움, 인생의 철학, 사랑과 이별, 충절 등의 주제를 담는다.

> 동창이 밝았느냐 노고지리 우지진다
> 소치는 아이는 상기 아니 일었느냐
> 재너머 사례 긴 밭을 언제 갈려 하느냐

㉡ 사설시조(辭說時調)

- 개념 : 평시조에 비해 길이가 길고, 형식이 자유로운 시조이다. 대체로 장(長)시조라고도 불린다.
- 내용 : 일상생활의 다양한 주제와 감정을 좀 더 자유롭고 상세하게 표현한다.

> 님이 오마 ᄒ거늘 저녁 밥을 일 지어 먹고
> 중문 나서 대문 나가 지방 우희 치ᄃ라 안자 이수로 가액ᄒ고 오ᄂᆞᆫ가 가ᄂᆞᆫ가 건넌 산 ᄇ라보니 거머횟들 셔 잇거늘 져야 님이로다. 보션 버서 품에 품고 신 버서 손에 쥐고 겻븨님븨 님븨곰븨 천방지방 지방천방 즌 듸 ᄆᆞ른 듸 굴희지 말고 위렁충창 건너가셔 정엣말 ᄒ려 ᄒ고 겻눈을 흘긋 보니 상년 칠월 사흔날 굴가벗긴 주추리 삼대 슐드리도 날 소겨거다.
> 모쳐라 밤일싀 망정 힝혀 낫이런들 ᄂᆞᆷ 우일 번ᄒ괘라.

㉢ 엇시조(엇시조)

- 개념 : 기본 형식에서 벗어나 변형된 형태의 시조이다. 특히 중장의 길이가 짧아지거나, 종장의 첫 구가 길어지는 등 변형이 일어난다.
- 내용 : 특정한 감정이나 상황을 강조하기 위해 형식을 변형하여 사용한다.

> 개를 여라믄이나 기르되 요 개ᄀᆞ치 얄믜오랴
> 뮈온 님 오며ᄂᆞᆫ 소리를 홰홰치며 쒸락 ᄂᆞ리쒸락 반겨셔 내ᄃᆞᆺ고 고온 님 오며ᄂᆞᆫ 뒷발을 버동버동 므르락 나오락 캉캉 즈져셔 도라가게 ᄒ다
> 쉰밥이 그릇그릇 난들 너 머길 줄이 이시랴
>
> – 『청구영언(靑丘永言)』

② 연시조 : 연시조는 여러 수의 시조가 연속적으로 연결되어 하나의 주제를 이루는 형태의 시조를 말한다. 이는 단일 시조로는 표현하기 어려운 복잡하고 깊이 있는 주제나 이야기를 보다 길게, 풍부하게 서술할 수 있게 해준다. 연시조는 주로 특정한 사건이나 사상, 감정의 변화를 상세히 표현하고자 할 때 사용된다. 연시조는 서로 연관된 여러 개의 시조가 모여 하나의 긴 이야기를 이루거나, 주제에 대해 다각도로

접근하는 특징을 가진다.

연시조의 대표적인 작품으로는 정철의 「관동별곡」과 「사미인곡」이 있다.

> 이 몸 삼기실 제 님을 조차 삼기시니,
> 흔싱 緣分(연분)이며 하늘 모룰 일이런가.
> 나 ᄒ나 졈어 잇고 님 ᄒ나 날 괴시니,
> 이 ᄆᆞ음 이 ᄉ랑 견졸 ᄃᆡ 노여 업다.
> 平生(평싱)애 願(원)ᄒ요ᄃᆡ 흔ᄃᆡ 녜쟈 ᄒ얏더니,
> 늙거야 므스 일로 외오 두고 글이ᄂᆞᆫ고.
> 엇그제 님을 뫼셔 廣寒殿(광한뎐)의 올낫더니,
> 그 더딕 엇디ᄒ야 下界(하계)예 ᄂᆞ려오니,
> 올 저긔 비슨 머리 얼키연디 三年(삼년)이라.
> 臙脂粉(연지분) 잇ᄂᆡ마ᄂᆞᆫ 눌 위ᄒ야 고이 홀고.
> ᄆᆞ음의 믹친 실음 疊疊(텹텹)이 ᄣ혀 이셔,
> 짓ᄂᆞ니 한숨이오 디ᄂᆞ니 눈믈이라.
> (하략)
>
> − 「사미인곡」

6 가사

(1) 개념

가사는 고려 말에서 조선 시대에 이르기까지 창작된 한국 고유의 시가 형식으로, 노래로 불리던 시가를 문학적 형식으로 정리한 것이다. 가사는 주로 서정적이고 서사적인 내용을 담고 있으며, 비교적 긴 형식을 가지고 있다. 이를 통해 일상생활, 자연, 사랑, 충절, 유배 생활 등의 다양한 주제를 다룬다.

(2) 형식

① 기본 형식

　㉠ 음수율 : 가사는 4음보의 리듬을 기본으로 하며, 각 음보는 대체로 3~4개의 음절로 구성된다. 이러한 4음보 구조는 반복적이고 규칙적인 리듬감을 형성한다.

　㉡ 행 구조 : 한 행은 대개 4음보로 이루어지며, 이러한 행들이 모여 연을 형성한다.

　㉢ 연속성 : 가사는 여러 행이 연속적으로 이어지며, 길게 구성될 수 있다. 이는 서사적 내용을 효과적으로 전달하는 데 적합하다.

② 정격가사 : 정격가사는 전통적인 형식과 규칙을 엄격히 따르는 가사를 말한다. 이는 4음보의 리듬을 유지하며, 형식적인 면에서 변형이 적다. 「상춘곡」은 조선 시대 최초의 가사 작품이다.

　예 「상춘곡(賞春曲)」 − 정극인

> 홍진(紅塵)에 뭇친 분네 이내 생애(生涯) 엇더ᄒ고
> 녯 사ᄅᆞᆷ 풍류(風流)ᄅᆞᆯ 미ᄎᆞᆯ가 못 미ᄎᆞᆯ가
> 천지간(天地間) 남자(男子) 몸이 날만ᄒᆞᆫ 이 하건마ᄂᆞᆫ
> 산림(山林)에 뭇쳐 이셔 지락(至樂)을 ᄆᆞ룰 것가
> 수간 모옥(數間茅屋)을 벽계수(碧溪水) 앏픠 두고
> 송죽(松竹) 울울리(鬱鬱裏)예 풍월 주인(風月主人) 되어셔라
> (하략)
>
> − 「상춘곡」

③ **변격가사** : 변격가사는 전통적인 형식을 벗어나 자유로운 구성을 가진 가사를 말한다. 형식적인 규칙이 완화되며, 보다 자유로운 표현이 가능하다.

예 「관동별곡(關東別曲)」 – 정철

江湖강호애 病병이 깁퍼 竹林듀님의 누엇더니
關東관동 八百里팔빅 니에 方面방면을 맛디시니
어와 聖恩셩은이야 가디록 罔極망극ᄒ다
延秋門연츄문 드리ᄃ라 慶會南門경회남문 ᄇ라보며
下直하직고 믈너나니 玉節옥졀이 알ᄑ 셧다
平丘驛평구역 몰을 ᄀ라 黑水흑슈로 도라드니
蟾江셤강은 어듸메오 雉岳티악이 여긔로다

昭陽江쇼양강 ᄂ린 믈이 어드러로 든단 말고
孤臣고신 去國거국에 白髮빅발도 하도 할샤
東州동쥐 밤 계오 새와 北寬亭븍관뎡의 올나ᄒ니
三角山삼각산 第一峯뎨일봉이 ᄒ마면 뵈리로다
弓王궁왕 大闕대궐 터희 烏鵲오쟉이 지지괴니
千古쳔고 興亡흥망을 아ᄂ다 몰ᄋᄂ다
淮陽회양 녜 일홈이 마초아 ᄀ톨시고
汲長孺급댱유 風彩풍치를 고려 아니 볼 게이고
(하략)

– 「관동별곡」

④ **조선 후기 가사**

㉠ **내방가사** : 내방가사는 주로 여성들이 창작한 가사로, 여성의 일상생활, 감정, 생각 등을 담고 있다. 내방(內房)은 여성의 생활 공간을 의미하며, 여성들의 사적인 경험을 바탕으로 한다.

예 「규원가(閨怨歌)」 – 작자 미상
님 그리워 이 밤이 다 지새도 / 못다한 말 내 맘에 있으니

㉡ **월령체** : 월령체 가사는 한 해의 열두 달을 주제로 하여 각 달의 특징적인 생활 모습이나 자연 경관을 노래한 가사이다.

예 「월령가(月令歌)」 – 이황
정월은 새해의 시작이라 / 온 집안이 환하게 밝아오고

㉢ **기행가사** : 기행가사는 여행 중에 경험한 일이나 감상을 담은 가사이다. 자연 경관의 아름다움과 여행의 즐거움, 또는 여정 중의 고난과 어려움을 표현한다.

예 「관동별곡(關東別曲)」 – 정철
백두산 두고서 부러워 마라 / 동해 물 푸른 줄기 보며 우러러라

㉣ **유배가사** : 유배가사는 유배지에서의 생활과 그로 인한 고독, 비애, 그리움 등을 노래한 가사이다. 유배 생활의 어려움과 고통, 그리고 고향에 대한 그리움을 표현한다.

예 「흑산도 해녀」 – 정약전
유배지의 고난을 이겨내며 / 바다의 파도와 싸우는 해녀들

주요 작품 약술형 논술

※ 다음 글을 읽고 물음에 답하시오. (1~3)

⊙ 정답·해설 p.16

(가) 흐느끼며 바라보매
    이슬 밝힌 달이
    흰 구름 좇아 떠간 언저리에
    모래 가른 물가에
    기랑(耆郞)의 모습인 수풀이여
    이오(逸鳥) 내[川]의 조약돌에
    낭(郞)이여 지니시던
    마음의 갓을 좇으련다
    아아 잣나무 가지 높아
    눈이 못 덮을 고깔이여

                                              – 충담사, 「찬기파랑가」

(나) 生死의 길은
    여기에 있으매 머뭇거리고
    나는 간다 라는 말도
    못다 이르고 가는가
    어느 가을 이른 바람에
    이에 저에 떨어질 잎같이
    한 가지에 나고
    가는 곳 모르는구나
    아아 미타찰(彌陀刹)에서 만날 나
    도(道) 닦아 기다리겠다

                                              – 월명사, 「제망매가」

01 〈보기〉는 (가)와 (나)에 대한 해설의 일부이다. 〈보기〉의 ①, ②에 들어갈 알맞은 말을 쓰시오.

┤ 보기 ├

　　10구체 향가는 (　　①　　)와/과 같이 크게 세 부분으로 구분하는데, 이것이 시조의 '초장 – 중장
– 종장'의 구성과 형식적으로 유사하다고 볼 수 있다. 특히 마지막 부분을 (　　②　　)(이)라 부르는
데, 그 첫머리에 '아아'와 같은 감탄사를 쓰는 것이 특징이다.

①: _____

②: _____

02 〈보기〉는 (가)와 (나)의 상징적 소재들을 설명한 것이다. 〈보기〉의 ①~⑧에 들어갈 해당 소재를 제시문에서 찾아 쓰시오.

┤ 보기 ├

(가)	
(①)	높은 곳에 있는 존재로, 광명·염원, 기파랑을 높이 우러러보는 존재로 봄
(②)	'깨끗하게 보이는 물가'라는 의미로 기파랑의 성품을 깨끗하게 표현함
(③)	기파랑의 드높은 기상을 드러냄
(④)	시련과 역경을 나타냄
(나)	
(⑤)	누이의 이른 죽음(요절)을 나타냄
(⑥)	누이와 한 부모에서 태어남을 나타냄
(⑦)	누이가 서방정토로 갔을 것이라는 믿음을 보여 줌(종교적 믿음)
(⑧)	종교적 믿음을 통해 재회에 대한 기약을 하며 슬픔을 승화시킴

(가) ① : _____ ② : _____ ③ : _____ ④ : _____

(나) ⑤ : _____ ⑥ : _____ ⑦ : _____ ⑧ : _____

03 〈보기〉는 (가)와 (나)에 대한 설명이다. 〈보기〉의 ①, ②에 들어갈 적절한 단어를 쓰시오.

┤ 보기 ├

　　(가)는 '기파랑'이라는 화랑을 (　　①　　)에 비유하여 높은 기상을 예찬한 후 사모하는 마음을 드러낸다. (나)는 죽은 누이에 대한 (　　②　　)와/과 재회에 대한 기약을 나타내고 있다.

① : _____

② : _____

※ 다음 글을 읽고 물음에 답하시오. [4~6]   ▶ 정답·해설 p.17

(가) 호미도 날이지마는
　　낫같이 들 리도 없습니다
　　아버님도 어버이시지마는
　　위 덩더둥셩
　　어머님같이 괴실 이 없어라
　　아소 님이시여 어머님같이 괴실 이 없어라

　　　　　　　　　　　　　　　　　　　　　　　　　－ 작자 미상, 「사모곡」

(나) 듥긔동 방해나 디히 히얘,
　　게우즌 바비나 지서 히얘,
　　아바님 어마님씌 받줍고 히야해,
　　남거시든 내 머고리, 히야해 히야해.

　　　　　　　　　　　　　　　　　　　　　　　　　－ 『시용향악보(時用鄕樂譜)』

　　덜커덩 방아나 찧어 히얘
　　거친 밥을 지어서 히얘
　　부모님께 드리고 히야얘
　　남으면 내가 먹으리라, 히야해 히야해.

　　　　　　　　　　　　　　　　　　　　　　　　　－ 작자 미상, 「상저가」

04 〈보기〉는 (가)에 대한 설명이다. 〈보기〉의 ①, ②에 들어갈 알맞은 말을 쓰시오.

┤ 보기 ├

　　(가)는 어머니가 자식에게 베풀어 주는 사랑에 대한 예찬과 감사의 마음을 표현한 작품이다. 자식 사랑에 대한 아버지와 어머니의 마음을 섬세하게 다루고 있으며, '호미'와 '낫'에 비유하고 있다. 이 작품에서 '호미'와 '낫'은 보조 관념으로 '호미'의 원관념은 (　　①　　)이며, '낫'의 원관념은 (　　②　　)이다.

　　① : ＿＿＿＿＿＿＿＿＿＿＿＿＿

　　② : ＿＿＿＿＿＿＿＿＿＿＿＿＿

05 〈보기〉는 (가)와 (나)에 대한 설명이다. 〈보기〉의 ①, ②에 들어갈 알맞은 말을 쓰시오.

┤ 보기 ├

　　고려가요 중 농경 문화를 바탕으로 소박하면서 따뜻한 (　　①　　)와/과 (　　②　　)을/를 잘 보여 준 작품은 「사모곡」과 「상저가」이다. 두 작품은 모두가 공감할 수 있는 보편적 정서를 잘 드러내고 있으며, 전근대의 우리 사회에서 (　　①　　)와/과 (　　②　　)이/가 중요했음을 잘 보여 준다. 과거 지배층들은 이 두 작품을 통해 백성 교화에 유용하게 사용될 수 있다고 생각해, 궁중 음악으로 수용하여 오랫동안 전승될 수 있었다.

①: ＿＿＿＿＿＿＿＿＿＿＿＿＿＿＿＿＿

②: ＿＿＿＿＿＿＿＿＿＿＿＿＿＿＿＿＿

06 (나)에서 가난한 살림에도 부모의 밥을 먼저 챙기는 효성스러운 마음과 가족을 생각하는 마음이 잘 드러난 소재를 찾아 쓰시오. (원문, 현대어 풀이 중 어느 곳에서 소재를 찾아 써도 무방함)

＿＿＿＿＿＿＿＿＿＿＿＿＿＿＿＿＿

※ 다음 글을 읽고 물음에 답하시오. (7~9)

정답·해설 p.17

(가) 마음이 어린 후이니 하난 일이 다 어리다.

　　만중운산(萬重雲山)에 어느 님 오리요마는

　　지는 잎 부난 바람에 행여 건가 하노라.

　　　　　　　　　　　　　　　　　　　　　　　　　　　　　　　　　　　　　　　－ 서경덕

(나) 연(連) 심어 실을 뽑아 긴 노끈 비비어 걸었다가

　　사랑이 그쳐갈 제 찬찬 감아 매오리다

　　우리는 마음으로 맺었으니 그칠 줄이 있으랴

　　　　　　　　　　　　　　　　　　　　　　　　　　　　　　　　　　　　　　　－ 김영

(다) 마음이 지척이면 천리라도 지척이오

　　마음이 천리오면 지척도 천리로다

　　우리는 각재(各在) 천리오나 지척인가 하노라

　　　　　　　　　　　　　　　　　　　　　　　　　　　　　　　　　　　　　　　－ 작자 미상

(라) 가슴에 구멍을 둥시렇게 뚫고 왼새끼를 눈 길게 너슷너슷 꼬아

　　그 구멍에 그 새끼줄 넣고 두 놈이 두 끝 마주 잡아 이리로 훌근 저리로 훌적 훌근훌적 할 적에는 나나 남이나 다 그는 아무쪼록 견디려니와

　　아마도 임 여의고 살라면 그는 그리 못하리라

　　　　　　　　　　　　　　　　　　　　　　　　　　　　　　　　　　　　　　　－ 작자 미상

---

07 〈보기〉는 (가)와 (나)에 대한 설명이다. 〈보기〉의 ①~③에 들어갈 알맞은 말을 쓰시오.

┤ 보기 ├

　(가)에서 중장은 공간 특성과 관련하여 화자가 기다리는 임이 오지 않을 것이라는 화자의 생각이 드러나 있다. 또한 종장의 잎이 떨어지는 소리, 바람이 부는 소리를 임이 오시는 것이라고 착각함으로써 화자가 (　　①　　)하고 있다는 화자의 정서를 알 수 있다.

　(나)에서 시어 대비를 통해 임과의 사랑이 변하지 않을 것이라 하는 화자의 생각을 드러낸 구절은 (　　②　　)이며, 이후 추상적인 대상인 (　　③　　)을/를 구체적인 대상으로 형상화하여 임과의 사랑이 그쳐 가는 것을 막겠다는 화자의 의지를 드러내고 있다.

①: ＿＿＿＿＿＿＿＿＿＿＿＿＿＿

②: ＿＿＿＿＿＿＿＿＿＿＿＿＿＿

③: ＿＿＿＿＿＿＿＿＿＿＿＿＿＿

08 〈보기〉는 (가)와 (라)에 대한 설명이다. 〈보기〉의 ①, ②에 들어갈 알맞은 소재를 (가)와 (라)에서
찾아 쓰시오.

┤ 보기 ├

(가)작품은 구체적인 상황을 제시함으로써 화자의 자책을 드러낸다. 작품에서 (　　①　　)을/를
'그'라고 착각한 시적 상황을 제시하여 화자는 임이 오는 것으로 착각하여 자책하는 모습을 보인다. 한편
(라)에서는 '가슴에 구멍을 둥시렇게 뚫고'라는 상황을 제시하여 (　　②　　)을/를 넣겠다고 하며 극
단적 상황을 효과적으로 제시하였고, 이는 바뀌기 어려운 대상을 바뀔 수 있는 대상으로 형상화하며 사물을
창의적 발상으로 바라보고 있다.

① : _____

② : _____

09 (다)에서 시어의 대비를 통해 임과의 사랑이 변하지 않을 것이라는 화자의 생각이 드러낸 소재를
찾아 쓰시오.

_____

※ 다음 글을 읽고 물음에 답하시오. (10~12) 정답·해설 p.18

슬프나 즐거오나 옳다 하나 외다 하나
내 몸의 해올 일만 닦고 닦을 뿐이언정
그 밧긔 여남은 일이야 분별할 줄 이시랴   〈제1수〉

내 일 망령된 줄을 내라 하여 모를쏜가
이 마음 어리기도 임 위한 탓이로세
아무가 아무리 일러도 임이 헤여 보소서   〈제2수〉

추성(秋城) 진호루(鎭湖樓) 밧긔 울어 예는 저 시내야
므음 호리라 주야에 흐르는다
임 향한 내 뜻을 조차 그칠 뉘를 모르나다   〈제3수〉

뫼흔 길고 길고 물은 멀고 멀고
어버이 그린 뜻은 많고 많고 하고 하고
어디서 외기러기는 울고 울고 가느니   〈제4수〉

어버이 그릴 줄을 처음부터 알아마는
임금 향한 뜻도 하늘이 삼겨시니
진실로 임금을 잊으면 긔 불효인가 여기노라   〈제5수〉

– 윤선도, 「견회요」

10 〈보기〉의 ㉠의 의미와 유사한 소재를 제시문 〈제1수〉에서 찾아 쓰시오.

┤ 보기 ├

내 가슴에 ㉠ 독을 찬 지 오래로다.
아직 아무도 해(害)한 일 없는 새로 뽑은 독
벗은 그 무서운 독 그만 흩어 버리라 한다.
나는 그 독이 선뜻 벗도 해할지 모른다 위협하고,

독 안 차고 살어도 머지않아 너 나 마주 가 버리면
억만 세대(億萬世代)가 그 뒤로 잠자코 흘러가고
나중에 땅덩이 모지라져 모래알이 될 것임을
'허무(虛無)한듸!' 독은 차서 무엇하느냐고?

아! 내 세상에 태어났음을 원망 않고 보낸
어느 하루가 있었던가, '허무한듸!' 허나
앞뒤로 덤비는 이리 승냥이 바야흐로 내 마음을 노리매
내 산 채 짐승의 밥이 되어 찢기우고 할퀴우라 내맡긴 신세임을

나는 독을 차고 선선히 가리라
막음 날 내 외로운 혼(魂) 건지기 위하여.

– 김영랑, 「독(毒)을 차고」

11 제시문의 표현상 특징 중 하나가 '설의적 표현을 통한 화자의 의지를 드러내고 있다'고 할 수 있다. 제시문에서 설의적 표현이 들어 있는 행을 모두 찾아 쓰시오.

_____

_____

12 〈보기〉는 제시문에 대한 설명이다. 〈보기〉의 ①~③에 들어갈 알맞은 말을 쓰시오.

┤ 보기 ├

'견회'는 시름을 쫓거나 회포를 품는다는 의미이며, '견회요'는 마음을 달래는 노래라는 뜻을 지닌다. 이 '견회요'의 〈제1수〉는 윤선도의 생각과 가치관을 잘 보여 준다. 남이 뭐라 하든 내가 할 일을 하면 된다는 강인하고 굳센 신념을 바탕으로, 불의와 타협하지 않는 정의감과 강직한 태도가 돋보인다. 〈제2수〉는 자신에 대한 자조와 임금의 올바른 판단에 대해 이야기하며 충성심과 결백을 호소하는 내용이 담겨 있다. 〈제3수〉는 시냇물을 감정 이입의 대상으로 하여 '울어 예는 저 시내야'로 (①)하여 비유하였으며, 임금을 향한 변함없는 충심을 드러냈다.

〈제4수〉에서는 윤선도의 인간적인 면모를 엿볼 수 있다. 부모를 그리는 마음과 임금을 그리는 마음을 중첩시켜, '산'과 '물', '어버이를 그리워하는 뜻'과 '외기러기'라는 서로 다른 것을 동일한 속성으로 엮는다. 이렇게 임금에 대한 그리움을 함께 담아낸다. '견회요'는 특히 의미가 같은 말이면서도 형태가 다른 말을 반복하여 그 의미와 운율을 강조하는 뛰어난 표현 기교가 돋보인다. 〈제5수〉에서는 하늘이 맺어준 인연, '부모와 자식', '임금과 신하'에 대해 이야기하며 부모와 임금은 다르지 않으니 불충은 불효와 같음을 드러내고 있다.

특히, 〈제2수〉와 〈제3수〉는 (②) 방식을 활용하여 화자의 심리를 나타내고, 〈제3수〉와 〈제4수〉는 (③)에 감정을 이입하여 화자의 정서를 드러내고 있다.

① : _____

② : _____

③ : _____

※ 다음 글을 읽고 물음에 답하시오. (13~15) ○ 정답·해설 p.18

正月(정월)ㅅ 나릿므른 아으 어져 녹져 하논대.
누릿 가온대 나곤 몸하 하올로 녈셔.
㉠ 아으 動動(동동)다리.

二月(이월)ㅅ 보로매, 아으 노피 현 燈(등)ㅅ블 다호라.
萬人(만인) 비취실 즈시샷다.
아으 動動(동동)다리.

四月(사월) 아니 니저 아으 오실셔 곳고리새여.
므슴다 錄事(녹사)니만 녯 나랄 닛고신뎌.
아으 動動(동동)다리.

八月(팔월)ㅅ 보로만 아으 嘉排(가배) 나라마란
니믈 뫼셔 녀곤 오날날 嘉俳샷다.
아으 動動(동동)다리.

十月(시월)애 아으 져미연 바랏 다호라.
것거 바리신 後(후)에 디니실 한 부니 업스샷다.
아으 動動(동동)다리.

– 작자 미상, 「동동(動動)」

13 다음 〈보기〉를 읽고, 이 작품의 형식을 ①에 쓰고, 제시문의 ㉠의 기능과 관련한 내용을 ②, ③에 쓰시오.

┤ 보기 ├

　우리 문학 최초의 (　①　)인 이 작품은 분연체 형식과 후렴구 사용으로 형태적인 면에서 속요의 일반적 특성과 유사하다. 또한 북소리 '동동'은 음성 상징어로 연을 구분하고 구조적 (　②　)을/를 준다. 그리고 반복을 통해 시상 전개에 안정감과 (　③　)을/를 형성해 흥겨움을 주기도 한다. 마지막으로 민간에서 불리다 음악으로 유입될 때 첨가된 것이기도 하다.

① : ＿＿＿＿＿＿＿＿

② : ＿＿＿＿＿＿＿＿

③ : ＿＿＿＿＿＿＿＿

14 제시문에서 ① 고매한 인품을 지닌 임에 대한 비유로 나타난 소재와 ② 임과 대비되는 자연물이자 계절감을 드러내는 소재를 각각 찾아 쓰시오.

① : _____

② : _____

15 〈보기 2〉는 〈보기 1〉과 제시문을 비교한 내용이다. 〈보기 2〉의 ①에 공통적으로 들어갈 적절한 단어를 쓰시오.

┤ 보기 1 ├

가시리 가시리잇고 나는
ᄇᆞ리고 가시리잇고 나는
위 증즐가 大대平평盛셩代ᄃᆡ

날러는 엇디 살라 ᄒᆞ고
ᄇᆞ리고 가시리잇고 나는
위 증즐가 大대平평盛셩代ᄃᆡ

잡ᄉᆞ와 두어리마ᄂᆞᄂᆞᆫ
선ᄒᆞ면 아니 올셰라
위 증즐가 大대平평盛셩代ᄃᆡ

셜온 님 보내ᄋᆞᆸ노니 나는
가시ᄂᆞᆫ 듯 도셔 오쇼셔 나는
위 증즐가 大대平평盛셩代ᄃᆡ

– 작자 미상, 「가시리」

┤ 보기 2 ├

「동동」은 반복적인 후렴구와 다양한 (①   ) 배경을 통해 감정을 표현한다. 각 절이 특정 월을 나타내며 그에 따른 감정을 노래한다. 한편 「가시리」는 비교적 단순하고 직접적인 표현을 사용한다. 반복적인 구절이 있지만 「동동」처럼 (①   ) 변화는 나타나지 않는다.

_____

※ 다음 글을 읽고 물음에 답하시오. (16~17)

정답·해설 p.18

장부의 ᄒᆞ올 사업(事業) 아는다 모르는다
효제충신(孝悌忠信)밧긔 ᄒᆞ올 니리 ᄯᅩ 인는가
어즈버 인도(人道)의 ᄒᆞ올 니리 다만 인가 ᄒᆞ노라   〈제1장〉

남산의 만턴 솔이 어드려 가단 말고
난(亂) 후 부근(斧斤)*이 그대도록 늘낼시고
두어라 우로(雨露)*곳 기푸면 다시 볼가 ᄒᆞ노라   〈제2장〉

창밧긔 세우(細雨) 오고 뜰 ᄀᆞ에 졔비 ᄂᆞ니
적객*의 회포는 무슨 일로 그디 업셔
뎌 졔비 비비(飛飛)*를 보고 한숨 계워 ᄒᆞᄂᆞ니   〈제3장〉

적객의 벗디 업셔 공량(空梁)*의 졔비로다
종일 ᄒᆞᄂᆞ 말이 무슴 사설 ᄒᆞᄂᆞ작고
어즈버 내 푸은 실름은 널로 만ᄒᆞ노라   〈제4장〉

인간(人間)의 유정(有情)ᄒᆞᆫ 버슨 명월밧긔 ᄯᅩ 인는가
쳔 리(千里)를 머다 아녀 간 ᄃᆡ마다 ᄯᅡ라오니
어즈버 반가온 녯 버디 다만 녠가 ᄒᆞ노라   〈제5장〉

설월(雪月)의 미화를 보려 잔을 잡고 창을 여니
㉠ 셕근 곳 여읜 속이 자잔는이 향긔(香氣)로다
어즈버 호접(胡蝶)이 이 향긔 알면 애 ᄭᅳᆫ츨가 ᄒᆞ노라   〈제6장〉

– 이신의, 「단가육장」

• 부근 : 큰 도끼와 작은 도끼를 통틀어 이르는 말
• 우로 : 비와 이슬을 아울러 이르는 말
• 적객 : 귀양살이하는 사람
• 비비 : 날아다니는 모습을 의미하는 의태어
• 공량 : 건축물의 공간에 얹는 보

16 〈보기 2〉는 〈보기 1〉을 읽고 제시문을 감상한 태도를 이야기한 것이다. 〈보기 2〉의 ⊙에 들어갈 적절한 말을 쓰시오.

┤ 보기 1 ├

　「단가육장」은 귀양살이의 고달픔과 외로움 등의 심정을 잘 드러낸 작품이다. 작가는 정치적 격변기를 살며 임진왜란 당시 의병 활동에 앞장섰고 전란 후 목민관으로 덕망을 떨쳤으나 인목 대비의 폐위에 반대하는 상소문을 올렸다가 함경도로 유배 가는 신세가 된다. 고달픔과 외로움을 제비나 명월 등의 자연물을 통해 잘 드러내며 자신의 충정을 잘 드러낸 작품이다.

┤ 보기 2 ├

　위 작품의 내용을 보아 '적객의 회포는 무슨 일로 끝이 없어 / 저 제비가 자유롭게 훨훨 날아다니는 걸 보고 한숨 겨워하니'라는 대목을 보니 자유로운 제비와 대비해서 유배 간 화자의 자유롭지 못한 처지를 잘 드러낸 것 같아. 그런 면에서 화자는 귀양살이의 처량한 신세를 (　　⊙　　)하는 것 같아.

_____

17 제시문에서 ⊙의 "섞인 꽃 여읜 속에 잦은 것이 향기로다"(꽃이 시들고 향기가 사라지고 있는 상황)는 화자의 어떤 모습을 표현한 것인지 한 문장으로 쓰시오.

_____

※ 다음 글을 읽고 물음에 답하시오.

정답 · 해설 p.19

금강되(金剛臺) 민 우층(層)의 션학(仙鶴)이 삿기 치니,
츈풍(春風) 옥뎍셩(玉笛聲)의 첫줌을 씨돗던디,
호의현샹(縞衣玄裳)이 반공(半空)의 소소 쓰니,
셔호(西湖) 녯 쥬인(主人)을 반겨셔 넘노는 둣.
쇼향노(小香爐) 대향노(大香爐) 눈 아래 구버보고,
정양ᄉ(正陽寺) 진헐되(眞歇臺) 고텨 올나 안준마리,
녀산(廬山) 진면목(眞面目)이 여긔야 다 뵈ᄂ다.
어와 조화옹(造化翁)이 헌ᄉ토 헌ᄉ홀샤.
놀거든 쒸디 마나 셧거든 솟디 마나.
부용(芙蓉)을 고잣는 둣 빅옥(白玉)을 믓것는 둣,
동명(東溟)을 박ᄎᄂ 둣 북극(北極)을 괴왓는 둣.
놉흘시고 망고되(望高臺) 외로올샤 혈망봉(穴望峰)이
㉠ 하늘의 추미러 므ᄉ 일을 ᄉ로리라,
쳔만(千萬) 겁(劫) 디나ᄃ록 구필 줄 모ᄅᄂ다.

– 정철, 「관동별곡」

18 제시문의 ㉠과 〈보기〉의 내용에 나타난 공통적 주제 의식을 작가의 신분과 연계하여 작성하면 '임금에 대한 (①)와/과 (②)을/를 드러낸다.'라 할 수 있다. ①, ②에 들어갈 적절한 단어를 각각 쓰시오.

┤ 보기 ├

이 몸이 죽어 가서 무엇이 될꼬 하니
봉래산 제일봉에 낙락장송 되었다가
백설이 만건곤할 제 독야청청하리라.

– 성삼문

① : _____

② : _____

※ 다음 글을 읽고 물음에 답하시오. [19~20]

정답·해설 p.19

만첩산중(萬疊山中) 늙은 범 살찐 암캐를 물어다 놓고 에— 어르고 노닌다
광풍(狂風)의 낙엽(落葉)처럼 벽허(碧虛)* 둥둥 떠나간다
일락서산(日落西山) 해는 뚝 떨어져 월출동령(月出東嶺)에 달이 솟네
만리장천(萬里長天)에 울고 가는 저 기러기
제비를 후리러 나간다 제비를 후리러 나간다
복희씨(伏羲氏) 맺힌 그물을 두루쳐 메고서 나간다
망탕산(芒宕山)으로 나간다 우이여— 어허어 어이고 저 제비 네 어디로 달아나노
백운(白雲)을 박차며 흑운(黑雲)을 무릅쓰고 반공중(半空中)에 높이 떠
우이여— 어허어 어이고 달아를 나느냐
내 집으로 훨훨 다 오너라
양류상(楊柳上)에 앉은 꾀꼬리 제비만 여겨 후린다
아하 이에이 에헤이 에헤야 네 어디로 행(行)하느냐
공산야월(空山夜月) 달 밝은데 슬픈 소래 두견성(杜鵑聲)
슬픈 소래 두견제(杜鵑啼) 월도천심(月到天心) 야삼경(夜三更)에
그 어느 낭군(郎君)이 날 찾아오리
울림비조(鬱林飛鳥)* 뭇 새들은 농춘화답(弄春和答)*에 짝을 지어
쌍거쌍래(雙去雙來) 날아든다
말 잘하는 앵무(鸚鵡)새 춤 잘 추는 학(鶴)두루미
문채(紋彩) 좋은 공작(孔雀) 공기 적다 공기 뚜루루루루루룩
숙궁 접동 스라니 호반새 날아든다
기러기 훨훨 방울새 떨렁 다 날아들고
제비만 다 어디로 달아나노

— 작자 미상, 「제비가」

* 벽허 : 푸른 하늘
* 울림비조 : 울창한 숲에서 나는 새
* 농춘화답 : 봄을 희롱하며 서로 지저귀는

19 제시문에서 한자어와 유사한 의미의 순우리말을 함께 사용하여 의미를 중첩시킨 구절을 찾아 쓰시오.

_____

20 제시문에서 외롭고 쓸쓸한 정서가 드러나는 부분 두 구절을 찾아 쓰시오.

① : _____

② : _____

Ⅴ 고전산문

1 고전 서사 문학

(1) 개념
고전 서사 문학은 고대부터 조선 시대에 이르기까지 창작된 서사 문학 작품들을 말한다. 이러한 작품들은 주로 이야기를 중심으로 전개되며, 역사적 사건, 신화, 전설, 인물들의 행적 등을 다룬다. 고전 서사 문학은 구비 문학과 문자 문학으로 나뉘며, 주로 구비 문학이 문자로 정착된 형태로 전해진다. 서사 문학은 이야기의 전개를 통해 당시 사회의 가치관, 문화, 역사 등을 반영한다.

(2) 발달 과정
신화 > 전설 > 민담 > 고대소설

(3) 고전 서사 문학의 정리

구분	신화	전설	민담
주인공	신적 존재	비범한 인간	평범한 인간
증거물	포괄적	개별적	흥미로운
전승자 태도	신적인 태도	진실성 강조	흥미 강조
전승자 범위	민족	지역	민족, 지역 초월
작품 예시	단군 신화, 박혁거세 신화, 주몽 신화, 가락국 신화 등	석탈해 신화, 호동왕자와 낙랑공주, 온달과 평강공주 전설, 지리산 반야봉 전설 등	구토 설화, 조신 설화, 바리데기, 장화홍련전 등

2 설화

(1) 개념
설화(說話)는 주로 구전으로 전해 내려오는 이야기로, 신화, 전설, 민담 등을 포함하는 광범위한 문학 장르이다. 설화는 고대부터 현대까지 이어져 내려오며, 한 사회의 문화, 가치관, 생활상을 반영한다. 설화는 이야기의 형식을 통해 인간의 삶과 자연, 신앙, 도덕적 교훈 등을 전달하는 역할을 한다.

(2) 설화의 특징
① **구전성** : 설화는 주로 입에서 입으로 전해지는 구전 문학이다. 구전 특성상 이야기가 전해지면서 변형되기도 하지만, 그 본질적인 요소는 유지된다.

② **비현실적 요소** : 설화에는 종종 신비롭고 비현실적인 요소가 포함된다. 예를 들어, 신화에서는 신과 영웅이 등장하고, 전설과 민담에서는 초자연적 사건이나 기적이 일어나기도 한다.

③ **교훈성** : 설화는 도덕적 교훈이나 사회적 가치관을 전달하는 역할을 한다. 이야기를 통해 옳고 그름, 선과 악, 정의와 불의 등에 대한 교훈을 얻을 수 있다.

④ **공동체적 성격** : 설화는 공동체의 문화와 전통을 반영하며, 공동체 구성원 간의 연대감을 형성하는 데 기여한다. 이야기를 통해 공동체의 역사와 정체성을 공유한다.

⑤ **변형과 확장** : 설화는 전해지는 과정에서 변형되고 확장되기도 한다. 한 가지 설화가 지역에 따라 다양한 변형을 가지며, 새로운 이야기 요소가 추가되기도 한다.

(3) 작품
단군 신화, 박혁거세 신화, 김수로왕 신화, 흥부전, 심청전, 춘향전, 바리데기 등

3 패관 문학

(1) 개념
패관 문학(稗官文學)은 고대 중국에서 유래된 용어로, 우리나라에서는 주로 고려 후기부터 조선 시대에 걸쳐 성행한 문학 장르를 말한다. 패관 문학은 일반적으로 관청의 말단 관리인 패관(稗官)들이 민간에서 수집한 이야기, 설화, 일화를 기록한 문학을 의미한다. 이 문학 형태는 민중의 생활상, 신화, 전설, 역사적 사건 등을 생동감 있게 담고 있다.

(2) 패관 문학의 특징
① **민간 설화 중심** : 패관 문학은 민간에서 구전되던 이야기들을 기록한 것이므로, 민중의 삶과 사고방식을 반영하고 있다. 민간 설화, 전설, 민담 등이 주요 소재가 된다.
② **현실성과 풍자** : 민중의 생활과 관련된 사실적 이야기들을 담고 있으며, 종종 사회적 부조리나 권력자의 부패를 풍자하는 내용도 포함된다. 이러한 풍자는 민중의 감정을 대변하고 사회 비판적인 성격을 띤다.
③ **다양한 주제** : 사랑, 이별, 충효, 기이한 사건, 도교적 요소, 불교적 신앙 등 다양한 주제를 다룬다. 이는 당대 사람들의 삶과 가치관, 종교적 믿음을 반영한다.
④ **문체의 다양성** : 패관 문학은 다양한 문체를 사용하여 기록되었다. 이는 이야기의 성격에 따라 구어체, 문어체, 운문 등 다양한 형태로 나타난다.

(3) 작품
수이전, 파한집, 백운소설, 역옹패설, 보한집 등

4 가전체 문학

(1) 개념
가전체 문학은 고려 시대에 창작된 한국 고전 문학의 한 형태로, 사물이나 동물 등을 의인화하여 그들의 일생을 이야기하는 문학 장르이다. 가전체는 '가(假)'와 '전체(傳體)'를 합친 말로, '가짜 전기'라는 의미를 지닌다. 사물이나 동물이 주인공으로 등장하여 인간처럼 행동하고 대화하며, 그들의 경험을 통해 교훈이나 풍자를 전달하는 것이 특징이다.

(2) 가전체 문학의 특징
① **의인화** : 사물이나 동물, 식물 등을 의인화하여 마치 인간처럼 행동하고 말하게 한다. 이를 통해 독자에게 친근함과 흥미를 유발한다.
② **교훈과 풍자** : 가전체 문학은 주로 도덕적 교훈이나 사회적 풍자를 담고 있다. 사물이나 동물의 이야기를 통해 인간의 삶과 사회를 비판하거나 교훈적인 메시지를 전달한다.
③ **비유와 상징** : 다양한 비유와 상징을 사용하여 이야기를 전개한다. 이를 통해 복잡한 주제나 감정을 간결하고 효과적으로 전달한다.

④ **전기적 서술** : 가전체 문학은 전기(傳記) 형식을 차용하여 이야기를 서술한다. 주인공의 출생, 성장, 경험, 최후 등을 전기적으로 기술하며, 이를 통해 독자에게 이야기를 쉽게 전달한다.
⑤ **문어체 사용**

(3) 작품
국순전, 공방전, 청강사자현부전, 죽부인전 등

5 고전소설

(1) 고전소설의 개념
고전소설은 한국 문학사에서 조선 시대부터 근대 초기에 이르기까지 창작된 소설 작품들을 말한다. 이러한 소설들은 주로 한글이나 한문으로 기록되었으며, 당시의 사회적, 문화적, 역사적 상황을 반영하고 있다. 고전소설은 구비 문학과 문자 문학의 경계를 넘나들며, 다양한 주제와 형식을 통해 독자들에게 교훈과 오락을 제공하였다.

(2) 고전소설의 특징
① **주제의 다양성** : 고전소설은 사랑, 효도, 충성, 우정, 복수 등 다양한 주제를 다룬다. 이는 독자들에게 도덕적 교훈을 전달하고, 사회적 규범을 강조하는 역할을 한다.
② **구비 전승과 문자 기록의 병행** : 많은 고전소설은 구비 문학으로 전해지다가 후에 문자로 기록되었다. 이 과정에서 이야기의 변형과 확장이 이루어졌다.
③ **도덕적 교훈과 권선징악** : 대부분의 고전소설은 선악의 대립을 통해 권선징악의 교훈을 강조한다. 착한 사람은 보상을 받고, 악한 사람은 벌을 받는 내용이 주를 이룬다.
④ **한문과 한글의 혼용** : 고전소설은 한문과 한글로 모두 기록되었으며, 이는 당대의 지식인뿐만 아니라 일반 대중도 즐길 수 있는 문학 장르로서의 역할을 했다.

(3) 고전소설의 발달
고전소설은 조선 중기 이후 발달하기 시작하여, 조선 후기와 근대 초기에 그 전성기를 맞았다. 이는 활자 인쇄술의 발달과 더불어 독자의 확대, 상업 출판의 증가 등이 주요 원인이다. 고전소설은 당대의 사회적 변화와 민중의 요구에 부응하여 다양한 주제와 형식을 통해 발전하였다.

(4) 고전소설의 갈래적 특성
① **주제** : 다양한 주제 – 사랑, 충성, 효도, 우정, 복수 등
② **배경** : 역사적, 신화적, 사회적 배경이 주를 이룸.
③ **구성** : 기승전결의 구조를 따름, 주로 서사적 전개
④ **사건** : 주인공의 성장, 모험, 시련, 결말 등을 중심으로 전개
⑤ **사상** : 유교적 윤리, 불교적 사상, 도교적 신비주의 등이 반영됨.
⑥ **인물** : 전형적인 인물 유형 – 영웅, 악인, 지혜로운 조력자 등
⑦ **문체** : 한문과 한글 혼용, 구어체와 문어체의 혼합

(5) 고전소설의 종류
① **영웅소설** : 주인공이 뛰어난 능력과 용기를 발휘하여 어려움을 극복하고 영웅으로 성장하는 이야기
   ᅠᅠᅠ예 「홍길동전」, 「임경업전」

② 몽자류 소설 : 꿈을 매개로 하여 비현실적인 세계를 경험하는 이야기를 담고 있는 소설
　　예「구운몽」, 「사씨남정기」

③ 역사 군담 소설 : 역사적 사건이나 전쟁을 배경으로 한 소설
　　예「임진록」, 「유충렬전」

④ 가문 소설 : 특정 가문의 역사와 흥망성쇠를 다룬 소설
　　예「춘향전」, 「박씨전」

⑤ 판소리계 소설 : 판소리로 불리던 이야기를 소설화한 작품
　　예「춘향전」, 「심청전」

⑥ 한문 소설 : 한문으로 쓰인 소설
　　예「금오신화」, 「옥루몽」

6 판소리

(1) 판소리의 개념

판소리는 한국의 전통적인 음악극 형태로, 한 명의 소리꾼(소리하는 사람)이 고수(북을 치는 사람)의 북장단에 맞추어 이야기를 노래하고, 말하며, 몸짓을 통해 표현하는 종합 예술이다. 판소리는 노래와 말이 결합된 형태로, 긴 이야기를 한 명의 소리꾼이 다양한 목소리와 몸짓으로 혼자서 펼쳐 나간다.

(2) 판소리의 발생

판소리의 발생은 조선 후기(17세기 후반~18세기 초)로 추정된다. 판소리는 민중 오락의 하나로 시작되어 점차 예술적인 장르로 발전하였다. 정확한 기원은 불명확하지만, 전통적인 민간 노래와 구술 문학이 결합되면서 형성된 것으로 보인다. 판소리는 민중들 사이에서 자생적으로 발생하여, 이후 양반층과 궁중에서도 향유하게 되면서 예술적 완성도를 높여 갔다.

(3) 판소리의 특징

① 구비 문학 : 판소리는 구술을 통해 전해지는 문학 형태로, 소리꾼의 창작과 전승 과정을 통해 다양한 버전이 존재한다.

② 종합 예술 : 노래(창), 이야기(아니리), 몸짓(발림)이 결합된 종합 예술이다. 소리꾼은 다양한 표현 방식으로 이야기를 생생하게 전달한다.

③ 창작과 변형 : 소리꾼의 창작과 즉흥적인 변형이 가능하여, 공연마다 다르게 표현될 수 있다. 이는 판소리의 독특한 매력 중 하나이다.

④ 서사성과 극적 요소 : 긴 이야기를 다루며, 극적인 요소를 포함하여 청중의 감정을 자극한다. 판소리는 기승전결의 구조를 따르며, 다양한 감정과 사건을 통해 이야기를 전개한다.

⑤ 고수와의 호흡 : 소리꾼은 고수와의 호흡을 맞추어 공연을 진행한다. 고수는 북장단을 통해 소리꾼을 도우며, 청중과의 교감을 도와준다.

(4) 판소리의 구성

① 창(唱) : 노래 부분으로, 소리꾼이 장단에 맞추어 노래를 부른다. 창은 판소리의 주요 부분으로, 소리꾼의 음성과 기교가 돋보이는 부분이다.

② 아니리 : 이야기 부분으로, 소리꾼이 노래와 노래 사이에 이야기를 말로 설명하는 부분이다. 아니리는 이야기의 전개를 돕고, 청중에게 상황을 이해시키는 역할을 한다.

③ 발림(너름새) : 몸짓이나 동작 부분으로, 소리꾼이 이야기의 상황에 맞추어 몸짓으로 표현하는 부분이다.

발림은 이야기의 생동감을 높이고, 청중의 시각적 흥미를 더해 준다.

④ **고수(鼓手)** : 북을 치는 사람으로, 소리꾼과 함께 공연을 진행한다. 고수는 북장단을 통해 소리꾼의 노래를 도우며, 청중과의 호흡을 맞추는 역할을 한다.

(5) 작품

춘향가, 심청가, 흥부가, 수궁가, 적벽가 등

7 민속극

(1) 민속극의 개념

민속극은 특정 민족이나 지역 사회의 전통적 생활과 문화를 반영하는 연극 형태로, 주로 민중들 사이에서 구전되고 전승된 연희(演戲)이다. 민속극은 종교적 의식, 축제, 전통 행사 등에서 공연되며, 지역 공동체의 정체성을 형성하고 유지하는 데 중요한 역할을 한다. 민속극은 구체적인 대본보다는 즉흥성과 상호 작용을 중시하며, 민중들의 삶과 풍속을 생동감 있게 표현한다.

(2) 민속극의 특징

① **즉흥성과 상호 작용** : 민속극은 사전에 정해진 대본보다는 배우들의 즉흥적인 연기와 관객과의 상호 작용이 중요한 요소이다. 이는 관객의 참여와 반응에 따라 공연이 변형되고 발전할 수 있는 특징을 가진다.

② **집단적 성격** : 민속극은 공동체의 일원들이 함께 참여하고 즐기는 형태로, 집단적 놀이와 연희의 성격을 지닌다. 이를 통해 공동체의 결속력과 연대감을 강화한다.

③ **풍자와 해학** : 민속극은 사회적 문제나 권력자에 대한 풍자와 해학을 통해 민중의 감정을 대변하고, 사회적 긴장을 해소하는 역할을 한다. 이를 통해 민중들의 억눌린 감정을 표출하고 치유하는 기능을 한다.

④ **다양한 예술 요소의 결합** : 노래, 춤, 음악, 연기가 결합된 종합 예술 형태를 지니며, 다양한 표현 방식을 통해 이야기를 전달한다.

⑤ **전통과 관습의 반영** : 민속극은 특정 지역의 전통과 관습, 신앙 등을 반영하며, 이를 통해 지역 문화를 보존하고 전승하는 역할을 한다.

(3) 민속극의 형식

① **가면극** : 배우들이 가면을 쓰고 연기하는 극 형태로, 사회적 신분이나 역할을 상징적으로 표현한다. 대표적인 예로는 탈춤이 있다.

② **인형극** : 인형을 사용하여 연기하는 극 형태로, 주로 어린이와 민중들을 위한 오락적 요소가 강하다. 대표적인 예로는 꼭두각시놀음이 있다.

③ **놀이극** : 놀이와 연극이 결합된 형태로, 특정 의식이나 행사의 일환으로 공연된다. 대표적인 예로는 농악과 사자춤 등이 있다.

④ **판소리** : 한 명의 소리꾼이 북장단에 맞추어 이야기를 노래하고 말하는 형태로, 서사적 요소가 강한 민속극이다.

(4) 작품

탈춤, 꼭두각시놀음, 농악, 사자춤 등

주요 작품 약술형 논술

※ 다음 글을 읽고 물음에 답하시오. (1~3)

▶ 정답·해설 p.19

[앞부분 줄거리] 선조 33년 봄, 파담자는 암행어사가 되어 충주를 순시하던 중 달천 강가에 수북이 쌓인 임진왜란 희생자들의 뼈를 보고 죽은 병사들의 원혼을 위로하며 달천 전투 패배에 책임이 있는 신립 장군을 풍자하는 시를 여러 편 짓는다. 그 후 어느 날 파담자는 꿈에서 한 무리의 참혹하게 죽은 병사들의 혼백을 보고, 그들의 대화를 엿듣는다.

그중에 있던 한 귀신이 미소 지으며 말했다.

"너무 쩨쩨하게 굴지 말게. 속세에서 오신 손님이 지금 엿듣고 있으니."

파담자는 자신의 존재를 눈치채이자 급히 나아가 인사했다. 그러자 귀신들이 일어나 공손히 읍하고 말했다.

"그대는 지난번 여기에 오셨던 분 아니십니까? 그때 우리에게 주신 시를 삼가 잘 받았습니다. 고시와 율시는 풍자하는 의미가 깊고 절구는 처절해서 차마 읽을 수 없을 지경이었으니, 이른바 귀신을 울린다는 것이 바로 그 시들을 두고 하는 말입니다. 오늘 밤이 어떤 밤이기에 군자를 만나게 되었는지 모르겠습니다. 지난 일은 구름과 같아 자세히 다 이야기할 수 없지만, 그중 한두 가지 이야기할 만한 것을 말씀드릴 테니, 세상에 전해 주시면 참으로 다행이겠습니다."

그러고는 이야기를 시작했다.

"장수는 삼군(軍)의 목숨을 담당하는 자리에 있고, 병사는 장수 한 사람의 통제에 따르는 존재입니다. 그러니 만일 장수가 현명하지 못하면 반드시 일을 망치는 것이지요.

충주의 지세는 실로 남쪽 지방과 접한 요충지요, 조령은 하늘이 내려준 최고의 요새이며, 죽령은 믿고 의지하기에 충분한 지형을 가지고 있습니다. 이 때문에 한 사람이 관문을 지키면 일만 병사도 길을 뚫지 못하니 저 험하다는 촉도보다도 험난하고, 백 사람이 요새를 지키면 일천 사람이 지날 수 없으니 그 좁고 험하다는 정형구만큼이나 험준합니다. 이곳에 나무를 베어다 목책을 만들고 바위를 늘어세우면 북방의 군대가 어찌 날아 넘어올 것이며, 남풍 구슬픈 소리가 어찌 예까지 흘러올 수 있겠습니까? 편안히 앉아 피로한 적을 기다리니 장수와 병졸이 베개를 높이 베고 편히 잘 것이요, 주인의 입장에서 객을 제압하니 승리가 분명했을 겁니다.

애석하게도 신 공*은 이런 계책을 세우지 않고 자기 위엄을 내세워 제 고집만 부리며 남의 말을 듣지 않았습니다. 김 종사의 청이 어찌 근거가 없었겠으며, 이 순변의 말이 참으로 이치에 맞는 것이었건만, 신 공은 귀담아듣지 않고 감히 자기 억측만으로 결정했습니다. 신 공은 이렇게 말했지요.

'배에서 내린 적은 거위나 오리처럼 걸음이 무거울 것이요, 이틀 길을 하루에 달려온 적은 개나 돼지처럼 책략이 없을 것이다. 이런 적이라면 너른 벌판에서 한 번의 공격으로 박살 낼 수 있거늘, 무엇하러 높은 산 험준한 고개에서 군사를 두 길로 나누어 지킨단 말인가?'

마침내 탄금대로 물러나 진을 치고는 용추 물가에 척후병을 보낸 뒤 거듭 자세히 명령하며 북을 울리고 오위의 군사에게 재갈을 물렸습니다*.

(중략)

마침내 관문을 훌쩍 뛰어넘고 수레의 끌채를 끼고 달릴 만한 용력과 큰 쇠뇌를 쏘고 쇠뿔을 뽑을 만한 힘을 가진 병사들이 비분강개한 마음을 품은 채 핏덩이가 되고 말았으니, 당시의 일을 차마 입에 올릴 수 있겠습니까? 장수는 싸움에 능했지만 병사가 싸움에 능하지 못했다면 우리의 목이 베인들 억울할 게 없습니다. 불세출의 재주로 불세출의 공을 세웠다더니 우리가 여기서 죽음을 당한 건 어째서입니까?"

말을 마치고는 근심스러운 얼굴로 비 오듯 눈물을 쏟았다.

잠시 후 실의에 빠진 한 사내가 얼굴 가득 부끄러운 빛을 띤 채 고개를 떨구고 머뭇머뭇 발걸음을 주저하며 입을 우물거리다가 읍하고 말했다.

"고아가 된 자식들과 과부가 된 아내들의 원망이 모두 나 한 사람에게 모였군요. 제가 비록 죄를 지었지만 오늘의 이야기에 대해 변명하지 않을 수 없습니다.

저는 본래 장수 집안의 후예요, 귀한 가문 출신입니다. 기운은 소를 삼킬 만하고 말달리기를 좋아해서, 삼대가 장군을 지내서는 안 된다는 경계를 모르고 병법을 배웠습니다. 그리하여 무과에 급제했는데 장원이 못 된 것은 한스러웠지만, 백 보 밖에서 버들잎을 꿰뚫을 정도로 활을 잘 쏘아 실로 이광*의 활솜씨를 이었다고 할 만했습니다. 그러다 현명한 임금께 제 재주가 잘못 알려져 외람되어 변경을 지키는 장수가 되는 은혜를 입었습니다. 북방의 여진족이 준동하던 시절에 서쪽 요새에 우뚝 성을 쌓고, 한칼로 번개처럼 내리쳐 적의 우두머리를 모조리 해치우니, 삼군이 우레처럼 떨쳐 일어나 여진의 소굴을 완전히 소탕했습니다. 장료의 이름만 들어도 두려워 강동의 아이들이 울음을 그치고, 이목의 위세에 굴복해서 북쪽 변방의 말이 감히 나아가지 못했던 것과 같았습니다*. 세운 공은 미약했지만 보답을 후히 받아서 지위가 높아지니 득의만만했습니다. 이 강 저 강을 누비며 황금 띠를 허리에 찼고, 임금의 측근 신하들이 숙직하는 곳에 드나들며 임금의 칭찬을 받았습니다.

변경에 적이 침입해서 석 달 동안 봉화가 그치지 않아 임금께서 수레를 밀어 주시니 싸움터에서 죽겠다고 결심했습니다. 어전에서 간절히 아뢰자 임금께서 감동하시어 도성 밖에서 장수들을 통솔하는 대장군의 권한을 저에게 일임하셨습니다. 오랑캐들의 실태를 꿰뚫어 보고 군대를 운용하는 일이 내 손 안에 있다고 쉽게 여겨서, 처음에는 적장의 맨 어깨를 드러내고 갑옷 위에 채찍질할 일만 생각했지, 문을 열어 적을 끌어들였다는 것은 깨닫지 못했습니다. 내 의견만 고집하면 작아진다는 옛사람의 가르침을 잊었고, 적을 가벼이 여기면 반드시 패한다는 점에서 마복군의 아들 조괄*과 같은 잘못을 범했습니다. 사람의 계책만 나빴던 게 아니라 하늘도 돕지 않았습니다. 어리진(魚麗陣)*을 펼치기도 전에 적의 매서운 선제공격을 받았습니다. '먼저 북산을 점거한 자가 이긴다'는 말처럼 유리한 지형을 가지고 있었거늘, 병사들이 앞다투어 강물로 뛰어들기에 이르렀으니 대사를 이미 그르치고 말았습니다.

아아! 어디로 돌아가리? 나 홀로 무엇을 한단 말인가? 마침내 팔 척 내 몸을 만 길 강물에 던지고 말았습니다. 성난 파도와 무시무시한 물결이 넘실넘실 치솟아도 이 수치를 씻기 어렵습니다. 맑은 강과 급한 여울은 슬피 울고 원망하고, 부르짖으며 제 마음을 하소연합니다. 계곡 어귀에 구름이 잠기고 연못에 달이 비칠 때면 제 넋은 외로이 기댈 데가 없고, 제 그림자 또한 외로이 스스로를 조문합니다.

시간이 쏜살같이 흘러도 제 답답한 마음을 펴지 못했거늘, 다행히 그대를 만나 속마음을 토로할 수 있었습니다. 아아! 항우는 산을 뽑는 힘과 온 세상을 뒤덮는 기개를 가지고 백전백승했지만 끝내 오강에서 패했고, 제갈공명은 와룡의 재주와 몇 사람 몫의 지혜를 가지고 다섯 번이나 군사를 일으켰지만 결국 기산에서 아무런 소득도 얻지 못했습니다. ⊙ 하늘이 그렇게 정한 일이니 인간의 힘으로 어찌하겠습니까? 누구를 원망하고 누구를 탓하겠습니까? 저 하늘은 유유하기만 하거늘!"

사내는 서글피 노래하고 눈물을 흘리며 몸을 가누지 못했다.

– 윤계선, 「달천몽유록」

* 신 공 : 조선 중기의 무신 신립. 신립은 용맹한 장수로 이름이 높았지만, 임진왜란 때 충주 탄금대에서 배수진을 치고 왜군을 막다가 크게 패하고 스스로 목숨을 끊었음.
* 재갈을 물렸습니다 : 공격할 때 소리를 내지 않기 위해 군졸의 입에 나무를 물리던 일을 말함.
* 이광 : 중국 한나라 때의 장군. 활을 잘 쏘았던 것으로 유명함.
* 장료의 ~ 같았습니다 : 장료와 이목은 모두 옛 중국의 용맹한 장수임. 장수로서 자신의 용맹함을 중국의 유명한 장수들에 빗대어 드러낸 표현임.
* 마복군의 아들 조괄 : 마복군은 중국 전국 시대 조나라의 명장 조사를 가리킴. 조사의 아들인 조괄은 평소 전쟁을 가볍게 여겨 아버지의 근심을 샀는데 훗날 조괄이 장군이 된 후 진나라와의 전쟁에서 참패하고 죽었음.
* 어리진 : 물고기가 떼를 지어 앞으로 나아가는 것처럼 둥글고 긴 대형이나 진법

01 다음 〈보기〉를 읽고, ①과 ②에 들어갈 적절한 말을 제시문에서 찾아 쓰시오.

┤ 보기 ├

　　패전의 주된 원인이 신립 장군의 무능에 있다고 주장하며 그 책임을 장수 개인에게만 돌리는 인물은 (　　①　　)이고 패전의 원인이 자신에게도 있지만, '하늘이 돕지 않았다'라고 주장하며 불가피한 운명에도 있음을 주장하는 인물은 (　　②　　)이다.

①: ＿＿＿＿＿＿＿＿＿＿＿＿＿

②: ＿＿＿＿＿＿＿＿＿＿＿＿＿

02 제시문에서 전쟁의 패배의 책임이 신 공(신립 장군)에게 있음을 주장하는 대목을 찾아 첫 어절과 마지막 어절을 쓰시오.

첫 어절: ＿＿＿＿＿＿＿＿＿, 　마지막 어절: ＿＿＿＿＿＿＿＿＿

03 제시문에서 밑줄 친 ㉠의 의미를 한 문장으로 쓰시오. ('전쟁 패배의 원인이 ~에 있음을 강조한다.'의 형식으로 작성할 것)

※ 다음 글을 읽고 물음에 답하시오. (4~6)

● 정답·해설 p.19

[앞부분 줄거리] 중국 송나라 문제 때 충신 조 승상이 이두병의 참소로 죽는다. 후에 문제가 죽고 간신 이두병이 태자의 왕위를 찬탈하자 조 승상의 아들인 조웅은 어머니와 함께 도망쳐 고난을 겪던 중 어머니를 한 절에 모신 후 세상으로 나와 한 노인을 만난다.

"그대 이름이 웅이냐?"

대 왈,

"웅이옵거니와 존공은 어찌 소자의 이름을 아시나니이까?"

노옹 왈,

"자연 알거니와, 하늘이 보검을 주시매 임자를 찾아 전코자 하여 사해 팔방을 두루 다니더니, 수개월 전에 장성*이 강호에 비치거늘, 찾아와 수개월을 기다리되 종시 만나지 못하매, 극히 괴이하여 밤마다 천기를 보니 강호에 떠나지 아니하고, 그대의 행색이 짝 없이 곤박하매 분명 유리걸식하는 줄 짐작하였거니와, 찾을 길이 없어 방을 써 붙이고 만나기를 기다렸나니, 그대 만남이 어찌 이리 늦은가?"

하며 칼을 내어 주거늘, 웅이 머리를 조아리며 고맙다고 인사하고 칼을 받아 보니, 길이 삼 척이 넘고 칼 가운데 금자(金字)로 새겼으되, '조웅검'이라 하였거늘, 웅이 다시 절하고 왈,

"귀중한 보검을 거저 주시니 은혜 백골난망이라. 어찌 갚사오리이까?"

노옹 왈,

"ⓐ 그대의 보배라. 나는 전할 따름이니 어찌 은혜라 하리오?"

하고 웅을 데리고 수일을 유하고 못내 사랑하다가 이별하여 왈,

"훌훌하거니와 그대 갈 길이 바쁘니 부디 힘써 대명(大命)을 이루게 하라."

웅 왈,

"어디로 가면 어진 선생을 얻어 보오리까?"

노옹 왈,

"이제 남방으로 칠백 리를 가면 관산이란 뫼가 있고 그 산중에 철관 도사 있나니, 정성이 지극하면 만나 보려니와, 그렇지 아니하면 낭패할 것이니 각별히 살펴 선생을 정하라."

(중략)

이때 철관 도사 산중에 그윽이 앉아 그 거동을 보더니, 벽상에 글 쓰고 감을 보고 마음에 불쌍히 여겨 급히 내려와 벽의 글을 보니, 그 글에 하였으되,

[A]
기작십년객(幾作十年客)이 / 영견만리외(迎見萬里外)라
몽택(夢澤)에 용유비(龍有飛)어늘 / 시성(是誠)이 미달야(未達也)라.
(십 년을 지내 온 나그네가 / 만리 밖에서 찾아보도다.
흐린 연못에 용이 있어 날아오르거늘 / 이 정성이 도달하지 않는구나.)

도사 보기를 다하매 대경하여 급히 동자를 산 밖에 보내어 청하니, 웅이 동자를 보고 문 왈,

"선생이 왔더니까?"

동자 왈,

"이제야 와서 청하시나이다."

웅이 반겨 동자를 따라 들어가니 도사가 시문에 나와 웅의 손을 잡고 흔연 소 왈,

"험난한 산길에 여러 번 고생하도다."

하고 동자로 하여금 석반을 재촉하여 주거늘 웅이 먹은 후에 치사 왈,

"여러 날 주린 창자에 선미(善味)를 많이 먹으니 향기가 배에 가득한지라 감사하여이다."

"그대 먹는 양을 어찌 알아서 권하였으리오?"

하고 책 두 권을 주며,

"이 글을 보라."

하거늘, 웅이 무릎을 꿇고 펼쳐 보니 이는 성경현전(聖經賢傳)*이라. 다 본 후에 다른 책을 청하니, 도사가 웃고 육도삼략(六韜三略)*을 주기에 받아 가지고 큰 소리로 읽으니, 도사 더욱 기특히 여겨 천문도(天文圖) 한 권을 주거늘, 받아 보니 기묘한 법이 많은지라. 도사의 가르치는 술법을 배우니 의사(意思) 광활하고 눈앞의 일을 모를 것이 없더라.

일일은 석양이 서쪽으로 기울고 새들이 자려고 숲으로 들어갈 제, 광풍이 대작하며 무슨 소리 벽력같이 산악을 울리거늘 웅이 대경하여 왈,

"이곳에 어찌 짐승이 있나니까?"

한대, 도사 왈,

"다름이 아니라 내 집에 심히 늙은 암말을 두었으되 수척하여 날이 새면 산중에 놓아 기르더니 하루는 천지진동하며 산중이 요란하거늘, 괴이하여 말을 찾아 마장(馬場)에 들어가니 오색구름이 만산하여 지척을 분별치 못하고 말이 없더니, 이윽하여 뇌성이 그치고 구름이 걷혀 오며 말이 몸을 적시고 정신없이 섰거늘, 진정하여 이끌고 집에 와 여물과 죽을 먹여 두었더니 새끼를 배어 낳은 후 몇 달이 못 되어 어미는 죽고 새끼는 살았으되, 사람이 임의로 이끌지 못하고 점점 자라나매 사람이 근처에 가지 못하고 날이 새면 산중에 숨고 밤이면 구유 아래 자고 새벽바람에 고함치고 가니 사람이 상할까 염려라."

하거늘, 웅이 다시 보니 높고 높은 층암절벽으로 나는 듯이 오르고 내리기는 비호(飛虎)라도 당치 못할러라. 이윽하여 들어오거늘 웅이 내달아 소리를 크게 지르니 그 말이 이윽히 보다가 머리를 들고 굽을 치며 공순하거늘 웅이 경계하여 왈,

"말이 사람과 마찬가지라. 임자를 모르는다?"

그 말이 고개를 들고 냄새를 맡으며 꼬리를 치며 반기는 듯하거늘 웅이 크게 기뻐 목을 안고 굴레를 갖추어 마구간에 매고 도사에게 청하여 왈,

"이 말의 값을 의논컨대 얼마나 하나이까?"

도사 왈,

"하늘이 용마(龍馬)를 내시매 반드시 임자 있거늘, 이는 그대의 말이라. 남의 보배를 내 어찌 값을 의논하리오? 임자 없는 말이 사람을 상할까 염려하더니, 오늘 그대에게 전하니 실로 다행이로다."

웅이 감사 배(拜) 왈,

"도덕문(道德門)에 구휼하옵신 은덕 망극하옵거늘, 또 천금준마를 주시니 은혜가 더욱 난망이로소이다."

도사 왈,

"ⓑ 곤궁함도 그대의 운수요, 영귀(榮貴)함도 그대의 운수라. 어찌 나의 은혜라 하리오?"

웅이 도사를 더욱 공경하여 도업(道業)을 배우니 일 년이 지나자 신통 묘술을 배워 달통하니 진실로 ㉠ 괄목상대(刮目相對)러라.

– 작자 미상, 「조웅전」

* 장성 : 어떤 사람에게 응한 별
* 성경현전 : 성인들과 현인들이 지은 책
* 육도삼략 : 중국의 병서 『육도』와 『삼략』을 아울러 이르는 말로, 중국 고대 병학(兵學)의 최고봉인 '무경칠서(武經七書)' 중 두 가지의 책

04 〈보기〉는 제시문의 [A]에 대한 설명이다. 〈보기〉의 ①, ②에 들어갈 알맞은 단어를 쓰시오.

┤ 보기 ├

　　[A]의 서사적 기능은 주인공의 (　　①　　) 정황을 제시하면서, 고민을 (　　②　　)하는 계기를 마련하는 것이다.

①: _____

②: _____

05 제시문에서 밑줄 친 ㉠의 의미를 서술하시오.

_____

_____

06 제시문에서 밑줄 친 ⓐ와 ⓑ에 공통적으로 나타난 말하기 방식을 서술하시오.

_____

_____

※ 다음 글을 읽고 물음에 답하시오. (7~9)

정답·해설 p.20

사또가 수노를 불러 묻는 말이,

"기생 점고* 다 되어도 춘향은 안 부르니 퇴기냐?"

수노 여쭈오되

"춘향 어미는 기생이되 춘향은 기생이 아닙니다."

사또 묻기를,

"춘향이가 기생이 아니면 어찌 규중에 있는 아이 이름이 그리 유명한가?"

수노 여쭈오되

"원래 기생의 딸이옵죠. 덕색(德色)이 있는 까닭에 권문세족 양반네와 일등재사(一等才士) 한량들과 내려오신 관리마다 구경코자 간청하지만 춘향 모녀 거절하옵니다. 양반 상하 막론하고 한동네 사람인 소인들도 십 년에 한 번쯤이나 얼굴을 보되 말 한마디 없었더니, 하늘이 정한 연분인지 구관 사또 자제 이 도련님과 백년가약 맺사옵고, 도련님 가실 때에 장가든 후에 데려가마 당부하고, 춘향이도 그렇게 알고 수절하여 있습니다."

사또가 화를 내어,

"이놈. 무식한 상놈인들 무슨 소리냐? 어떠한 양반이라고 엄한 아버지가 계시고 장가도 들기 전인 도련님이 시골에서 첩을 얻어 살자 할꼬? 이놈 다시 그런 말을 입 밖에 내면 죄를 면치 못하리라. 이미 내가 저 하나를 보려는데 못 보고 그냥 두랴. 잔말 말고 불러오라."

춘향을 부르란 명령이 나는데, 이방과 호장이 여쭈오되,

"춘향이가 기생도 아닐 뿐 아니오라 전임 사또 자제 도련님과 맹세가 중하온데, 나이는 다르다 하지만 같은 양반이라. 춘향을 부르면 사또 체면이 손상할까 걱정하옵니다."

사또 크게 성을 내어,

"만일 춘향을 늦게 데려오면 호장 이하 각 부서 두목들을 모두 내쫓을 것이니 빨리 대령하지 못할까?"

육방이 소동하고, 각 부서 두목이 넋을 잃어,

"김 번수야 이 번수야. 이런 별일이 또 있느냐. 불쌍하다 춘향 정절, 가련케 되기 쉽다. 사또 분부 지엄하니 어서 가자 바삐 가자."

사령과 관노가 뒤섞여서 춘향 집 앞에 당도하니, 이때 춘향이는 사령이 오는지 관노가 오는지 모르고 주야로 도련님만 생각하여 우는데, ⓐ 망측한 환을 당해 놓았으니 소리가 화평할 수 있으리오.

(중략)

사또 매우 혹하여,

"책방에 가 회계 나리님을 오시라고 하여라."

회계 보는 생원이 들어오던 것이었다. 사또 매우 기뻐,

"자네 보게. 저게 춘향일세."

"하 그 계집 매우 예쁜 것이 잘생겼소. 사또께서 서울 계실 때부터 '춘향 춘향' 하시더니 한번 구경할 만하오."

사또 웃으며,

"자네가 중매하겠나?"

이윽히 앉았더니,

"사또가 당초에 춘향을 부르시지 말고 중매쟁이를 보내어 보시는 게 옳았을 것을, 일을 좀 경솔하게 하였소만은 이미 불렀으니 아마도 혼인할밖에 다른 수가 없소."

사또 매우 기뻐 춘향더러 분부하되,

"오늘부터 몸단장 바르게 하고 수청을 거행하라."

"사또 분부 황송하나 일부종사(一夫從事) 바라오니 분부 시행 못하겠소."

사또 웃으며 말한다.

"아름답도다. 계집이다. 네가 진정 열녀로다. 네 정절 굳은 마음 어찌 그리 어여쁘냐. 당연한 말이로다. 그러나 이 수재(李秀才)*는 서울 사대부의 자제로서 명문 귀족의 사위가 되었으니, 한순간 사랑으로 잠깐 기생질하던 너를 조금이라도 생각하겠느냐? 너는 원래 정절 있어 정절을 지키다가 고운 얼굴 늙어 가고 백발이 난무하여 강물 같은 무정한 세월을 한탄할 때 불쌍코 가련한 게 너 아니면 누구랴? 네 아무리 수절한들 열녀 칭찬 누가 하나? 그것은 다 버려두고 네 고을 사또에게 매임이 옳으냐 어린놈에게 매인 게 옳으냐? 네가 말을 좀 하여라."

춘향이 여쭈오되,

"충신불사이군(忠臣不事二君)이요 열녀불경이부(烈女不更二夫)*라, 절개를 본받고자 하옵는데 계속 이렇게 분부하시니, 사는 것이 죽는 것만 못하옵고 열녀불경이부오니 처분대로 하옵소서."

이때 회계 나리가 썩 나서서 하는 말이,

"네 여봐라. 어 그년 요망한 년이로고. 사또 일생 소원이 천하의 일색이라. 네 여러 번 사양할 게 무엇이냐? 사또께옵서 너를 추켜세워 하시는 말씀이지 너 같은 기생 무리에게 수절이 무엇이며 정절이 무엇인가? 구관은 전송하고 신관 사또 영접함이 법도에 당연하고 사리에도 당연커든 괴이한 말 하지 말라. 너희 같은 천한 기생 무리에게 '충렬(忠烈)' 두 자가 웬 말이냐?"

이때 춘향이 하도 기가 막혀 천연히 앉아 여쭈오되,

"충효 열녀(忠孝烈女)도 상하 있소? 자세히 들으시오. 기생으로 말합시다. 충효 열녀 없다 하니 낱낱이 아뢰리다. 해서 기생 농선이는 동선령에 죽어 있고, 선천 기생은 아이로되 칠거지악(七去之惡) 능히 알고, 진주 기생 논개는 우리나라 충렬로서 충렬문(忠烈門)에 모셔 놓고 길이길이 받들고, 청주 기생 화월이는 삼층각(三層閣)에 올라 있고, 평양 기생 월선이도 충렬문에 들어 있고, 안동 기생 일지홍은 살았을 때 열녀문 지은 후에 정경부인 명성이 있사오니 기생 모함 마옵소서."

춘향이 다시 사또에게 여쭈오되,

"당초에 이수재 만날 때에 산과 바다를 두고 맹세한 굳은 마음, 소첩의 한결같은 정절을 맹분(孟賁) 같은 용맹이라도 빼어 내지 못할 터요, 소진(蘇秦)과 장의(張儀)*의 입담인들 첩의 마음 옮겨 가지 못할 터요, 공명 선생의 높은 재주로 동남풍은 빌었으되* 일편단심 소녀의 마음은 굴복지 못하리라. 기산의 허유(許由)는 요임금의 천거를 거절했고, 서산(西山)의 백이숙제 두 사람은 주나라 곡식을 먹지 않고 굶어 죽었으니, 만일 허유가 없었으면 속세 떠난 선비 누가 되며, 백이숙제 없었으면 간신 도적 많으리라. 첩의 몸이 비록 천한 계집이나 이들을 모르리까. ⓑ 사람의 첩이 되어 남편을 배반하는 것은 벼슬하는 관장님네 나라를 배반하는 것과 같사오니 처분대로 하옵소서."

사또 크게 화를 내어,

"이년 들어라. 모반과 대역하는 죄는 능지처참하고, 관장을 조롱하는 죄는 율법에 적혀 있고, 관장을 거역하는 죄는 엄한 형벌과 함께 귀양을 보내느니라. 죽는다고 설워 마라."

– 작자 미상, 「춘향전」

* 점고 : 명부에 일일이 점을 찍어 가며 사람의 수효를 조사함.
* 이수재 : 이몽룡을 가리킴. '수재'는 미혼 남자를 뜻하는 말
* 충신불사이군이요 열녀불경이부 : 충신은 두 임금을 섬기지 않고, 열녀는 두 지아비를 섬기지 않음.
* 소진과 장의 : 중국의 전국 시대에 활약한 유세가들로 언변이 매우 뛰어났음.
* 공명 선생의 높은 재주로 동남풍은 빌었으되 : 『삼국지연의』에서 제갈공명이 동남풍을 불게 하여 적벽대전을 승리로 이끈 일을 말함.

07 유사 통사 구조 반복을 통해 춘향에 대한 사또의 분노와 죄를 물으려는 의지 부각 표현 문장을 제시문에서 찾아 첫 어절과 마지막 어절을 쓰시오.

첫 어절 : _____ , 마지막 어절 : _____

08 다음 〈보기〉를 읽고, 제시문의 밑줄 친 ⓐ에 나타난 표현상 특징을 쓰시오.

┤ 보기 ├

이러한 표현은 작가의 사상이나 지식 등을 적당히 배합시켜 인물의 감정 상태를 분석하고 행동 및 심리적 변화의 의미까지 해석하는 것으로 고전소설에서 흔히 찾을 수 있다.

_____

09 다음 〈보기〉에서 ①에 들어갈 적절한 말을 제시문의 밑줄 친 ⓑ에서 단서를 찾아 쓰시오.

┤ 보기 ├

ⓑ에 나타난 표현은 이미 아는 사실에 근거하여 모르는 사실을 추측하는 경우로 드러난다. 이는 수절의 가치가 나라에 충성하는 것과 같다는 (①   )의 논리로 사또에게 자신의 주장을 펼치는 것이다.

_____

※ 다음 글을 읽고 물음에 답하시오. (10~12)　　　　　　　　　●정답·해설 p.20

[앞부분 줄거리] 심생은 서울 양반으로 소광통교에 나갔다가 갑자기 돌개바람이 일어 보자기가 반쯤 벗겨 나간 여인의 얼굴을 보고 첫눈에 반한다. 봉숭아빛 뺨에 버들잎 눈썹, 초록 저고리에 다홍치마를 입은 여인, 보자기 사이로 보인 곱게 화장한 얼굴을 보아하니 절세가인임을 한눈에 알아차리고는 바로 뒤따라가기 시작한다.

　　소공주동 홍살문 안에 도착하자 소녀는 어느 집 중문으로 들어갔다. 심생은 멍하니 뭔가 잃어버린 듯 문 앞에서 한참을 배회했다. 그러다가 노파를 만나 소녀의 이야기를 자세히 들을 수 있었다. 노파의 말에 따르면, 그 집은 호조에서 회계 일을 맡아보다 퇴직한 중인의 집으로, 딸 하나가 있는데 나이가 열예닐곱 살에 아직 혼사를 정하지 않았다는 것이었다. 소녀가 거처하는 방을 묻자 노파가 손가락으로 가리키며 말했다.

　　"이쪽 좁은 길로 죽 들어가면 회칠한 담장이 나올 텐데, 그 담장 안을 보면 곁방이 하나 있을 겁니다. 그 방에 처녀가 기거하고 있습죠."

　　심생은 노파의 말을 깊이 새겨 두고는 저녁이 되어 부모님께 거짓말을 둘러대었다.

　　"같이 공부하는 아무개가 밤을 함께 보내자고 해 오늘 밤에 가 봐야겠습니다."

　　마침내 인정(人定)이 되어 심생은 소녀의 집 담장을 넘어 들어갔다. 엷은 노란색 달이 막 떠오르고 있었다. 창밖의 꽃나무들이 꽤나 아담하였고, 등불은 창호지를 환히 비추고 있었다. 심생은 벽에 등을 기댄 채 처마에 의지하고 앉아 숨죽이고 때를 기다렸다. 방 안에는 여종 두 사람이 있었고, 소녀는 소리를 낮추어 꾀꼬리가 지저귀듯이 한글 소설을 읽고 있었다.

　　삼경(三更)이 되자 종들은 깊이 자고 있었는데, 소녀는 그제야 등불을 끄고 잠자리에 들었다. 하지만 한참이나 뒤척이는 것이 무언가 깊이 생각하는 것 같았다. 심생은 숨소리조차 내지 않고 가만히 앉아 있다가 새벽종이 울릴 때쯤 다시 담장을 넘어 집으로 돌아왔다.

　　그때부터 심생은 매일같이 해가 지면 소녀의 집으로 찾아갔다가 해가 뜰 때쯤 집으로 돌아왔다. 그는 이 일을 스무 날이나 반복했다.

　　소녀는 초저녁에는 소설을 읽거나 바느질을 했고, 시간이 지나 한밤중이 되면 등불을 껐다. 바로 잠드는 날도 있었지만, 그러지 못하고 잠 못 이루는 날도 있었다. 심생이 그런 지 6, 7일째쯤 되는 날, 소녀는 몸이 좋지 않다며 이른 저녁 자리에 누웠다. 소녀는 자주 손으로 벽을 쳤고 길기도 하고 짧기도 한 한숨을 자주 내쉬었는데, 그 소리가 어찌나 큰 지 창밖까지 들릴 정도였다. 소녀의 행동은 날이 갈수록 심해졌다.

　　스무 날이 되던 밤이었다. 소녀는 홀연 대청마루 뒤로 나와 심생이 숨어 있는 자리에 나타났다. 심생은 칠흑 같은 어둠 속에서 불쑥 소녀를 붙잡았다. 소녀는 조금도 놀라는 기색 없이 조용하게 말했다.

　　"도령은 소광통교에서 만났던 그분이 맞으시지요? 저는 처음부터 도령이 여기 계신 걸 알고 있었습니다. 벌써 스무 날이나 지났군요. 만약 제가 소릴 지르면 여기서 나가실 수 없을 것이오니, 저를 놓아주십시오. 그리하면 저쪽 문을 열고 도령을 방으로 모시겠습니다. 어서 제 말대로 하시지요."

　　심생은 소녀의 말을 믿고 물러섰다. 소녀는 방으로 돌아가더니 여종을 불러 말했다.

　　"㉠ 어머니께 가서 주석으로 만든 큰 자물쇠를 좀 가져오너라. 밤이 너무 깜깜해서 누가 들어올까 봐 무섭구나."

　　여종은 안방에서 자물쇠를 가지고 왔다. 소녀는 심생과 약속했던 뒷문으로 가 자물쇠를 걸고는 손수 열쇠로 딸가닥 소리를 내며 자물쇠로 잠갔다. 그러고는 즉시 방으로 돌아가 등불을 불어 껐다. 아무 기척도 내지 않고 깊이 잠든 체했지만 실은 잠자지 않고 있었다. 심생은 속은 것이 분하면서도 그나마 얼굴이라도 한번 보게 된 것을 다행스럽게 여겼다. 그날도 잠긴 문 앞에서 밤을 새우고 새벽에 돌아갔다.

　　심생은 다음 날에도 가고 그 이튿날에도 갔다. 그러나 감히 잠긴 문을 열어 달라고는 하지 못했다. 비오는 날이면 비옷을 입고 갔으며 옷자락 젖는 것쯤 마다하지 않았다. 이렇게 또 열흘이 지났다.

　　한밤중이었다. 온 집안이 모두 달게 잠들었고 소녀 또한 등불을 끈 지 오래였다. 그런데 소녀가 갑자기 벌떡 일어나더니 여종에게 불을 켜라 이르고 이렇게 말했다.

"너희들, 오늘 밤은 윗방에 가서 자거라!"

두 여종이 문을 나서자, 소녀는 벽 위에서 열쇠를 가져다 자물쇠를 풀더니 뒷문을 활짝 열고 심생을 불렀다.

"방으로 드시지요."

심생은 자신도 모르게 방에 들어와 있었다. 소녀는 다시 문을 잠그고는 심생에게 말했다.

"잠시 앉아 계세요."

소녀는 안방으로 건너가 부모를 모시고 왔다. 소녀의 부모는 방에 있는 심생을 보고 깜짝 놀랐다. 소녀가 말했다.

"놀라지 마시고 제 말을 들어 주세요.

[A] 열일곱이 되도록 저는 문밖에 나가 본 적이 없었습니다. 지난달 난생처음으로 집을 나가 임금님의 행차를 구경하고 돌아오던 길이었지요. 소광통교를 지날 때, 불어온 바람에 보자기가 걷혀 올라갔는데 때마침 초립을 쓴 도련님과 얼굴을 마주치게 되었습니다. 그날 밤부터 이분이 매일 밤 찾아와 뒷문 아래 숨어 계신 것이 오늘로 벌써 서른 번째 날이 되었어요. 비가 오거나 날이 추워도 매일 찾아 오셨고, 제가 문을 잠가 거절의 뜻을 전해도 오셨습니다.

제가 이리저리 오랫동안 고민해 본 결과, 만일 도련님에 대한 소문이 밖에까지 퍼져 이웃에서 알게 된다면, 저녁에 들어와 새벽에 나간 일을 두고 어느 누군들 도련님이 그저 창밖의 벽에 잠자코 있기만 했다고 여기겠습니까? 아무 일도 없었건만 저는 남부끄런 오명을 뒤집어쓰고 개에게 물린 꿩 신세가 될 것입니다.

이분은 사대부 가문의 자제로, 한창 나이에 혈기를 진정하지 못하고 나비와 벌이 꽃을 탐하는 것만 알아 바람과 이슬 맞는 근심을 돌아보지 않으니 얼마 못 가 병이 들지 않겠어요? 병들면 필시 일어나지 못할 테니, 그리된다면 제가 죽인 건 아니지만 결국 제가 죽인 셈이 되지요. 남들이 알지 못하더라도 언젠가는 이에 대한 앙갚음을 당하고 말 거예요.

게다가 저로 말할 것 같으면 중인 집안의 처녀에 지나지 않지요. 절세의 미모를 가진 것도 아니요, 물고기가 숨고 꽃이 부끄러워할 만큼 아름다운 얼굴도 아니잖아요. 그렇건만 낭군은 못난 솔개를 보고는 송골매라 여기고 이처럼 제게 지극정성을 다하시니, 이런데도 낭군을 따르지 않는다면 하늘이 저를 미워하고 복이 제게 오지 않을 게 분명해요.

제 뜻은 결정되었어요. 아버지, 어머니도 걱정 마셔요. 아아! 부모님은 늙어 가시는데 자식이라곤 저 하나뿐이니, 사위를 맞아 그 사위가 살아 계실 적엔 봉양을 다하고 돌아가신 뒤엔 제사를 모셔 준다면 더 바랄 게 뭐 있겠어요? 일이 어쩌나 이렇게 되고 말았시만 이것도 하늘의 뜻입니다. 더 말해 무엇 하겠어요?"

– 이옥, 「심생전(沈生傳)」

10 제시문의 밑줄 친 ㉠에서 '자물쇠'의 역할은 무엇인지 쓰시오.

11 제시문의 [A]에 나타난 서술 방식으로 〈보기〉의 ①에 들어갈 알맞은 말을 쓰시오.

┤ 보기 ├

심생과 처녀 사이에 있었던 일을 (①   )으로 제시하였다.

---

12 제시문에서 처녀가 부모를 설득하는 과정 중 두 번째에 해당하는 '심생이 몸이 상하면 처녀의 탓이 될 것'이라는 부분에서 '심생'과 '처녀'를 비유적으로 표현한 소재를 찾아 쓰시오.

① 심생 : _____

② 처녀 : _____

※ **다음 글을 읽고 물음에 답하시오. (13~15)**　　　　　　　　　　　　　　정답·해설 p.20

　　하루는 기운이 쇠진하여 죽기에 임하였더니 문득 해산하니 여러 날 굶은 산모가 어찌 살기를 바라리오. 정신을 수습하여 태어난 아이를 보니 이 곧 남자이거늘 일희일비하여 탄식하고 한탄하기를,

　　"박명한 죄로 금섬이 죽고 월매 또한 죽기에 이르렀으니 어찌 참혹하지 아니하리오?"

하여 아이를 안고 이르되,

　　"네가 살면 내 원수를 갚으려니와 이 지함 속에 들었으니 뉘라서 살리오?"

하며 목이 메어 탄식하니 그 부모의 참혹함과 슬픔을 이루 측량치 못할러라.

(중략)

　　원수가 이에 청총마를 채찍질하여 필마단기로 삼 일 만에 황성에 득달하니라.

　　이때 조 씨가 다시 형틀을 차리고 월매를 잡아내어 형틀에 올려 매고 엄히 치죄하며 유 부인의 간 곳을 묻되 종시 승복하지 아니하고 죽기를 재촉하는지라. 조 씨가 치다 못하여 그치고 차후에 혹 탄로할까 겁을 내어 가만히 수건으로 목을 매어 거의 죽게 되었더니 뜻밖에 승상이 필마로 들어와 말에서 내려 정히 들어오더니 문득 보니 한 여자가 백목으로 목을 매었거늘 놀라 자세히 보니 바로 월매라.

　　바삐 끌러 놓고 살펴보니 몸에 유혈이 낭자하여 정신을 모르는지라. 즉시 약을 흘려 넣으니 이슥한 후 정신을 차려 눈물을 흘리며 인사를 차리지 못하니 승상이 불쌍히 여겨 이에 약물로 구호하매 쾌히 정신을 진정하거늘 원수가 연고를 자세히 물으니 월매가 이에 금섬이 죽은 일과 유 부인이 화를 피하여 지함 속에 계심을 자세히 고하니 승상이 분하여 급히 월매를 앞세우고 구렁에 가 보니 유 부인이 월매의 양식에 의지하여 겨우 목숨을 보전하다가 해산하매 복중이 허한 중 월매가 옥중에 곤하매 어찌 양식을 이으리오? 여러 날을 절곡하매 기운이 쇠진하고 지기가 일신에 사무치니 몸이 부어 얼굴이 변형되어 능히 알아볼 수 없는지라. 그 가련함을 어찌 다 측량하리오? 아이와 부인을 월매로 하여금 보호하라 하고 내당에 들어가 왕께 뵈오니 왕비가 크게 반겨 승상의 손을 잡고 말하기를,

　　"만리 전장에 가 대공을 세우고 무사히 돌아오니 노모의 마음이 즐겁기 측량없도다. 그러나 네가 출전한 후 가내에 불측한 일이 있으니 그 통한한 말을 어찌 다 형언하리오?"

하고 충렬부인의 자초지종을 말하니 승상이 고하기를,

　　"모친은 마음을 진정하옵소서. 처음에 충렬의 방에 간부 있음을 어찌 알았으리오."

　　"노모의 서사촌 복록이 와서 이리이리하기로 알았노라."

　　승상이 대로하여 복록을 찾으니 복록이 간계가 발각될까 두려워하여 벌써 도주하였거늘 승상이 외당에 나와 형틀을 배설하고 옥졸을 잡아들여 국문하되,

　　"너희들이 옥중의 죽은 시신이 충렬부인이 아닌 줄 어찌 알았으며 그 말을 누구더러 하였느냐? 은휘*치 말고 바른대로 아뢰라."

하는 소리 우레와 같으니 옥졸들이 황겁하여 고하기를,

　　"소인들이 어찌 알았겠습니까마는 염습할 때에 보니 얼굴과 손길이 곱지 못하여 부인과 다름을 소인 등이 의심하여 서로 말할 적에 정렬부인의 시비 금련이 마침 지나다가 듣고 묻기에 소인이 안면에 얽매어 말하고 행여 누설치 말라 당부하올 뿐이요, 후일은 알지 못하나이다."

　　승상이 들은 후 대로하여 칼을 빼어 서안을 치며 좌우를 꾸짖어

　　"금련을 바삐 잡아들이라."

호령하니 노복 등이 황황하여 금련을 잡아다 계하에 꿇리니 승상이 고성으로 묻기를,

　　"너는 옥졸의 말을 듣고 누구에게 말하였느냐?"

　　금련이 혼비백산하여 아뢰기를 정렬부인이 금은을 많이 주며 계교를 가르쳐 남복을 입고 충렬부인 침소에 들어가 병풍 뒤에 숨었던 일과 정렬부인이 거짓 병든 체하매 충렬부인이 놀라 문병하고 탕약을 갈아 드려 밤이 깊도록 간병하시니 정렬부인이 병이 잠깐 낫다 하고 충렬부인더러 '그만 침소로 가소서.' 하니 충렬부인이 마지못하여 침실로 돌

아가신 후 조 부인이 성복록을 청하여 금은을 주고 왕비 침전에 두세 번 참소하던 말을 자초지종을 낱낱이 고하니 왕비가 하늘을 우러러 탄식하고 통곡하여 말하기를,

"내 불명하여 악녀의 꾀에 빠져 애매한 충렬을 죽일 뻔하였으니 무슨 낯으로 현부를 대면하리오?"

하고 슬퍼하니 승상이 고하기를,

"이는 모친의 허물이 아니옵고 소자가 집안을 다스리지 못한 죄오니, 바라옵건대 모친은 심려치 마소서."

왕비가 눈물을 거두고 침석에 누워 일어나지 아니하니 승상이 재삼 위로하고 즉시 조 씨를 잡아들여 계하에 꿇리고 크게 꾸짖어 말하기를,

"네 죄는 하늘 아래 서지 못할 죄니 입으로 다 옮기지 못할지라. 죽기를 어찌 일시나 용서하리오마는 사사로이 죽이지 못하리니 천자께 주달하고 죽이리라."

조 씨가 애달파 가로되,

"첩의 죄상이 이미 탄로되었으니 상공이 임의대로 하소서."

승상이 노하여 큰칼을 씌워 궁 옥에 가둔 후 상소를 지어 천정에 올리니 그 글에 쓰여 있기를,

[A] 「승상 정을선은 돈수백배하옵고 성상 탑전에 올리나이다. 신이 황명을 받자와 한번 북 쳐 서용에게 항복 받고 백성을 진무하온 후 회군하려 하옵더니 신의 집에 급한 소식을 듣고 바삐 올라와 본즉 여차여차한 가변이 있사오니 어찌 부끄럽지 아니하겠습니까? 이 일이 비록 신의 집 일이오나 스스로 처단하지 못하여 이 연유를 자세히 상달하옵나니 원하옵건대 ㉠폐하는 극형으로 국법을 쓰시어 죄인을 밝히 다스리시고 신의 집 ㉡시비 금섬이 상전을 위하여 죽었사오니 그 원혼을 표창하시기 바라나이다.」

하였고 그 끝에 유 씨가 지함에 들어 해산하고 월매의 충의를 힘입어 연명 보전하였음을 세세히 주달하였더라. 상이 본 후에 대경하사 가라사대,

"승상 정을선이 국가의 대공을 여러 번 세운 짐의 주석지신*이라. 가내에 이런 해괴한 변이 있으니 어찌 한심치 아니리오."

이에 왕명을 내려 말씀하시기를,

"정렬과 금련의 죄상이 전고에 짝이 없으니 당장에 참수하라." / 하시니 여러 신하들이 아뢰기를,

"이 여인의 죄가 중하오나 조왕의 딸이요, 승상의 부인이니 참형을 쓰심이 너무 과하오니 다시 전교하사 집에서 사사하심이 옳을까 하나이다."

천자가 옳게 여기사 비답을 내리시되,

「짐이 덕이 부족하여 경사는 없고 변괴가 일어나니 매우 참괴도다. 비록 그러하나 정렬은 일국 승상의 부인이니 특별히 약을 내려 집에서 죽게 하나니 경은 그리 알고 처리하라. 금섬과 월매는 고금에 없는 충비니 충렬문을 세워 후세에 이름이 나타나게 하라.」

하시니 승상이 사은하고 퇴궐하여 즉시 조 씨를 수죄하여 사약한 후 금련은 머리를 베고 그 나머지 죄인은 경중을 분간하여 다스리고 금섬은 다시 관곽을 갖추어 예로써 장례하고 제 부모는 속량*하여 의식을 후히 주어 살게 하고 충렬문을 세워 주고 사시로 향화를 받들게 하고 월매는 금섬과 같이하여 충렬부인 집 안에 일좌 대가를 세우고 노비 전답을 후히 주어 일생을 편케 제도하니라.

– 작자 미상, 「정을선전」

* 은휘 : 꺼리어 감추거나 숨김.
* 주석지신 : 나라에 중요한 구실을 하는 신하
* 속량 : 노비의 신분을 풀어 주어서 양민이 되게 하던 일

13 제시문의 [A]에서는 문제를 해결할 것을 제안하고 있다. 어떠한 방식으로 제안할 것인지 밑줄 친 ㉠과 ㉡을 토대로 작성하시오. ('~와/과 ~을/를 통해 문제를 해결할 것을 제안하고 있다.'라는 형태로 작성할 것)

_____

14 〈보기〉를 참고하여 제시문에서 '서술자 개입 또는 편집자적 논평'이 나타난 부분을 모두 찾아 첫 어절과 마지막 어절을 쓰시오.

┤ 보기 ├

서술자 개입은 작품 밖 서술자가 작품 속에 끼어들어 자신의 목소리를 내거나 의견을 내비치는 서술 방식이다. 전지적 서술자가 인물의 행동에 직접적으로 평가하거나 사건에 대한 자신의 생각을 솔직하게 드러낼 수 있다. 또한 서술자는 작품 속 상황에 대해 자신이 느끼는 감정을 노출하거나 독자에게 말을 걸면서 반응을 유도하기도 하고 진행되는 사건을 요약적으로 설명하기도 한다. 또한 다음 단계를 위해 장면의 흐름을 끊을 수 있다.

한편, 편집자적 논평은 작가의 사상이나 지식 등을 적당히 배합시켜 작품 속 인물의 감정 상태를 분석하고 행동 및 심리적 변화의 의미까지 자세하게 풀이해 주는 것을 말한다. 즉, 고전소설에서 자주 등장하는 편집자적 논평은 서술자 개입의 일종이라고 볼 수 있다.

① 첫 어절 : _____ , 마지막 어절 : _____

② 첫 어절 : _____ , 마지막 어절 : _____

③ 첫 어절 : _____ , 마지막 어절 : _____

15 제시문에서 선한 인물과 악한 인물을 분류하시오.

① 선한 인물 : _____

② 악한 인물 : _____

※ 다음 글을 읽고 물음에 답하시오. (16~18)

정답·해설 p.21

화왕(花王)이 처음 이 세상에 왔다. 모란이었다. 향기로운 동산에 심고 푸른 휘장으로 둘러치고선 임금님으로 받들어 모셨다.

바야흐로 따스한 봄이 돌아왔다. 온갖 꽃들이 피어나고 있었다. 화왕은 곱고 탐스러운 꽃을 피웠다. 꽃 중의 꽃으로 빼어나게 아름다웠다.

멀고 가까운 곳에서 여러 가지 꽃들이 다투어 화왕을 뵈러 왔다. 깊고 그윽한 골짜기의 맑은 정기를 타고난 탐스러운 꽃들과 양지바른 동산에서 싱그러운 향기를 맡으며 피어난 꽃들이 앞을 다투어 모여들었다.

문득 한 가인이 앞으로 나왔다. 붉은 얼굴과 옥 같은 이에 신선하고 탐스러운 감색 나들이옷을 차려입고, 방랑하는 무희처럼 얌전하게 걸어 나왔다. 가인은 임금에게 아뢰었다.

"이 몸은 설백(雪白)의 모래사장을 밟고, 거울같이 맑은 바다를 바라보며 자라났습니다. 봄비가 내리면 목욕하여 몸의 먼지를 씻고, 상쾌하고 맑은 바람 속에 유유자적(悠悠自適)하면서 지냈습니다. 이름은 장미(薔薇)라 하옵니다. 전하의 높으신 덕을 듣자옵고, 꽃다운 침소에 그윽한 향기를 더하여 모시고자 찾아왔습니다. 전하께서 이 몸을 받아 주실는지요?"

이때, 베옷을 입고 허리에는 가죽띠를 두르고 손에는 지팡이, 머리에는 백발을 인 장부 하나가 둔중한 걸음으로 나와 공손히 허리를 굽혔다.

"이 몸은 서울 밖 한길 옆에 사는 놈으로서 이름은 백두옹(白頭翁)이라 하옵니다. 아래로는 창망한 들판을 내려다보고 위로는 우뚝 솟은 산 경치를 의지하고 있습지요. 가만히 보건대, 좌우에서 보살피는 신하는 고량진미(膏粱珍味)와 향기로운 차와 술로 수라상을 받들어 전하의 식성을 흡족게 하고 정신을 맑게 해 드리고 있사옵니다. 하지만 또한 저장되어 있는 것이 있다면 보자기를 풀어, 좋은 약으로는 전하의 양기를 돕고 나쁜 돌이 있다면 그것은 그것대로 전하의 몸에 있는 독을 제거해 올려야 할 줄 아옵니다. 그래서 말하기를, '비록 명주나 삼베가 있어도 군자 된 자는 거적이나 띠풀이라고 해서 버리는 일이 없고, 부족에 대비하지 않음이 없다.' 하옵니다. 전하께서도 이러한 뜻을 가지고 계신지 모르겠습니다."

한 신하가 아뢰었다.

"두 사람이 왔사온데, 전하께서는 누구를 취하고 누구를 버리시겠습니까?"

화왕이 입을 열었다.

"장부의 말도 도리가 있긴 하나 가인은 얻기 어려우니 어찌할꼬?"

장부가 앞으로 나와 입을 열었다.

"제가 온 것은 전하의 총명이 모든 사리를 잘 판단한다고 들었기 때문입니다. 하오나 지금 뵈오니 그렇지 않으시군요. 대체로 임금 된 자로서 간사하고 아첨하는 자를 가까이하지 않고 정직한 자를 멀리하지 않는 이는 드뭅니다. 그래서 맹자(孟子)는 불우한 가운데 일생을 마쳤고, 풍당(馮唐)은 낭관으로 파묻혀 머리가 백발이 되었습니다. 예부터 이러하오니 전들 어찌하오리까."

화왕은 비로소 깨달은 듯 말했다.

"내가 잘못했다, 잘못했다."

– 설총, 「화왕계(花王戒)」

16 제시문에서 '교언영색(巧言令色)'에 해당하는 구절을 찾아 첫 두 어절과 끝 두 어절을 각각 쓰시오.

첫 두 어절 : _____, 끝 두 어절 : _____

17 제시문에서 '장미'와 '백두옹'의 의미를 각각 2음절로 쓰시오.

① 장미 : _____

② 백두옹 : _____

18 〈보기〉는 제시문에 대한 해설의 일부이다. 〈보기〉의 ①에 들어갈 알맞은 말을 제시문에서 찾아 쓰고, ②~⑤에 들어갈 알맞은 내용을 쓰시오.

┤ 보기 ├

「화왕계」는 (①   )라는 표현을 통해 계절적 배경으로 이야기가 전개되고 있으며, '붉은 얼굴과 옥 같은'이라는 (②   )적 표현을 통해 대상을 형상화하고 있다. 또한 인물의 (③   )와/과 (④   )을/를 통해 성격을 드러내고 있다. 그리고 (⑤   ) 표현을 통해 문제의식을 간접적으로 제시하고 있다.

① : _____

② : _____   ③ : _____   ④ : _____   ⑤ : _____

※ 다음 글을 읽고 물음에 답하시오. (19~21)   ● 정답 · 해설 p.21

　무심자(無心子)*는 이렇게 말한다. 예전에 있었던 일이다. 나는 해진 베옷을 입고 여윈 말을 타고 노복도 없이 혼자 전주성 서쪽을 따라 얼음 고개*를 오르고 있었다. 그때는 봄이고 삼월 상순이라 복사꽃과 자두꽃이 온 성안에 가득 피어 있었다. 저 멀리 어떤 장부 한 사람이 보였다. 대지팡이를 등에 지고 허름하고 짤막한 베옷을 입은 그는 마음껏 노래하며 천천히 걸어가고 있었는데, 그 살쩍과 머리칼이 눈처럼 희었다. 그의 노래를 들어 보니 이러했다.

　"강호에 기약 두고 십 년을 분주하니 / 그 모르는 백구(白鷗)는 더디 온다 하건마는 / 성은이 지중(至重)하시니 갚고 갈까 하노라."*

　내가 탄 말 바로 앞에 다가와 그제야 자세히 보았더니, 바로 서울의 옛 악사* 송경운이었다. 무심자는 예전에 그와 교분이 있었기에 웃으며 이렇게 말했다.

　"대지팡이를 짚은 건 늙어서일 테고, 짤막한 베옷을 걸친 건 가난해서일 테고, 그냥 걸어가는 건 말이 없어서일 텐데, 그렇게 마음껏 노래하는 건 어째서인가?"

　경운은 이내 활짝 웃는 표정으로 대답했다.

　"쇤네 이제 나이가 일흔이 넘었습니다. 그리고 쇤네는 예전에 음악을 좋아했지요. 그러니 쇤네는 늙은 악사입니다. 노래란 음악 중에 으뜸가는 것이지요. 늙은 악사로서 봄날의 흥에 겨워 노래가 나오는 것입니다. 선생님은 이게 이상하신지요?

[A] 　쇤네가 알기로 선생님은 옛날에 임금님을 가까이서 모시던 분인데, 수놓은 비단옷을 해진 베옷으로 바꿔 입고 멋진 청총마(靑驄馬) 대신 여윈 말을 타고설랑 그 많던 뒤따르던 종들은 어찌하시고 노복 하나도 없이 서울의 큰길 대신 산길을 가고 계시는지요? 어째서 이렇게 고생을 사서 하고 계십니까? 쇤네는 선생님이 유독 이상해 보입니다."

　그리하여 마침내 서로 즐겁게 노닐며 한나절을 보냈던 것이다.

　송경운은 서울 사람이다. 자기 말로는 옛날에 이 절도사(李節度使)의 노복이었는데 민첩하고 재주가 있어 특별히 노비 장부에서 빠져나올 수 있었고 마침내 군공(軍功)으로 사과(司果)* 벼슬까지 얻었다고 한다. 체구가 훤칠하게 컸고, 풍채가 좋고 피부가 희었으며, 가느스름한 눈은 별처럼 빛나는 데다, 수염이 아름답고 담소를 잘했으니, 말하자면 참으로 호남자였다.

　그는 타고나길 유독 음률을 잘 알았다. 아홉 살 때 비파를 배웠는데 노력하지 않고도 잘하게 되어 지극한 경지에 이르렀고, 열두어 살에는 서울과 그 근방까지 이름이 났다. 아로새긴 대들보 아래 화려한 잔치 자리가 그의 거처였고 금인(金印)과 옥관자를 한 고위 관료가 그의 동반자였다. 꽃 장식을 하고 구름같이 풍성하게 머리를 올린 기녀들이 그의 좌우에 있었고, 둥둥 울리는 장구와 삘릴리 하는 피리가 그의 위의를 도왔다. 강물 같은 술에 산과 같은 안주, 일천 속(束)의 비단과 일만 관(貫)의 돈이 그 잔치의 비용으로 쓰였다. 누구의 집에서도 그에게 밥을 주었고 누구든지 그에게 옷을 주었다. 하루가 이렇게 지나갔고 한 달이 이렇게 지나갔다. 한 해가 이렇게 지나갔거니와, 반평생 역시 이렇게 지나간 것이다. 사람들이 어깨를 부딪고 말들이 서로 발굽을 밟으며 서로 밀 틈조차 없을 정도로 북적거리는 연회석에서는 이런 말이 나오곤 했다.

　"송 악사 어딨나?" / "아무 궁가(宮家)*에서 불러 갔다지."

　"송 악사 어딨나?" / "아무개 상공(相公)이 불러 갔다는군."

　그가 이미 한 군데에 불려 가 버리고 나면 남은 자리가 쓸쓸해져 즐거워하는 이가 드물었다. 온 도성 사람들이 모두 그랬다.

　온갖 기예들, 이를테면 글씨 쓰기나 활쏘기, 말타기, 그림, 바둑, 장기, 투호 놀이 같은 것을 하는 이들은 서로의 지극한 경지를 칭찬할 때 다들 자기 친구에게 "어째 송경운의 비파 같네!"라고 했고, 나무하고 소 먹이는 아이들이 모여 놀다가 누가 몹시 재미있는 말을 했을 때도 자기 친구에게 "어째 송경운의 비파 같네!"라고들 했으며, 말을 배우는 두어 살 된 어린애들조차도 아무 상관없는 것을 가리키며 '어째 송경운의 비파 같네!'라고 하는 것이었다. 당시 송경운의 이름이 알려진 것이 대략 이러하였다.

(중략)

전주는 큰 도회지이다. 인물이 많기로는 우리나라에서 제일가지만 백성들이 살기에는 어려움이 많고 화려한 것을 숭상하지 않는 풍속이 있었기에 관가에서 말고는 그 경내에 음악 소리가 들린 적이 전혀 없었다. 그런데 경운이 전주에 와서 살고부터 이곳 사람들은 그의 음악을 듣고 모두들 즐거워하게 되어 밀려오는 파도인 양 잔뜩 몰려들었다. 손님이 찾아올 때마다 경운은 비록 무슨 일을 하던 중이더라도 어김없이 서둘러 그만두고 비파를 가져오는 것이었다. 그의 말은 이러했다.

"쇤네같이 하찮은 것을 귀하께서 좋게 보아 주시는 이유는 쇤네의 손에 있습지요. 쇤네 어찌 감히 손을 더디 놀릴 수 있겠으며 쇤네 어찌 감히 마음을 다하지 않을 수 있겠습니까?"

그러고는 곡조를 갖추어 비파를 타기 시작하여, 듣는 사람의 마음이 흡족하게 되었다는 것을 알고서야 연주를 끝냈다. 비록 별 볼 일 없는 하인 같은 사람들이 찾아와도 이렇게 응대하지 않는 경우가 없었다. 이러기를 20여 년에 이르도록 게을리하지 않았으니 이로써 전주 사람들의 마음을 기쁘게 해 줄 수 있었다. 전주 사람들은 이렇게 말했다.

"전주는 큰 도회지라 인물도 적지 않은데 사람들 하나하나마다 그 마음을 다해 기쁘게 해 주다니, 송경운은 아마 보통 사람은 아닐 것이야."

항상 수십 명의 제자를 거느리고 있었는데, 그 행동거지의 범절이나 스승을 사랑하고 존경하는 방식은 유교에서 인륜을 가르치는 경우와 다름이 없었다. 그래서 그의 명성은 나이가 들수록 더욱 성대해졌다. 근방의 고을 수령이나 절도사 등이 틈을 보아 먼저 데려가려고 다툴 지경이었으므로 그가 집에 있는 경우는 드물었다.

언젠가 그와 함께 음악 이야기를 한 적이 있었는데, 경운은 이런 말을 했다.

"비파는 옛 곡조와 요즘 곡조가 다른데, 지금 사람은 대체로 옛 곡조를 내치고 요즘 곡조를 숭상하고 있지요. 유독 저는 옛 곡조에 뜻을 두고 있습니다. 그래서 소리를 낼 때 전부 옛 곡조로 채우고 요즘 곡조가 끼어들지 못하게 하면 저의 마음에 흡족하고 이야말로 음악답다고 여겨집니다. 그렇게 하여 조급하지도 천박하지도 않으며 넉넉하게 여유가 있는 소리를 낸다면 말세의 사악한 소리를 씻어 내고 저 훌륭한 옛날의 바른 음악을 회복할 수 있을 것 같고, 내 평생을 그런 음악을 하여 후세까지 전하는 것이 마땅하다고 생각하고 있습니다. 그렇지만 저의 연주를 듣는 이들은 모두가 평범한 사람들인지라 그렇게 연주를 하면 그다지 기뻐하지도 않고 잘 이해를 못해 즐거워하지 않더군요. 가만히 생각해 보니 음악에서 중요한 건 사람을 기쁘게 하는 일인데 만약 음악을 듣고도 즐겁지 않다면 비록 안회(顔回)나 증점(曾點)이 여기서 거문고를 연주한다 한들* 또한 사람들에게 무슨 유익함이 있겠는가 싶습니다. 이 때문에 저는 다만 저의 곡조를 변주하여 요즘 곡조를 간간이 섞음으로써 사람들이 기뻐할 수 있도록 만들었습니다."

– 이기발, 「송경운전」

* 무심자 : 이 글의 작가인 이기발의 호(號)
* 얼음 고개 : 전라북도 전주에 있는 한 지역의 명칭
* "강호에 ~ 갚고 갈까 하노라." : 조선 중기의 문신 정구가 쓴 시조
* 악사 : 음악가를 이르는 말. 혹은 조선 시대 아악서(雅樂署)・전악서(典樂署)・장악원(掌樂院)의 악공(樂工)이나 악생(樂生) 중에서 우두머리 구실을 하였던 원로 음악인들로서 잡직(雜職)을 담당하였던 벼슬아치를 가리키는 말
* 사과 : 정6품 무관직. 송경운은 임진왜란 무렵 군공을 세워 노비 신분에서 벗어나 무인의 지위를 획득했음.
* 궁가 : 대원군, 왕자군, 공주, 옹주 등 왕족이 사는 집
* 안회나 ~ 한들 : 안회와 증점은 공자의 제자로서 곤궁하게 지내면서도 거문고를 타며 도를 즐긴 사람들임. 여기서는 고매한 정신으로 거문고를 연주하지만 평범한 청중에게 다가가지 못하는 상황을 비유함.

19 [A]의 말하기 방식을 서술하시오.

_____

20 무심자와의 대화에서 드러난 송경운의 예술관은 작품의 주제들과 연관된다. 〈보기〉는 송경운의 발화에서 알 수 있는 그의 예술관을 기록한 것이다. 〈보기〉의 ①~③에 들어갈 적절한 말을 쓰시오.

┤ 보기 ├

　　바른 음악은 (　　①　　)에 있으므로 이를 잘 지켜 후세에 전해야 한다. 그러나 음악에서 중요한 것은 사람을 (　　②　　) 하는 것이다. 따라서 오늘날 사람들이 옛 곡조를 멀리하고 요즘 곡조를 즐긴다면 오늘날 사람들의 취향에 맞춰 곡조에 (　　③　　)을/를 줄 필요가 있다.

①: _____

②: _____

③: _____

21 〈보기〉는 송경운과 유우춘의 음악관을 비교한 것이다. 〈보기〉의 ①에 들어갈 적절한 내용을 쓰시오.

┤ 보기 ├

구분	송경운	유우춘
문제 상황	스스로 옳다고 생각하는 바른 음악은 대중들과의 괴리가 있다. (예술적 이상과 대중들의 취향에 괴리가 있음)	
문제 상황에 대한 반응	음악에서 중요한 것은 사람을 기쁘게 하는 것이 므로 사람들의 취향에 맞춰 음악에 변화를 줘야 한다.	자신이 옳다고 생각하는 음악을 지키려 하면서 훌륭한 음악을 이해하지 못하는 사람들의 낮은 취향과 안목을 비판한다.
바라는 것	자신의 음악으로 사람들을 기쁘게 해 주기를 바 란다.	(①)

PART

4

독서

PART 4 독서

개념 CHECK

1 독해의 준비 단계

(1) 많이 읽기

독해는 글을 효과적으로 이해하고 분석하는 능력을 요구하므로, 평소에 얼마나 많은 독서를 하는가가 중요하다. 또한 정확한 사실적 이해를 통해 글의 중심 내용을 파악해야 하기 때문에, 정독을 통해 제대로 읽고 이해할 수 있는 훈련이 필요하다.

(2) 다양하게 읽기

배경지식의 유무는 글을 이해하는 데 많은 영향을 미치므로, 평소에 다양한 주제의 글을 읽는 것이 중요하다. 과학, 역사, 예술 등 다양한 주제의 글을 읽고 핵심 내용을 파악해 보는 것이 좋다.

2 독해의 요령

글을 읽을 때는 글의 구조와 흐름을 파악하며 읽는 것이 중요하다. 이를 위한 기초적인 작업은 다음과 같다.

첫째, 그 글의 종류(문학작품, 신문기사, 학술논문 등)를 아는 것

둘째, 지시어가 가리키는 게 무엇인지 정확하게 해석하는 것

   (예 <u>예쁜 꽃</u>이 활짝 피어 있었다. <u>그것</u>은 장미였다.)

(1) 어휘 풀이

글에 나오는 기본적인 어휘를 확실히 이해하는 것이 중요하므로, 반드시 국어사전을 이용하여 어휘의 정확한 뜻을 알아야 한다.

(2) 문맥 파악

각각의 문장은 독립되어 존재하는 것이 아니라 앞뒤의 문장들과 함께 이어져 있기 때문에, 문맥에 있어 각 문장이 뜻하는 바를 바르게 파악하려면 앞뒤의 문장들을 참고하여야 한다. 그리고 그 글의 종류에 따라 문맥 파악이 달라질 수 있다.

(3) 문단 나누기

글이 몇 개의 큰 덩어리로 이루어져 있는지를 알아낸다. 하나의 큰 덩어리 안에 작은 덩어리들이 있을 수 있다. 한 문단의 중심 생각은 하나이므로, 문단 나누기를 통해 글의 내용 정리가 쉬워질 수 있다.

(4) 대의 간추리기

글 전체에서 나타나는 큰 뜻을 파악한다.

(5) 요지 · 주제 설정

대의를 염두에 두고 각 문단의 요지(소주제)를 설정한다. 각 문단의 요지 설정이 끝난 후 글 전체의 주제를 설정한다.

① 핵심어 찾기 : 핵심어라고 생각되는 단어에 밑줄을 그으며 읽으면 문단의 내용을 빠르게 파악할 수 있다.

② 한 문단을 한 문장으로 요약하기 : 각 문단의 핵심어를 통해 한 문장으로 요약해 보면 글의 중심 내용을 파악할 수 있다.

※ 대의와 주제의 차이 : 대의는 그 글의 대강의 뜻이며, 주제는 그 글의 제목이 될 만한 핵심적인 단어나 문구를 말한다. (주제와 실제 제목이 다른 경우가 많으므로 주의한다.)

(6) 의도 알아내기

지은이가 그 글을 쓴 근본적인 의도를 찾아낸다. 이것은 글 가운데 명시되기도 하고, 그렇지 않기도 하다. 각 단원의 핵심어 찾기에서 기초적인 훈련을 할 수 있다.

주요 작품 약술형 논술

Ⅰ 인문 · 예술

※ 다음 글을 읽고 물음에 답하시오. (1~3)

▶ 정답 · 해설 p.22

현대성의 창시자로 불리는 시인이자 미술 평론가인 샤를 보들레르는 스물네 살에 「1845년 미술전」을 발표하며 미술 평론가로 데뷔했다. 그는 동시대 화가인 들라크루아를 지지한 것으로 유명하다. 들라크루아의 그림은 당시 주류 아카데미 화풍과는 조금 다른 것이었다. 신화와 역사의 소재를 기계적으로 반복하여 묘사한 아카데미의 정형화된 화풍에 염증을 느끼던 보들레르는 들라크루아의 거침없는 표현주의 기법과 상상력을 높이 평가하며 '들라크루아의 상상력! 그의 상상력이야말로 심오한 종교의 영역에까지 상승하는 것을 결코 두려워한 적이 없다. 하늘이 그의 것이라면 지옥과 전쟁도 그의 것이며, 낙원의 순수함뿐 아니라 음욕까지도 그에게 속한다. 이것이 바로 화가와 시인의 전형적 타입이 아닌가.'라는 말을 남겼다. 회화도 시와 마찬가지로 단순히 대상을 묘사하는 것이 아니라 간결하게 본질을 드러내는 것이 진정한 예술이라 평가한 것이다.

당시의 주류 미술은 부르주아가 지지하는 파리의 살롱을 중심으로 펼쳐졌다. 살롱전은 고전적이고 보수적인 분위기로 르네상스 이후 주류 미술이 지향하던 고전적 아름다움을 신화나 역사를 통해 구현하는 작품이 주를 이루었고 그에 반하는 젊은 작가들은 입선하기 어려웠다. 보들레르는 '현대 생활의 영웅주의'라는 개념을 주창하며 죽은 과거의 영웅을 그릴 것이 아니라 현시대를 살고 있는 주변의 영웅들을 예술에 담아야 한다고 주장했다. 그는 현대 도시 생활의 복잡성과 다양성에서 아름다움과 영웅주의를 발견하고 이를 통해 일상적인 삶 속에서도 예술적 가치를 찾아야 한다고 주장했다. 이렇게 서양 미술사에 '현대성'이라는 개념이 등장하게 된다. 보들레르는 『현대적 삶의 화가』라는 저서에서 자신의 현대성을 '일시적이고 덧없으며 우연한 것으로 예술의 절반을 이루는 것, 그 나머지 절반은 영원하고 불변한 것'이라고 정의한다.

기존 아카데미 미술은 아름다움의 근본을 고대 그리스에 두었으며 조화와 균형을 강조하는 고전미술을 탐구하였다. 그러나 보들레르의 현대성은 변화와 순간성, 현대 도시의 다층적인 측면을 탐구함으로써, 고전미술에 반발하였다. 그의 이런 사상은 당시 싹을 틔우고 있으나 주류 미술에 편입하지 못하던 인상파 화가들에게 큰 지지를 받았다.

대표적인 인상파 화가인 마네 또한 보들레르의 지지자 중 하나로 그가 최초로 도시 생활을 그린 「튈르리 공원의 음악회」에는 보들레르의 얼굴이 그려져 있다. 또한 마네 자신의 얼굴도 산책하며 주변을 관찰하는 '플라뇌르'로 등장하는데 이 또한 플라뇌르로서 주변을 관찰하여 받은 인상을 빠르게 그려 내길 추천한 보들레르와 연결되어 있다. 지금은 인상주의의 대표 화가로 기억되는 마네이지만 당시 그는 「풀밭 위의 점심」과 「올랭피아」가 발표된 후 엄청난 혹평과 비난에 시달렸다.

「올랭피아」는 조르조네의 「잠자는 비너스」, 티치아노의 「우르비노의 비너스」에의 누드와 유사한 포즈를 취한 여성을 그림으로써 거장의 작품을 차용하면서 차이를 드러내 문제를 부각시킨다. 고전 누드는 인체의 이상적 비율을 강조하고 조르조네와 티치아노가 비너스를 제목으로 붙인 것처럼 주로 여신의 이름을 붙인다. 시선은 눈을 감거나 다른 곳을 바라보고 있으며 비너스 푸디카라 칭하는 포즈를 취한다. 비너스 푸디카란 라틴어로 정숙한 비너스라는 뜻으로 손으로 가슴과 음부를 가리고 있는 포즈를 뜻한다. 그러나 마네의 「올랭피아」의 여인은 8등신과는 거리가 있는 현실적인 몸매이며 제목으로 쓰인 이름은 여신의 이름이 아닌 그 당시 매춘부들이 많이 쓰던 이름이다. 시선은 정면을 도발적으로 바라보고 있으며 손은 자연스럽게 늘어뜨리고 있다고 볼 수 있다. 기법 또한 원근법이 무시되어 흰 피부가 평면적으로 그려져 있다. 검은 고양이, 흑인 하녀가 들고 있는 꽃다발, 머리에 꽂은 난초 등이 그녀가 매춘부임을 나타내고 있는데 이는 당시 부르주아의 대표적인 위선 사례인 매춘을 폭로하고 비판하는 것이었다.

– 「보들레르와 마네」

01 제시문을 읽고 보들레르가 제시한 '현대 생활의 영웅주의'가 무엇인지 1~2줄 내외로 서술하시오.

_____

_____

02 〈보기〉의 ①과 ②에 들어갈 알맞은 말을 제시문에서 찾아 쓰시오.

┤ 보기 ├

보들레르가 서양 미술사에 등장시킨 (①   )은/는 이후 고전적 아름다움을 중시하던 아카데미 미술에 맞서던 마네와 같은 (②   ) 화가들에게 큰 영향을 주었다.

① : _____

② : _____

03 제시문에서 마네의 「올랭피아」가 현대성을 가지고 있다고 평가할 수 있는 특징을 찾아 두 가지 이상 쓰시오.

① : _____

② : _____

※ 다음 글을 읽고 물음에 답하시오. (4~6)

● 정답·해설 p.22

〈봉래의(鳳來儀)〉는 1445년 세종의 명으로 만들어진 조선의 정재(呈才)이다. 정재란 고려와 조선 시대 궁중의 의식이나 연회에서 공연되던 기악, 춤, 노래가 어우러진 일종의 종합 예술이다. 조선 건국 초기에는 왕실을 위한 정재가 아직 자리 잡지 못했는데 세종이 이를 정비하는 과정에서 만들어진 것으로 알려져 있다. 현존하는 악보 중에 가장 오래된 악보인『세종실록악보(世宗實錄樂譜)』에 〈봉래의〉의 공연 순차와 음악의 악보인 정간보가 실려 있고 성종 때의 궁중 음악서인『악학궤범(樂學軌範)』에 춤사위에 대한 명칭과 대형 등이 기록되어 있다.

〈봉래의〉는 '전인자'-'여민락'-'치화평'-'취풍형'-'후인자'로 구성되어 있다. 전인자는 〈봉래의〉의 시작을 알리는 부분으로 죽간자를 든 사람이 춤을 추며 나와 진구호를 부른다. 진구호는 한시로 된 구호로 정재의 의미를 예고하는 내용이다. 죽간자를 든 사람은 진구호를 부른 후 춤을 추며 물러가고 무기들이 춤을 추며 나아갔다 춤을 추며 물러난다. 전인자에는 노래는 없고 관현악곡으로만 연주된다. 〈봉래의〉의 중심은 여민락, 치화평, 취풍형이라 할 수 있는데 각각 서두, 본론, 돌장으로 나뉘어 순서대로 공연된다. 이 부분에서는 악공들이 좌우로 배열되고 무용수가 춤을 추며 기녀와 정재에 참여한 모두「용비어천가(龍飛御天歌)」를 부른다. 후인자는 전인자와 마찬가지로 죽간자를 든 사람이 나오는데 구성은 전인자와 마찬가지이고 정재를 마무리하는 의미의 퇴구호를 부른다. 〈봉래의〉의 음악은 월금, 당비파, 향비파, 향피리, 대금, 장구 등으로 연주되었다.

〈봉래의〉의 가사인「용비어천가」는 세종 대왕이 훈민정음을 창제한 뒤 훈민정음을 시험하기 위해 권제와 정인지, 안지 등에게 맡겨 편찬한 서사시로 처음부터 궁중 연향을 염두에 두고 만들어졌다. 조선 왕조 건국의 정당성을 선전하고 찬양하는 내용인데 워낙 방대한 분량이기 때문에 〈봉래의〉는 그 일부만 발췌하여 불렀다. 여민락에서는 한문가사로 노래하고 치화평과 취풍형에서는 국문가사로 노래한다. 서두에서는 춤 없이 노래만 불렀고 본론에서는 무용수들이 대형을 갖추어 춤을 추며 불렀고 돌장에서는 대형을 이동하며 불렀다.

〈봉래의〉의 춤은 각 장에서 한 가지 대형으로만 추었다. 여민락에서는 둘씩 마주 본 여섯 쌍이 두 쌍씩 두 줄의 대형을 이루어 추었고 치화평에서는 동서남북에 각각 무용수 두 명씩 서 있다가 차례로 돌아가면서 북쪽에서 춤을 추었다. 취풍형에서는 둘씩 마주 본 무용수들이 일렬로 늘어서서 춤을 추었다. 각각의 대형에서 북쪽을 향해 추는 북향무, 서로 마주 보고 추는 대무, 서로 등을 맞대고 추는 배무를 모두 추고 대형이 바뀔 때는 모든 무용수들이 원을 그리며 춤추는 회무를 춘다. 춤사위의 이름이나 대형은 남아 있지만 춤사위 묘사나 회무의 이동 과정은 문헌에 남아 있지 않아 알 수 없다.

〈봉래의〉는 세종 대왕의「용비어천가」의 내용을 통해 세종 대왕의 정치적 이상향을 보여 줄 뿐 아니라 조선 초기 궁중 문화의 발전을 보여 준다. 세종 대왕 이후에도 여러 궁중 행사에서 공연되었으나 아쉽게도 지금은 일부 문헌의 내용으로만 그 흔적을 짐작해 볼 수 있고 정확한 반주 음악이나 춤사위는 알 수 없어 전통문화 보존의 어려움을 알게 하는 사례로도 볼 수 있다. 최근 국립국악원이 남아 있는 문헌의 내용으로 〈봉래의〉를 복원하기 위해 노력하고 있으며 2007년과 2023년에 복원한 정재를 무대에 올린 일이 있다.

- 「봉래의」

04 〈보기〉의 ①, ②에 들어갈 적절한 말을 제시문에서 찾아 쓰시오.

┤ 보기 ├

　〈봉래의〉의 전인자는 죽간자를 든 사람이 나와 정재의 의미를 예고하는 한시 구호인 (　　①　　)
을/를 불렀고 (　　②　　)은/는 정재를 마무리하는 내용의 한시 구호인 퇴구호를 불렀다.

① : ＿＿＿＿＿＿＿＿＿＿＿＿＿

② : ＿＿＿＿＿＿＿＿＿＿＿＿＿

05 〈봉래의〉는 규모가 너무 방대하여 후세까지 온전히 전해 내려오지 못해 전통문화 보존의 어려움을
보여 주는 사례로 꼽힌다. 〈봉래의〉에 대한 내용이 남아 있는 문헌 두 가지를 제시문에서 찾아 쓰시오.

① : ＿＿＿＿＿＿＿＿＿＿＿＿＿

② : ＿＿＿＿＿＿＿＿＿＿＿＿＿

06 〈보기〉에서 설명하는 것이 무엇인지 제시문에서 찾아 쓰시오.

┤ 보기 ├

　조선 초기 세종 27년에 편찬되어 세종 29년에 발간된 악장 · 서사시로 궁중 연향을 염두에 두고 만들어졌
다. 세종 대왕이 훈민정음을 창제한 뒤 이를 시험하기 위해 만들어진 것으로 훈민정음으로 쓰인 최초의 책
이며 한글 반포 전에 지어진 하나뿐인 한글 작품이다. 제목은 용(임금)이 날아올라 하늘을 다스린다는 뜻으
로 조선 왕조 건국을 찬양하고 왕조의 안녕을 기원하는 내용을 담고 있다.

＿＿＿＿＿＿＿＿＿＿＿＿＿＿＿＿＿＿＿＿＿＿＿

※ 다음 글을 읽고 물음에 답하시오. (7~9)

◉ 정답·해설 p.23

문명 발생 이후 인류는 물질문명의 축적을 위해 산업화에 몰두한 결과 현대 사회에 이르러 물질적 풍요를 이루었으나 생태계 파괴, 기후 변화 등의 엄청난 환경 문제를 대면하게 되었다. 이는 전 인류가 당면한 문제로 이런 환경 문제를 해결하기 위해 그동안 다양한 방법이 논의되어 왔는데 크게 세 가지로 분류해서 살펴볼 수 있다. 먼저 환경 관리주의가 있다. 이는 인간이 자연환경을 관리할 수 있다는 입장으로 인간이 자연환경보다 우위에 있음을 전제로 하고 있다. 인간이 기술을 발전시키고 제도를 개선함으로써 환경을 통제하고 관리하면 문제를 해결할 수 있다고 본 것이다. 이와 다르게 사회 생태주의는 환경 문제의 원인을 사회 구조에서 찾고 있는데 이때의 사회 구조는 필연적으로 우리가 살고 있는 사회 지배 구조인 자본주의와 연결된다. 반자본주의 투쟁을 통해 사회를 변혁해서 인간이 자연을 지배하는 구조를 전복시키고 인간과 자연이 공존할 수 있는 새로운 공동체를 만들어야 환경 문제를 해결할 수 있다고 보는 것이다. 마지막으로 근본 생태주의는 인간과 자연을 분리하여 한쪽이 우위를 가지고 사용하고 소유하는 개념으로 보는 것이 문제의 본질이라고 생각한다. 인간과 자연은 분리된 것이 아니라 상호 의존적인 관계이며 인간과 마찬가지로 자연도 고유의 생명권이 있다는 인식하에 인간의 삶을 자연친화적으로 변화시켜야 한다고 주장한다. 인간과 자연은 유기적으로 연결되어 있으므로 의식이나 삶의 작은 변화가 생태계 전체에 변화를 만들 수 있다고 생각한 것이다.

질 들뢰즈와 철학 콤비로 유명한 펠릭스 가타리(1930~1992)는 기존의 생태 운동이 자연을 중심으로 한 환경 문제에 국한된 것에 의문과 불만을 품어 왔으며 세 가지 중 어느 방법으로도 환경 파괴와 그로 인한 현대 사회의 문제점들을 해결할 수 없다고 판단하여 생태 철학을 주장했다. 그는 생태 철학을 환경 생태학, 사회 생태학, 정신 생태학으로 제시하는데 각각 환경 관리주의, 사회 생태주의, 근본 생태주의에 대응하는 개념이라고 볼 수 있다. 그는 이 세 가지 개념을 접합하여 자연, 사회, 인간의 영역이 변혁을 이룩해야 하며 그러기 위해서는 주체성을 새롭게 만들어야 한다고 주장하였다.

주체성이란 인간 고유의 특성으로 인간의 자유로운 의식, 신체, 자주적 결정권을 기반으로 한다. 주류 사회학에 따르면 개인이 주체성을 획득하는 과정은 사회가 요구하는 역할들을 하나씩 해 나감으로써 이루어진다. 사회가 요구하는 역할에서 벗어날 경우 사회는 개인을 억압하거나 심지어 격리, 처벌한다. 가타리는 이런 식의 주체 생산을 강하게 비판하였다. 사회의 요구에 따른 주체성은 공장에서 똑같은 물품을 대량 생산하는 것처럼 개인의 차이가 없는 동질 주체성을 생산할 뿐이라는 것이다. 그에게 있어 주체성 형성은 사회의 동질적 요소에 의해 영향을 받아 형성되는 것도 사실이지만 그와 더불어 개인마다의 다른 환경과 경험 등 이질적 요소에 의해서도 형성되는 것이었다. 그는 동질적 요소로 똑같은 주체성이 생산되는 것을 동질 발생, 이질적 요소로 다양한 주체성이 생산되는 것을 이질 발생이라고 명명하여 구분하였다.

그가 생각하기에 현대 자본주의 사회는 매스 미디어 등을 통하여 물질 지향적, 소비 지향적 욕구를 자극시키고 똑같은 욕구를 가진 주체성을 동질 발생시킬 뿐 아니라 이질 발생된 주체성은 억압하고 차별하는 사회이다. 가타리의 생태 철학에 따르면 동질적인 주체로는 환경 문제를 해결할 수 없다. 환경 관리주의자들이 주장하는 것처럼 환경을 위한 획기적인 기술과 제도를 만든다고 해도 그것을 사용하는 주체가 그대로인 한 그 역시 자본주의적 도구로 전락할 뿐이다. 그렇다고 근본 생태주의자들이 주장하는 것처럼 인간이 욕망을 버리고 자연친화적인 삶을 살아야 한다고 생각하지도 않았다. 욕망 자체는 잘못이 없으며 오히려 생산성과 창조성의 원동력이 된다. 단지 그 욕망이 동질 주체가 가진 자본주의적 욕망이 아니라 이질적인 다양한 주체가 가지는 다양한 욕망이어야 한다는 것이 그의 생각이었다. 그 새로운 욕망으로 자본주의적 욕망을 전복해야 한다는 것이다.

이처럼 가타리는 환경 문제 해결을 위해서는 새로운 주체성을 끊임없이 생산해야 한다고 보았다. 자신이 타인과는 다른 사람임을 인식하고 차이를 인정하며 자신 안에서 또 다른 이질 주체성을 생산하기 위해 계속해서 자신을 새롭게 구성하고 인식해야 한다고 주장하였고 이를 '다르게 되기'라고 칭했다. '다르게 되기'는 고정된 정체성에 저항하고 새로운 주체성을 만들어 내는 과정을 강조함으로써 기존 질서에 도전하고 차이를 생성하는 생태 민주주의의 핵심 전략이다. 가타리에게 있어 생태주의적인 삶이란 자연과 사회, 인간이 유기적으로 연동되어 있음을 알고 인간이 자연으로 회귀하지도 않으나 자본주의 시스템에 함몰되지도 않으며 새로운 공감과 연대 속에 고정된 정체성에서 해방되는 삶이다.

– 「생태 철학」

07 가타리 이전 환경 문제를 바라보는 세 가지 관점이 있었는데 그는 이 세 가지 모두 문제를 해결하기에는 한계가 있다고 생각하여 세 가지를 접목하고 발전시킨 생태 철학을 주장한다. 앞의 세 가지 관점이 무엇인지 제시문에서 찾아 쓰시오.

①: _____

②: _____

③: _____

08 가타리는 주체성 발생을 두 가지로 구분하였다. 〈보기〉의 ①, ②에 들어갈 알맞은 말을 제시문에서 찾아 쓰시오.

| 보기 |

(①)	(②)
• 동질적 요소에 의해 발생함	• 이질적 요소에 의해 발생함
• 동질적 주체성	• 다양한 주체성
• 자본주의적	• 반자본주의적
• 환경 문제 해결 불가능	• 환경 문제 해결 가능

①: _____

②: _____

09 가타리는 환경 문제 해결을 위해서 끊임없이 새로운 주체성을 생산시켜야 한다고 주장하였다. 이를 실천하기 위한 방법으로 제시한 것이 무엇인지 제시문에서 찾아 쓰시오.

_____

※ 다음 글을 읽고 물음에 답하시오. (10~12)

정답·해설 p.23

르네상스 이후 서양 문명은 근대화에 성공하면서 대량 생산으로 많은 자원과 재화를 축적할 수 있었다. 수요보다 공급이 많아지자 생산된 잉여 자원을 판매할 더 넓은 시장이 필요해진 유럽 열강은 유럽 밖 지역으로 진출하고자 했으며 그 과정에서 조선에도 외세의 문명이 유입되기 시작하였다. 당시 조선은 오랫동안 이어지던 부패한 세도 정치가 고종 즉위로 마무리되고 개혁의 필요성이 대두되던 시점이었다. 일부 지식인들은 서양의 과학 기술을 받아들이는 것이 조선 근대화의 지름길이라 생각했으나 모두가 그에 동의한 것은 아니었다.

조선은 성리학을 기반으로 건국된 나라로 당시 유림들은 성리학의 가치를 최우선으로 생각했다. 성리학은 우주만물이 원리로서의 이(理)와 질료로서의 기(氣)로 이루어진다고 보았다. 이(理)는 인간이라면 응당 가지고 있는 선한 본성이고 기(氣)는 이(理)와 상명하복의 관계로 이(理)의 선을 드러내는 도구적인 것으로 군자는 본질인 이(理)를 보존할 뿐 아니라 그러기 위해서 기(氣)를 맑게 수련해야 한다고 주장했다. 조선 후기 대표적인 성리학자인 이항로(1792~1868)는 이러한 성리학을 기반으로 서양 문물의 유입을 반대하는 위정척사운동을 벌였다. 위정은 성리학의 정신을 바르게 지키자는 것이고 척사는 사악함을 배척하자는 것으로 여기서 사악함이란 서양 문물을 뜻한다. 위정척사운동은 서양의 과학 기술이 이(理)를 모르는 채 기(氣)만 중시하는 것으로 인간으로서의 기본적 예를 모르는 금수와 같은 학문이니 멀리해야 한다고 주장하는 반외세 운동이었다.

이에 반대하는 입장에 선 대표적 인물로는 박은식(1859~1925)을 들 수 있다. 그는 조선의 근대화를 위해서는 서양의 과학 문명을 적극적으로 받아들여야 한다고 생각했다. 당대의 상황은 강대국이 약소국을 식민지 삼아 가던 시대였다. 그는 조국이 식민지화되지 않으려면 나라의 힘을 키우는 것이 중요하며 실질적인 풍요를 이루기 위해서는 과학 기술을 익히는 것이 필수라고 보았다. 부강한 나라를 만들기 위해서는 물질문명이 필수불가결함을 인정하고 물질문명을 이루기 위해서는 서양의 과학 기술을 학문의 중심으로 두고 연구해야 함을 인식한 것이다. 따라서 나라를 염려하는 청년이라면 마땅히 과학 기술을 익히는 것에 힘써야 하고 그 방법은 기존 성리학 연구에서 보이는 형이상학적이며 추상적인 연구가 아닌 경험적이고 실질적인 실험 실습이어야 함을 강조하였다.

그러나 박은식 역시 맹목적인 서구화는 견지하였다. 서양 문물을 받아들이는 것이 서구의 침략주의를 받아들이는 것이 될 수도 있으므로 주체성을 잃어버리지 않기 위해서는 기술을 받아들일 철학이 필요하고 그 철학은 과학 기술과는 달리 우리 고유의 것이어야 한다고 생각했다. 이전까지의 주류 철학이던 주자의 성리학은 추상적이고 복잡하여 이해하고 행하기 쉽지 않다고 생각한 박은식은 누구나 쉽게 따를 수 있는 양명학을 내세웠다. 양명학에서는 '양지'라는 개념을 설명하는데 양지란 모두가 가지고 있는 것으로 어떤 고정된 답이 아니라 때마다의 상황에 따라 옳고 그름을 판단할 수 있는 능력을 뜻한다. 박은식은 서양의 과학 기술의 수용 역시 양지의 기준을 따라야 한다고 보았다.

박은식은 누구나 가지고 있는 양지를 바르게 실현하면 대인이 될 수 있으며 대인의 경지에 이르면 자신과 외부의 타자 혹은 사물도 하나로 여기는 만물일체의 단계로 나아갈 수 있다고 보았다. 이는 자신의 양지가 외부까지 미치는 것으로 확장하면 국가와 민족뿐 아니라 전 인류를 아우를 수 있는 것이었다. 이를 대동 사회라 한다. 박은식이 주장한 양명학은 기존의 유교적 사상을 현대적으로 재해석하여 근대화로 나아가는 변화하는 세상에 적응하고 발전할 수 있는 새로운 가치관을 제시한 것이다.

– 「이항로와 박은식」

10 〈보기〉의 ①, ②에 들어갈 알맞은 말을 제시문에서 찾아 쓰시오.

┤ 보기 ├

　　조선 후기의 학자인 이항로는 '위정척사(衛正斥邪)' 사상의 대표적 인물로 평가된다. 여기서 위정(衛正)은 (　　　①　　　)의 정신을 바로 세우자는 것이고 척사(斥邪)는 사악한 (　　　②　　　)을/를 배척하자는 것이다.

①: _____

②: _____

11 박은식은 나라의 부강을 위해서는 서양의 과학 기술을 받아들여야 한다고 생각했지만 맹목적인 서구화는 견지하였다. 그 이유를 1~2줄 내외로 서술하시오.

_____

_____

12 박은식이 주장한 양명학의 의의를 나타내는 문장을 제시문에서 찾아 첫 어절과 마지막 어절을 쓰시오.

첫 어절 : _____ ,　마지막 어절 : _____

※ 다음 글을 읽고 물음에 답하시오. (13~14)   ◉ 정답·해설 p.23

　　시간과 공간을 뜻하는 고대 희랍어를 어원으로 삼고 있는 크로노토프(Chronotope)라는 용어는 글자만 본다면 시공간을 의미하지만 시간과 공간의 단순한 결합이 아니라 이들이 긴밀하게 융합하고 상호 작용하며 의미를 확장해 가는 것을 뜻한다. 이 개념을 처음 사용한 것은 독일의 철학자 칸트이지만 러시아 이론가인 미하일 바흐친에 이르러 문학과 예술을 이해하는 이론으로 정립되었다. 시계추가 좌우로 움직이는 괘종시계를 생각해 보자. 추의 움직임은 시간이 흐르고 있다는 것을 의미하지만 단독으로 시간만 흐르는 것은 아니고 실재하는 공간 속에서의 실질적인 움직임과 연관되어 있다. 이때의 시간과 공간은 따로 떨어뜨려 생각할 수 없는 것이며 또한 이 시계가 어떤 공간에 놓여 있느냐, 그 공간에서 얼마나 시간이 흘렀느냐에 따라 이 장면을 상상하는 우리가 받는 인상은 변화하고 확장될 수 있다. 이와 같이 예술 작품을 이해할 때 시간과 공간은 결합하여 새로운 의미를 생성하며 전체적인 예술 작품 이해에 있어 결정적 역할을 한다.

　　바흐친은 이런 개념을 통해 문학이나 연극 등의 예술 작품을 이해하는 데 있어 시간과 공간이 단순한 배경이 아니라 작품의 구조와 의미를 형성하는 데 핵심적인 역할을 한다고 보았다. 우리가 익히 알고 있는 셰익스피어의 「로미오와 줄리엣」을 크로노토프 개념으로 이해해 보자. 작품의 공간은 베로나라는 도시이고 작품 속의 시간적 배경은 불과 짧은 며칠이다. 베로나라는 특정 공간에서 두 가문은 갈등을 빚고 있다는 작품 안에서의 설정뿐 아니라 도시가 가지고 있는 아름다움은 주인공들의 사랑에 낭만성을 한층 더 부여한다. 시간적으로는 불과 며칠 안에 두 연인이 사랑에 빠지고 죽음에 이르는 사건이 빠르게 일어남으로써 금지된 사랑에 대한 긴장감과 절박함을 더한다. 이 공간적·시간적 요소는 각기 기계적으로 결합하는 것이 아니라 이야기 구성에 결정적 요소로 기능하며 두 연인의 비극적인 사랑 이야기를 풍요롭게 감상하고 이해할 수 있게 만든다.

　　이를 단지 희곡이 아니라 연극 무대에 올린다고 하면 크로노토프는 더욱 다중적으로 작용한다. 언어로만 이루어진 소설과는 달리 연극 무대 위에 실제로 설치된 줄리엣의 성과 달밤을 재현한 세트는 명시적으로는 줄리엣의 거처와 밤이라는 시간적 공간을 나타냄과 동시에 로미오가 땅에서 올려다보는 줄리엣의 창의 높이는 두 연인이 이루어지기 힘든 사랑의 거리를 보여 주고 어두운 밤에도 비추는 달은 그럼에도 불구한 그들의 애틋한 마음의 낭만성을 부각시킨다. 이러한 크로노토프는 극 밖으로까지 확장될 수도 있다. 관객이 극을 감상하는 극장의 공간적 특성과 극을 보고 있는 시각적 특성 또한 작품과 융합될 수 있다. 작품 외적인 요소와 결합하면서 또 다른 의미를 생성하며 새로운 크로노토프를 환기시킬 수 있는 것이다. 이렇게 크로노토프는 작품 밖에서까지 확장될 수 있고 이는 개개인의 경험과 배경지식과도 상호 작용하며 보편성을 넘어 개별적 감상까지 가능하게 한다.

－「크로노토프」

13 〈보기〉는 제시문을 읽고 이해한 내용이다. 〈보기〉의 ①, ②에 들어갈 알맞은 말을 제시문에서 찾아 쓰시오.

┤ 보기 ├

　　이전에는 인물이나 사건이 중요하고 (　　①　　)(이)나 (　　②　　)은/는 단순한 배경이라고만 생각했는데 크로노토프에 대해 알고 나니 (　　①　　)와/과 (　　②　　)이/가 작품을 이해하는 데 중요한 역할을 한다는 걸 알게 되었어. 또한 (　　①　　)와/과 (　　②　　)이/가 단순히 결합되어 있는 것이 아니라 융합하고 상호 작용하며 작품에 풍부한 의미를 불러일으킨다는 것도 알게 되었어.

① : _____

② : _____

14 제시문에서 예시로 사용한 셰익스피어의 「로미오와 줄리엣」에서 크로노토프로 작용하는 것을 찾아 두 가지 이상 쓰시오.

① : _____

② : _____

Ⅱ 사회·문화

※ 다음 글을 읽고 물음에 답하시오. (1~3)   ▶ 정답·해설 p.24

기업의 시장지배적 지위 남용 및 독점을 막고, 부당 공동 행위 및 불공정 거래를 규제하기 위해 만든 법률이 공정 거래법이다. 해당 법률은 공정하고 자유로운 경쟁을 촉진하여 기업 활동을 조장하고 소비자를 보호하는 동시에 국민 경제의 균형 있는 발전을 도모하는 데 목적을 두고 있다. 공정 거래법 위반 행위로는 부당한 공동 행위, 사업자 수를 제한하는 행위, 사업자의 사업 내용 또는 활동을 부당하게 제한하는 행위, 재판매 가격 유지 행위 등이 있다.

상품을 생산 또는 판매하는 사업자가 그 상품을 재판매하는 사업자에게 거래 단계별 가격을 미리 정하여 그 가격대로 판매할 것을 강제하거나 구속 조건을 붙여 거래하는 행위를 하는 경우가 있는데, 이러한 거래 행위를 '재판매 가격 유지 행위'라 한다. 예를 들자면 제조업체가 도매 또는 소매가격을 미리 정하고 그 가격대로 판매하도록 강제하는 경우를 들 수 있는데, 이는 공정 거래법 위반 행위이므로 처벌을 받을 수 있다. 권장 소비자 가격이나 희망 판매 가격의 표시 같은 경우에는 단순 희망이나 의사 전달에 그친다면 합법이지만 준수를 강요하거나 위반에 대해 제재를 가했다면 위법이다.

재판매 가격 유지 행위는 상표 제도가 발달하고, 대형 상점 등이 고객 유인의 방법으로 일부 상표품에 대해 낮은 가격을 설정하게 되면서 시작되었다. 소매업자들의 가격 경쟁이 격화되면서 유통망의 피해가 발생하고, 대형 상점의 염가 판매로 인해 상표품의 이미지가 손상되는 것을 방지하기 위해 상표품 제조업체 등에서 가격 유지를 요구하게 된 것이다.

이러한 행위로 가격이 유지된다면 서비스나 품질의 차이 등 비가격 경쟁이 촉진된다는 면에서는 일반 소비자들에게 이익이 될 수 있으며, 소매업자들의 이윤을 보장하고 과도하게 가격 경쟁을 하다 도산할 가능성을 줄여 주기 때문에 소매업자들을 보호하는 효과도 있다. 동일한 상표품의 경쟁이 제한되긴 하지만, 서로 다른 상표품 간의 경쟁은 오히려 촉진될 수도 있다.

그러나 일반적으로 도매업자나 소매업자 등 사업자는 스스로 가격을 결정하여 판매하는 것이 원칙이다. 재판매 가격 유지 행위가 이루어지면 사업자의 자유로운 가격 경쟁이 제한된다. 또한 시장 전체적으로 볼 때 판매업자 간의 가격 담합과 동일한 효과를 초래하므로 상품 가격이 상승하는 결과를 가져오며 유통 조직의 효율성을 저해하게 되는 것이다.

따라서 공정 거래법에서는 재판매 가격 유지 행위를 금지하고 있지만, 예외적으로 규제를 받지 않는 경우도 있다. 먼저, 효율성 증대로 인한 소비자 후생 증대 효과가 경쟁 제한으로 인한 폐해보다 큰 경우 등 재판매 가격 유지 행위에 정당한 이유가 있는 경우이다. 예를 들면 상품 가격의 상한을 정해 특정 금액 이상으로 거래하지 못하도록 하는 최고 가격제는 허용된다. 유통업자의 이윤을 축소하고 소비자에게 이익이 되기 때문에 특별한 사유가 없는 한 허용되고 있는 것이다. 또한 공정위의 신청을 거쳐 미리 허가 받은 때에는 규제를 받지 않으며, 공정위에 고시된 출판 저작물은 규제의 적용을 받지 않는다. 저작물의 경우는 출판물의 저작권자를 보호하기 위한 것으로, 저작물이 시장 경제의 논리하에 터무니없이 낮은 가격에 판매되면 지적 창작물의 생산은 위축될 수밖에 없으므로 무분별한 가격 할인을 제한하고 있는 것이다.

– 「재판매 가격 유지 행위의 금지」

01 〈보기〉를 읽고, 재판매 가격 유지 행위가 규제를 받지 않는 경우를 제시문에서 찾아 쓰시오.

┤ 보기 ├

　　공정거래위원회는 지금까지 제조사가 유통사에 자사 제품을 일정 가격 아래로 판매하지 못하도록 하는 행위를 일률적으로 금지해 왔다. 하지만 앞으로 최저 재판매 가격 유지 행위를 무조건 위법으로 보지 않겠다는 방침을 내놓아 유통업계가 우려하고 있다. 공정위는 최저 재판매 가격 유지 행위로 가격 경쟁이 제한될 수는 있지만, 가격 외 서비스 경쟁 등 유익한 경쟁이 촉진되는지 여부를 종합적으로 고려하지 않고 일률적으로 금지하는 것은 문제라고 평가했다. 상표 간 경쟁 활성화, 비가격 서비스 경쟁 촉진 등을 통한 소비자 후생 증대 효과가 가격 경쟁 제한으로 인한 소비자 후생 저해 효과보다 큰 경우에는 허용하는 것이 타당하다는 것이다.

_____

02 〈보기〉는 재판매 가격 유지 행위의 장단점을 정리한 것이다. 〈보기〉의 ①, ②에 들어갈 적절한 말을 제시문에서 찾아 쓰시오.

┤ 보기 ├

　　재판매 가격 유지 행위에는 장점도 있다. 서비스나 품질의 차이에 의한 경쟁을 촉진하기 때문에 소비자에게 이익이 될 수 있으며, 재판매 가격이 낮아지는 것을 방지하여 소매업자들이 (　　①　　)을/를 줄일 수 있는 것이다. 또한 소매업자들 간에 가격 경쟁이 심화된다면 상표품 제조업자의 피해도 방지할 수 있게 된다.

　　그러나 재판매 가격 유지 행위는 사업자들의 가격 경쟁을 감소시켜 결과적으로 판매업자 간의 (　　②　　)을/를 초래하여 가격을 상승시키고, 유통 조직의 효율성을 저해할 수 있다. 이렇게 상승된 가격은 소비자의 불이익으로 연결되므로 원칙적으로 금지하고 있다.

① : _____

② : _____

03 〈보기〉를 읽고, ①, ②에 들어갈 적절한 말을 제시문에서 찾아 쓰시오.

┤ 보기 ├

　재판매 가격 유지 행위가 시작되게 된 것은 상표 제도의 발달과 연관이 있다. 특정 상표가 붙어 있는 상표품은 다른 상품들에 비해 식별하기 쉽고, 소비자들은 특정 상표품을 선호하게 되는 경향이 있다. 여러 가지 상품을 취급하는 소매업자들은 고객 유인을 위해 인기 상표품을 (　　①　　)하는 일이 생겨났다. 소매업자들의 가격 경쟁이 격화되자 상표품의 (　　②　　)을/를 방지하기 위해 상표품 제조업체 등에서 가격 유지를 요구하게 된 것이다.

①: _____

②: _____

※ 다음 글을 읽고 물음에 답하시오. (4~6)

▶ 정답·해설 p.24

환경오염이 심화되면서 이를 해결하기 위한 노력이 절실한 지금, 환경 문제는 전 지구적으로 정치적인 문제라 할수 있다. 한 나라에서 일어나는 환경오염이 그 지역에서만의 문제로 끝나지 않고 전 지구적인 피해로 번지게 되며, 이를 해결하기 위해서는 전 세계의 동참이 있어야 하기 때문이다. 또한 인류 생존에 필수적인 자연 요소들은 어떠한 특정 국가에 속할 수 없는 인류 공동의 자산이다. 그렇기 때문에 환경 문제에 대응하고 해결하는 과정에서는 국가 간에 다양한 이해관계와 견해의 갈등이 존재하며, 이를 풀어 가기 위해서 전 지구 차원에서 정치적인 복잡한 상호 작용이 일어나는 것이다. 환경 문제를 둘러싸고 일어나는 이러한 상호 작용을 '지구 환경 정치'라고 한다. 지구 환경 정치에 대해 이해하기 위해서는 국제 정치에 대한 이론적 논의와 함께 살펴보는 것이 도움이 될 수 있다. 국제 정치에 대한 이론적 논의는 크게 현실주의, 자유주의, 구성주의 관점에서 이루어져 왔다.

현실주의는 국제 정치가 '힘'과 '국가 이익'에 초점이 맞추어져 있다고 본다. 주권 국가를 주요 분석 단위로 보고 국가와 국가 간의 관계를 분석하는데, 인간 본성에 이기심과 탐욕이 있는 것처럼 국가도 국가 이익을 우선시하기 때문에 경쟁이 불가피하다는 것이다. 환경 문제 또한 마찬가지로 국가 간의 갈등 관계로 인식한다면 협력을 통한 해결은 어렵다고 할 수 있다. 자국의 이익을 우선시하는 국가들은 전 지구적 환경 문제 해결에는 소극적으로 대응할 수밖에 없으며, 이 때문에 집단적 노력은 일어나기 어렵다. 또한 개별 국가들 간의 신뢰도가 낮고, 상대방의 무임승차를 우려하고 있기 때문에 적극적으로 환경 문제에 대응할 거라는 기대감을 가지기 힘들다. 결국 현실주의 관점에서 본다면 지구 환경 정치에 대해서는 부정적인 예측을 할 수밖에 없다.

자유주의는 현실주의와 달리, 국제 관계에서 협력은 이성과 논리에 의해 설명된다고 보는 관점이다. 자유주의는 국가만이 아니라 범지구적 국제기구, 지역 수준의 초국가적인 기구, 비정부 기구 등 다양한 행위 주체를 분석 단위로 본다. 국제 정치와 경제가 다원화되고 복잡해지면서 자국의 이익을 추구하기 위해서는 타 국가와 교류해야 하며, 국가들의 합리적 행위가 조화와 협력을 가져온다고 보는 것이다. 환경 문제 또한 국가를 넘어선 다양한 행위 주체들이 교류 및 협력 관계를 선택할 것으로 여긴다. 지구 환경 문제를 개선하기 위해 다양한 규칙과 제도들을 지역적, 국제적 수준에서 만들어 나가는 노력이 이루어지고 있으며, 앞으로 이런 노력들은 더욱 제도화될 것으로 전망하고 있다. 또한 환경 문제는 전문적이고 과학적인 지식을 요구하기 때문에 다양한 행위자들의 중요성은 앞으로 더욱 강화될 것이라고 본다.

구성주의는 국제 관계에서 각 국가 간의 상호 작용에 의해 사회적으로 구성된다고 여긴다. 국가 간의 역사 문화적 맥락에서도 영향을 받겠지만, 각 국가 간 상호 작용의 방식에 따라 경쟁적 관계에 놓이거나 협력적 관계에 놓일 수 있다. 구성주의 분석은 세계 정치의 유동성을 강조하고 있다. 국가들의 인식이 변화함에 따라 그들의 행위도 변화하며, 이는 낙관적이거나 비관적인 방향 어느 쪽으로도 향할 수 있는 것이다. 환경 문제에 대해서도 공통의 이해관계를 형성한다면 한계를 극복하고 해결 문제를 마련하는 것이 가능해질 것이다. 특히 국가들의 이해관계가 현재의 영토와 국경에 기반한 주권 국가의 틀 안에 있는 한, 전 지구적인 환경 문제의 해결에는 장애가 될 것이므로 국가 중심적이고 배타적인 사고로부터의 탈피가 필요할 것이다.

이렇게 이론적 관점으로 살펴본다면, 지구 환경 정치라는 복잡한 현상을 이해하고 분석하는 데 도움이 될 것이다. 다양한 시각으로 바라보고 해석한 이해를 바탕으로 지구 환경 정치의 미래를 예측하며, 이를 통해서 궁극적으로 지구 환경 문제에 효과적으로 대처할 수 있는 방안이 있는지를 모색할 수 있다.

– 「이론적 관점에서 본 지구 환경 정치」

04 〈보기〉를 읽고, ①, ②에 들어갈 적절한 단어를 제시문에서 찾아 쓰시오.

┤ 보기 ├

　　신자유 제도주의는 국제 관계의 무정부성, 국가 중심성 등 현실주의의 입장을 일부 수용하였다. 중앙권위체가 부재한 세계 정치 상황에서 협력을 끌어내는 방안을 설명하는 데 있어서 죄수의 딜레마 게임이라는 게임 이론에 착안한다. 죄수의 딜레마 게임이란, 협동을 하면 모두에게 이익이 됨에도 불구하고 배반을 선택하게 되는 상황을 말한다. 예를 들면 두 공범자가 함께 범죄 사실을 숨기면 둘 다 형량이 낮아질 수 있는데도, 상대방의 범죄 사실을 수사관에게 알려 주면 형량이 낮아진다는 말에 상대방의 범죄를 폭로하여 둘 다 무거운 형량을 받게 되는 경우를 말한다. 그러나 이 게임이 반복되면 죄수들은 상호 협력함으로써 둘 모두에게 유리한 결정을 내릴 수 있고, 이와 같은 상황이 국제 관계에서도 적용된다고 보았다. 국제 사회에서 국가들이 교류하다 보면 규칙이 만들어지고, 이러한 규칙이 점차 제도화되어 신뢰를 높여 지속적인 협력을 촉진한다는 것이다. 이 이론에서는 (　　①　　)을/를 합리적인 행위자로 보고 있으며 국제 협력을 위해서는 국제 레짐과 범지구적 (　　②　　)의 역할이 중요하다고 강조한다.

①: _____

②: _____

05 〈보기〉를 읽고, ①, ②에 들어갈 적절한 말을 제시문에서 찾아 쓰시오.

┤ 보기 ├

　　국내 정치나 사회는 정부와 같은 통제기관이 있지만, 국제 정치에서는 개별 국가들에게 질서를 강제할 수 있는 기구가 존재하지 않는다. 국제기구나 국제법 등에 의해 질서가 어느 정도 유지되기는 하지만 국내의 중앙 정부와 같은 역할을 해낼 수는 없다. 현실주의나 자유주의는 국가들의 이해관계나 행위 추구의 동기가 중앙 정부가 부재한 외부 조건에 의해 형성된 것으로 보고, 이러한 조건하에서 국가들이 추구하는 것은 변화하지 않는다고 본다. 구성주의는 이러한 의견에 의문을 던지며, 국제 관계의 (　　①　　)을/를 강조하고 있다. 국제 관계의 결과는 여러 국가들 간의 지속적인 (　　②　　)의 결과라는 것이다.

①: _____

②: _____

06 〈보기〉를 읽고, ①~③에 들어갈 적절한 말을 제시문에서 찾아 쓰시오.

┤ 보기 ├

국제 정치에 대한 이론	국제 정치에 대한 전망	환경 문제 해결 전망
현실주의	각 국가는 자국의 이익을 우선시하기 때문에 갈등과 (①)이/가 불가피하다.	자국의 이익을 우선시하는 국가들은 적극적으로 환경 문제에 대응할 거라는 기대감을 가지기 힘들다.
자유주의	자국의 이익을 추구하기 위해서는 타 국가와 교류해야 하며, 국가들의 (②) 행위가 조화와 협력을 가져온다.	국가를 넘어선 다양한 행위 주체들이 교류 및 협력 관계를 선택해, 환경 문제를 개선하기 위해 노력하고 있다.
구성주의	각 국가 간의 상호 작용에 의해 구성된다.	공통의 이해관계를 형성한다면 한계를 극복하고 해결 문제를 마련하는 것이 가능해질 것이며, (③)이고 배타적인 사고로부터의 탈피가 필요할 것이다.

① : _____

② : _____

③ : _____

※ 다음 글을 읽고 물음에 답하시오. (7~9)

● 정답 · 해설 p.24

　　어떠한 사정에 의해 어쩔 수 없이 금전을 빌려 썼다면 그 금액을 갚아야 할 것이다. 간단히 설명하자면, 빌린 금전 등을 갚아야 할 의무가 채무이며, 변제란 빚을 갚는 것을 의미한다고 할 수 있다. 변제는 채무의 내용에 맞게 제공해야 하는데, 채권자가 미리 변제 받기를 거절하거나 채무의 이행에 채권자의 행위를 요하는 경우에는 변제 준비의 완료를 통지하고 그 수령을 최고하면 된다. 변제를 완료하고 나면 그때부터 채무불이행의 책임은 면할 수 있다.

　　채무의 변제 장소는 따로 정하지 않은 경우에는 채권자의 현주소에서 이루어지는 것이 원칙이다. 그러나 변제하기 위한 비용이 발생할 경우엔 그 비용은 기본적으로 채무자의 부담으로 한다. 예를 들어 먼 거리에 사는 채무자가 차비를 들여 채권자의 집에 찾아가서 변제하는 경우나, 은행의 계좌이체로 변제한 경우에 드는 수수료 등이 이에 속한다. 그러나 채권자의 주소 이전이나 그 밖의 행위로 인하여 변제 비용이 증가된 경우에는, 그 증가액을 채권자의 부담으로 한다. 채무자가 대여금을 반환하려 하는데 채권자와 연락이 되지 않는 경우나, 채권자가 약속되지 않은 이자 지급 등을 요구하며 대여금을 수령하지 않는 등 채권자가 수령을 지체하는 경우에는 채무자가 채무불이행을 면하기 위해 변제 공탁을 해야 한다.

　　채무의 변제는 당사자가 아닌 제삼자도 가능한데, 변제하려는 자가 이해관계가 있는 사람이어야 한다. 예를 들어 채무에 대해 담보를 제공한 자가 담보로 제공한 부동산이 경매되는 것을 막기 위해 채무를 대신 변제하는 경우 등, 자신의 채무는 아니지만 대신 변제하는 것이 필요한 경우가 이에 해당한다. 채무가 반드시 채무자가 직접 변제해야 할 성질의 것이거나 당사자의 의사로 제삼자 변제를 금지한 경우에는 제삼자가 대신 변제할 수 없다. 그러나 채무자가 빚을 갚지 않으면 제삼자가 갚아 주기로 계약하였을 경우 채무자의 채무 변제가 늦어져 발생하는 이자를 제삼자가 부담해야 하는 등, 제삼자의 이익이 침해되는 경우에는 채무자의 동의 없이도 제삼자가 변제할 수 있다.

　　채권자는 아니지만 채권을 사실상 행사하는 자로서, 진정한 채권자라고 믿게 할 만한 외관을 갖춘 자를 준점유자라 하는데, 이러한 경우 채권자라고 오인하고 준점유자에게 변제하는 경우도 있다. 예를 들어 차용증이나 도장, 권리 증서 등을 소지하고 채권자나 대리인을 사칭한 자에게 변제한 경우나 예금 통장과 도장을 소지한 자에게 은행이 예금을 내준 경우 등이 이에 속한다. 변제는 진정한 채권자에게 해야만 유효한 것이지만, 채권을 사실상 행사하는 자에게 변제하더라도 선의이고 무과실일 때는 유효하다. 변제하는 측에서 채권의 준점유자가 채권자인 줄 믿고, 또 그렇게 믿는 데 과실이 없었다면 법은 이 변제를 유효하다고 보는 것이다.

　　변제 기한이 오기 전에 채무자가 미리 원금을 변제하고자 할 경우에는 채권자의 특별한 의사 표시가 없으면 변제가 가능하다. 그러나 보통 금전 소비 대차 계약은 정해진 기간 동안 이자를 받는 경우가 많으므로, 처음 정해졌던 기간 동안 내야 할 이자도 함께 갚아야 한다.

　　만약 동일 채권자에 대해 채무자가 여러 개의 채무를 가지고 있거나, 채무를 전부 갚기에 부족한 경우 등에는 어느 채무부터 우선 변제해야 할지 혼잡해지기 마련이다. 양 당사자 간의 합의를 바탕으로 한다면 순서를 결정할 수 있지만, 그렇지 않은 경우에는 법률로 규정된 변제 충당의 순서에 따라야 한다. 우선 변제 이행기가 도래한 채무를 변제기가 도래하지 않은 채무보다 우선하여 충당하도록 되어 있다. 이행기 도래 여부에 따라 충당 순서를 결정하지 못할 경우에는 채무자에게 변제 이익이 더 많은 채무가 우선인데, 이 기준들을 통해서도 순서를 결정하지 못한다면 채무 액수에 비례하여 변제를 충당하게 된다.

－「채무의 변제」

07 〈보기〉를 읽고, 은행이 예금을 인출해 준 행위를 유효하다고 본 이유를 제시문에서 찾아 쓰시오.

┤ 보기 ├

A는 B의 돈을 훔칠 목적으로 도장과 통장, 신분증을 훔치고 비밀번호도 알아내었다. 그 후 A는 은행에 찾아가 B의 예금을 전부 인출하였다. 이 사실을 나중에 알게 된 B는 은행에서 예금주 본인이 맞는지 확인하지도 않고 예금을 인출해 준 것에 대해 항의하였다. 그러나 법은 도장과 통장, 신분증까지 소지하고 비밀번호도 알고 있던 A에게 예금을 인출해 준 은행의 예금 인출 행위를 유효하다고 보았다.

_____

_____

08 〈보기〉를 읽고, ①, ②에 들어갈 적절한 말을 제시문에서 찾아 쓰시오.

┤ 보기 ├

같은 사람에게 여러 번 금전 채무를 지는 경우, 이 돈을 한번에 갚지 못하고 일부만 변제를 한다면 그 일부 변제금이 어느 채무에 먼저 충당되었는지가 문제가 될 수 있다. 이것은 채무에 소멸시효가 있기 때문인데, 소멸시효가 완성된 경우에는 청구를 하지 못하게 되는 경우가 발생한다. 따라서 수개의 채권이 있는 경우 어느 채권에 먼저 충당되는지는 당사자의 이해관계에 많은 영향을 미치게 되어 변제의 충당 순서는 매우 중요하다고 할 수 있다.

변제 충당 순서는 양 당사자의 합의로 지정할 수도 있지만 합의나 지정 충당에 대한 내용이 없을 경우에는 법적 충당 순서에 의해 결정된다. 우선, 변제 이행기가 도래한 것과 도래하지 않은 것이 있다면 도래한 채무부터 충당한다. 모든 채무의 이행기가 도래했거나 도래하지 않았다면 채무자에게 (①   ) 이/가 많은 것부터 충당한다. 관련된 사항이 모두 같다면 (②   )에 비례하여 각 채무의 변제에 충당한다.

① : _____

② : _____

09 〈보기〉를 읽고, 제삼자 변제와 공탁이 받아들여지지 않은 이유를 제시문에서 찾아 쓰시오.

┤ 보기 ├

　　일제 강점기 강제징용 피해자에 대한 일본 피고기업의 배상 판결 해법으로 정부가 '채무의 변제는 제삼자
도 할 수 있다.'는 조항을 들어, 행정안전부 산하 일제강제동원피해자지원재단을 통해 배상금을 지급하기로
한 것이 논란이 되고 있다. 이 재단은 한일 청구권협정에 따른 국내 수혜 기업들로부터 기부받은 자금으로
피해자들에게 배상금을 대신 지급하고 있는데, 대법원 확정판결을 받은 15명 중 5명은 수령을 거부하고 피
고기업들로부터 직접 배상을 받는 절차를 밟고 있다. 일본 정부나 피고기업의 사죄와 금전적 기여 등이 없
는 방식은 받아들일 수 없다는 것이다. 이에 정부 재단은 제삼자 변제를 반대하고 있는 피해자와 유족들의
주소지 관할 법원을 통해 공탁하려 했지만 받아들여지지 않았다.

※ 다음 글을 읽고 물음에 답하시오. (10~12)

정답·해설 p.25

노동 공급의 임금 탄력성은 임금이 1% 포인트 변화할 때 노동 공급량은 몇 % 포인트나 변화하는가를 나타낸다. 노동 공급의 탄력성이 0일 경우에는 임금률의 변화에도 불구하고 노동 공급량은 변화하지 않으며, 비탄력적이라 한다. 이에 반해 탄력성이 무한대일 경우에는 완전 탄력적이라 하며, 산업화 초기에는 임금 변화의 영향이 거의 없이 노동 공급이 무한대로 늘어날 수 있는 무제한적 노동 공급의 상태에 있었다. 노동 공급의 과잉은 노동자들을 장시간 노동 강요 등의 비인간적인 근로 조건에 처하게 하는 결과를 불러왔다. 이로 인한 노동자들의 삶의 질 저하와 짧은 수명 등은 노동력의 손실을 일으키며, 이러한 손실을 막고 노동력 재생산을 목표로 하고자 한 것이 애덤 스미스의 노동 시장론이다.

애덤 스미스는 국가 권력의 개입을 제한하고 자유롭고 경쟁적인 시장 경제를 확립하는 것, 즉 자유방임주의를 시행하는 것이 경제를 발전시키는 최선의 길이라고 생각하였다. 그렇지만 무조건적인 자유방임주의를 옹호한 것은 아니며, 그 주장 앞에는 '정의의 법을 어기지 않는 한'이라는 강력한 전제조건이 붙어 있었다. 스미스가 주장한 자유주의의 조건은 기득권의 독점과 특혜가 철폐되어야 하고, 공정한 사회 질서가 존재하는 안에서 경쟁이 확립되는 것이었다. 그는 기득권의 경제 독점을 강력히 비판했을 뿐 아니라, 경제적 강자가 경제적 약자를 착취하는 방향으로 흘러가는 것을 반대했다. 갑이 을을 착취하도록 방임하는 자유는 오히려 생산성을 낮춘다고 보았으며 자신의 이익 추구와 사회적 책임이 균형을 이루는 자유 속에서 정의롭고 공정하게 돌아가는 시장이 바로 그가 생각하는 자유주의였다.

애덤 스미스의 노동 시장론에서는 노동 시장이 경쟁적 시장이 되기는 어렵다고 보았다. 재화 시장과 요소 시장에 각각 독점적 지위를 가진 주체가 있는 경우를 쌍방 독점적 시장이라 말하는데, 예를 들면 노동조합이 있는 기업 간의 임금 협상 시, 기업은 노동조합의 유일한 노동 수요자이며 노동조합은 기업의 유일한 노동 공급자이다. 이렇게 서로 가격설정력이 있는 경우에는 두 집단 간의 협상력에 의해서 균형거래량과 가격이 결정되는데, 노동 시장은 교섭상의 지위가 대등하지 못하므로 쌍방 독점적 시장이 되기 쉽다. 고용주들은 쉽게 연합할 수 있는 반면, 노동자들이 임금을 올리기 위해 단합하는 것은 어려운 불리한 상황에 처하기 때문이다. 노동 시장이 경쟁적 시장이 되기 위해서는 노동자의 단결이 필요하며, 산업화 초기 단계에서는 노동조합의 역할이 경쟁을 촉진시키는 면이 있다고 보았다.

산업화 초기에는 과잉 노동력이 존재했기 때문에 임금의 수준도 낮고 노동 조건도 열악했으며, 노동자들의 권리를 지키고 생활을 향상시키기 위해서는 노동자들의 단결만으로는 한계가 있을 수밖에 없었다. 애덤 스미스는 이를 해결하기 위한 방안을 경제 성장을 통한 노동 수요의 지속적 확대에서 찾았다. 산업화가 진행되어 대량 생산, 대량 유통, 대량 소비의 단계에 접어들면 노동 시장에도 변화가 나타난다. 산업 생산을 위한 노동 수요가 늘어나는 데 반해 노동 공급이 제한적이라면 사용자에게 유리하던 상황은 반전된다. 무제한적 노동 공급의 단계에서 제한적 노동 공급의 단계로 넘어감으로써 노사 간의 교섭력은 대등해지며, 노동력이 많이 필요해질수록 노동자들의 교섭력은 우위에 올라서게 되는 것이다.

– 「무제한적 노동 공급과 노동조합」

10 〈보기〉를 읽고, ①, ②에 들어갈 적절한 말을 제시문에서 찾아 쓰시오.

┤ 보기 ├

　애덤 스미스는 자유주의가 경제를 발전시키는 방법이라 보고, 이러한 경제적 자유주의의 성립을 위해서는 자유로운 시장 기구와 무분별한 탐욕의 횡포를 견제하는 사회적 장치가 필요하다고 생각했다. 그는 기득권의 횡포를 막기 위해 (　　①　　)이/가 필요하다고 보았다. 또한, 시장에서 자유롭게 자신의 이익을 위해 경쟁하는 체계 속에서 개인의 이익 추구가 사회 전체의 이익 증대로 이어지기 위해서는 (　　②　　)이/가 전제되어야 한다고 주장했다.

①: _____

②: _____

11 〈보기〉를 읽고, ①, ②에 들어갈 적절한 말을 제시문에서 찾아 쓰시오.

┤ 보기 ├

　애덤 스미스는 노동 시장이 (　　①　　) 시장이 되기 쉽고, 경쟁적 시장이 되기는 어렵다고 보았다. 이는 노사 간 (　　②　　)이/가 대등하지 않기 때문이다. 노동자에 비해 고용주들의 단결이 더 쉽기 때문에 이러한 비대등성은 커지며, 경쟁 시장이 정상적으로 기능하지 않으면 노동 조건은 열악해진다.

①: _____

②: _____

12 제시문에서 애덤 스미스가 노동 시장이 경쟁적 시장이 되기 위해서 필요하다고 생각한 것과, 그 이유를 찾아 서술하시오.

① 필요한 것 : _____

② 이유 : _____

※ 다음 글을 읽고 물음에 답하시오. (13~14)

정답·해설 p.25

보이스피싱 범죄가 갈수록 교묘해지면서 스스로가 불법을 저지르고 있다는 점을 전혀 인식하지 못한 채 연루되는 일도 늘어나고 있어 주의가 필요하다. 특히 대출을 위한 승인 작업에 필요하다거나, 고수익의 아르바이트가 가능하다는 등의 그럴듯한 설명을 들으면 납득하고 본인 명의의 계좌를 대여하게 되는 일이 상당수 발생하고 있다. 하지만 타인에게 예금 통장을 빌려주거나, 예금 인출 심부름을 하게 된다면 범죄 행위에 가담하고 있다는 자각이 없었음에도 처벌받을 수 있다. 불법 차명계좌 양도 등의 피의자로 형사처벌을 받는 것은 물론이고, 보이스피싱 피해자들로부터는 부당이득 반환이나 손해배상청구와 같은 민사소송을 제기당해 실제로는 써보지도 못한 거액의 돈을 배상해야 하는 경우까지 발생할 수 있다.

최근에는 은행 어플에 대한 모바일 뱅킹 사용 권한을 통째로 대여받는 수법도 등장했다. 체크카드를 이용한 ATM 단말기 현금 인출은 출금 한도가 정해져 있다 보니 거래 금액과 규모에 제약이 크지만, 은행 앱은 이체 한도가 높고 입출금 횟수에도 제약이 없는 경우가 많아 피해 금액도 커지기 때문에 더욱 주의가 필요하다.

범죄 행위에 해당하는 행위의 내용을 구체적으로 규정한 것을 구성 요건이라고 한다. 보이스피싱은 사기죄에 해당하는데, 사기죄 성립의 구성 요건은 고의로 타인을 속여서 타인의 재산을 가로채는 행위이다. 그러므로 본인이 의식하지 못하는 사이에 명의를 도용당하는 등의 방법으로 개설된 예금 계좌가 범죄에 이용당한 경우에는 고의성이 없기 때문에 처벌받지 않는다. 그러나 명의인이 자신의 예금 계좌를 대여해 그 계좌가 보이스 피싱에 악용된 경우는 금융 실명제법에 규정된 구성 요건에 해당하는 범죄 행위로써 처벌된다. 금융 실명제법에서는 타인의 명의로 금융거래를 하는 것을 금지하고 있기 때문이다.

명의인이 자신의 예금 계좌에 입금된 돈을 인출하여 보이스피싱범에게 전달한 경우에는 금융 실명제법에 규정된 구성 요건에 해당하지는 않지만, 고의로 타인의 범죄 행위에 가담한 것으로 처벌받을 수 있다. 형법에는 공범 또한 처벌 대상으로 규정하고 있기 때문이다. 공범에는 타인에게 범죄 행위를 하도록 부추긴 교사범과, 타인의 범죄 행위를 도와준 방조범이 있다. 실제로 범죄를 저지른 자를 정범이라 하는데 교사범의 경우 실제 범죄가 발생하도록 원인을 제공했으므로 정범과 같은 형벌을 받는다. 하지만 이미 정범이 범죄 행위를 결심한 후에 도와준 방조범의 경우는 정범보다 가벼운 형벌로 처벌된다.

예금 계좌 대여 행위가 범죄 행위에 기여한다는 사실을 모른 상태로 방조범에 몰리게 된다면, 범행의 고의가 없었다는 점을 입증해야 한다. 고의는 범죄 구성 요건의 일종으로, 자신의 행위가 어떤 결과를 발생시킬 것을 알고도 그 행위를 하고자 하는 의사이다. 이때 적극적으로 결과를 실현하고자 한 행위를 확정적 고의라고 한다. 결과를 적극적으로 예상한 것은 아니지만, 결과의 발생 가능성을 알고 있으면서도 그것을 감수한 행위는 미필적 고의라고 한다. 형법에서는 미필적 고의 또한 확정적 고의와 마찬가지로 고의로 인정되기 때문에, 방조범의 경우 미필적 고의만 있었다고 하더라도 고의로 인정된다. 그러므로 단순히 자신의 계좌가 악용되는 것을 몰랐다고 주장하는 것이 아니라, 다른 범죄자 또는 범죄조직으로부터 제한적으로 정보를 제공받은 탓에 정확한 판단이 어려웠다는 것을 법률적인 증거를 통해 입증해야 한다.

– 「예금 계좌 대여와 형법상의 방조범」

13 〈보기 1〉의 사례에서 A씨가 처벌받게 될지도 모르는 사유 중 〈보기 2〉의 ①, ②에 들어갈 적절한 말을 제시문에서 찾아 쓰시오.

┤ 보기 1 ├

A씨는 아르바이트를 구하기 위해 구인 사이트의 게시물을 보던 중, 재택근무가 가능한 고액 아르바이트 자리를 발견하였다. 직접 전화를 걸어 업무에 대해 문의하자, 업무 내용은 거래처에 들어오는 자금을 입금하기만 하는 단순한 내용이었다. 처음에는 약간 의심스러운 마음도 들었으나, 업체에서 세금을 줄이기 위해 합법적으로 운영하고 있다고 말하자 사회 경험이 적었던 A씨는 이를 믿고 받아들이고 말았다. 그렇게 업무를 수행하던 중 수사기관으로부터 통지를 받은 A씨는 뒤늦게 자신이 보이스피싱 범죄에 연루되었다는 것을 알게 되었다. 입금된 돈은 사기를 당한 피해자들의 것이었고, A씨가 입금한 예금통장도 제3자 사기에 연관된 형태였다.

┤ 보기 2 ├

A씨는 본인이 범죄에 가담한 사실을 전혀 몰랐지만, 보이스피싱 사기에 연루되고 말았다. 하지만 범죄와 관련될 가능성에 대해 합리적 의심을 했었음을 알 수 있는 내용이 존재한다면, 발생 가능성을 예상했음에도 그것을 감당했기 때문에 (①   )(으)로 공범자가 되어 처벌받을 수 있다. 이처럼 본인 (②   )의 계좌를 대여하지 않더라도 보이스피싱에 연루될 가능성이 있기 때문에, 충분한 주의를 기울여야 한다.

① : _____

② : _____

14 〈보기〉는 제시문의 내용을 정리한 것이다. 〈보기〉의 ①, ②에 들어갈 적절한 말을 제시문에서 찾아 쓰시오.

┤ 보기 ├

보이스피싱범에게 명의를 도용당한 경우에는, 범죄 구성 요건에 해당하지 않으므로 처벌되지 않는다. 하지만 예금 계좌를 대여한 경우에는 (①   )에 규정된 구성 요건에 해당하는 범죄 행위이므로 처벌받을 수 있다. 예금을 직접 인출하여 전달한 경우에는 범죄에 연루될 수 있었다는 점을 인식하고 있었다는 고의성이 인정되면 보이스피싱범이 저지른 사기죄의 (②   )으로 처벌된다.

① : _____

② : _____

Ⅲ 과학 · 기술

※ 다음 글을 읽고 물음에 답하시오. [1~2]   ● 정답 · 해설 p.25

인간의 몸은 약 60조 개의 세포로 구성되어 있다. 이 세포 중에는 일생 동안 분열을 계속하는 것도 있고, 일정 기간 동안만 분열하는 것도 있다. 종류에 따라 분열 시기와 속도가 조절되어 필요한 경우에만 분열하는데, 세포 분열을 조절하는 유전자에 돌연변이가 생기거나 비정상적으로 활성화되면 세포들이 빠른 속도로 분열을 계속하게 된다. 이렇게 멈추지 않고 분열을 거듭하게 된 세포를 암세포라고 한다. 암세포는 분열을 중단하는 통제 신호를 무시하고 무한정 분열하는데, 이로 인해 주위 조직에 해로움을 끼친다. 또한 암세포는 혈관이나 림프관을 통해 다른 장기로 전이되기도 하며, 전이된 곳에서 신생 혈관을 생성시키고 빠르게 증식하여 종양을 이룬다. 이러한 암세포의 분열을 이해하기 위해 정상 세포의 분열 과정을 살펴보자.

정상 세포는 성장과 증식 과정이 제대로 조절되고 있는 세포이다. 세포는 어느 정도 크기가 되면 생장을 멈추고 분화하거나 세포 분열을 하는데, 세포 분열 결과 형성된 딸세포가 생장하여 다시 분열을 마칠 때까지의 과정을 세포 주기라고 한다. 세포 주기는 간기와 분열기로 나뉜다. 간기는 G1기, S기, G2기로 구분하는데, 세포 주기의 대부분을 차지한다. G1기는 새로운 세포 주기의 DNA 합성 단계인 S기 전까지의 기간을 말하며, 성장 단계라고 부르기도 한다. G1기에서는 세포 주기를 확인하여 수행된 결과에 이상이 없는 경우에만 S기로 진입한다. S기에서는 DNA 복제가 이루어진다. 염색체를 구성하는 모든 DNA가 복제되어, 세포의 DNA는 두 배의 양이 된다. G2기는 S기의 DNA 복제에서 잘못된 곳을 회복시키고 다음 단계의 진행에 필요한 단백질을 합성한다. 이 기간에는 세포의 성장이 빠르게 이루어지며, 염색체를 분리하는 데 필요한 미세 소관이 재배열된다. G2기 이후에는 분열기인 M기로 접어들어 세포 분열이 이루어진다. 유전자 정보를 갖고 있는 염색체를 두 개의 딸세포에 빠짐없이 균등하게 분배하는 과정은 고도의 조절 과정을 통해 이루어진다. 딸세포는 간기를 거친 후 다시 분열기에 접어들어 세포 주기를 반복하게 된다.

세포 주기의 단계 사이에는 확인점이 존재하며, 총 G1기, G2기, M기의 3군데의 확인점에서 세포 주기를 진행해야 할지를 결정한다. G1기의 확인점에서 출발 신호가 주어지지 않으면 세포는 주기에서 나와 G0기라 불리는 분열하지 않는 상태로 전환하게 되므로, 세포 주기의 시작이 되는 G1기의 확인점은 매우 중요하다고 할 수 있다. 여기에서 분열 신호가 주어지면 사이클린이라는 단백질과 사이클린 의존성 인산화 효소인 CDK가 결합하여 사이클린-CDK를 형성하게 되며, 이때 세포 분열을 막고 있던 Rb라는 요소를 무력화시킴으로써 S기로 진입한다. 이후 G2기에서는 DNA 복제 완료와 손상 여부 등을 확인한다. 복제가 완료되고 M기에 들어서기 위해서 M-사이클린이 CDK와 결합하여 활성화되는데, 염색질 응축, 핵라민 인산화 등 분열에 필요한 여러 준비를 하게 된다. 마지막으로 M기 확인점에서는 모든 염색체에 방추사가 정확하게 부착되었는지를 확인해서 정확도를 높이는데, 만약 이 확인점이 제대로 작동하지 않는다면 딸세포의 염색체 수가 모세포와 다르게 된다.

만약 분열 주기의 과정 중에 DNA에 손상이 가해진다면, 분열 주기 진행은 중지된다. 분열 주기 진행을 중지시키기 위해서는 P21, P27, P53이라는 유전자에서 단백질이 발현되고, 이 단백질이 사이클린-CDK를 저해시킨다. 사이클린-CDK의 저해는 Rb 요소의 인산화 저해와 연결되므로 분열 주기는 정지된다.

암세포는 이러한 세포 주기를 조절하는 신호에 정상적으로 반응하지 않는다. 암세포는 확인점의 점검이 제대로 이루어지지 못하게 함으로써 끊임없는 증식을 가능케 한다. 또한 성장 인자와 결합하는 수용체에 돌연변이가 일어나면 끊임없이 성장 또는 증식을 하게 되기도 한다. 이처럼 세포의 증식 과정에서 이상이 일어난 경우에만 암이 발생하는 것은 아니다. 세포가 노화되었을 때 세포 스스로 사멸하도록 하는 세포 자살과 같은 기능이 일어나지 않도록 변이를 일으키는 경우도 있다. 이렇게 암세포는 여러 종류의 돌연변이의 축적으로 일어나기 때문에 암을 치료하기 위해서는 다양한 방법을 모색해야 한다.

– 「암세포의 증식」

01 〈보기〉는 제시문의 내용을 정리한 것이다. 〈보기〉의 ①, ②에 들어갈 적절한 말을 제시문에서 찾아 쓰시오.

┤ 보기 ├

　　세포가 성장하고 분열하는 과정인 (　　①　　)을/를 살펴보면, G1기-S기-G2기-M기의 과정을 거친다. 이 과정 중 진행 여부를 확인하는 확인점이 존재하는데, G1기 확인점, G2기 확인점, M기 확인점이 이에 해당한다. G1기에서는 세포의 크기가 커지며, G1기 확인점에서 문제점이 발견되지 않아야만 S기로 넘어간다. S기에서는 (　　②　　)이/가 이루어지며, G2기에서는 단백질이 합성되고 미세 소관이 재배열된다. G2기 확인점에서는 (　　②　　) 완료와 손상 여부를 확인한다. M기에서는 세포 분열이 이루어지며, M기 확인점에서는 모든 염색체를 확인하여 딸세포의 염색체와 모세포의 염색체가 달라지는 것을 방지한다. 이렇게 각 확인점에서는 세포를 제대로 점검하고, 잘못된 세포가 함부로 증식하는 것을 막는다. 하지만 이 확인 지점의 점검을 방해하여 끊임없이 증식하는 것이 암세포이다. 또한 성장 인자와 결합하는 수용체에 돌연변이가 일어나 끊임없이 성장하거나 증식하기도 하며, 세포 자살 같은 기능에 변이를 일으키는 경우도 있다.

① : ＿＿＿＿＿＿＿＿＿＿＿＿＿

② : ＿＿＿＿＿＿＿＿＿＿＿＿＿

02 〈보기〉는 암 치료에 사용되는 항암제에 관한 글이다. 〈보기〉의 ①, ②에 들어갈 적절한 말을 제시문에서 찾아 쓰시오.

┤ 보기 ├

　　암을 치료하기 위한 항암제에는 (　　①　　)을/를 방해하여 세포가 증식하지 못하고 사멸하게 하는 세포 독성 항암제가 있다. 그러나 세포 독성 항암제는 암세포에만 작용하지 않고, 정상 세포에도 손상을 일으키는 경우가 있어 부작용이 나타나게 된다. 이를 극복하기 위해 고안된 것이 표적항암제이다.
　　표적항암제는 신호 전달 억제제와 신생 혈관 억제제로 나뉜다. 신호 전달 억제제는 암세포의 증식을 유도하는 신호 전달 과정 중 특정 단계의 진행을 방해하는데, 이 경로는 암의 종류마다 다르므로 특정한 암에만 사용할 수 있다는 단점이 있다. 암세포가 증식하여 (　　②　　)(으)로 자라려면 산소와 영양분이 계속 공급되어야 하므로, 암세포들은 새로운 혈관을 형성한다. 이에 착안하여 혈관 생성을 저지할 수 있는 방법이 개발되었는데 이것이 바로 신생 혈관 억제제이다.

① : ＿＿＿＿＿＿＿＿＿＿＿＿＿

② : ＿＿＿＿＿＿＿＿＿＿＿＿＿

※ 다음 글을 읽고 물음에 답하시오. (3~4) ● 정답·해설 p.26

　　기계학습(Machine Learning)은 컴퓨터가 데이터를 통해 학습하고, 그 학습을 토대로 패턴을 인식하거나 의사결정을 할 수 있도록 하는 인공지능(AI)의 한 분야이다. 이 과정에서 컴퓨터는 인간의 개입 없이도 데이터로부터 학습할 수 있는 능력을 갖추게 된다. 요즘 많이 쓰이는 용어인 딥러닝(Deep Learning)은 기계학습의 하위 개념으로 인간의 신경망과 유사한 인공신경망(Artificial Neural Network)을 이용하여 복잡한 비선형 문제도 해결할 수 있게 한다.

　　기계학습은 이미지, 텍스트, 숫자 등 다양한 종류의 데이터를 기반으로 학습한다. 이 학습 과정에서 사용되는 수학적 방법론을 알고리즘이라 하며 선형 회귀, 결정 트리, 신경망 등 다양한 알고리즘이 존재한다. 각 알고리즘은 특정 유형의 문제 해결에 적합하게 설계되어 있다. 이런 알고리즘에 의해 데이터를 학습한 결과물을 모델이라고 한다. 모델은 학습 데이터에 기반한 패턴이나 규칙을 가지고 있으며 새로운 데이터에 대한 예측이나 분류 등의 작업을 수행할 수 있다. 기계학습의 성패는 얼마나 정확한 모델링을 구축하느냐에 달려 있다고 볼 수 있다.

　　기계학습이 모델을 구축하는 과정은 다음과 같다. 먼저 문제 정의를 한다. 이때 해결하고자 하는 문제를 명확히 해야 한다. 이후 데이터를 수집한다. 이 단계에서는 데이터의 질과 양이 모델의 성능에 큰 영향을 끼치므로 정확한 데이터를 충분히 확보하는 것이 중요하다. 수집된 데이터는 종종 누락값, 이상치, 형식 불일치 등의 문제를 포함할 수 있는데 그래서 이를 해결하고 모델이 학습하기 적합한 형태로 데이터를 정제한다. 이것을 데이터 전처리라 부른다. 이후 모델의 성능 향상을 위해 데이터 내에 가장 유용한 특성을 선택하거나 새로운 특성을 생성한다. 이 과정을 통해 모델의 과소적합화나 과적합을 방지할 수 있다. 그리고 문제의 유형, 데이터의 특성, 예상되는 결과에 기반하여 적합한 기계학습 알고리즘을 선택한다. 이렇게 선택한 알고리즘을 사용하여 모델을 학습시키고 마지막으로 학습된 모델을 평가하여 새로운 데이터를 얼마나 잘 예측하는지 확인해 본다. 평가가 만족스럽지 않았다면 모델의 성능 개선을 위해 모델을 튜닝하여 최적화 작업을 진행한다.

　　기계학습 모델링은 복잡하고 반복적인 과정이고 모델의 성능은 사용된 데이터, 선택된 알고리즘, 모델링 과정에서의 다양한 요소에 의해 영향을 받는다. 이러한 요소들을 적절히 조합하고 조정해야 모델링에 성공할 수 있다.

　　기계학습은 알고리즘과 데이터의 입력 형태에 따라 크게 세 가지로 분류할 수 있다. 첫 번째로 지도 학습(Supervised Learning)이 있다. 이는 입력된 데이터(독립 변수)와 그에 대한 출력값(종속 변수)을 모델에게 제공한다. 이를 학습한 모델은 새로운 데이터에 대한 예측을 수행한다. 두 번째로는 비지도 학습(Unsupervised Learning)이 있다. 이는 정답이 없는 상황에서 데이터의 특성을 학습하는 것으로 모델은 데이터 내의 패턴이나 구조를 스스로 찾아내야 한다. 마지막으로 강화 학습(Reinforcement Learning)이 있다. 이는 바람직한 행동 패턴을 학습하는 것으로 환경으로부터의 피드백(보상 또는 벌점)을 통해 최적의 행동 방안을 학습한다. 이때의 목표는 시작 상태에서부터 종료 상태까지의 누적 보상을 최대화할 수 있는 궤적을 찾아내는 것으로 변수에 따라 고려해야 할 궤적은 기하급수적으로 늘어난다.

　　현재 기계학습은 이미 의료, 금융, 음성인식, 자율주행 차량 등 다양한 분야에서 응용되어 사용되고 있으며 기술의 발전에 따라 활용 범위는 계속 확대될 것으로 예상된다.

- 「기계학습」

03 〈보기〉는 기계학습의 모델링 과정을 도식화한 것이다. 〈보기〉의 ①, ②에 들어갈 알맞은 말을 쓰시오.

┤ 보기 ├

문제 정의 → (①) → 데이터 전처리 → 특성 선택 및 추출 → 알고리즘 선택 → 모델 학습 → (②) → 모델 튜닝 및 최적화

① : _____

② : _____

04 〈보기〉는 건강 관련 어플리케이션의 광고 중 일부이다. 이를 보고 제시문에서 제시한 기계학습의 세 가지 종류 중 무엇에 해당하는지 찾아 쓰시오.

┤ 보기 ├

이번에 출시된 ○○헬스케어 솔루션 앱은 단순히 건강 관련 정보를 제공하는 것이 아니라, 수백만 건이 넘는 실제 건강 관련 데이터를 AI가 학습하여 만들어진 것으로 사용자가 개인의 증상을 입력하면 맞춤 진단이 제공됨은 물론 증상 완화를 위한 운동법까지 다양한 솔루션이 제공되어 손안의 개인 닥터라는 별명을 얻으며 인기를 끌고 있다.

_____

※ 다음 글을 읽고 물음에 답하시오. (5~7)   ● 정답·해설 p.26

DNA(Deoxyribonucleic Acid) 분석은 현대 범죄수사에서 중요한 역할을 한다. DNA는 각 개인에게 고유한 유전 정보를 담고 있어, 이를 분석함으로써 범인을 특정할 수 있다. DNA를 통해 범인을 잡는 과정은 다음과 같다.

[A]
범죄 현장에서 가장 먼저 이루어지는 일은 증거 수집이다. 범죄 현장에는 혈액, 타액, 피부 조직, 머리카락 등 다양한 형태의 생물학적 증거가 남아 있을 수 있다. 이러한 증거를 신중하게 수집하여 보관한다. 수집된 증거는 오염되지 않도록 철저하게 관리하며, 현장에서 발견된 생물학적 샘플은 실험실로 보내져 DNA를 추출한다. DNA 추출 과정에서는 샘플에서 불순물을 제거하고, 순수한 DNA만을 분리해 낸다. 추출된 DNA는 PCR(Polymerase Chain Reaction) 기법을 사용하여 증폭시킨다. 증폭된 DNA는 STR(Short Tandem Repeat) 분석을 통해 개별 특성을 분석한다. STR 분석은 개인마다 다른 반복 서열을 통해 개체를 식별하는 방법이다. 분석된 DNA는 컴퓨터를 이용해 프로파일링한다. 이 과정에서 특정 유전자 마커를 확인하고, 이를 통해 개인별 DNA 프로파일을 생성한다. 생성된 DNA 프로파일은 범죄 현장에서 수집된 증거와 비교한다. 만약 범죄 현장에서 수집된 DNA와 용의자의 DNA가 일치하면, 이는 해당 용의자가 범죄 현장에 있었음을 강력하게 시사한다.

범죄수사에서 중요한 역할을 하는 또 다른 요소는 DNA 데이터베이스이다. 많은 나라에서는 범죄자들의 DNA를 데이터베이스에 저장한다. 수사관들은 현장에서 수집된 DNA 프로파일을 이 데이터베이스와 대조하여 일치하는 프로파일을 찾는다. 일치하는 프로파일이 발견되면, 데이터베이스에 저장된 범죄자의 신원을 확인할 수 있다. 이 방법은 특히 신원 미상의 범인을 추적하는 데 유용하다.

구체적인 사례로 골든 스테이트 킬러 사건이 있다. 골든 스테이트 킬러는 1970년대와 1980년대에 걸쳐 미국 캘리포니아에서 수십 건의 강간과 살인을 저지른 범인이다. 오랫동안 범인을 잡지 못했던 이 사건은 DNA 분석 기술 덕분에 해결된다. 2018년, 수사관들은 범죄 현장에서 수집된 DNA를 공개적으로 이용 가능한 유전자 족보 웹사이트에 업로드한다. 이를 통해 골든 스테이트 킬러의 친척을 찾을 수 있었고, 이 정보를 바탕으로 수사망을 좁혀 결국 조지프 제임스 드안젤로를 체포한다. 드안젤로의 DNA는 범죄 현장에서 수집된 DNA와 일치하여 그의 범행을 입증한다.

DNA 증거는 법정에서 결정적인 역할을 한다. 법의학자는 DNA 분석 결과를 법정에서 증언한다. DNA 증거는 높은 신뢰도를 가지며, 피의자의 유죄를 입증하는 데 강력한 증거로 작용한다. 변호사와 검사는 DNA 증거를 바탕으로 사건을 재구성하고, 피의자의 범행 여부를 입증한다.

DNA 증거가 항상 결정적이지는 않다. 예를 들어, 쌍둥이의 경우 DNA가 거의 동일하기 때문에 이들을 구분하는 데 어려움이 있다. 또한, DNA 증거는 오염이나 잘못된 분석으로 인해 오류가 발생할 수 있다. 따라서 수사관들은 DNA 증거를 신중하게 다루어야 하며, 다른 증거들과 함께 종합적으로 판단해야 한다.

DNA 분석은 현대 범죄수사에서 중요한 도구로 자리 잡았다. 범죄 현장에서 수집된 생물학적 샘플을 통해 DNA를 추출하고 분석함으로써, 범인을 특정할 수 있다. DNA 데이터베이스와의 대조를 통해 신원 미상의 범인을 추적할 수 있으며, 법정에서는 결정적인 증거로 활용된다. 그러나 DNA 증거의 한계와 도전 과제도 존재하므로, 이를 보완하기 위한 지속적인 연구와 기술 발전이 필요하다. 이러한 과정들은 범죄를 해결하고 정의를 실현하는 데 중요한 역할을 한다.

– 「DNA 분석」

05 제시문의 [A]의 내용을 참고하여 DNA를 통해 범인을 잡는 과정을 열거하시오. (서술하지 말고, 과정 순서대로 열거할 것)

_____

_____

_____

06 DNA 데이터베이스가 중요한 이유를 서술하시오.

_____

07 DNA의 한계가 무엇인지 제시문에서 찾아 쓰시오.

_____

※ 다음 글을 읽고 물음에 답하시오. (8~10)　　　　　　　⊙ 정답·해설 p.26

　　사막개미의 능력은 동물 행동학과 신경과학 분야에서 많은 주목을 받고 있다. 사막개미는 극한 환경에서 생존하면서 놀라운 탐지 능력과 방향 감각을 발전시켜 왔다. 그들의 뇌 구조와 행동 패턴은 인간의 인공 지능과 로봇 공학에도 많은 영감을 주고 있다. 사막개미는 상대적으로 작은 뇌를 가지고 있지만, 그 구조는 매우 효율적이다. 사막개미의 뇌는 약 250,000개의 뉴런으로 구성되어 있으며, 이는 인간의 뇌에 비하면 극히 적은 수치이다. 그러나 이 작은 뇌는 효율적인 정보 처리 능력을 갖추고 있어, 사막의 가혹한 환경에서 살아남을 수 있게 한다. 사막개미의 뇌는 주로 시각 정보 처리에 특화되어 있다. 사막에서는 풍경이 단조롭고 변화가 적기 때문에, 사막개미는 이동 경로를 기억하고 시각적 단서를 통해 방향을 잡는다. 사막개미의 시각 시스템은 다양한 빛 조건에서 작동할 수 있도록 발달되어 있으며, 특히 자외선 감지 능력이 뛰어나다.

　　사막개미는 먹이를 찾기 위해 긴 거리를 이동한 후에도 정확하게 집으로 돌아올 수 있는 능력을 가지고 있다. 이는 사막개미가 '경로 통합(path integration)'이라는 복잡한 탐지 시스템을 사용하기 때문이다. 경로 통합은 사막개미가 이동한 거리와 방향을 지속적으로 계산하여, 최종적으로 집으로 돌아오는 직선 경로를 계산하는 과정이다. 사막개미는 이동 중에도 지속적으로 자신의 위치를 업데이트하며, 이를 통해 집으로 돌아올 때 효율적인 경로를 선택한다. 이 과정에서 사막개미는 시각적 단서, 이동 중의 각도 변화, 그리고 이동 속도 등을 종합적으로 고려한다. 특히, 사막개미는 태양의 위치를 기준으로 방향을 잡으며, 이를 통해 정밀한 방향 감각을 유지한다.

　　사막개미의 경로 통합 능력은 일종의 생물학적 GPS 시스템으로 볼 수 있다. 이들은 이동 중에 끊임없이 주변 환경을 스캔하며, 시각적 단서와 태양의 위치를 활용해 자신의 위치를 지속적으로 갱신한다. 사막개미의 뇌는 이러한 정보를 통합하여 집으로 돌아오는 최적의 경로를 계산한다.

　　연구에 따르면, 사막개미는 태양의 위치뿐만 아니라 주변 지형의 특징도 활용한다. 예를 들어, 사막의 특정 지형적 특징이나 돌멩이, 식물 등을 기억하여 이를 기준으로 방향을 잡는다. 이러한 능력은 사막이라는 극한 환경에서 사막개미가 생존할 수 있는 중요한 요소이다.

　　과학자들은 사막개미의 경로 통합 능력을 이해하기 위해 다양한 실험을 수행해 왔다. 대표적인 실험으로는 사막개미가 먹이를 찾기 위해 이동한 후 인위적으로 위치를 바꾸는 실험이 있다. 이 실험에서 사막개미는 자신의 경로를 재계산하여 새로운 위치에서도 집으로 돌아올 수 있음을 보였다. 이는 사막개미가 단순히 이동 경로를 기억하는 것이 아니라, 이동 중에 지속적으로 자신의 위치 정보를 업데이트하고 있다는 증거이다.

　　또한, 사막개미의 뇌와 신경 시스템을 분석한 연구에서는 사막개미가 경로 통합을 위해 다양한 신경 회로를 사용한다는 사실이 밝혀졌다. 특히, 사막개미의 시각 정보 처리 시스템과 운동 감각 시스템이 긴밀하게 연결되어 있어, 사막개미가 이동 중에도 정확한 위치 정보를 유지할 수 있다. 사막개미의 경로 통합 능력과 생물학적 GPS 시스템은 인간의 기술 발전에도 많은 영감을 주고 있다. 특히, 로봇 공학 분야에서 자율 주행 로봇이나 드론의 내비게이션 시스템 개발에 있어서, 사막개미의 탐지 시스템은 중요한 모델이 된다. 사막개미의 효율적인 경로 계산 방법과 시각 정보 처리 능력은 인간이 개발하는 인공 지능 시스템에도 적용될 수 있다.

　　사막개미는 작은 뇌를 가지고 있지만, 극한 환경에서 생존하기 위해 놀라운 탐지 능력과 방향 감각을 발전시켜 왔다. 이들의 경로 통합 능력과 생물학적 GPS 시스템은 동물 행동학과 신경과학 분야에서 중요한 연구 주제일 뿐만 아니라, 인간의 기술 발전에도 많은 영감을 주고 있다. 사막개미의 탐지 능력에 대한 연구는 앞으로도 다양한 분야에서 응용될 가능성이 높다.

- 「사막개미」

08 제시문에서 사막개미의 특화된 능력은 무엇인지 찾아 쓰시오.

_____

09 다음 〈보기〉를 읽고, 사막개미가 새로운 위치에서도 집을 잘 찾아올 수 있는 근거는 무엇인지 제시문에서 찾아 쓰시오.

┤ 보기 ├

　사막개미는 이동 중에 시각적 단서와 태양의 위치를 활용하여 자신의 위치를 지속적으로 확인하고 조정한다. 이러한 능력은 사막개미가 경로 통합을 통해 위치 정보를 끊임없이 갱신하고, 새롭게 주어진 상황에서도 효율적으로 집으로 돌아갈 수 있게 한다. 이를 통해 사막개미가 얼마나 정교한 내비게이션 시스템을 가지고 있는지, 그리고 이 시스템이 어떻게 극한 환경에서의 생존을 가능하게 하는지 알 수 있다. 이 연구는 사막개미의 놀라운 방향 감각과 그들의 뇌가 복잡한 환경에서 어떻게 정보를 처리하는지 이해하는 데 중요한 통찰을 제공한다.

_____

_____

10 사막개미가 이동 중에도 정확한 위치 정보를 유지할 수 있는 이유는 무엇인지 한 문장으로 쓰시오.

_____

_____

※ 다음 글을 읽고 물음에 답하시오. (11~13)   ▶ 정답·해설 p.27

블록체인은 데이터 분산처리 기술이다. 분산된 네트워크상에서 데이터를 블록 형태로 체인처럼 연결하기 때문에 네트워크에 참여하는 모든 사용자가 모든 거래 내역 등의 데이터를 분산 저장한다. 각 블록에는 거래 기록과 같은 데이터가 포함되고 이러한 블록들이 시간 순서대로 연결되어 데이터의 무결성을 보장한다. 블록체인에서 '블록'은 개인과 개인 간의 거래(P2P) 데이터가 기록되는 장부를 의미한다. 이런 블록들이 생성된 후 시간의 흐름에 의해 순차적으로 연결된 체인(사슬) 형태의 구조를 가지게 된다. 거래 내역을 확인하고자 할 때에는 모든 사용자가 거래 내역을 보유하고 있어 사용자가 보유하고 있는 장부를 대조하고 확인해야 한다. 그래서 블록체인을 '공공 거래장부' 또는 '분산 거래장부'라고도 한다. 무결성(integrity)은 관계형 데이터베이스에서 데이터의 정확성과 일관성을 유지하고, 데이터에 결손과 부정합이 없음을 보증하는 것을 의미한다. 예를 들어, 데이터 무결성이라는 것은 데이터베이스 내에서 데이터의 정확성·일관성·유효성·신뢰성을 보장하기 위해 데이터 변경이나 수정에서 여러 제한을 두고 데이터의 정확성을 보증하는 것이다.

블록체인 기술 방식은 금융, 선거, 여론조사, 공공 데이터 보호, 에너지, 의료, 부동산, 물류와 유통, 정부 예산과 세금 관리 등 다양한 분야에서 활용된다. 특히 가상화폐 기반 기술로 잘 알려져 있는데 이는 투명하고 안전한 거래를 가능하게 하기 때문이다. 블록체인 기술이 적용된 금융분야는 전자화폐, 장외거래, 해외송금, 데이터 저장 및 보호, 메시지 보호 및 전달과 같은 형태로 쓰인다. 전자화폐의 경우 제3자 신용기관 없이 사용자 간 인증을 통해 안전하게 유통할 수 있도록 한 것이 바로 암호화폐다. 대표적인 것이 비트코인과 이더리움이다. 해외 송금의 경우에도 수수료를 대폭 낮출 수 있고 데이터 저장과 보호가 가능하다. 거래승인절차를 이전에는 변호사를 거쳐야 했다면 이제는 블록체인을 통해 자동화 및 안전 실물 증권 관리와 보관이 가능해졌다. 대표적인 사례가 장외주식거래소인 프라이빗 마켓(Private market)에 블록체인 기술을 적용한 나스닥 프라이빗 마켓(NASDAQ Private Market)이다.

블록체인 기술 전에는 은행이 모든 거래 내역을 보유했다. 그 이유는 금융 거래 당사자 간 거래 내역을 은행이 증명해 줘야 하기 때문이다. 즉, 은행이 중개자가 되어 거래 당사자들 간의 안전한 거래를 보장해 주고 증명해 줄 수 있는 매개체가 된 것이다. 은행이 모든 장부를 관리하는 통일된 거래 내역을 가진 것이라면 블록체인은 분산화된 장부를 통해 거래 내역을 유지한다. 예를 들어, 한 네트워크에 15명이 참여하고 있을 때, A와 B의 거래 내역을 하나가 아닌, 15개의 블록을 생성해 15명 모두에게 전송하고 저장한다. 추후 거래 내역을 확인하려면 블록으로 나눠 저장한 데이터들을 연결해 대조하고 확인한다.

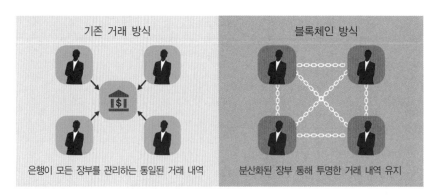

기존 거래 방식	블록체인 방식
은행이 모든 장부를 관리하는 통일된 거래 내역	분산화된 장부 통해 투명한 거래 내역 유지

▲ 기존 거래 방식과 블록체인 방식

블록체인은 분산 저장이 특징이다. 기존 은행 거래 방식에서 데이터를 위·변조하려면 은행 중앙 서버를 해킹하면 가능했다. 실제로 은행 전산망을 해킹한 사건이 있었던 점을 보면 매우 위험한 일이다. 그러나 블록체인은 분산 저장을 통해 여러 명에게 데이터를 전송하고 저장하므로 위·변조가 어렵고 해킹이 거의 불가능하다. 만약 블록체인 네트워크를 위·변조하려면 네트워크에 참여했던 참여자들의 거래 데이터를 모두 공격해야 하므로 사실상 해킹은 불가능하다고 여겨진다. 또한 블록체인은 중앙관리자가 필요 없다는 특징이 있다. 은행이나 정부 등은 중앙기관이나 중앙관리자가 있어야 했다. 증명을 해줘야 하기 때문이다. 그러나 블록체인은 다수가 데이터를 저장하고 증명하므로 중앙기관이나 중앙관리자가 크게 필요하지 않다. 특히 정부나 지자체는 한 해 국가의 살림을 도맡아 진행하는 부분에서 큰 금액을 송금해야 하므로 정확하고 안전한 관리가 필요하다. 또한 수많은 지출 내역 등을 정확하고 투명하게 진행해야 하므로 스마트 계약을 통한 지출 내역 관리와 실시간 공유 기능이 필요하다. 이러한 정확하고 안전한 관리는 블록체인 기술로 활용할 수 있다.

–「블록체인과 다양한 분야의 활용」

11 〈보기 1〉과 〈보기 2〉를 읽고, 은행과 블록체인의 공통점과 차이점을 제시문에서 찾아 쓰시오.

┤ 보기 1 ├

A는 논문 자료 검색 및 참고 서비스를 이용하기 위해 관련 홈페이지에 가입을 하고 계좌로 이용 금액 10만 원을 B계좌로 송금했다. 하지만 B는 10만 원 입금 확인이 안 되었다고 하자, A가 최근 개명을 하여 서비스 이용 가입명은 변경된 이름이지만 은행 입금자명은 아직 변경이 안 되어 기존 이름으로 입금이 된 것이라고 해명하고 초본과 은행 입금내역을 발급받아 제출하였다.

┤ 보기 2 ├

C와 D는 연인이지만 서로 외국에서 유학 중이라 직접 선물을 주지 못했다. 그러자 C는 D에게 선물 대신 암호화폐 1ETH(이더리움)를 보냈다. 이때 네트워크에 10명이 참여하고 있었다면 두 사람의 거래 내역을 10개의 블록으로 생성해 10명 모두에게 전송 및 저장한다. 나중에 거래 내역을 확인하려면 블록으로 나눠 저장한 데이터를 연결해 확인해야 한다.

① 공통점 : _____

② 차이점 : _____

_____

12 다음 〈보기〉를 읽고, 제시문에서 블록체인의 특징 두 가지를 서술하시오.

┤ 보기 ├

    비트코인이나 이더리움 같은 가상화폐가 등장한 것은 블록체인 기술이 등장했기 때문이다. 블록체인을 활용하면 중앙기관이 필요 없고, 화폐도 발행이 가능하다. 비트코인의 경우는 발행기관도 통제 및 관리 기관도 없다. 일본의 나카모토 사토시가 비트코인 네트워크를 개발했을 뿐이다. 비트코인은 원하는 사람들이 직접 채굴하여 발행할 수도 있다. 이는 중앙기관이나 은행이 없어도 가상화폐는 발행이 가능하기 때문이다.

① : _____

② : _____

13 〈보기〉의 ①~④에 들어갈 블록체인 활용 분야를 제시문에서 찾아 쓰시오.

┤ 보기 ├

(①)	공급체의 주요 참여자인 송하인, 세관원, 수하인, 포워더 등은 블록체인으로 문서를 공유하여 어느 기관에서든 현 상태를 빠르고 투명하게 확인 가능하다.
(②)	한국전력공사는 개인 가구 간에 직접적인 P2P 전력거래가 가능한 블록체인 기반 전력거래 플랫폼을 구축해 신산업 활성화 기반 구축 사업을 펼쳤다.
(③)	'전자정부법'에 따른 행정정보, '국가정보화 기본법'에 따른 정보 중 공공기관이 생성한 정보, '공공기록물 관리에 관한 법률'에 따라 전자기록물 중 대통령령으로 정하는 전자기록물 보호가 가능하다.
(④)	지방자치단체가 블록체인을 활용하면 예산 할당과 지출 내역을 실시간으로 공유 가능하고, 사용하는 모든 비용은 스마트 계약을 통한 지출 내역으로 관리하여 행정 부담 감소와 투명성을 보장한다.

① : _____

② : _____

③ : _____

④ : _____

Ⅳ 주제 통합

※ 다음 글을 읽고 물음에 답하시오. (1~3)

● 정답·해설 p.27

(가) 통증이 없다면 우리는 아픈 부위를 깨닫지 못하다 질병을 키우거나 치명적인 상처를 입을 수 있다. 그러나 몸의 이상을 알기 위해 반드시 필요한 것이 통증이라 할지라도, 언제나 도움이 되는 것은 아니다. 부상이 심하면 상처 때문이 아니라 통증 때문에 쇼크로 사망할 수도 있기 때문이다. 또한 통증은 인간이 삶을 영위하고 기본적인 활동을 하는 데 심각한 영향을 끼칠 수 있다.

통증은 신경계의 자극에 의해 발생하거나, 신경계의 손상이나 기능 장애로부터 비롯된다. 대부분의 통증은 원인이 되는 신체의 손상이 회복됨으로써 사라지지만, 간혹 회복된 이후에도 지속되기도 한다. 또한 어떤 자극도 없고 원인이 없음에도 불구하고 통증이 생기는 경우도 있으며, 선천적으로 통증을 느끼지 못하는 경우도 있다.

통증의 종류 중 통각수용 통증은 조직에 실질적 또는 잠재적 손상이 일어났을 경우에 발생하는 통증을 말한다. 화상이나 칼에 베이는 등의 외상을 입었거나, 종양 등에 의한 조직의 압박이나 괴사로 인해 발생하는 통증이 이에 해당한다. 통각수용 통증은 다시 체성 통증과 내장 통증으로 구분할 수 있다.

체성 통증은 피부나 근육, 뼈 등에 자극이 있을 때 발생하는 통증이다. 피부나 점막 등이 찰과상이나 화상, 열상 등을 입었을 때 나타나는 표재성 통증의 경우에는 지속기간이 짧고 국소적이며 날카로운 감각으로 느껴진다. 근골격계나 혈관, 신경 등 피부 아래 조직에서 발생하는 통증인 심부 통증의 경우에는 오래 지속되며 욱신욱신하고, 억누르는 통증이 느껴진다. 손상된 조직의 신경이 활성화되면서 신호를 대뇌로 보내 통증을 느끼게 되는데, 대개 발현 위치를 정확하게 알 수 있으며 통증의 원인이 되는 상처가 치료되면 통증은 사라지지만, 조직의 손상이나 감염이 있을 경우에는 지속적인 통증이 발생하기도 한다.

내장 통증은 뇌, 심장, 소화 기관 등 몸속의 장기에서 발생하는 통증이다. 둔하고 경계가 불분명한 것이 특징이며, 국소화가 잘 되지 않는다. 또한 구토, 오심, 발한 등 자율 신경계 반응을 동반하는 경우가 많다. 이러한 경우에는 아픈 부위를 정확히 아는 것이 매우 어려운데, 그 이유는 내장 기관들 중에는 감각을 인식하는 수용체가 거의 없는 부위가 있기 때문이다. 또한, 통증 신호를 전달하는 중추 신경계인 척수에는 내장 통증 정보를 처리하는 신경 세포가 없어 내장 통증 정보 또한 피부의 통증을 전달하는 신경 세포를 통해 전달되기 때문에, 실제 통증을 유발하는 곳과는 다른 곳에서 통증을 느끼기도 한다. 예를 들어 췌장염의 경우에는 좌측 흉부의 피부에 통증을 느끼거나, 협심증일 때 어깨나 목 부위의 통증으로 느껴지는 경우가 있는데, 이러한 통증을 연관통이라고 한다.

통증은 우리 몸이 외부의 손상이나 부상을 감지할 때 발생하는 자연적인 반응이며, 이러한 통증 반응을 촉진하는 중요한 물질로 프로스타글란딘을 꼽을 수 있다. 프로스타글란딘은 염증을 유발하고 신경세포를 자극하여 통증을 감지하도록 한다. 사람이 느끼는 대부분의 통증은 프로스타글란딘의 염증 반응과 관련되어 있는데, 대부분의 진통제는 상처 부위에서의 프로스타글란딘의 작동을 멈추거나 더디게 함으로써 진통 효과가 나타난다. 이와 반대로 통증을 완화시키는 물질로는 엔도르핀이 있다. 엔도르핀은 통증 등의 특정 자극에 반응하여 중추 신경계와 뇌하수체에서 생성되는데, 모르핀과 같은 아편 약물과 동일한 수용체에 결합한다. 이는 고통 감소와 행복감 등 마약 성분과 유사한 효과를 생성하는데, 이로 인해 신체의 천연 진통제로 불리기도 한다.

(나) 인류는 통증을 다스리기 위해 노력해 왔으며, 고통을 경감시키기 위해 했던 노력은 고대에서부터 찾아볼 수 있다. 고대 사회에서는 자연의 산물을 이용했는데 양귀비나 대마 등의 식물을 달여 마셨으며, 알코올을 마시는 것 또한 흔히 사용되어 온 방법이다. 이러한 원료들을 살펴보면 우리가 흔히 알고 있는 마약류의 원료와 일치하는 것이 많은데, 진통 작용과 쾌감 작용을 동시에 일으키며 환각을 불러일으키고 중독성이 매우 강하기 때문에 함부로 남용하는 것은 큰 문제가 될 수 있다. 현대 의학에서는 화학 분야의 발전이 이루어지면서 통증을 다스리기 위한 방법도 크게 발전하였는데, 마취제와 진통제가 널리 쓰이고 있다.

마취제는 전신 마취제와 국소 마취제로 나눌 수 있다. 전신 마취제는 수술이나 검사를 할 때 사용되며, 중추 신경

기능을 억제하여 의식과 전신적인 지각을 상실하게 하는 약물이다. 전신 마취제를 투여하면 기억, 운동반사, 의식이 소실되고 골격근이 이완된다. 전신 마취제는 투여하는 방법에 따라 정맥 마취제와 흡입 마취제로 구분할 수 있다. 정맥 마취제는 주사를 사용하여 정맥 내로 투여하는 마취제를 말한다. 정맥 마취제는 뇌에서 억제성 신호를 전달하는 GABA 수용체에 작용하여 중추 신경 억제 효과를 증가시키거나, 뇌에서 흥분성 신호를 전달하는 NMDA 수용체를 억제하여 중추 기능을 저하시킴으로써 수면, 진정, 마취 효과를 나타낸다. 흡입 마취제는 휘발성이 있는 마취제를 호흡기를 통해 폐로 흡입시켜 사용하는데, 휘발성이므로 투여를 중단하면 폐를 통해 제거된다. 흡입된 마취제는 모세혈관을 따라 중추 신경계에 작용하여 운동 및 지각 신경의 전도를 차단시킨다. 전신 마취제는 외과수술을 가능하게 한 획기적인 약물이지만, 위험성이 매우 큰 약물이므로 용량과 마취심도를 정확하게 결정하는 것이 매우 중요하다.

국소 마취제는 주로 효과를 원하는 좁은 부위에 투여되며, 특정 부위에만 약물을 투여하여 의식은 깨어 있는 상태로 유지된다. 자극을 전달하는 신경을 일시적으로 차단함으로써 신체 일부분의 감각을 느끼지 못하게 하는 방식인데, 신경 세포막의 나트륨 통로를 차단해 나트륨이 세포 안으로 들어오지 못하도록 함으로써 신경 전도를 막는 방법으로 통증의 전달을 차단한다.

통증은 손상된 체내 조직에서 분비된 물질들이 통증 수용체를 자극하고, 척수를 통해 대뇌의 감각 중추에 전달되어 생기는데, 진통제는 이러한 물질의 생성과 전달을 억제하는 방식으로 통증을 완화시킨다. 체내 조직 손상으로 인해 염증이 유발되면 대뇌 중추가 통증을 감지하기까지 다양한 체내 물질이 관여하는데, 가장 중요한 것이 프로스타글란딘이다. 흔히 사용되는 아스피린, 아세트아미노펜은 프로스타글란딘의 생성에 관여하는 효소인 COX-1과 2를 억제하기 때문에 프로스타글란딘이 추가로 생성되는 것을 줄여 통증과 열을 가라앉힌다. 그러나 COX 효소는 통증을 일으키는 프로스타글란딘뿐만 아니라 소화 기관을 소화액으로부터 보호해 주는 프로스타글란딘도 생산하므로, 진통제를 장기간 복용할 경우 소화 기관의 염증을 유발하는 부작용을 일으키기도 해 주의가 필요하다.

01 제시문을 읽고, 마취제와 진통제가 어떤 작용으로 통증을 억제하는지 구분지어 서술하시오.

① 마취제 : _____

② 진통제 : _____

02 〈보기〉는 통증의 억제 방법과 유의 사항에 관해 작성한 글이다. 〈보기〉의 ①, ②에 들어갈 적절한 말을 제시문에서 찾아 쓰시오.

┤ 보기 ├

　　통증을 억제하는 방법에는 여러 가지가 있겠지만, 전신 마취를 하기 위해서는 (　　①　　)에 작용하여 중추 신경 억제 효과를 증가시키거나, NMDA 수용체를 억제하여 중추 기능을 저하시킴으로써 수면, 진정, 마취 효과를 일으킨다. 이는 중추 신경계에 직접 관여하는 것으로 위험부담이 커서 주의가 필요하다. 국소 마취를 위해서는 나트륨 통로를 차단해 신경 전도를 막는 방법으로 통증의 전달을 차단할 수 있는데, 통증 부위를 정확하게 파악해서 투여해야 한다. 널리 쓰이는 방법으로는 진통제가 있는데, (　　②　　)을/를 억제하여 프로스타글란딘이 추가로 생성되는 것을 줄여 통증과 발열을 가라앉힌다. 하지만 진통제는 소화 기관에 염증을 일으킬 수 있으므로 주의가 필요하다.

①: _____

②: _____

03 〈보기〉는 체성 통증과 내장 통증에 관해 정리한 것이다. 〈보기〉의 ①, ②에 들어갈 적절한 단어를 제시문에서 찾아 쓰시오.

┤ 보기 ├

체성 통증	내장 통증
통증 부위에 자극이 발생하면 신경을 통해 (　　①　　)(으)로 전달된다. 발생 부위가 비교적 명확한 특징이 있다. 보통 통증의 원인이 치료되면 통증 또한 사라지지만, 조직의 손상이나 감염이 있을 시에는 지속적인 통증이 발생하기도 한다.	감각 인식 수용체가 거의 없는 부위가 있고, 척수에 별도의 신경 세포가 없어 발생 부위의 특정이 어려운 경우가 많다. 별도의 신경 세포가 없어 피부의 통증을 전달하는 신경 세포를 통해 전달되기 때문에, 실제 통증이 있는 곳과 다른 부위에 (　　②　　)이/가 발생하기도 한다.

①: _____

②: _____

※ 다음 글을 읽고 물음에 답하시오. (4~6) ▶ 정답·해설 p.28

(가) 소식(蘇軾, 1037~1101)은 북송(北宋)을 대표하는 문인이다. 송나라는 건국이념으로 문치주의를 택한 나라로 문인들의 의식이 고양됨에 따라 소식을 비롯한 11세기 문인들은 그들의 문학적 이념을 회화에까지 발전시켰다. 그들은 채색화보다 수묵화를 선호하였는데 수묵은 추상성과 상징성을 가지고 있다는 점에서 내면 표현을 중시했던 북송 문인들에게 적절한 회화 방식이었기 때문이다. 수묵화는 시(詩)와 서(書)에 익숙한 사대부들에게 그들의 문화를 시각적으로 표현하는 예술 방식으로 자리 잡았다.

소식은 회화를 시나 서에 비해 모자람이 없는 사대부의 예술로 보며 문인 화가들이 활동하는 데 기여하였다. 그는 사의화(寫意畫)라는 회화 개념을 정립하였는데 이에 따르면 회화는 대상의 겉모습을 묘사하는 형사(形似)가 아니라 작가의 내면의 의식을 담고 있는 신사(神似)를 중시하여야 한다. 소식은 회화가 형사에만 몰두하여서는 진정한 의미를 담아낼 수 없다고 생각한 것이다.

그는 사물을 상리(常理)와 상형(常形)으로 구분하였는데 상리란 사물의 본질을 의미하고 상형은 그 형태, 즉 겉모습을 의미한다. 그는 작품에서 상형이 잘못되었을 때는 누구나 알아볼 수 있고 작품의 일부를 잃는 것이지만 상리가 잘못된 것은 미술에 능한 자도 쉽게 알아볼 수 없으며 작품 전체를 잃는 것이라고 보았다.

이처럼 소식은 진정한 예술가는 단순히 형상을 묘사하는 것이 아닌 개인의 정신과 사상을 표현해야 한다고 생각하였고 회화에서 기술적 완성도보다 정신적 함의가 중요함을 역설하였다. 그의 이론이 유명해지자 회화의 기술적 완성도가 떨어지는 작품들도 사의화라고 주장하는 문제가 생기기도 했다. 그러나 올바른 미술이란 무엇인가 고민하게 한 소식의 이론은 이후 구양수, 미불, 조맹부, 왕몽 등 많은 문인 화가들에게 계승되고 발전되면서 동아시아 회화 이론에 근간을 이루었다고 할 수 있다.

(나) 조선 후기 회화는 전신사조(傳神寫照)가 중시되었다. 이는 사물의 형태보다는 정신, 즉 신사(神似)를 중시하는 것으로 회화가 얼마나 대상을 닮았는가보다는 그리는 이의 뜻을 얼마나 담고 있는가가 중요하다는 회화론이다. 조선 후기 대표적인 학자인 연암 박지원(1737~1805) 또한 전신사조를 강조하였다. 그는 사물을 판단하는 것은 눈과 귀가 아니라 마음이라고 말하며 감각 기관만으로 외부 세계를 바라본다면 사물을 제대로 파악하지 못하고 판단을 그르칠 수 있다고 하였다. 그리하여 회화에 있어서 대상이 실제의 세부를 생략하거나 왜곡하여 형상의 사실성이 조금 떨어진다고 해도 작가의 뜻이 잘 드러난다면 좋은 그림이라고 보았다.

한편 조선 후기 대표적 실학자 중 한 명으로 성호학파를 이끈 성호 이익(1681~1763)은 그림이 대상을 묘사하는 것을 소홀히 여겨 실재와 멀어지는 것을 비판하며 형사를 강조하였다. 그는 '그림을 그리되 겉모양이 같지 않고 시를 짓되 눈앞의 경치를 읊지 않는다면 이치에 맞다고 할 수 있겠는가?'라며 자신의 화론을 주장하였는데 이는 개혁을 지향하는 실학자로서 그의 학문이 회화론에도 반영된 것으로 볼 수 있다. 과학적이고 정확한 고증을 중시하는 학풍이 사실성과 구체성을 중시하는 화풍으로 이어진 것이다. 또한 그는 많은 서양 미술을 감상하였는데 사실적이고 정교한 서양화를 접하며 크게 감탄했다고 전해진다. 그리하여 우리의 산수화를 그릴 때도 있는 그대로 묘사하고자 하였다.

대상을 압도하는 자화상으로 유명한 공재 윤두서(1668~1715) 또한 대상의 외향을 치밀하게 관찰하고 분석하여 회화에서의 사실성을 성취하기 위해 노력하였다. 그는 그림에 올바른 정신이나 이념을 담기 위해서는 먼저 대상의 사실성이 바탕이 되어야 한다고 보았다. 명문 가문 출신으로 가문의 학문적 전통을 이어받았을 뿐 아니라 천문학, 수학 등 서학도 개방적으로 받아들인 그는 세계와 인간 사물을 보는 시각을 새롭게 정립하며 이를 회화에 적용함으로써 사실성을 획득하고자 하였다. 그의 회화를 보면 사물의 음영, 질감, 입체감 등이 생동감 있게 묘사되는데 이는 당대의 조선 화풍에서는 찾아보기 드문 것으로 서양 미술의 영향이 있었으리라 해석된다. 대표적으로 꼽히는 자화상을 보면 이런 사실적인 생동감을 통해 인물의 내면을 효과적으로 표현함을 잘 알 수 있다.

그러나 이익과 윤두서가 전신사조를 반대하는 것은 아니었다. 그들 역시 작가의 내면인 신사를 회화의 핵심으로 보았다. 다만 형사가 온전하지 못한 회화에서는 신사 또한 온전히 표현되기 어렵다고 보아 신사를 제대로 구현하기 위해 회화의 사실성을 획득해야 한다고 생각한 것이다. 그들의 이러한 생각은 관념에 빠져 있던 당시의 회화관에 반성의 계기를 마련해 주었다.

04 〈보기〉는 (가)를 읽고 학생이 작성한 메모이다. 〈보기〉의 ①, ②에 들어갈 알맞은 말을 제시문 (가)에서 찾아 쓰시오.

┤ 보기 ├

소식의 사의화

• 신사와 형사 중 신사를 더 중시하는 회화

• 상리와 상형 중 (①   )이/가 잘못된다면 작품의 부분을 잃는 것이지만 (②   )이/가 잘못된다면 작품 전체를 잃는 것이라고 봄

• 진정한 예술가는 단순히 형상을 묘사하는 것이 아닌 개인의 정신과 사상을 표현해야 함

① : _____

② : _____

05 〈보기〉는 조선 후기의 회화 경향에 대해 정리한 글의 일부이다. 〈보기〉의 ㉠과 같은 주장을 한 인물 두 명을 제시문 (나)에서 찾아 쓰시오.

┤ 보기 ├

　조선 후기의 회화는 사물의 형태보다는 작품이 담고 있는 작가의 정신을 중시하였다. 그래서 작품의 묘사가 실체와 어긋난다고 해도 정신이 잘 드러나는 작품이라면 좋은 작품이라고 생각했다. 그러나 ㉠ 실체와 너무 멀어지는 것을 비판하며 관찰에 기반을 둔 사실적이고 고증적인 묘사가 있어야 비로소 작가의 정신을 제대로 구현할 수 있다는 주장도 있었다.

_____

06 (가)와 (나)를 비교하여 읽고 소식의 사의화론과 조선 후기 회화론의 공통점을 1줄 내외로 서술하시오.

_____

_____

※ 다음 글을 읽고 물음에 답하시오. [7~9]

● 정답·해설 p.28

(가) 조선은 양입위출(量入爲出)을 조세의 원칙으로 한 나라였다. 이는 거두어들인 것을 헤아려 그에 맞게 지출을 결정하는 원칙으로 지출을 예상하여 세금을 걷는 양출위입(量出爲入)과는 대비되는 개념이다. 그러므로 조선은 나라의 재정이 부족하다고 해서 세금을 추가로 더 거두어들이는 것은 원칙적으로 금지하였다. 조선의 세금은 크게 전세(田稅)와 역(役), 공납(貢納)으로 나뉜다. 전세는 가지고 있는 토지 면적에 따라 부과되는 세금이었고 역은 노동력을 징발하는 것인데 각 백성마다 수행해야 하는 국역과 부가적으로 수행해야 하는 요역이 있었다. 그 외 지역에서 나는 토산품을 현물 그대로 중앙 정부에서 징수하는 것을 공납이라 하고 이때의 현물을 공물(貢物)이라 불렀다.

공납은 가지고 있는 구조적 미흡으로 인해 각종 폐단이 발생하였다. 각 고을에 공물을 얼마나 부과할 것인지 구체적 규정이 없었으므로 수취자들이 자의적으로 거두어들이는 것을 금지할 제도적 장치가 없었으며 중앙 정부는 각 관, 즉 주와 현 단위까지만 공물을 분배하였으므로 고을 내부에서 힘이 있는 자들은 힘없는 자들에게 더 많이 공물을 부과하거나 본인들은 마련하기 쉬운 공물만 부담하는 일도 빈번하였다. 게다가 해당 지역에서 나지 않는 공물이 배정되는 일도 비일비재했다. 이런 경우 백성은 공물을 마련할 수 없으므로 관가와 결탁한 상인 등이 공물을 대신 마련해 주고 그 가격을 비싸게 후려쳐 백성에게 부과하는 방납과 만연한 부정부패의 분위기 속에서 뒷돈을 주지 않으면 공물에 하자가 있다며 트집을 잡아 반려하는 점퇴가 성행하였다. 특히 연산 이후 방만해진 왕실의 재정을 대부분 공납으로 충당하면서 백성은 날로 곤궁해졌다.

양란을 겪으며 국가 재정이 어려워지고 공납의 폐단이 날로 극심해지면서 조세 제도에 대한 개혁이 필요하다는 목소리가 커졌다. 이에 광해 즉위 직후 경기도에서 대동법이 실행되었다. 대동법은 여러 현물로 받던 공물을 쌀로 통일하여 바치게 하는 제도로 이때의 쌀을 대동미라 불렀다. 대동법은 시행착오를 겪으면서도 100년에 거쳐 꾸준히 확대되어 숙종 34년에는 황해도를 끝으로 전국적으로 시행되었다.

재산의 소유 여부와 상관없이 사람 수에 따라 부과되는 인두세적 성격의 공납제와는 달리 대동법은 토지 1결당 대동미를 징수함으로써 조세 대상과 범위를 정확히 하였다. 대동법의 시행으로 백성의 부담은 일결 줄어드는 듯했다. 그러나 세도 정치가 횡포를 부린 조선 후기로 가면서 삼정의 문란으로 대표되는 세금 행정 기관의 부패가 심각해짐에 따라 중앙 정부의 재정이 악화되면서 중앙 정부로 상납해야 하는 상납미가 늘어나고 지방이 가지고 있는 유치미는 줄어들자 부족한 분량을 다시 백성에게 부담하는 경우가 허다했고 백성의 조세 부담은 날로 가중되었다. 그 와중에 토지를 가진 소유주들은 소작인에게 토지를 대여하는 조건으로 자신에게 부담된 전세를 떠넘기는 경우도 빈번하였다.

(나) 조세는 국가나 지방단체가 국정 운영을 위해 필요한 재원을 마련하기 위해 국민에게 징수하는 금액으로, 공급과 소득의 재분배를 위한 재원조달이 주된 목적이다. 우리나라는 조세를 징수하는 데 있어 공평하고 합리적일 수 있도록 일정한 원칙을 따르도록 하는데 이를 조세의 원칙이라 부른다. 그중 조세 법률주의와 조세 공평주의는 가장 기본적인 조세의 원칙이다.

조세 법률주의는 조세의 부과와 징수가 반드시 법률에 근거해야 한다는 원칙이다. 이는 민주주의 국가에서 국민의 재산권을 보장하고 법적 안정성을 지키기 위한 원칙이다. 하부원칙으로 과세 요건 법정주의, 과세 요건 명확주의, 소급 과세 금지 원칙 등이 있다. 과세 요건 법정주의는 납세의무를 성립시키는 구체적 요건, 즉 납세의무자, 과세물건, 과세표준, 과세기간, 세율 등 과세 요건과 조세의 부과와 징수절차 모두를 국회가 제정하는 법률로 규정하고 명시해야 한다는 것이다. 과세 요건 명확주의는 과세 요건 법정주의의 연장선상에 있는 원칙으로 조세 법률에 규정된 과세 요건이 모호해서는 안 되고 명확하고 구체적이어야 한다는 원칙이다. 이를 통해 납세자는 자신의 납세의무를 쉽게 예측할 수 있게 된다. 소급 과세 금지 원칙은 새로운 세법이나 세법 해석의 변경은 원칙적으로 미래에만 적용되며 과거에 성립된 납세의무에는 소급하여 적용할 수 없다는 원칙이다.

조세 공평주의는 모든 국민이 조세와 관련하여 평등하게 취급되어야 하며, 조세 부담은 국민의 조세 부담능력에 따라 공평하게 배분되어야 한다는 원칙이다. 이는 입법상의 공평주의와 해석 적용상의 공평주의로 구분할 수 있다. 입법상 공평주의는 조세 정의를 위해 국민의 경제적 부담능력이 동일한 경우 같게, 상이한 경우 다르게 과세하도록 공평하게 법을 제정해야 한다는 것이고 해석 적용상 공평주의는 조세법을 해석하고 적용할 때 평등해야 한다는 것으로 조세회피를 목적으로 한 거래는 부인하고 거래의 실질에 따라 과세해야 한다는 실질과세의 원칙이 대표적이다.

세금은 세금을 부담할 수 있는 능력, 즉 담세능력에 따라 부과되는데 담세능력을 판단할 수 있는 기준은 크게 세 가지로 소득, 소비, 자산이 그것이다. 소득세는 개인의 소득에 대해 부과하는 조세로 우리나라는 개인이 소득을 신고하고 납부하지 않고 소득을 지급하는 자가 관련 세금을 미리 징수 후 지급하는 원천징수제를 특징으로 한다. 소비세는 소비에 부과되는 세금으로 재화나 서비스를 소비한 소비자에게 직접 과세하는 것을 직접소비세, 세금이 부과될 것을 예상하여 미리 세금이 포함된 가격으로 책정된 재화나 서비스를 소비하여 발생하는 세금은 간접소비세로 분류한다. 자산은 개인이 소유한 자산에 대해 부과하는 세금으로 재산세가 대표적이다.

07 〈보기〉의 ①, ②에 들어갈 알맞은 말을 제시문 (가)에서 찾아 쓰시오.

┤ 보기 ├

세입을 먼저 헤아려 세출을 정하는 것을 (①   ), 세출을 어림하여 세입을 정하는 것을 (②   )(이)라고 한다. 조선은 (①   )을/를 원칙으로 하였기에 나라 재정이 부족하다고 해서 세금을 더 걷는 것은 금지하였다.

① : _____

② : _____

08 (가)에서 조선 시대 대동법이 시행된 가장 큰 원인으로 꼽은 것을 찾아 쓰시오.

_____

09 〈보기〉는 (나)를 읽고 학생이 정리한 표의 일부이다. 〈보기〉의 ①, ②에 들어갈 알맞은 말을 제시문 (나)에서 찾아 쓰시오.

| 보기 |

(①) : 조세를 부담할 수 있는 능력	지표	조세의 예
	소득	소득세
	소비	직접소비세 간접소비세
	(②)	재산세

① : _____

② : _____

※ 다음 글을 읽고 물음에 답하시오. (10~12)　　　　　　　　정답·해설 p.28

(가) 형법(刑法)이란 범죄와 형벌에 관한 기본적 법률로 어떤 행위가 범죄인지 규정하고 그에 관련하여 어떤 형벌이 부과되는지 규정한다. 형벌은 범죄 행위자에 대한 국가의 제재 수단으로 범죄 예방, 범죄자 교정, 사회 보호 등을 목적으로 한다. 형벌은 국가가 개인에게 가하는 강력한 제재 수단으로 몰수나 징역은 개인의 재산권과 자유권을 침해하고 사형의 경우는 생명권까지 침해할 수 있는 것이다. 국가가 이런 권력을 남용할 경우 심각한 인권 침해가 일어날 수 있으므로 형법은 형벌이 적절히 사용되어야 하고 남용되지 않아야 함을 중요하게 다루고 있다. 형법의 기본 원리인 책임 원칙은 이러한 문제를 반영하고 있다.

책임 원칙이란 행위에 대한 책임 없이는 처벌도 없다는 원칙이다. 책임의 유무를 가림으로써 형벌의 근거가 되고 행위의 책임의 크기를 따짐으로써 형벌의 경중을 제한한다. 범죄 행위를 저질렀고 그에 책임이 있다고 판단되었다고 해도 형법은 책임의 크기보다 무거운 형벌을 부과할 수 없다. 책임 원칙은 국가가 과도하게 개인의 자유권을 침해하는 것을 감시하는 역할을 한다.

책임 원칙의 핵심은 범죄자가 자신의 행위에 대해 비난받을 만한 책임이 있어야 처벌할 수 있다는 것이다. 범죄자는 범죄 능력을 가진 자일 경우에만 성립되는데 이는 범죄 행위를 할 수 있는 능력임과 동시에 자신의 행위를 통제할 수 있었으나 그러지 않음으로써 발생한 행위에 책임을 질 수 있는 책임 능력을 포함한다. 현행법상 범죄 능력은 자연인에게만 인정된다. 그 외의 존재는 범죄 행위의 주체로 볼 수 없다고 판단하기 때문이다.

예외적으로 법인(法人)의 경우는 형사 처벌이 가능하다. 법인이란 법률상에서 자연인 이외의 법률상 권리 또는 의무의 주체가 되는 대상을 뜻한다. 대체로 어떤 개인이 범죄를 저질렀을 때 개인을 처벌함과 동시에 그를 관리 감독해야 할 의무가 있는 법인에 벌금을 부과하는 형식으로 처벌이 이루어지는데 이를 양벌규정이라고 한다. 이는 법을 위반하는 사람뿐 아니라 방관하는 감독자에게도 처벌을 내리는 것으로 감독자가 위반 행위를 감시하고 방지하기 위한 노력을 하도록 만드는 역할을 한다.

(나) 지능형 로봇은 오래전부터 SF영화의 단골 소재이다. 영화에서 발달한 지능형 로봇은 인간의 통제를 받지 않고 심지어 인간을 지배하기도 한다. 지금의 인공 지능 발전 속도를 생각하면 이러한 지능형 로봇의 등장은 더 이상 영화만의 일이 아닌듯하다. 근미래에 고도로 발달한 강한 인공 지능을 탑재한 로봇이 등장한다고 가정하면 이런 문제를 생각해 볼 수 있다. 만약 지능형 로봇이 범죄를 저지른다면 그 책임은 누구에게 있는가? 인간의 통제를 벗어난 로봇의 행위에 대한 책임을 인간에게 묻는 것은 부당하다. 지능형 로봇이 형법의 통제 테두리 밖에 있다면 치안에 공백이 생길 것이고 우리 사회의 안전을 보장할 수 없다. 그러므로 형사 처벌이 가능한 수준의 범죄 행위를 지능형 로봇이 저지른다면 로봇에게도 형법상의 책임을 부과해야 할 필요가 있다.

기존의 형법은 인간만을 고려하여 설계되었으므로 이에 따르면 형법의 범죄의 책임을 로봇에게 물을 수는 없다. 그러나 인간의 필요와 지시에 따라 설계되어 움직이는 현재 발전 수준의 약한 인공 지능을 가진 로봇이 아니라 인간의 마음과 같은 의미의 마음을 가진 강한 인공 지능이 탑재된 로봇이 등장한다면, 지능형 로봇은 인간의 통제를 벗어나 어떤 행위를 할 것인지 아닌지를 주체적으로 판단하고 결정할 수 있다. 이런 경우 지능형 로봇의 불법 행위는 인간에게서 독립된 행위로 보아야 마땅하다.

이러한 문제가 제기됨에 따라 최근에는 법적 주체의 지위를 확장하기 위해 체계 이론의 체계 개념을 사용하자는 주장이 있다. 체계 이론에 따르면 사회 현상의 근본 개념은 행위가 아닌 소통이다. 소통이 행위보다 더 근원적인 개념으로 사회적 체계의 소통이 사회적 체계의 행위를 구성한다는 것이다. 인간은 소통에 참여할 수 있는 주체로서 사회 체계에 포함된다. 지능형 로봇이 인간의 매개 없이도 독립적이고 자율적으로 소통에 참여할 수 있다면 지능형 로봇 역시 인간과 마찬가지로 소통의 주체로 인정받을 수 있다. 주체로서의 지능형 로봇은 마찬가지로 법적 주체로서도 인정되므로 당연히 법적 책임을 물을 수 있다. 이 관점에서 범죄란 사회적 소통의 특이한 유형으로 형사 책임을 묻는 근거도 행위가 아닌 소통에 있다. 어떤 소통 방식이 형법을 위반한다면 그것이 범죄인 것이다.

그렇다면 지능형 로봇이 범죄 능력을 갖추고 있다고 인정된다면 형벌을 부과하는 것은 정당할까? 로봇에 형벌을 부여하는 것이 정당성을 얻기 위해서는 다음과 같은 조건이 필요하다. 첫째, 지능형 로봇의 행위가 형법상 유의미한 행위인가? 둘째, 지능형 로봇의 법익 침해 가능성이 있는가? 셋째, 지능형 로봇에게 형벌을 부과하는 것이 법의 목적 달성과 일맥상통하는가? 이 세 가지 조건이 모두 충족된다면 지능형 로봇에게 형벌을 부과하는 것이 가능할 것이다.

10 〈보기〉를 읽고, ①에 들어갈 적절한 말을 제시문 (가)에서 찾아 쓰시오.

┤ 보기 ├

빅토르 위고의 소설 「레미제라블」에서 주인공 장발장은 배고픔을 견디다 못해 빵 한 조각을 훔치는 바람에 19년의 옥살이를 한다. 현대의 독자들은 대부분 장발장이 빵을 훔치는 절도 행위를 했다는 것은 인정하지만 19년의 옥살이는 부당하다고 생각한다. 이와 같은 일을 방지하기 위해 현재 우리의 형법은 (①   ) 을/를 기본 원칙으로 명시하고 있다. 이 원칙에 따르면 범죄 사실이 인정되고 그에 대한 책임이 있다고 해도 형벌은 그 책임보다 무거울 수 없다.

11 〈보기〉는 미국의 분석 철학자 존 설이 인공 지능을 두 가지로 구분한 것이다. 〈보기〉의 ①, ②에 들어갈 적절한 말을 제시문 (나)에서 찾아 쓰시오.

┤ 보기 ├

(①)	(②)
현재 기술 수준의 인공 지능	근미래에 실현 가능할 수도 있는 인공 지능
인간의 필요와 지시에 의해 작동함	인간 수준의 마음을 가졌음
한정된 지능으로 정해진 규칙대로 작동함	반성적·비판적 사고가 가능함

① : _____

② : _____

12 (나)를 참고하여 지능형 로봇에게 형법을 적용하는 것이 정당성을 얻기 위한 조건 세 가지를 서술하시오.

①: _____

②: _____

③: _____

※ 다음 글을 읽고 물음에 답하시오. (13~15)

정답·해설 p.29

(가) 국제법이란 국제 사회의 관계를 규율하는 법이다. 주로 국가 간의 관계를 규율하지만 세계화 추세에 의해 갈등 소재도 다면화되어 감에 따라 일정한 경우 개인이나 다국적 기업, 국제 조직체에 대해서도 규율할 수 있다. 국제법은 국가 간 관계에서 법적 확실성을 제공함으로써 분쟁을 예방하고 해결하는 데 기여한다. 이를 통해 국가 간 거래와 협력을 촉진하여 거래비용을 감소시키고 효율성을 높인다. 또 국가 간 갈등을 예방하고 해결함으로써 세계의 평화를 유지하고 인류의 복지 증진에 기여하는 역할을 한다.

일반적으로 법을 만들기 위해서는 타당한 근거가 있어야 하는데 이를 법원이라고 한다. 국제법의 법원으로는 조약, 국제 관습법, 법의 일반 원칙 등이 있다. 조약은 협약, 협정 등으로도 불리는데 국가, 국제기구 등 국제법 주체 간에 체결된다. 두 주체가 체결하는 양자 조약과 여러 주체가 체결하는 다자 조약이 있다. 1953년에 체결된 한미 상호 방위조약은 우리나라와 미국이 체결한 대표적인 양자 조약이다. 반면 1979년 체결된 달 조약은 18개국이 참여한 다자 조약이다. 조약은 체결된 당사국이나 기구에만 구속력을 가지는데 미국, 중국, 러시아 등 우주 강국들은 이 조약에 참여하지 않았다는 면에서 실효성이 낮다는 지적이 있다.

조약과 달리 국제 관습법은 모든 국가에 법적 구속력을 가지는데 국가들이 오랫동안 특정 행동을 취하는 국가 관행과 이 특정 행동이 법적으로 의무화되었다고 믿는 법적 확신, 이 두 조건이 모두 충족되었을 때 성립될 수 있다. 외교관은 파견국의 영토 내에서 체포, 구금, 재판 등으로부터 면책 특권을 가진다는 외교관 면책 특권이 국제 관습법의 예이다. 법의 일반 원칙은 국제 사회에서 보편적으로 인정되는 기본적인 법 원칙을 의미한다. 국가 간 약속과 의무를 성실히 이행해야 한다는 신의 성실의 원칙, 자신의 권리를 남용해서는 안 된다는 권리 남용 금지의 원칙, 절차와 결과의 공정성을 추구하는 공정성의 원칙 등이 이에 해당한다.

국제법은 국내법과 비교하여 법의 설정과 적용 및 집행에 있어 매우 불완전한 측면이 있다. 입법부가 없기 때문에 모든 국가에 적용 가능한 법을 만드는 것이 어렵고 강제권을 행사할 기구가 없기 때문에 국가 간 분쟁이 있어 국제 소송이 가능하다 하더라도 패소국이 판결에 복종하지 않을 경우 판결 내용을 강제 집행할 수 없기 때문이다. 그러나 점점 국가 간의 관계가 긴밀해지는 시기에 국제법이 국가들 사이의 무정부상태를 방지하고 질서유지에 기여하며 국가 간 분쟁 시 평화적 해결책을 제시함은 인정해야 할 것이다.

(나) 외기권 조약(Outer Space Treaty)은 1967년에 체결된 국제 조약으로, 달과 기타 천체를 포함한 외기권의 탐색과 이용에 있어서의 국가 활동을 규율하는 원칙에 관한 조약이다. 현재 우리나라를 포함하여 107개국이 가입한 이 조약은 국제법으로 법적 구속력을 가진다. 외기권 조약 제1조에 따르면 달과 기타 천체를 포함한 외기권의 탐색과 이용은 그들의 경제적 또는 과학적 발달의 정도에 관계없이 모든 국가의 이익을 위하여 수행되어야 하며 모든 인류의 활동 범위여야 한다. 모든 국가가 형평성에 어긋남 없이 자유롭게 우주를 탐사할 권리를 갖는 것이다. 제2조에 따르면 달과 기타 천체를 포함한 외기권은 주권의 주장에 의하여 또는 이용과 점유에 의하여 또는 기타 모든 수단에 의한 국가 점용의 대상이 되지 아니한다. 자유로운 탐사는 가능하지만 어떤 국가도 우주에 대한 소유권은 주장할 수 없다.

우주에 관한 탐사가 본격화됨에 따라 기존의 외기권 조약보다 구체화된 조약의 필요성이 대두되었고 1979년 달 조약(Moon Treaty)이 체결되었다. 이 조약은 태양계 내 천체를 대상으로 하고 있으며 우주 자원을 '인류 공동의 유산'으로 지정하고 이들에 대한 국가 소유권을 인정하지 않는다. 인류 공동의 유산이란 미래 세대를 위해 특정 자원을 보호하고 관리하며 특정 국가가 무분별하게 개발 착취하는 것을 금지하는 국제법적 개념이다. 이에 따라 달과 기타 천체는 오직 평화의 목적으로만 이용될 수 있으며 탐사와 이용은 국제 협력하에 이루어져야 한다.

모든 국가는 차별 없이 달과 천체를 탐사할 수 있지만 자원 이용에 관한 이익이 발생한다고 해도 그것이 개별 국가의 소유는 될 수 없으며 인류 전체가 공유해야 한다. 특정 국가가 우주 시설이나 인력을 배치할 수는 있지만 그렇다고 소유권이 창출되는 것은 아니며 그것은 달 및 천체에 매장되어 있는 새로운 우주 자원을 개발했다고 해도 마찬가지이다. 자유롭게 탐사하고 이용할 권리는 있으나 소유할 권리는 없는 것이다.

이용할 수는 있으나 소유할 수 없다는 일견 모순되어 보이는 규정은 앞으로 우주 개발이 본격화되고 자원 채굴이 현실화되는 시점에서는 개선이 필요해 보인다. 또한 달 조약은 미국, 중국, 러시아 등의 주요 우주 강국들이 참여하고 있지 않아 실효성 있는 국제 규범으로 자리 잡지 못하고 있는 실정이다. 달 조약은 달과 기타 천체의 평화적 이용과 국제 협력을 위한 중요한 토대를 마련했지만 향후 주요 우주 강국들의 참여와 함께 실효성을 높이기 위한 구체적이고 새로운 국제 규범의 마련이 필요할 것이다.

13 〈보기〉의 ①, ②에 들어갈 알맞은 말을 제시문 (가)에서 찾아 쓰시오.

┤ 보기 ├

(①)	개별 당사국 간에만 효력이 있음
(②)	오랜 기간 반복되어 온 관행으로 모든 국가에 효력이 있음
법의 일반 원칙	국제 사회에서 보편적으로 인정되는 기본적인 법 원칙

①: _____

②: _____

14 (가)에서 국제법은 국내법과 비교하여 법의 설정과 적용 및 집행에 있어 매우 불완전한 측면이 있다고 판단하는데, 이에 대한 근거가 드러나는 부분을 제시문 (가)에서 찾아 첫 어절과 마지막 어절을 쓰시오.

첫 어절 : _____ , 마지막 어절 : _____

15 〈보기〉는 달 조약의 특징을 정리한 것이다. 〈보기〉의 ①, ②에 들어갈 알맞은 말을 제시문 (나)에서 찾아 쓰시오.

┤ 보기 ├

달 조약
• 태양계 내 천체를 대상으로 함
• 우주 자원을 인류 (　　①　　)의 유산이라고 규정함
• 탐사와 이용은 국제 협력하에 이루어져야 함
• 우주 자원의 혜택은 모든 당사국이 공유하여야 하며 특정 국가의 (　　②　　)은/는 인정하지 않음

① : _____

② : _____

기출유형 분석

※ 다음은 작문 상황에 따라 학생이 작성한 초고이다. 물음에 답하시오.

[작문 상황] : 생활 체육관 건립에 큰 관심이 없는 주변 학생들에게 생활 체육관 건립을 위한 서명 운동에 참여하기를
독려하는 글을 쓰고자 한다.

[학생의 초고]

　지난주부터 우리 학교 근처 ○○ 사거리에서 ○○동 주민들이 생활 체육관 건립을 위한 서명 운동을 하고 있다.
대부분 우리 학교 학생들은 ○○동이나 바로 옆 ◇◇동에 살고 있다. 학교 학생들을 대상으로 한 설문 조사 결과, 생
활 체육관과 같은 공공 체육 시설을 이용하고 있는 학생은 전체의 28.7%에 불과했다. 학교에서 가장 가까운 생활 체
육관인 △△ 체육관조차 학교에서 4km나 떨어져 있기 때문일 것이다.

　우리 시의 인구는 100만여 명으로 시내에 생활 체육관은 8곳이 있다. 우리 시와 인구수가 비슷한 인근의 ㅁㅁ시,
☆☆시에는 각각 7곳, 10곳의 생활 체육관이 있다. 우리 시의 생활 체육관 수가 다른 시에 비해 특별히 적지는 않다.
하지만 ○○동의 경우, 생활 체육관의 이용에 사각지대가 있음을 보여 준다. 개선 방안이나 계획은 없는지 시청에
문의해 보니, 문화·체육 담당 부서에서는 ○○동에 새로운 공공 체육 시설이 필요하다는 것을 수년 전부터 인지하고
있었다는 답변을 들을 수 있었다.

　운동의 습관화는 복잡한 머리와 마음을 비울 수 있는 효과적인 방법이지만 우리 학교는 운동장의 크기도 작고 운동
기구도 넉넉하지 못한 실정이다. 학교 근처에 생활 체육관이 생긴다는 것은 우리 학교 학생들이 학교 운동장 외에 수
시로 체육 활동을 할 수 있는 장소가 새로 마련됨을 뜻한다.

　우리 학교에는 생활 체육관 건립에 큰 관심이 없는 학생들이 많은 것 같다. 하지만 생활 체육관은 체력 증진을 위한
공간이라는 의미를 넘어 지역 사회에 기여하는 바가 큰 시설이다. 각종 스포츠 활동의 장을 제공함으로써 주민들은
사회적 교류를 할 수 있고, 실내 놀이터를 설치함으로써 아동과 양육자는 외부 환경의 제약 없이 체육 활동을 할 수
있다. 우리 동네 모든 주민들이 편하게 이용할 수 있는 생활 체육관이 지어지기를 바라는 마음을 담아 서명 운동에
함께 참여하도록 하자.

---

01 〈보기〉는 초고 작성을 위해 작성한 글쓰기 계획의 일부이다. 〈보기〉의 ①, ②가 반영된 문장을 제시
문에서 찾아 각각의 첫 어절과 마지막 어절을 순서대로 쓰시오.

보기
---

① 서명 운동을 통한 생활 체육관 건립의 실현 가능성을 강조하기 위해 시청의 관련 부서에서도 생활 체육
　시설의 필요성을 인지하고 있다는 사실을 언급한다.

② 생활 체육관 건립의 필요성을 강조하기 위해 생활 체육관이 지역 사회에 주는 효용을 구체적으로 언급한다.

---

① 첫 어절 : _____ , 마지막 어절 : _____

② 첫 어절 : _____ , 마지막 어절 : _____

※ 다음 글을 읽고 물음에 답하시오. (2~3)

프랑스의 정신 분석학자 ㉠라캉은 인간의 인식과 관련하여 세계를 상상계, 상징계, 실재계의 세 범주로 분류하고 이를 중심으로 불안의 원인과 인간의 욕망에 관한 이론을 전개하였다. 라캉에 따르면 생후 6~18개월 정도의 아이는 감각이 통합되어 있지 않아 몸이 파편화되어 있다고 인식한다. 하지만 거울에 비친 모습은 전체로 나타나기 때문에, 아이는 그 이미지를 완전한 것으로 느끼고 이에 끌리어 거울 이미지와의 동일시를 추구하게 된다. 그러나 아이가 느끼는 불완전한 신체와 완벽한 이미지의 괴리 속에서 아이는 불안을 느끼는데, 이러한 과정 속에서 아이는 자아를 형성한다. 라캉은 자아를 인간이 거울에 자신을 투영함으로써 만들어 낸 거짓된 이미지에 불과한 것으로 보았다. 그리고 인간의 불안감은 자아가 자신의 것이면서 동시에 자신의 것이 아니라는 인식에서 비롯된다고 보았다. 상상계는 바로 이러한 거울 단계의 아이가 가지는 이미지의 세계이다.

이후 아이는 언어와 규범이 지배하고 있는 현실 세계인 상징계로 들어간다. 라캉은 언어로 인해 인간에게 소외와 결핍이 발생한다고 보았다. 그는 인간의 욕구와 요구를 구분하였는데, 욕구는 갈증, 식욕 등 생물학적이고 본능적인 필요성이고, 요구는 이러한 욕구를 언어로 표현하는 것이다. 표면적으로 요구는 필요를 충족시켜 줄 것으로 간주되는 대상을 겨냥하지만 요구의 진정한 목적은 보호자의 무조건적인 사랑이다. 하지만 이러한 요구는 현실에서 실현될 수 없다. 라캉은 욕구가 충족된 뒤에도 여전히 요구에 남아 있는 부분이 욕망이고, 이러한 욕망은 근본적으로 무조건적 사랑을 주는 존재의 결여에서 기인하므로 완전히 채워질 수 없는 것이라고 주장하였다.

라캉은 자아가 타인과 관계를 맺도록 하는 상징적 질서를 대타자라고 불렀는데, 아이가 의식하는 현실은 아이가 태어나기 전부터 대타자가 지배하고 있다. 라캉은 "인간의 욕망은 대타자의 욕망이다."라고 말하였는데, 그 이유는 대표적인 대타자인 언어와 욕망의 관계를 통해 찾을 수 있다. 언어는 아이가 태어나기 전부터 있고, 아이는 언어를 새롭게 창안하거나 수정할 수 없으며 언어의 질서에 복종해야 한다. 인간은 언어가 지배하는 현실 속에서 언어를 통해 욕망을 추구할 수밖에 없다. 인간이 무언가를 욕망할 때, 그 과정에서 언어 공동체 내에 형성된 무의식이 작용한다.

실재계는 현실 세계의 질서를 초월하는 세계로서 상징계의 질서로는 포착하거나 표현할 수 없다. 라캉은 주체가 상징계의 원칙을 넘어서서 실재계에 속하는 존재를 겨냥하는 것이 욕망의 올바른 방향이라고 말하였다. 그는 이를 설명하기 위해 현실의 쾌락 원칙을 초월한 또 다른 차원의 쾌락을 뜻하는 주이상스라는 개념을 제시했다. 주이상스를 추구하는 것은 현실 세계의 법칙을 넘어서야 해서 고통이 수반되므로 라캉은 주이상스를 고통스러운 쾌락이라고 설명하였다. 라캉은 주체가 이러한 쾌락을 만들어 내는 고유한 증상을 갖는다고 보고, 이를 생톰이라고 명명하였는데, 생톰은 주이상스를 추구하는 행위로 이어진다. 라캉은 예술가가 기존의 방식을 거부하고 새로운 방식으로 예술품을 만들어 내는 것처럼 주체가 생톰을 통해 상징계의 법칙 대신 자기 고유의 법칙을 생산하고 새로운 세상을 창조할 수 있다고 보았다.

02 〈보기〉는 제시문을 바탕으로 ㉠의 생각을 정리한 것이다. 〈보기〉의 ①, ②에 들어갈 적절한 말을 제시문에서 찾아 쓰시오.

┤ 보기 ├

　　㉠에 의하면 인간은 자유롭고 이성적인 존재가 아니라 분열되고 소외된 존재이다. 상상계에서 아이는 (　①　)에 투영된 이미지를 통해 자신의 자아를 형성한다. 하지만 아이는 이렇게 형성된 자아에 대한 불안감에서 벗어나지 못한다. ㉠이 말한 인간의 인식과 관련한 세 가지 세계의 범주 중, (　②　)에서 인간은 개인이 새롭게 만들거나 수정할 수 없는 언어를 통해 욕망을 추구하기 때문에 인간의 욕망은 언어에 종속된다.

①: _____

②: _____

03 〈보기 1〉은 제시문을 읽고 조사한 자료이고, 〈보기 2〉는 제시문을 바탕으로 〈보기 1〉을 이해한 내용이다. 〈보기 2〉의 ①, ②에 들어갈 적절한 말을 제시문에서 찾아 쓰시오.

┤ 보기 1 ├

　　작가 제임스 조이스는 언어 파괴, 동음이의어 사용 등의 다양한 실험적 방법을 사용하여 글을 썼는데, 이는 기존의 글쓰기 규칙을 따른 것이 아니다. 그의 언어는 '애매 폭력적 언어'라고 불리는데 이는 일상적인 언어에 폭력을 가해 기존의 단어를 파격적으로 변환한다는 의미이다. 제임스 조이스는 기존의 언어에 갇히기보다는 새로운 언어를 창조하여 새로운 규칙들을 만들어 냄으로써 자신의 독특성을 표현하였다.

┤ 보기 2 ├

　　제임스 조이스가 기존의 글쓰기 규칙을 따르지 않고, 새로운 언어를 창조하려고 한 시도는 라캉의 입장에서 현실의 쾌락 원칙을 넘어서는 다른 차원의 쾌락을 의미하는 (　①　)에 대한 추구로 해석될 수 있다. 그리고 제임스 조이스가 애매 폭력적 언어를 사용한 것은 (　②　)을/를 통해 자기 고유의 법칙을 생산한 행위라고 볼 수 있다.

①: _____

②: _____

※ 다음 글을 읽고 물음에 답하시오. (4~5)

　채권은 정부, 지방 자치 단체, 특수 법인 또는 주식회사와 같은 발행자가 투자자를 대상으로 자금을 조달하기 위해 미래에 일정한 이자와 원금의 지급을 약속하고 발행하는 채무 증서를 말하고, 채권 시장은 이러한 채권이 거래되는 시장을 의미한다. 소비를 목적으로 하는 일반적인 상품들은 하나의 상품 시장에서 수요와 공급의 원리에 따라 가격과 거래량이 결정되는 데 반해, 투자 자산을 거래하는 채권 시장은 신규로 발행되는 채권이 최초로 거래되는 발행 시장과 이미 발행된 채권을 대상으로 투자자들 간 매매가 이루어지는 유통 시장으로 구분된다. 채권이 최초로 발행되어 투자자에게 판매되는 발행 시장에서의 채권 물량과 가격이 결정되는 방식은 유통 시장에서의 그것과는 상이하게 이루어진다. 채권의 발행 시장과 유통 시장은 가끔 도매 시장과 소매 시장에 빗대어 설명되기도 한다. 이처럼 채권 시장을 발행 시장과 유통 시장으로 구분하는 것은 소수의 대형 투자자들이 발행 시장에 참가하여 물량을 확보한 뒤 이를 유통 시장에서 일반 투자자를 대상으로 거래하는 것이 더 효율적이라는 경험에 따른 것이다.

　채권 발행 시장에서의 거래 방식은 매수인의 특성 및 자금의 규모에 따라 사모 발행과 공모 발행으로 구분된다. 사모 발행은 발행자가 ⓐ 특정 투자자와의 사적인 교섭을 통해 채권을 매각하는 것으로, 주로 소규모의 단기 자금을 조달하는 경우에 활용된다. 반면 공모 발행은 불특정 다수의 투자자를 대상으로 거액의 자금을 조달하기 위해 채권을 발행하는 것으로, 발행자가 당초 의도한 발행 규모에 비해 시장에서 소화되어 매출되는 규모가 적어 자금 조달이 원활히 이루어지지 않을 위험이 존재한다. 따라서 공모 발행은 사모 발행에 비해서 보다 전문적인 지식과 경험이 요구된다.

　한편 공모 발행은 발행 위험의 귀속 여부에 따라 직접 발행과 간접 발행으로 분류되기도 한다. 직접 발행은 채권 공모와 관련한 발행 위험을 발행자가 전적으로 부담하는 방식이고, 간접 발행은 중개 회사가 채권을 인수함으로써 발행 위험의 일부 또는 전부를 부담하는 방식이다. 간접 발행은 중개 회사가 발행 위험을 부담하는 정도에 따라 총액 인수와 잔액 인수 방식으로 다시 구분된다. 총액 인수는 중개 회사가 발행자와 약정한 가액으로 채권 발행 총액을 인수한 후 일반 투자자를 대상으로 이를 판매하는 것으로, 중개 회사의 인수 가격과 일반 투자자의 판매 가격 간의 차이는 중개 회사가 전액 부담하는 방식이다. 이에 비해 잔액 인수는 발행자와 약정한 가액으로 일차적으로 발행자의 명의로 일반 투자자에게 판매한 다음 판매되지 못한 잔여분에 한해 중개 회사가 인수하여 처리하는 방식이다. 총액 인수의 경우 중개 회사는 채권 발행 전액을 자기 명의로 구입해야 하므로 많은 자금이 필요할 뿐만 아니라 투자자들에게 판매하기까지 채권을 보유하여야 하므로 상대적으로 높은 시장 위험을 부담하는 대신 발행자로부터 잔액 인수의 경우에 비해 높은 수수료를 ⓑ 받는다. 간접 발행의 경우 중개 회사에 대한 수수료를 지급해야 함에도 불구하고 채권 발행자는 직접 발행보다는 간접 발행을 더 선호하는데 이는 발행 위험을 분담하는 것과 더불어 중개 회사가 가지고 있는 조직적인 판매망과 전문적인 지식을 통해 채권 판매를 촉진시킬 수 있기 때문이다. 민간이 발행하는 채권에는 채무 불이행과 같은 신용 위험이 존재한다. 따라서 채권 발행자에 대한 정보가 부족한 경우, 투자자는 발행자보다는 신용 있는 중개 회사를 더 신뢰하고 투자를 결정하기 때문에 채권 발행자는 비록 중개 수수료를 ⓒ 지급하더라도 간접 발행을 선택하게 된다.

04 〈보기〉는 제시문의 내용을 정리한 것이다. 〈보기〉의 ①~③에 들어갈 적절한 말을 제시문에서 찾아 쓰시오.

┤ 보기 ├

- 매수인의 특성 및 자금의 규모에 따른 채권 발행 시장의 거래 방식 중, 채권 발행자의 입장에서 채권 발행 당시 의도한 발행 규모에 비해 과소 판매가 발생할 위험이 상대적으로 더 큰 것은 (①   )이다.
- 채권 발생 위험을 부담하는 정도에 따른 채권 중개 회사의 채권 인수 방식 중, 채권 중개 회사의 입장에서 상대적으로 더 큰 시장 위험을 부담하는 방식은 (②   ) 방식이다. 따라서 채권 중개 회사는 (②   ) 방식으로 채권을 인수할 때에 더 높은 (③   )을/를 받는다.

① : _____

② : _____

③ : _____

05 제시문의 ⓐ~ⓒ 각각에서 관찰되는 음운의 변동을 〈보기〉에서 찾아 쓰시오.

┤ 보기 ├

구개음화, 거센소리되기, 모음 탈락, 반모음 첨가, 비음화, 유음화, 된소리되기

ⓐ : _____

ⓑ : _____

ⓒ : _____

※ 다음 글을 읽고 물음에 답하시오.

선거 방송 보도의 유형과 특징을 분석하는 것은 중요하다. 그 이유는 선거 방송 보도가 불특정한 대중에게 정치적 메시지를 대량으로 전달하는 매체라는 점에서 선거 운동의 중요한 도구가 되기 때문이다. 선거 방송 보도가 선거 운동에서 중요한 위치를 차지하게 된 것은 대중에게 쉽게 선거 운동에 대한 정보를 제공할 수 있으며, 대중의 정치의식 수준이 높거나 낮은 것에 영향을 덜 받으면서 강한 영향력을 행사할 수 있기 때문이다. 가령 후보자나 정당이 선거 운동의 의제를 만드는 것이 아니라 선거 방송 보도에 따라 의제가 만들어지는 것이 있다. 이러한 선거 방송 보도에는 선거 운동 중에 특정 정치인에 대해 보도하는 것, 부정식 뉴스 보도의 증가, 본질적 이슈 보도 대신에 선거 운동에 대한 보도 증가와 같은 현상들이 나타난다. 이러한 선거 방송 보도 유형으로는 부정식 보도, 경마식 보도, 개인화 보도가 있다.

부정식 보도는 특정 정치인이나 정당, 정부 등을 부정적으로 보도하는 것이다. 이러한 보도에서는 불법 부정 선거, 흑색선전, 후보자나 정당의 비리 등을 보도하거나 폭로·비방·갈등 관계와 같은 부정적인 측면을 보도한다. 부정식 보도는 해석적 저널리즘과 결합한 형태로 나타나기도 한다. 해석적 저널리즘은 특정 사안에 대한 사실을 예시로 활용하면서 언론이 그 사안에 대해 분석하고 해석하는 것이다.

방송사의 이익을 위한 보도로 경마식 보도가 있다. 경마식 보도란 정치적 쟁점이나 후보자의 자질·능력·도덕성 등 선거에서 중요한 본질적 내용보다는 득표율 예측, 후보자들의 지지율 변화, 선거 운동 전략, 유권자들의 반응, 후보자 간의 연대·통합·갈등 등 흥미적인 요소를 집중적으로 보도하는 방식이다. 경마식 보도는 부정식 보도와 마찬가지로 해석적 저널리즘과 결합한 형태로 잘 나타난다.

개인화 보도는 정치인의 공적 영역뿐 아니라 사적 영역에 대해서도 보도하는 것을 말하는데, 이 보도에서는 정치인 개인에 대한 것은 강조하는 반면에 정당, 조직, 제도에 대한 초점은 감소한다. 개인화 보도에서는 지도적인 위치에 있는 정치인이나 정당 지도자들에 대해 초점을 둔다.

06 〈보기〉는 제시문을 바탕으로 선거 보도의 유형과 선거 방송 보도 예시를 정리한 것이다. 〈보기〉의 ①~③에 들어갈 적절한 말을 제시문에서 찾아 쓰시오.

┤ 보기 ├

보도 유형	선거 방송 보도 예시
(①)	후보들의 지지율 양상, 선거 토론회 방송에서 표출된 후보자 간의 갈등과 함께 이에 대한 언론인 또는 뉴스 패널의 해석을 보도한다.
(②)	후보자와 후보자가 속한 정당의 정책 및 제도보다는 후보자의 사적 영역을 취재하여 이를 더 비중 있게 보도한다.
(③)	특정 후보의 비리에 대한 경쟁 후보자 또는 상대측 정당의 입장을 보도하면서 비리 내용을 분석하는 내용을 추가하여 보도한다.

① : _____

② : _____

③ : _____

※ 다음 글을 읽고 물음에 답하시오. (7~8)

> (가) 나는 <u>희망이 없는 희망</u>을 거절한다
>   희망에는 희망이 없다
>   희망은 기쁨보다 분노에 가깝다
>   나는 절망을 통하여 희망을 가졌을 뿐
>   희망을 통하여 희망을 가져 본 적이 없다
>
>   나는 <u>절망이 없는 희망</u>을 거절한다
>   희망은 절망이 있기 때문에 희망이다
>   희망만 있는 희망은 희망이 없다
>   희망은 희망의 손을 먼저 잡는 것보다
>   절망의 손을 먼저 잡는 것이 중요하다
>
>   희망에는 절망이 있다
>   나는 희망의 절망을 먼저 원한다
>   희망의 절망이 절망이 될 때보다
>   희망의 절망이 희망이 될 때
>   당신을 사랑한다
>
> – 정호승, 「나는 희망을 거절한다」

(나) 자기가 하고 싶지는 않으나 부득이 해야 하는 것은 그만둘 수 없는 일이요, <u>자기는 하고 싶으나 남이 알지 못하게 하기 위해 하지 않는 것은 그만둘 수 있는 일이다.</u> 그만둘 수 없는 일은 항상 그 일을 하고는 있지만, <u>자기가 하고 싶지 않기 때문에 때로는 그만둔다.</u> 하고 싶은 일은 언제나 할 수 있으나, 남이 알지 못하게 하려고 하기 때문에 또한 때로는 그만둔다. 진실로 이와 같이 된다면 천하에 도무지 일이 없을 것이다.

　나의 병은 내가 잘 안다. 나는 용감하지만 지모가 없고 선(善)을 좋아하지만 가릴 줄을 모르며, 맘 내키는 대로 즉시 행하여 의심할 줄을 모르고 두려워할 줄을 모른다. 그만둘 수도 있는 일이지만 마음에 기쁘게 느껴지기만 하면 그만두지 못하고, 하고 싶지 않은 일이지만 마음이 꺼림칙하여 불쾌하게 되면 그만둘 수 없다. 그래서 어려서부터 세속 밖에 멋대로 돌아다니면서도 의심이 없었고, 이미 장성하여서는 과거 공부에 빠져 돌아설 줄 몰랐고, 나이 삼십이 되어서는 지난 일의 과오를 깊이 뉘우치면서도 두려워하지 않았다. 이 때문에 선을 끝없이 좋아하였으나, 비방은 홀로 많이 받고 있다. 아, 이것이 또한 운명이란 말인가. 이것은 나의 본성 때문이니, 내가 또 어찌 감히 운명을 말하겠는가.

　내가 노자의 말을 보건대, "겨울에 시내를 건너는 것처럼 신중하게 하고(與), 사방에서 나를 엿보는 것을 두려워하듯 경계하라(猶)."라고 하였으니, 아, 이 두 마디 말은 내 병을 고치는 약이 아닌가. 대체로 겨울에 시내를 건너는 사람은 차가움이 뼈를 에듯 하므로 매우 부득이한 일이 아니면 건너지 않으며, 사방의 이웃이 엿보는 것을 두려워하는 사람은 다른 사람의 시선이 자기 몸에 이를까 염려한 때문에 매우 부득이한 경우라도 하지 않는다.

　편지를 남에게 보내어 경례(經禮)의 이동(異同)*을 논하고자 하다가 이윽고 생각하니, 그렇게 하지 않더라도 해로울 것이 없었다. 하지 않더라도 해로울 것이 없는 것은 부득이한 것이 아니므로, 부득이한 것이 아닌 것은 또 그만둔다. 남을 논박하는 소(疏)를 봉(封)해 올려서 조신(朝臣)의 시비(是非)*를 말하고자 하다가 이윽고 생각하니, 이것은 남이 알지 못하게 하려는 것이었다. 남이 알지 못하게 하려는 것은 마음에 크게 두려움이 있어서이므로, 마음에 크게 두려움이 있는 것은 또 그만둔다. 진귀한 옛 기물을 널리 모으려고 하였지만 이것 또한 그만둔다. 관직에 있으면서

공금을 농간하여 그 남은 것을 훔치겠는가. 이것 또한 그만둔다. 모든 마음에서 일어나고 뜻에서 싹트는 것은 매우 부득이한 것이 아니면 그만두며, 매우 부득이한 것일지라도 남이 알지 못하게 하려는 것은 그만둔다. 진실로 이와 같이 된다면, 천하에 무슨 일이 있겠는가.

내가 이 뜻을 얻은 지 6~7년이 되는데, 이것*을 당(堂)에 편액으로 달려고 했다가, 이윽고 생각해 보고는 그만두었다. 초천(苕川)에 돌아와서야 문미(門楣)*에 써서 붙이고, 아울러 이름 붙인 까닭을 적어서 어린아이들에게 보인다.

– 정약용, 「여유당기」

* 경례의 이동 : 경전이나 예법 해석의 같고 다름
* 조신의 시비 : 신하들이 낸 의견의 옳고 그름
* 이것 : 앞에서 언급한 '여유(與猶)'라는 노자의 말을 이름.
* 문미 : 문 위에 가로 댄 나무

---

07 〈보기 2〉는 〈보기 1〉을 바탕으로 (가)와 (나)를 이해한 내용이다. 〈보기 2〉의 ①, ②에 들어갈 적절한 말을 〈보기 1〉에서 찾아 쓰시오.

---| 보기 1 |---

의미가 서로 정반대가 되는 두 단어(또는 구)의 의미 관계를 반의 관계라고 한다. 반의 관계는 그 성격에 따라 몇 가지 유형으로 나눌 수 있는데, '죽다'와 '살다'의 관계처럼 한 영역 안에서 중간 항이 없이 상호배타적 관계에 있는 반의 관계를 상보 반의 관계라고 한다. 상보 반의 관계에 있는 두 단어는 동시에 긍정하거나 부정하는 것이 논리적으로 불가능하다. 이때 동시 긍정이나 동시 부정이 불가능한 반의어 쌍을 묶어서 함께 사용하면 역설이 발생하고, 이와 같은 역설은 문학 작품에서 새로운 깨달음을 전달하는 표현 방식으로 사용되기도 한다.

---| 보기 2 |---

(가)에는 '희망이 없는 희망'과 '절망이 없는 희망'이라는 표현이 있는데, 논리적으로 '절망이 없는 희망'은 성립이 가능하지만, 희망을 하는 동시에 희망이 없을 수는 없으므로 '희망이 없는 희망'은 성립이 불가능하다. 하지만 (가)는 '희망이 없는 희망'을 통해 '절망과 연계되어 생겨난 '희망'이 진정한 희망이 될 수 있다는 깨달음을 전달하고 있다. 이런 점에서 (가)의 '희망이 없는 희망'은 〈보기 1〉의 (①   )에 해당하는 것으로 볼 수 있다. (나)에서는 '자기는 하고 싶'은 일과 '자기가 하고 싶지 않'은 일을 해야 하는지 그만두어야 하는지에 대한 화자의 고민이 드러난다. 이때 (나)의 화자에게 "'하다'를 선택하는 것"과 "'그만두다'를 선택하는 것"의 관계는 〈보기 1〉의 (②   ) 관계에 해당하는 것으로 볼 수 있다.

① : _____

② : _____

08 〈보기〉는 (나)에 대한 설명의 일부이다. 〈보기〉의 ㉠과 ㉡에 해당하는 문장을 제시문에서 찾아 각각의 첫 어절과 끝 어절을 순서대로 쓰시오.

┤ 보기 ├

　　(나)는 정약용이 지은 기(記)의 하나이다. 기는 대상을 관찰하고 기록하여 영구히 기억하고자 하는 것을 목적으로 하는 한문 양식이다. 기가 다루는 대상은 특정 인물, 사건, 물품이나 풍경 등 매우 잡다하다. (나)에서 정약용은 과거에 했던 행동들을 나열하며 그것이 부득이한 일이었는지 그렇지 않은지를 따진다. 그 과정에서 우리는 정약용의 다양한 삶의 경험을 엿볼 수 있는데, 그중에는 관직자로 생활했던 정약용의 경험도 확인할 수 있다. ㉠ 정약용은 관직자로서 경계해야 할 그릇된 행동을 구체적으로 언급하며, 관직자가 가져야 할 마땅한 삶의 자세를 의문형 문장으로 전달하기도 한다. 또한 ㉡ 초천에 돌아와 살게 된 정약용은 자신이 얻은 깨달음을 잊지 않기 위해 집의 이름을 짓고 이 글을 썼음을 분명하게 드러내고 있다.

① ㉠에 해당하는 문장 :

　　첫 어절 : _____ ,　　마지막 어절 : _____

② ㉡에 해당하는 문장 :

　　첫 어절 : _____ ,　　마지막 어절 : _____

※ 다음 글을 읽고 물음에 답하시오.

(가) 인제 모든 것은 끝나는 것이다. 얼음장처럼 밑이 차다. 전신의 근육이 감각을 잃은 채 이따금 경련을 일으킨다. 발자국 소리가 난다. 말소리도. 시간이 되었나 보다. 문이 삐거덕거리며 열리고 급기야 어둠을 헤치고 흘러 들어오는 광선을 타고 사닥다리가 내려올 것이다. 숨죽인 채 기다린다. 일순간이 지났다. 조용하다. 아무런 동정도 없다. 어쩐 일일까……? 몽롱한 의식의 착오 탓인가. 확실히 구둣발 소리다. 점점 가까워 오는……정확한……그는 몸을 일으키려 애썼다. 고개를 들었다. 맑은 광선이 눈부시게 흘러 들어온다. 사닥다리다.

"뭐 하고 있어! 빨리 나와!"

착각이 아니었다. 그들은 벌써부터 빨리 나오라고 고함을 지르며 독촉하고 있었다. 한 단 한 단 정신을 가다듬고 감각을 잃은 무릎을 힘껏 고여 짚으며 기어올랐다. 입구에 다다르자 억센 손아귀가 뒷덜미를 움켜쥐고 끌어당겼다. 몸이 밖으로 나가는 순간 눈 속에 그대로 머리를 박고 쓰러졌다. 찬 눈이 얼굴 위에 스치자 정신이 돌아왔다. 일어서야만 한다. 그리고 정확히 걸음을 옮겨야 한다. 모든 것은 인제 끝나는 것이다. 끝나는 그 순간까지 정확히 나를 끝맺어야 한다.

그는 눈을 다섯 손가락으로 꽉 움켜 짚고 떨리는 다리를 바로잡아 가며 일어섰다. 그리고 한 걸음 한 걸음 정확히 걸음을 옮겼다. 눈은 의지적인 신념으로 차가이 빛나고 있었다.

본부에서 몇 마디 주고받은 다음, 준비 완료 보고와 집행 명령이 뒤이어 떨어졌다. 눈이 함빡 쌓인 흰 둑길이다. 오! 이 둑길…… 몇 사람이나 이 둑길을 걸었을 거냐. 훤칠히 트인 벌판 너머로 마주 선 언덕, 흰 눈이다. 가슴이 탁 트이는 것 같다. 똑바로 걸어가시오. 남쪽으로 내닫는 길이오. 그처럼 가고 싶어 하던 길이니 유감없을 거요. 걸음마다 흰 눈 위에 발자국이 따른다. 한 걸음 두 걸음 정확히 걸어야 한다. 사수(射手) 준비! 총탄 재는 소리가 바람처럼 차갑다. 눈 앞엔 흰 눈뿐, 아무것도 없다. 인제 모든 것은 끝난다. 끝나는 그 순간까지 정확히 끝을 맺어야 한다. 끝나는 일초, 일각까지 나를, 자기를 잊어서는 안 된다.

걸음걸이는 그의 의지처럼 또한 정확했다. 아무리 한 걸음, 한 걸음 다가가는 걸음걸이가 죽음에 접근하여 가는 마지막 길일지라도 결코 허튼, 불안한, 절망적인 것일 수는 없었다. 흰 눈, 그 속을 걷고 있다. 훤칠히 트인 벌판 너머로, 마주 선 언덕, 흰 눈이다. 연발하는 총성. 마치 외부 세계의 잡음만 같다. 아니 아무것도 아닌 것이다. 그는 흰 속을 그대로 한 걸음, 한 걸음 정확히 걸어가고 있었다. 눈 속에 부서지는 발자국 소리가 어렴풋이 들려온다. 두런두런 이야기 소리가 난다. 누가 뒤통수를 잡아 일으키는 것 같다. 뒤허리에 충격을 느꼈다. 아니, 아무것도 아니다. 아무것도 아닌 것이다.

– 오상원, 「유예」

(나) 판잣집 유리딱지에
　　　아이들 얼굴이
　　　불타는 해바라기마냥 걸려 있다.

　　　내려쪼이던 햇발이 눈부시어 돌아선다.
　　　나도 돌아선다.
　　　울상이 된 그림자 나의 뒤를 따른다.

　　　어느 접어든 골목에서 걸음을 멈춘다.
　　　잿더미가 소복한 울타리에
　　　개나리가 망울졌다.

　　　저기 언덕을 내려 달리는
　　　소녀의 미소엔 앞니가 빠져
　　　죄 하나도 없다.

　　　나는 술 취한 듯 흥그러워진다.
　　　그림자 웃으며 앞장을 선다.

– 구상, 「초토의 시 1」

09 〈보기〉는 (가)와 (나)에 대한 해설의 일부이다. 〈보기〉의 ①, ②에 들어갈 적절한 단어를 각각 제시문의 (가)와 (나)에서 찾아 쓰시오.

┤ 보기 ├

　　(가)와 (나)는 공통적으로 6·25 전쟁을 배경으로 한 문학 작품이다. 그러므로 이 두 작품은 주제적인 측면에서 전쟁과 무관할 수 없다. (가)와 (나)에는 전쟁이라는 극한 상황에 대한 서로 다른 인식이 작품 속 주요 소재를 통해 드러난다. 가령 (가)에서 '(　①　)'은/는 작품 안에서 시각적 이미지나 촉각적 이미지를 나타내는 표현과 결합하여 겨울이라는 계절적 배경을 나타낼 뿐만 아니라, 비극적이고 냉혹한 전쟁의 속성을 강조하는 데에 사용된다. 한편 (나)에서 '(　②　)'은/는 폐허가 된 삶의 터전과 대비를 이루면서 전쟁으로 인한 부정적 상황에서 화자의 의식이 긍정적인 방향으로 전환되게 하는 소재로서 기능을 하고 있다.

① : _____

② : _____

※ 다음은 수업 시간에 이루어진 토론의 일부이다. 물음에 답하시오.

사회자 : 이번 시간에는 '국가는 공소 시효가 적용되지 않는 범위를 현재보다 확대해야 한다.'라는 논제로 토론을
진행하겠습니다. 찬성 측이 먼저 입론해 주십시오.

찬 성 : 저희는 공소 시효가 적용되지 않는 범위를 현재보다 확대해야 한다고 주장합니다. 우리나라는 살인죄, 중
대한 성폭력 범죄, 헌정 질서 파괴 범죄 등 일부 범죄를 제외한 대다수의 범죄에 대해서는 공소 시효를 두
고 있습니다. 이로 인해 중대한 범죄를 저지른 범죄자가 공소 시효가 지났다는 이유만으로 법적 처벌을
받지 않게 될 수 있습니다. 이는 범죄 피해자의 고통을 가중하는 처사이고, 국민 대다수의 의식에도 위배
되는 일입니다. 더욱이 공소 시효만 지나면 처벌을 피할 수 있다는 점을 악용한 자들의 범죄를 양산할 수
있습니다.

사회자 : 이번에는 반대 측에서 입론해 주십시오.

반 대 : 저희는 국가가 공소 시효가 적용되지 않는 범위를 현재보다 확대할 필요가 없다고 주장합니다. 공소 시효
가 적용되지 않는다고 하더라도 증거가 끝내 발견되지 않을 경우에는 범죄자가 처벌을 피할 수 있다는 문
제가 여전히 있습니다. 더욱이 공소 시효가 적용되지 않아 계속 수사를 해야 하는 사건이 늘어나면 새로운
사건에 투입될 인력이 줄어드는 만큼 사회적 비용이 증대되는 부작용이 더 클 것입니다.

찬 성 : 물론 공소 시효가 적용되지 않는 범위를 확대하면 사회적 이득보다 부작용이 더 클 수 있습니다. 그러나
범죄의 공소 시효가 없어질 경우 해당 범죄의 발생을 억제할 수 있다는 사회적 이득의 크기는 충분히 고려
하신 건가요?

반 대 : 저희는 공소 시효를 적용하지 않는 것이 해당 범죄의 발생을 억제할 수 있다는 주장을 뒷받침하는 과학적
근거가 있는지를 찾아보았으나 끝내 관련 자료를 확인하지 못했습니다. 따라서 그러한 주장은 자의적 판
단에 의해 이루어진 것이라고 생각합니다.

---

01 〈보기〉는 제시문의 '반대' 측 주장의 내용을 정리한 것의 일부이다. 〈보기〉의 ①, ②에 해당하는 문장
을 제시문에서 찾아 각각의 첫 어절과 마지막 어절을 쓰시오.

┤ 보기 ├

① 찬성 측이 제시한 해결 방안을 채택해도 문제를 해결할 수 없는 경우가 있다.

② 찬성 측이 제시한 질문에 내포된 전제가 객관적 근거에 의해 뒷받침되지 않으므로 타당하지 않다.

① 첫 어절 : _____ , 마지막 어절 : _____

② 첫 어절 : _____ , 마지막 어절 : _____

※ 다음 글을 읽고 물음에 답하시오.

　같은 원소로 이루어져 있지만 물리 및 화학적 성질이 다른 물질을 동소체라고 한다. 물질을 구성하는 원자의 종류는 같지만 동소체의 특성이 각각 다른 이유는 원자의 결합 방식이나 배열된 형태가 다르기 때문이다. 원자의 결합 방식 중 두 개 이상의 원자가 서로 전자를 공유하여 전자쌍으로 형성되는 화학 결합을 공유 결합이라고 한다. 공유 결합은 공유하는 전자쌍의 수에 따라 단일 결합, 이중 결합, 삼중 결합 등으로 분류할 수 있다.

　단일 결합은 한 쌍의 전자를 공유하는 형식의 결합이다. 전자의 정확한 위치를 측정할 수 없고, 원자핵 주위에서 전자가 발견될 확률을 나타내는 공간 영역, 즉 전자가 어떤 공간을 차지하고 있는지를 나타내는 확률 궤도 함수인 오비탈로 규정되는 영역 내에 존재한다. 단일 결합은 일반적으로 시그마 결합이며, 이는 결합에 참여하는 두 원자의 오비탈 영역의 일부분이 두 원자를 연결하는 일직선 축에서 서로 겹쳐지며 형성된 결합으로 가장 단단한 결합이다. 단일 결합에 참여한 전자들은 결합 궤도의 영역에 존재하게 되며 두 원자는 그 전자들을 공유한다.

　이중 결합은 두 개의 원자가 두 쌍의 전자, 즉 전자 4개를 공유하여 형성된 결합이다. 이중 결합은 시그마 결합과 파이 결합, 두 가지 종류의 결합으로 이루어진다. 파이 결합은 시그마 결합과 달리 두 원자의 오비탈 영역이 90도 각도로 측면으로 겹치며 전자를 공유하는 형식의 결합이기에 결합력이 약하다. 또한 파이 결합에 참여하는 전자는 자유 전자처럼 이동이 가능하므로 여러 개의 파이 결합을 가진 분자는 전기 전도성을 갖게 된다. 이중 결합에 참여한 전자쌍도 단일 결합과 마찬가지로 결합 궤도 함수로 표시되는 영역 내에 존재하며, 이때 결합 궤도 함수의 종류는 2개가 된다. 이렇게 동일한 원자라도 결합 형식의 종류가 다를 수 있고, 그것에 따라 형성된 분자 혹은 물질의 성질이 다르게 나타난다.

　가장 흔하게 볼 수 있는 동소체로는 탄소(C) 동소체가 있다. 탄소 동소체인 ㉠다이아몬드와 ㉡흑연은 결합 방식의 차이로 특징이 달라진다. 다이아몬드는 하나의 탄소 원자에 있는 4개 전자가 이웃에 위치한 탄소 원자 4개의 전자를 공유하여 결합을 형성하고 있어서 그 모양은 마치 정사면체와 같다. 이때 형성된 4개의 공유 결합은 모두 단일 결합이며, 모든 탄소 원자들이 시그마 결합으로 결합되어 있기 때문에 다이아몬드는 강도가 높다. 이와 달리 흑연에서 각 탄소들은 이웃에 위치한 탄소 3개와 시그마 결합으로 연결되어 있고, 그중 한 개의 결합은 파이 결합을 동시에 포함한다. 시그마 결합과 파이 결합이 교대로 이어져 있는 흑연은 그런 이유로 전기 전도성을 갖는다. 결국 흑연과 다이아몬드의 특성 차이는 결합 형식에서 비롯된다.

　흑연은 탄소 원자들이 6각형의 모양을 이루고 있는데 이것이 연속되어 있으므로 마치 벌집의 형태와 유사하다. 흑연은 벌집 모양의 평면이 여러 겹으로 쌓여 수많은 층을 이루고 있는 형태이다. 하나의 층에서 탄소 원자들은 공유 결합을 하고 있어서 결합력이 매우 강하다. 그러나 층과 층 사이는 공유 결합이 아닌 분자 간의 인력이기 때문에 그것의 결합력은 매우 약하다. 따라서 다이아몬드와 달리 각 층이 분리되는 것이 어렵지 않다. 이때 한 개로 분리된 층은 층이 여러 개 쌓여 있을 때와는 다른 특성을 가진다. 흑연에서 분리된 한 층을 그래핀이라고 하며, 그래핀이 원통 형태로 둥글게 말려 있는 모양의 물질을 탄소 나노 튜브라고 한다. 그래핀과 탄소 나노 튜브는 흑연처럼 전기 전도성을 가지면서도 높은 열전도율이나 강한 강도를 가지는 등 흑연과는 다른 특성을 보이며 신소재로 각광받고 있다.

02 〈보기〉는 제시문을 읽고 ㉠과 ㉡을 이해한 것이다. 〈보기〉의 ①, ②에 들어갈 적절한 말을 제시문에서 찾아 쓰시오.

┤ 보기 ├

　㉠과 ㉡은 모두 탄소 원자 간의 공유 결합에 의해 형성된다는 점에서 공통적이다. 하지만 ㉡은 ㉠에 비해 강도가 낮은데, 그 이유 중 하나는 ㉠과 ㉡이 가지고 있는 공유 결합 방식이 다르기 때문이다. ㉠은 공유하는 전자쌍의 수에 따른 공유 결합의 종류 중 (　①　) 결합만으로 이루어져 있는 것에 반해, ㉡은 (　①　) 결합뿐만 아니라 (　②　) 결합도 포함하고 있기 때문이다.

①: ＿＿＿＿＿＿＿＿＿　　　②: ＿＿＿＿＿＿＿＿＿

※ 다음 글을 읽고 물음에 답하시오.

공간은 사물이 존재하는 장소라는 의미만 있는 것으로, 그 자체로는 무력하고 텅 빈 곳으로 인식되었다. 그러나 회화와 조각, 소설과 연극, 철학과 심리학 이론들이 공간이 지닌 구성적인 기능에 주목하면서 지금까지는 무의미하게 여겨졌던 공간이 충만하고 능동적이며 창조성을 지닌 유의미한 공간으로 재인식되었다. 기존 견해를 따르는 미술 비평가들은 공간과 관련하여 회화의 제재를 긍정적 공간, 배경을 부정적 공간이라 불렀다. 그런데 재인식된 공간은 배경 그 자체가 다른 요소들과 마찬가지의 중요성을 지닌 것으로 긍정적이고 적극적인 기능이 있음을 의미한다는 점에서 '긍정적 부정 공간'이라고 부를 수 있다.

회화에서 공간은 입체파에 이르러 하나의 구성적 요소로서 완전히 자리 잡았다. ㉠ 브라크는 공간에 대상과 동일한 색, 질감, 실질성을 부여하고, 공간과 대상을 거의 구별할 수 없게 뒤섞어 버렸다. 브라크는 입체파의 매력에 대해 자신이 감각한 새로운 공간을 구현하는 것이라고 언급하였다. 자연 안에서 '감촉할 수 있는 공간'을 발견한 그는 대상 주변에서 느껴지는 움직임, 지형에 대한 느낌, 사물들 사이의 거리를 표현하고자 했다.

회화에서 대상과 공간의 관계는 음악에서 소리와 침묵의 관계로 치환해 볼 수 있다. 음악에서 침묵은 소리와 리듬을 인식하기 위한 요소이다. 음악사 전반에 걸쳐서 침묵이 중요한 의미를 지녀 온 것은 사실이지만, 기존의 음악에서 침묵은 일반적으로 악장의 끝부분에 놓여 다만 악장과 악장을 구별 지었을 뿐이다. 그런데 침묵의 기능을 강조한 새로운 음악에서는 악절 중간에 갑자기 휴지가 등장함으로써 침묵이 음악 구성에서 더욱 강력한 역할을 수행하게 만들었다.

현대 음악의 작곡가들은 사상 유례가 없을 정도로 의식적으로, 그리고 두드러지게 침묵을 사용하기 시작했다. 로저 셰턱은 스트라빈스키의 1910년 작품 〈불새〉의 피날레에는 음악 작품에서 찾아보기 힘든 몇 번의 침묵이 들어 있다고 지적했다. 침묵은 긍정적인 부정적 시간이다. 안톤 폰 베베른은 이러한 침묵의 창조성을 적극적으로 활용한 음악가이다. 그의 작품들은 매우 간결해서 어느 악장도 1분을 넘지 않았다. 그토록 간결한 악장의 연주들이 침묵의 시간과 서로 어울리면서 침묵들로 자주, 그리고 아름답게 장식된다. 어떤 음악 평론가는 베베른의 음악에서 휴지는 정지가 아니라, 리듬을 구성하는 중요한 요소임을 언급하기도 했다.

공간과 시간에 대한 이러한 재평가는 공간·시간 경험을 주요한 것과 부차적인 것으로 양분하는 뚜렷한 구분 선을 지웠다. 이는 물리학 분야에서는 충만한 물체와 텅 빈 공간 사이에, 회화에서는 제재와 배경 사이에, 음악에서는 소리의 침묵 사이에, 지각에서는 형상과 배경 사이에 그어졌던 절대적 구분 선의 붕괴로 간주될 수 있다. 이처럼 텅 빈 것으로 간주되어 온 것들이 구성 요소의 하나로 기능한다는 인식에는 19세기 후반부터 20세기 초 서구에서 이루어진 정치적 민주주의의 진전, 귀족적 특권의 붕괴, 생활의 세속화 등과 '위계의 평준화'라는 점에서 공통되는 특징이 있었다.

03 〈보기〉는 제시문을 읽고 탐구 활동으로 제시문의 ㉠의 작품을 찾아 감상한 것이다. 〈보기〉의 ①, ②에 들어갈 적절한 말을 제시문에서 찾아 쓰시오.

┤ 보기 ├

이 그림은 ㉠의 〈바이올린과 물병이 있는 정물〉이다. 이 그림의 주요 제재는 바이올린이고 석고, 유리, 나무, 종이, 공간 등은 바이올린의 주변을 둘러싼 배경을 이루고 있다. 그런데 이 그림에서 특징적인 것은 바이올린의 목 부분은 나름대로 윤곽이 남아 있지만 몸통은 여러 부분들로 조각나 대상만큼이나 강조되고 있는 공간과 섞여 있다는 점이다. 이 그림에서 석고, 유리, 나무, 종이, 공간은 모두 유사한 형태의 흐름 속에 표현되어 있기 때문에 대상인 바이올린과 공간을 확실히 구별하기가 어렵다. 브라크는 "파편화시킴으로써 저는 공간과 공간 안의 움직임을 확실히 표현할 수 있었으며 공간을 창조해 내고서야 비로소 대상들도 화폭 안으로 끌어들여 표현해 낼 수 있었습니다." 라고 이야기했는데, 브라크는 바이올린의 일부, 석고, 유리, 나무 등을 파편화시킴으로써 새로운 공간을 창조해 낸 것이라 할 수 있다. 음악에 대한 전통적 관점에서 이 그림의 바이올린은 음악의 (①   )(으)로, 석고, 유리, 나무, 종이, 공간 등은 음악의 (②   )(으)로 치환되어 이해될 수 있다. ㉠이 이 그림에서 새로운 공간을 창조해 낸 것처럼, 현대 음악에서는 안톤 폰 베베른의 사례에서 볼 수 있는 것과 같이 (②   )을/를 창조적으로 사용하여 새로운 아름다움을 표현해 내기도 한다.

① : _____

② : _____

※ 다음 글을 읽고 물음에 답하시오.

조세 제도를 활용하여 소득 격차를 줄이는 다른 방법으로 ㉠ 부(負)의 소득세 제도가 있다. 부의 소득세 제도는 소득이 일정 수준 이하인 경우 정부가 세금을 거두는 것이 아니라 오히려 보조금을 지급하는 제도로, 누진세 제도의 논리적 연장이라고 볼 수 있다. 누진세는 소득이 높아질수록 세율이 더 높아지는데, 이를 반대로 생각해 보면 소득이 낮아질 때는 세율도 함께 낮아지므로 나중에는 음(−)의 값을 가질 수도 있다는 말이 된다. 이는 정부가 소득이 낮은 사람들에게 세금을 걷는 것이 아니라 오히려 돈을 건네주어야 한다는 것을 뜻한다. 예를 들어 정부가 가난한 사람에게 보장하는 최소한의 한 달 소득이 30만 원이면 한 달 소득이 0원인 사람에게는 한 달에 30만 원의 보조금이 지급된다. 그리고 소득이 늘어 갈수록 보조금은 일정한 비율로 줄어든다. 소득이 1만 원 증가할 때마다 보조금을 5천 원씩 줄여 간다고 하면 소득이 10만 원인 사람은 정부로부터 25만 원의 보조금을 받게 되는 것이다. 따라서 이 사람이 소비할 수 있는 총금액인 처분 가능 소득은 한 달에 35만 원이 된다. 이런 추세가 계속 이어져서 이 사람의 한 달 소득이 60만 원에 이르면 정부는 더 이상 보조금을 지급하지 않는다. 즉 스스로 번 소득이 한 달에 60만 원 이하인 경우에만 정부의 보조금을 받을 수 있는 것이다. 부의 소득세 제도는 정부의 보조금을 받는 사람이 떳떳하게 이를 받을 수 있다는 장점이 있다. 누진세 제도에서 소득이 높을수록 더 많은 세금을 내는 것처럼, 부의 소득세 제도에서는 소득이 낮을수록 더 많은 보조금을 받을 권리가 생긴다고 말할 수 있기 때문이다. 하지만 부의 소득세 제도를 시행하기 위해서는 높은 사회적 비용이 들고, 빈곤의 원인을 근본적으로 치유하는 것이 아니라 단지 빈곤의 증상을 완화해 주는 데 그친다는 한계도 있다.

04 〈보기 1〉은 제시문의 ㉠의 한 사례를 그래프로 나타낸 것이고, 〈보기 2〉는 제시문을 바탕으로 〈보기 1〉에 대한 탐구 활동을 실시한 것이다. 〈보기 2〉의 ①~③에 들어갈 적절한 숫자를 쓰시오.

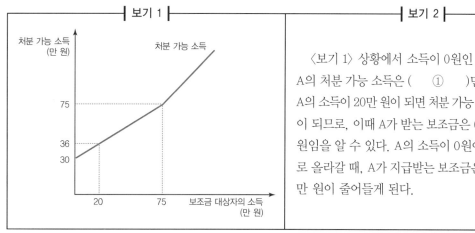

├ 보기 1 ┤

├ 보기 2 ┤

〈보기 1〉 상황에서 소득이 0원인 보조금 대상자 A의 처분 가능 소득은 (①)만 원이다. 만약 A의 소득이 20만 원이 되면 처분 가능 소득은 36만 원이 되므로, 이때 A가 받는 보조금은 (②)만 원임을 알 수 있다. A의 소득이 0원에서 20만 원으로 올라갈 때, A가 지급받는 보조금은 (③)만 원이 줄어들게 된다.

① : _____

② : _____

③ : _____

※ 다음 글을 읽고 물음에 답하시오.

세월은 또 한 고비 넘고
잠이 오지 않는다
꿈결에도 식은땀이 등을 적신다
몸부림치다 와 닿는
둘째 놈 애린 손끝이 천 근으로 아프다
세상 그만 내리고만 싶은 나를 애비라 믿어
이렇게 잠이 평화로운가
바로 뉘고 이불을 다독여 준다
이 나이토록 배운 것이라곤 원고지 메꿔 밥 비는 재주
쫓기듯 붙잡는 원고지 칸이
마침내 못 건널 운명의 강처럼 넓기만 한데
달아오른 불덩어리
초라한 몸 가릴 방 한 칸이
망망천지에 없단 말이냐
웅크리고 잠든 아내의 등에 얼굴을 대본다
밖에는 바람 소리 사정없고
며칠 후면 남이 누울 방바닥
잠이 오지 않는다

– 김사인, 「지상의 방 한 칸 – 박영한 님의 제(題)를 빌려」

05 〈보기〉는 제시문에 대한 해설의 일부이다. 〈보기〉의 ㉠이 시적 화자의 구체적인 행동으로 나타난 시행 두 개를 제시문에서 찾아 각각의 첫 어절과 마지막 어절을 쓰시오.

┤ 보기 ├

　이 시는 글 쓰는 일만으로 가족의 생계를 부담해야 하는 가난한 가장인 화자의 비애감을 읊은 작품이다. 화자는 며칠 후면 비워 줘야 하는 방에서 깊은 시름으로 잠을 이루지 못한다. 화자의 이러한 비애감은 비유와 설의적 표현 등을 통해 드러나고 있다. 이 시에는 화자가 느끼는 비애감뿐만 아니라, ㉠잠든 가족을 바라보며 화자가 느끼는 가족에 대한 연민과 애정도 표현되어 있다. 이러한 가족에 대한 연민과 애정의 감정은 '가난으로 인한 고통으로 잠 못 드는 가장의 비애'라는 이 시의 주제를 더욱 부각시키는 효과를 가져온다.

① 첫 어절 : _____, 마지막 어절 : _____

② 첫 어절 : _____, 마지막 어절 : _____

※ 다음 글을 읽고 물음에 답하시오.

[앞부분 줄거리] 유백로는 소상 죽림에서 조은하를 만나 인연을 맺는다. 유백로가 장성하자 병부 상서가 유백로를 사위로 맞으려 하지만 거절당하고, 최국양도 조은하를 며느리로 삼으려 하지만 거절당한다. 조은하를 찾는 데 실패한 유백로는 병이 들어 벼슬에서 물러났다가, 오랑캐 가달이 쳐들어오자 원수가 되어 출전한다. 전장에 나간 유백로는 최국양의 모함으로 가달에게 붙잡히는데, 이때 조은하가 가달을 물리치고 유백로를 구출하기 위해 대원수로 출전한다.

　대원수가 말에서 내려 하늘에 절하고 주문을 외워 백학선을 사면으로 부치니 천지 아득하고 뇌성벽력이 진동하며, 무수한 신장(神將)이 내려와 돕는지라. 저 가달이 아무리 용맹한들 어찌 당하리오? 두려워하여 일시에 말에서 내려 항복하니 대원수가 가달과 마대영을 당하(堂下)에 꿇리고 크게 꾸짖어,

　"네가 유 원수를 지금 모셔 와야 목숨을 용서하려니와, 그렇지 않은즉 군법을 시행하리라."

하니, 가달이 급히 마대영에게 명하여 유 원수를 모셔 오라 하거늘 마대영이 급히 달려 유 원수의 곳에 나아가 고하기를,

　"원수는 소장(小將)이 구함이 아니런들 벌써 위태하셨을 터이오니, 소장의 공을 어찌 모르소서."

하고 수레에 싣고 몰아가거늘, 유 원수가 아무것도 모르고 당하에 다다르니, 일위 소년 대장이 맞아 이르기를,

　"장군이 대대 명가 자손으로 이렇듯 곤함이 모두 운명이라, 안심하여 개의치 마소서."

하거늘 유 원수가 눈을 들어 본즉 이는 평생에 전혀 알지 못하는 사람이라. 손을 들어 칭찬하며 이르기를,

　"뉘신지는 모르거니와 뜻밖에 죽어 가는 사람을 살려, 본국의 귀신이 되게 하시니 백골난망(白骨難忘)이오나, 이제 전쟁에서 패배한 장수가 되어 군부(軍府)를 욕되게 하오니, 무슨 면목으로 군부를 뵈오리오. 차라리 이곳에서 죽어 죄를 갚을까 하나이다."

　대원수가 재삼 위로하기를,

　"장수 되어 일승일패(一勝一敗)는 병가상사(兵家常事)이오니, 과히 번뇌치 마소서."

　유 원수가 예를 갖추어 인사하더라.

　가달과 마대영을 수레에 싣고 회군(回軍)할새, 먼저 승전한 첩서(捷書)를 올리고 승전고(勝戰鼓)를 울리며 행할새, 유 원수가 부끄러워하는 기색이 가득한 것을 보고 대원수가 묻기를

　"장군이 이제 사지(死地)를 벗어나 고국으로 돌아오시니, 만행(萬幸)이거늘 어찌 이렇듯 수척하시뇨?"

　유 원수가 차탄(嗟歎)하여 이르기를,

　"소장이 불충불효한 죄를 짓고 돌아오니 무엇이 즐거우리이까? 원수가 이렇듯 유념하시니 황공(惶恐) 불안하여이다."

　대원수가 짐짓 묻기를,

　"들자온즉 원수가 일개 여자를 위하여 자원 출전하셨다 하오니, 이 말이 옳으니잇가?"

　유 원수가 부끄러워하며 대답이 없거늘, 대원수가 또 가로되,

　"장군이 이미 노중에서 일개 여자를 만나, 백학선에 글을 써 주었던 그 여자가 장성하매 백 년을 기약하나, 임자를 만나지 못하매, 사면으로 찾아 서주에 이르러 장군의 비문을 보고 기절하여 죽었다 하니, 어찌 애석하지 않으리오?"

　유 원수가 듣고 비참하여 탄식하기를,

　"소장이 군부에게 욕을 끼치고, 또 여자에게 원한을 쌓게 하였으니, 차라리 죽어 모르고자 하나이다."

　대원수가 미소하고 백학선을 내어 부치거늘, 유 원수가 이윽히 보다가 묻기를,

　"원수가 그 부채를 어디서 얻었나이까?"

　대원수가 가로되,

　"소장의 조부께서 상강 현령으로 계실 때에 용왕을 현몽(現夢)하고 얻으신 것이니이다."

　유 원수가 다시 묻지 아니하고 내심 헤아리기를 '세상에 같은 부채도 있도다.' 하고 재삼 보거늘 대원수가 이를 보고 참지 못하여,

　"장군이 정신이 가물거려 친히 쓴 글씨를 몰라보시는도다."

– 작자 미상, 「백학선전」

06 〈보기〉는 제시문에 대한 해설의 일부이다. 제시문에서 〈보기〉의 ㉠에 해당하는 적절한 단어를 찾아 쓰고, ㉡에 해당하는 적절한 문장을 찾아 첫 어절과 마지막 어절을 쓰시오.

┤ 보기 ├

　　고전 소설에서는 남녀 간의 결연의 증거로 ㉠'징표(徵標)'를 주고받는 경우가 많다. 징표는 다양한 서사적 기능을 하는데, 하늘의 권위나 사대부 가문의 위상을 상징함으로써 징표를 주고받는 사람들이 그것을 소중하게 간직하도록 하는 경우가 많다. 이러한 징표는 인물들의 만남이 일회성에 그치지 않고 지속적인 인연이 되는 것을 매개하는 경우가 있는데, 서로가 떨어져 있는 상황에서도 절개를 지키며 서로 간의 약속을 잊지 않게 하거나 서로의 정체를 확인하게 하는 기능을 한다. 한편 ㉡징표가 신이한 능력을 지니고 있어 관련 인물이 위기에 처했을 때 시련을 극복할 수 있게 도움을 주는 경우도 있다.

① ㉠에 해당하는 단어 : ＿＿＿＿＿＿＿＿＿＿

② ㉡에 해당하는 문장 :

　첫 어절 : ＿＿＿＿＿＿＿＿＿＿＿＿ ,　마지막 어절 : ＿＿＿＿＿＿＿＿＿＿＿＿＿＿

약술형 논술 국어
정답 및 해설

PART 1 화법과 작문

→ 문제 p.4

I 화법

01

정답 저는, 있습니다

해설 면접 대상자가 자신이 실제로 노력하고 있음을 밝히는 부분은 다음과 같다.

"저는 틈이 날 때면 희곡 작품을 많이 읽으려 노력하는데 눈으로만 읽는 것이 아니라 소리 내어 읽으면서 발음과 발성 연습을 하고 있습니다. 또 긴 호흡을 위해서는 체력이 필수라고 생각하여 일주일에 두세 번씩은 30분 이상 달리기를 하고 있습니다."

따라서 첫 어절은 '저는', 마지막 어절은 '있습니다'이다.

02

정답 ① 셰익스피어의 4대 비극이 무엇인지 알고 있습니까?
② 셰익스피어의 5대 희극은 무엇인지 알고 있습니까?

해설 다음을 보면 면접자가 면접 대상자의 희곡에 대한 기본 지식을 알기 위해 질문하는 것을 알 수 있다.

> 면접자 : 희곡을 많이 읽는다고 했는데 셰익스피어의 4대 비극이 무엇인지 알고 있습니까?
> 면접 대상자 : 햄릿, 리어왕, 맥베스, 오셀로입니다.
> 면접자 : 그렇다면 셰익스피어의 5대 희극은 무엇인지 알고 있습니까?
> 면접 대상자 : 베니스의 상인, 한여름 밤의 꿈, 십이야, 말괄량이 길들이기……, 죄송합니다. 하나가 기억이 나지 않습니다.
> 면접자 : 괜찮습니다. 아직 학생이니 배울 기회는 얼마든지 있을 것이라고 생각합니다.

면접자가 묻는 것은 셰익스피어의 4대 비극과 5대 희극이다.

03

정답 ① 구체
② 정직 / 솔직, 진솔

해설 면접 시 효과적인 답변을 하기 위해서는
• 막연한 진술을 피하고 구체적인 사례나 경험을 이야기하면 면접 대상자의 생각을 분명하게 전달할 수 있다.
• 면접자에게 신뢰감을 주려면 자신을 과장하거나 포장하지 않고 정직하게 답변하여야 한다.

04

정답 원숭이와 침팬지의 신체적, 생태적, 환경적 특징의 비교

해설 반드시 '비교'라는 말을 넣어야 한다. '비교'는 두 대상의 공통점과 차이점을 분명히 나타내어야 한다.

대조는 반대의 개념을 가지는 것이므로 비교와 다르다. 비교는 차이점을 드러내므로 반대적 개념이 없을 수 있다. 예를 들면, '야구와 축구의 비교'라고 했을 때, 공통점은 구기종목이라는 것이지만 야구는 횟수로, 축구는 전후반 시간으로 경기를 한다. 또한 야구는 손을 활용하여 공을 제외한(옷과 신발도 제외) 글러브나 방망이 등의 도구를 사용하지만, 축구는 특별한 도구를 사용하지 않는 차이가 있다. 이러한 차이가 반대의 개념은 아닌 것이다.

05

정답 ㉠ 원숭이는 큰 무리를 이루어 생활하고, 침팬지는 작은 그룹을 지어 생활합니다.
㉡ 얼굴 형태와 크기, 손발의 형태가 다릅니다.

해설 원숭이와 침팬지의 차이를 정확히 구분할 수 있고, 항목화하여 설명하고 정리할 수 있는가를 평가하는 문제이다.

06

정답 발표자는 청중과 상호 작용을 하며 시각적 자료를 활용하고 구체적인 예시를 제공함으로써 이해를 도우며, 발표 마지막에 핵심 내용을 요약 정리하며 말하고 있다.

해설 발표자는 여러 자료를 제시하며 시각적인 이해를 돕는다. 사진, 표, 비교 자료 등을 활용하여 청중이 내용을 쉽게 이해하고 차이점을 명확히 파악할 수 있도록 한다. 또한 발표자는 침팬지와 원숭이의 구체적인 행동, 생태적 특징, 사회적 구조, 도구 사용 능력 등을 설명한다. 예를 들어, '침팬지는 나뭇가지를 사용해 개미집을 찌르고, 돌을 사용해 견과류를 깨뜨립니다.'와 같은 구체적인 사례를 통해 이해를 돕는다. 발표의 마지막 부분에서 주요 포인트를 요약하며 정리한다. 이는 발표 내용을 다시 한번 상기시키고, 청중이 핵심 내용을 기억할 수 있도록 돕는다. 시각자료, 예시(사례), 요약 등의 핵심 어휘가 꼭 들어가야 한다.

07

정답 ① 슬혜관 보수를 위한 예산 확보
② 독립운동 기념관 조성
③ 슬혜관을 시민들에게 개방
④ 슬혜관의 강의실 공간 보존
⑤ 슬혜관을 제외한 학교 내 다른 시설의 방문객 출입 제한

해설 시청 담당자와 학교장의 협상 담화에서 슬혜관 보수 예산 확보, 독립운동 기념관 조성, 슬혜관 시민들에게 개방, 슬혜관의 강의실로 사용하던 공간 보존, 슬혜관을 제외한 학교 내 다른 시설의 방문객 출입 제한 등을 안건으로 할 수 있다.

08

정답 조정안을 제시하여 자신과 상대방의 의견 차이를 조율하려는(줄이려는/좁히려는) 발화이다.

해설 ㉠에서 시청 담당자는 학교장의 슬혜관 개방 시 학생들의 교육에 방해가 될 것이라는 의견을 듣고, 학생들이 등교하지 않는 주말이나 공휴일에 개방하는 것은 가능한지에 대해 질문하고 있다. 이는 조정안을 제시하여 상대방과의 의견 차이를 줄이려는 발화라고 할 수 있다. '조정안 제시', '자신과 상대방의 의견 차이 조율', '의견 차이 좁히려는 발화' 등의 내용이 반드시 있어야 한다.

09

정답 ① 시청 담당자
• 시청 담당자는 지역 근대 건축 문화유산으로 슬혜관의 가치를 언급하고 있다.
• 시청 담당자는 협상을 마치면서 협상의 원활한 이행을 위해 협상 내용이 담긴 합의문 작성에 동의를 구하고 있다.
• 시청 담당자는 슬혜관 개방을 제안하고, 이미 슬혜관을 찾는 사람들을 커뮤니티에서 본 사실을 언급하고 있다.
② 학교장
• 학교장은 학교 부속 건물인 슬혜관의 보존 가치를 언급하며 건물 보수 예산 신청에 대한 이유를 설명하고 있다.
• 학교장은 슬혜관을 독립투사들의 준비 공간으로서 역사적 가치를 언급하고 있다.

해설 위 내용 중 시청 담당자와 학교장의 말하기 방식에 대해 한 개 이상 언급할 것

10

정답 ① 옹호 : 양성평등은 현실에서 반드시 실현해야 할 가치이며, 모든 분야에서 모든 사람이 성별에 관계 없이 평등하게(동등하게) 참여할 수 있도록 권리를 보장하는 것이 중요하다.
② 비판 : 남성과 여성이 각자의 역할에 맞게 살아가는 것이 사회의 질서를 유지하는 데 필요하고, 양성평등의 역차별로 오히려 새로운 형태의 불평등을 초래할 수 있으며 그 결과 사회가 혼란해질 수 있다.

해설 옹호의 입장과 비판의 입장을 정확히 이해하는 것이 중요하다. 또한 한 문장으로 서술할 때 연결 어미를 적절히 활용하며, 최대한 핵심 내용을 서술하는 것이 중요하다.

11

정답 ㉠ 남성과 여성의 평등한 권리
㉡ 기회를 억압
㉢ 서로 다른 역할
㉣ 지배적
㉤ 복종적

해설 존 스튜어트 밀과 아리스토텔레스가 주장한 내용을 정확히 이해하는 것이 중요하다.

12

정답 ㉠ 진보
㉡ 정의
㉢ 사회 전체의 발전
㉣ (여성의/개인의) 자아 실현

해설 비교는 공통점과 차이점을 각각 작성해야 한다. 따라서 ㉠과 ㉡에는 존 스튜어트 밀과 시몬 드 보부아르의 공통된 의견이 담긴 어휘를 각각 작성하고, ㉢에는 밀이 강조한 내용, ㉣에는 보부아르가 강조한 내용을 각각 작성하여 차이점을 밝힌다.

13

정답 비스페놀A는 우리의 건강과 환경에 심각한 영향을 미치는 물질이며, 이를 줄이기 위해서는 개인의 노력뿐만 아니라, 정부와 기업의 적극적인 조치가 필요합니다.

해설 제시문은 비스페놀A에 대한 정의, 문제점, 환경에 미치는 영향, 이를 줄이기 위한 방안 등으로 구성되어 있다. 비스페놀A가 우리의 건강과 환경에 심각한 영향을 미치는 물질이며, 이를 줄이기 위해 개인, 정부, 기업 등의 적극적 조치가 필요하다는 점을 말해야 한다.

14

정답 미국 식품의약국(FDA)과, 취하고 있습니다

해설 '미국 식품의약국(FDA)과 유럽 식품안전청(EFSA) 등 여러 국제 기관에서도 BPA의 유해성에 대해 경고하고 있으며, 일부 국가에서는 BPA 사용을 제한하거나 금지하는 조치를 취하고 있습니다.'에 해당하는 문장이다. '경고'는 조심하거나 삼가도록 미리 주의를 주는 것으로 비스페놀A 사용에 대한 경고 또는 사용하지 말 것을 권고하는 것이며, BPA 사용의 제한 또는 금지는 강력한 조치라 할 수 있다.

15

정답 ⓐ 이뿐만 아니라 / 또한 / 그리고
ⓑ 결론적으로 / 따라서 / 그러므로

해설 ⓐ에서는 '앞의 내용과 더불어'라는 의미가 되어야 하고, '재활용도'에서 '도'는 보조사로 이미 어떤 것이 포함되고 그 위에 더함의 뜻을 나타내기 때문에 '이뿐만 아니라, 또한, 그리고' 등의 접속사가 들어가야 한다.
ⓑ '결론' 또는 '마무리'에 해당하는 문단이므로 '결론적으로, 따라서, 그러므로' 등이 들어가야 한다.

II 작문

01

정답 신라의 천 년 수도이자 유네스코 세계 유산으로 지정된 경주의 역사적 가치를 배우기 위해서이다.

해설 첫 번째 문단에 역사 동아리가 경주를 답사하게 된 이유가 잘 설명되어 있다. 그 내용을 한 문장으로 재구성하여 작성해 본다.
'신라 시대의 역사를 공부하고 있는 우리 동아리에서는 생생한 배움을 위해 답사를 추진하게 되었다. 답사할 도시를 정하면서 백제의 역사 탐구를 통해 많은 것을 배웠던 공주를 떠올리며, 이번에는 신라의 천 년 수도이자 유네스코 세계 유산으로 지정된 경주를 선택하게 되었다. 경주는 신라의 수도로서 역사적 가치가 매우 높아 우리의 배움에 큰 의미가 있을 것이라 기대되었다.'

02

정답 천마총 > 불국사 > 석굴암 > 국립경주박물관

해설 '여정'은 여행의 과정이나 일정을 말한다. 따라서 글쓴이가 경주에 도착해서 방문한 곳을 순차적으로 작성하면 된다.

03

정답 ㉠ 평온함
㉡ 경외심

해설 석굴암에서 본존불의 미소와 손길이 주는 두 가지 느낌을 쓴다. 이때 경외심은 공경하면서 두려워하는 마음을 의미한다.

04

정답 슬로우 푸드가 암 예방에 미치는 긍정적인 영향을 설명하고, 이를 통해 슬로우 푸드의 중요성을 강조

해설 글의 중심 소재와 주제가 작문의 목적에 들어가야 한다. 그러므로 '슬로우 푸드', '암 예방', '긍정적 영향', '슬로우 푸드의 중요성' 등의 어휘가 포함되어야 한다.

05

정답 정의, 원인과 결과, 구체적인 사례, 전문적 자료 인용, 비교와 대조, 통계 자료

해설 • 정의 : 슬로우 푸드는 빠르게 소비되는 패스트푸드와 반대되는 개념으로, 전통적이고 자연적인 방식으로 천천히 조리되고 소비되는 음식을 의미한다.
• 인과 : 항산화 물질은 체내의 유해한 활성산소를 제거하여 세포 손상을 방지하고, 암을 비롯한 여러 만성 질환의 발생을 억제하는 역할을 한다.
• 예시 : 지중해 식단은 슬로우 푸드의 대표적인 예로 자주 언급된다. 지중해 식단은 올리브유, 신선한 채소, 과일, 생선, 견과류 등을 중심으로 하여, 전통적인 조리 방법을 사용한다.
• 인용 : 세계보건기구(WHO)는 가공육을 1군 발암물질로 지정하고, 가공식품의 섭취를 줄일 것을 권고하고 있다.
• 비교와 대조 : 과일과 채소를 많이 섭취하는 사람들은 그렇지 않은 사람들에 비해 암 발생률이 현저히 낮은 것으로 나타났다.
• 통계 자료 : 스페인 나바라 대학의 연구진은 지중해 식단이 암 발병률을 낮추는 데 큰 효과가 있다는 연구 결과를 발표했다. 10년 동안 40,000명을 대상으로 한 이 연구에서, 지중해 식단을 충실히 따르는 사람들은 그렇지 않은 사람들에 비해 암 발병률이 12% 낮은 것으로 나타났다.

06

정답 ① 항산화 물질
② 가공육

해설 ①은 세 번째 문단에서, ②는 네 번째 문단에서 설명하고 있다.

07
정답 진학하기로 결심한 이유 / 진학하려는 목적

해설 〈보기〉는 글을 쓰기 전 어떤 항목으로 작성할 것인지 메모를 한 것이다. 자신이 질문하고 답변을 부탁할 불특정 대상에게 정중히 인사를 하고, 자신이 이 글을 왜 쓰는지에 대한 이유(문화인류학과나 고고학과에 진학하기로 결심한 이유나 진학 목적 등)를 이야기한 후, 자신이 물어보고 싶은 내용(문화인류학과와 고고학과의 차이)을 서술하는 형태로 메모한 것이다.

08
정답 ① 문화인류학은 사람들과의 직접적인 소통과 현대 문화의 분석에 더 초점을 맞추고, 고고학은 유물과 유적을 통한 과거 생활의 복원에 중점을 둡니다.
② 문화인류학은 현지 조사와 참여 관찰 방법을 통해, 고고학은 발굴 작업을 통해 유적과 유물을 분석하는 방법을 통해 연구합니다.

해설 ①은 문화인류학과 고고학의 차이를 (나)의 네 번째 문단에서 확인할 수 있고, ②는 (나)의 두 번째 문단에서 확인할 수 있다. 연구 대상이 아닌, 연구 방법을 묻는 문제이다. 조건에 맞춰 서술해야 한다.

09
정답 공감대

해설 〈보기〉의 수정 전 내용은 구체적이지 않고, 개인적인 의견에 불과한 내용을 서술했다. 그러나 ㉮에서는 자신의 고등학교 시절 경험을 언급하여 학생과 공감대를 형성하며 진로 선택에 있어서 현명한 선택을 할 수 있을 것이라는 자신감을 불어넣어 주고 있다.

10
정답 ① 환경오염과 기후위기에 대한 교육에 참여
② 바닷가에서 환경정화 활동
③ 쓰레기를 주우며 환경 보호의 중요성에 대해 서로 의견 나누기

해설 '나'가 환경정화 봉사활동에 참여하면서 우선 환경오염과 기후위기에 대한 교육에 참여했고, 이후 바닷가 쓰레기 정화 활동을 하며 환경 보호의 중요성에 대한 의견을 나누었다. 총 세 가지 활동에 대해 정확히 나누고 작성하는 것이 중요하다.

11
정답 작은 실천들이 모여 환경 보호에 큰 변화를 만들 수 있다는 믿음을 가지게 되었고 환경 보호의 중요성을 깨닫게 되었다.

해설 단순히 '환경 보호의 중요성을 다시 한번 깨닫게 되었고'라는 문장만 살피지 말고, '나의 작은 행동이 환경 보호에 기여할 수 있다는 사실에 기분이 좋았다.'라는 문장까지 살펴 느낀 점이 드러나도록 작성해야 한다. 또한 '작은 실천들'이라는 말로 재구성하여 나의 작은 환경 보호 실천 행동들이, 또는 나의 작은 행동과 같이 여러 명의 환경 보호 행동들이 환경 보호에 큰 변화를 만들 수 있다는 믿음과 깨달음을 작성한다.

12
정답 환경 보호 실천의 중요성 / 환경 보호 실천과 필요성

해설 〈보기〉의 내용에서 자주 등장하는 어휘가 핵심 어휘임을 살피고, '실천'이라는 어휘에 주목해야 한다. 또한 첫 번째 문단 끝에서 '이는 환경 보호 실천의 중요성을 일깨워 주며, 더 많은 사람들이 동참해야 한다는 필요성을 강조한다.'고 하였으므로 '환경 보호 실천의 중요성', '사람들이 동참해야 하는 필요성 강조' 등에 주목해야 한다. 따라서 '환경 보호 실천의 중요성'이라는 제목이 적절하다.

13
정답 ① 사회복지 사각지대
② 착한 사마리아인법
③ 지역이기주의 / 님비 현상과 핌피 현상

해설 '현안'은 해결되지 않은 채 남아 있는 문제나 의안이므로 '사건' 설명이 아닌 어떤 문제를 안고 있는지에 대해 정확히 집어 주는 것이 중요하다. 따라서 해결해야 할 '사회복지 사각지대', '착한 사마리아인법', '지역이기주의'에 대해 작성하는 것이 옳다. 사건은 사회적 현안에 대해 이해를 돕기 위해 쓰인 예시들이므로 현안을 써야 하는 것이다. 사건의 사례명, 또는 내용을 쓰지 않도록 주의해야 한다.

14
정답 ① 지역 사회의 복지 네트워크 구축, 경제적 지원, 심리적 지원을 병행하고, 사회적 약자가 도움 받을 수 있는 환경을 조성해야 한다.
② 위급 상황에서 타인을 적극적으로 도움으로써 사회적 연대가 강화되어 필요성이 대두되지만, 법적 강제성만으로는 자발적 도움을 이끌어 내기 어려우므로 시민들의 인식 개선과 교육도 함께 이루어져 효과를 극대화할 필요가 있다.

해설 사회복지 사각지대의 문제 해결을 위한 방안과 착한 사마리아인법 제정의 필요성과 효과에 대해 핵심 내용을 모두 담아 한 문장으로 작성하는 것이 핵심이다. 제시문을

꼼꼼하게 읽어 본 후 각각 한 문장으로 재구성하는 것이 중요하다.

15

정답 ㉠ 님비(NIMBY)
　　 ㉡ 핌피(PIMFY)

해설 님비 현상과 핌피 현상의 개념을 살피고, 구체적인 사례를 통해 그 개념을 이해할 수 있는지를 평가하는 것이다. 제시문에서 '님비(NIMBY) 현상과 핌피(PIMFY) 현상의 문제점을 잘 보여 준다. 전자는 주민들이 자신의 지역에 불리한 시설이 들어오는 것을 반대하는 것이지만, 후자는 그로 인해 혜택을 받을 수 있는 것들을 더 큰 이익으로 생각하고 있는 개념이다. 지역 주민들 사이에서도 사회적 갈등이 심화되고 있다.'는 내용을 토대로 님비 현상과 핌피 현상의 개념을 이해할 수 있다.

PART 2 **언어** 　　　　　　　　 ▶ 문제 p.37

■ 음운

01

정답 음운은 말의 뜻을 구별해 준다. / 음운은 말의 뜻을 구별해 주는 최소 단위이다. / 음운은 최소의 의미 변별 단위이다.

해설 (가)에서 '물, 불, 술'은 초성 'ㅁ, ㅂ, ㅅ'으로 뜻이 구별된다는 것을 알 수 있다. 또한 초성의 자음은 최소 단위로 더 이상 쪼갤 수 없다. (나)에서도 중성과 종성을 바꾸자 뜻이 바뀐 것을 알 수 있다.

02

정답 소리의 길이로 뜻이 구별된다. / 운소문자로 소리의 길이로 뜻이 구별된다. / 비분절 음운으로 소리의 길이로 뜻이 구별된다.

해설 (다)에서는 소리의 길이로 뜻이 구별된다는 사실을 알 수 있다. 소리의 길이는 분절되지 않으므로 비분절 음운 또는 운소문자라고 한다. 참고로 자음과 모음으로 구분되는 음운은 분절 음운(음소문자)이다.

03

정답 최소 대립쌍

해설 최소 대립쌍은 오직 하나의 소리로 인해 뜻이 구별되는 단어의 짝으로 최소 대립쌍을 만들어 봄으로써 음운을 추출할 수 있다. 즉, '물, 불 / 달, 돌 / 밥, 방'처럼 각각의 쌍이 하나의 소리로 인해 뜻이 구별되는 단어의 짝임을 살펴볼 때 이들을 최소 대립쌍이라고 할 수 있다.

04

정답 눈:(雪) – 눈(眼) / 굴:(窟) – 굴(石花) / 달 – 둘 / 구리 – 누리 / 사진 – 사전 / 밥 – 방

해설 같은 자리에 오는 하나의 음운에 따라 뜻이 구별되는 최소 대립쌍의 조건을 맞추는 문제이다. 이 조건은 두 가지가 있는데, 우선 두 단어의 분절 음운의 개수가 같아야 하고, 최소 대립쌍을 이루는 두 음운의 성질이 같아야 한다. 이러한 조건을 살펴볼 때, '우리 – 구리'는 음운의 개수가 다르다. 초성에 오는 ㅇ은 음가(소릿값)가 없으므로 '우리'는 음절의 개수가 ㅇ을 뺀 나머지가 3개이다. 그러나 '구리'는 음운의 개수가 4개이므로 '우리'와 '구리'는 음절의 개수가 달라 최소 대립쌍을 이룰 수 없다.

그러나 '눈:(雪) – 눈(眼) / 굴:(窟) – 굴(石花)'은 음운의 개수와 음운의 성질이 동질적이다. 다만 비분절 음운으로

소리의 길이에 따라(장단에 따라) 차이가 나므로 최소 대립쌍이 된다.

05

정답 ⓐ 발음 ⓑ 중성(모음, 가운뎃소리 모두 맞음)
ⓒ 중성(모음, 가운뎃소리 모두 맞음)
ⓓ 초성 + 중성
ⓔ 중성 + 종성
ⓕ 초성 + 중성 + 종성

해설 음운과 음절의 개념과 구성하는 과정을 이해하는 것이 중요하다.

06

정답 ⓐ 공기의 흐름이 장애 ⓑ 조음 위치 ⓒ 조음 방법
ⓓ 조음 방법 ⓔ 조음 위치

해설 소리를 낼 때 발음 기관에서 공기의 흐름을 받고 나오는 소리가 '자음'이다. 또한 자음의 분류로 조음 위치는 소리를 내는 위치이고 표의 가로축을 확인한다. 또한 조음 방법은 소리를 내는 방법으로 표의 세로축을 확인한다. 한편, 비음은 코에서 나는 소리로 조음의 위치가 아니다. 또한 성대의 울림과 소리의 세기는 조음 방법에 따른 분류가 아님을 잘 알고 있어야 한다.
입에서부터 안으로 들어가 목구멍까지 나타나는 대표음은 'ㅂ, ㄷ, ㅈ, ㄱ, ㅅ, ㅎ'이다.

07

정답 ⓐ 폐 ⓑ 터뜨리 ⓒ 폐 ⓓ 마찰 ⓔ 조음 ⓕ 마찰
ⓖ 통로 ⓗ 코 ⓘ 흘려 ⓙ ㄱ, ㄷ, ㅂ ⓚ ㅈ
ⓛ ㅅ, ㅎ ⓜ ㄴ, ㅁ, ㅇ ⓝ ㄹ

해설 • 파열음은 폐에서 나오는 공기를 일단 막았다가 그 막은 자리를 터뜨리면서 내는 소리다. 기본자로 'ㄱ, ㄷ, ㅂ'이 있다.
• 파찰음은 폐에서 나오는 공기가 일단 막혔다가 마찰하여 나는 소리다. 기본자로 'ㅈ'이 있다.
• 마찰음은 입안이나 목청 따위의 조음 기관이 좁아진 사이로 공기가 비집고 나오면서 마찰하여 나는 소리다. 기본자로 'ㅅ, ㅎ'이 있다.
• 비음은 입안의 통로를 막고 코로 공기를 내보내면서 내는 소리다. 기본자로 'ㄴ, ㅁ, ㅇ'이 있다.
• 유음은 혀끝을 잇몸에 가볍게 대었다가 떼거나, 잇몸에 댄 채 공기를 그 양옆으로 흘려 보내면서 내는 소리다. 기본자로 'ㄹ'이 있다.

08

정답 • 귀리 – 고리, 추출한 음운 : ㅟ, ㅗ
• 가루 – 그루, 추출한 음운 : ㅏ, ㅡ
• 부실 – 부설, 추출한 음운 : ㅣ, ㅓ

해설 최소 대립쌍의 개념을 이해하고, 문제에 제시된 어휘에서 최소 대립쌍들의 음운을 추출하는 것이 핵심이다.

09

정답 ① 2 ② 4 ③ 4 ④ 2
⑤ 3 ⑥ 2 ⑦ 1 ⑧ 18

해설

	전설모음		후설모음	
	평순모음	원순모음	평순모음	원순모음
고모음	ⓘ	ⓥ	ⓤ	ㅜ
중모음	ㅔ	ㅚ	ⓐ	ⓞ
저모음	ㅐ		ⓐ	

10

정답 ① [깡는], 교체(음절의 끝소리 규칙, 비음화)
② [부처], 교체(구개음화)
③ [솜니불], 첨가('ㄴ' 첨가)
④ [갈꼳], 교체(경음화, 음절의 끝소리 규칙)
⑤ [실라], 교체(유음화)

해설 ① 물건의 값을 깎는 사람들이 많다. [깡는] → 음절의 끝소리 규칙(ㄲ → ㄱ) > 비음화(ㄱ → ㅇ) / 교체
② 우표를 붙여 편지를 부친다. [부처] → 구개음화(붙 + 여(이어) > ㅌ + ㅣ = ㅊ > 부치어 > 부처) / 교체
③ 솜이불이 물에 젖어 무겁다. [솜니불] → 'ㄴ' 첨가 / 첨가
④ 경기가 좋지 않아 밤 12시만 되면 갈 곳이 없다. [갈꼳] → 관형사형 어미 –(으)ㄹ 뒤에 된소리되기(경음화) – 갈꼿 > 음절의 끝소리 규칙(꼿 → 꼳) / 교체
⑤ 영화 '신라의 달밤'은 재밌다. [실라] → 유음화(1음절 '신'의 'ㄴ'이 2음절 첫소리 'ㄹ'을 만나, 'ㄴ'이 'ㄹ'로 변함) / 교체
※ '붙여'의 발음(표준 발음법 제5항)
'다만'에서는 "용언의 활용형에 나타나는 '져, 쪄, 쳐'는 [저, 쩌, 처]로 발음한다."고 규정하고 있다. 따라서 '붙여'는 [부처]로 발음한다.
※ 경음화 : 된소리되기
격음화 : 거센소리되기

Ⅱ 단어

01
정답 밑줄 친 말들은 모두 의존형태소이고, 반드시 다른 말과 결합해서 쓰이고 음운 환경에 따라 그 형태가 바뀝니다.

해설 '-은, 듣-, 들-, -았-, -었-'은 반드시 다른 말과 결합하여 쓰이는 의존 형태소이고 음운 환경에 따라 그 형태가 바뀌는 의존 형태소이다.

02
정답 ⓐ 에, 는 ⓑ 있- ⓒ 어느, 해외, 오로라, 가슴

해설 ⓐ에 들어갈 말은 조사로 '에'는 부사격 조사, '는'은 보조사이다. 또한 ⓐ에 들어갈 형태소는 형식 형태소이면서 의존 형태소이다.

ⓑ에 들어갈 말은 '있-'이다. '있-'은 (형용사)어간으로 ⓑ에 들어갈 형태소는 실질 형태소이면서 의존 형태소이다.

ⓒ에 들어갈 말은 관형사 '어느'와 명사 '해외, 오로라, 가슴'이다. 이들은 실질 형태소이면서 자립 형태소이다.

03
정답 ㉠ 늘- ㉡ 본-, 받- ㉢ 오가 ㉣ 맞습니다

해설 ㉠ 늘- : '늘이다'는 동사의 어근 '늘-'과 사동 접미사 '-이-', 그리고 어말 어미 '-다'로 구성된다.

㉡ 본-, 받- : '본받다'에서 '본-'은 본보기, 모범을 뜻하는 명사이고, '받-'은 '받다'의 어근으로 동작을 나타내는 동사의 어근, '-다'는 어말 어미이다.

㉢ 오가 : '오-'는 동사의 어근이고, '가-'도 동사의 어근이며, '-다'는 어말 어미이다.

㉣ 맞습니다 : '들어가다'는 '들어가-'가 어간이다. 예를 들면, '들어가다', '들어가고', '들어가며', '들어가지만'처럼 '들어가-'는 변하지 않는 부분이기 때문에 '어간'에 해당한다. 그러나 어근은 단어의 의미 중심이 되는 부분이므로 여러 형태소가 결합할 때 변하지 않는 부분이다. 따라서 '들어가다'에서 '들-'만 어근이 된다. 이때 '들-'은 '들어가다', '들어오다'처럼 동사에서 공통적으로 나타나는 부분이다. 따라서 '들어가다'의 어간은 '들어가-'이고, 어근은 '들-'이다.

04
정답 ㉠ 수 관형사 ㉡ 주격 조사 ㉢ 동사 ㉣ 부사격 조사 ㉤ 동사

해설 ㉠ '다섯'이라고 해서 수사라고 생각하면 안 된다. 뒤에 무엇을 꾸미고 있는가가 중요하다. '소녀' 체언(명사)을 꾸미고 있으므로 '다섯'은 관형사이며, 수를 나타내므로 '수 관형사'이다.

㉡ 주어에 붙은 격 조사로 '이/가'가 주격 조사이다. 단, '은/는'은 주어에 붙을 수 있으나 보조사이다.

㉢ '메다'는 동사로, 용언(동사, 형용사)의 활용이 일어나 '메고'(어간 '메-' + 연결 어미 '-고')로 나타난 것이다.

㉣ '에'는 장소에 붙은 부사격 조사이다.

㉤ '간다'는 동사로 시제를 나타내는 선어말 시제 '-ㄴ-'이 나타난 것이다(어간 '가-' + 현재 시제 선어말 어미 '-ㄴ-' + 종결어미 '-다').

05
정답 철수(명사, 자립 형태소, 실질 형태소)
가(주격 조사, 의존 형태소, 형식 형태소)
집(명사, 자립 형태소, 실질 형태소)
에서(부사격 조사, 의존 형태소, 형식 형태소)
책(명사, 자립 형태소, 실질 형태소)
을(목적격 조사, 의존 형태소, 형식 형태소)
읽(동사 어간, 자립 형태소, 실질 형태소)
었(과거 시제 선어말 어미, 의존 형태소, 형식 형태소)
다(종결 어미, 의존 형태소, 형식 형태소)

해설 문제에서 '품사'와 '형태소'를 모두 적으라고 했다. 특히 '형태소'는 각 단어마다 최소 두 개의 형태소를 가지고 있으므로 두 개 형태소를 모두 적는 것이 중요하다.

Ⅲ 문장과 문법 요소

01
정답 7

해설 ㉠ 영국 날씨는 한국과 <u>다르다</u>. - 두 자리 서술어

$$\underset{1}{\sim는/은} \quad \underset{2}{\sim와/과} \quad 다르다$$

㉡ 소이가 범준이에게 친절을 <u>베풀었다</u>. - 세 자리 서술어

$$\underset{1}{\sim가/이} \quad \underset{2}{\sim에게} \quad \underset{3}{\sim을} \quad 베풀다$$

㉢ 범준이는 외교관이 <u>되었다</u>. - 두 자리 서술어

$$\underset{1}{\sim는/은} \quad \underset{2}{\sim이/가} \quad \sim되다$$

02
정답 ㉠ 명사절 ㉡ 관형절 ㉢ 명사절

해설 ㉠ <u>상주가 이 드라마에서 회장의 아들임</u>이 밝혀졌다. (명사절)

ⓛ <u>여주가 남주를 좋아하는</u> 사실이 드러났다. (관형절)
ⓒ 나는 <u>제대할 날</u>만을 기다렸다. (명사절)

03

정답 주체 높임B, 객체 높임A, 상대 높임A

해설 • 주어가 가리키는 인물인 '소이(주어)'는 주체 높임의 대상이 아니므로 주체 높임이 사용되지 않아 [주체 높임B]
• 손님들을 가리키는 목적어가 지시하는 대상은 객체 높임의 대상이다. 또한 '모시고('데리고'의 높임 표현)'라는 표현을 사용하여 객체(목적어)인 '손님들'을 높였으므로 [객체 높임A]
• 문장의 끝부분 '갔습니다'는 상대 높임 표현이다. 여기에서 '-습니다.'는 공손한 종결 어미로, 청자에 대한 높임을 나타내므로 [상대 높임A]

04

정답 ㉠ 렸다.(리었다.)
ⓛ 인다.
ⓒ 졌다.

해설 ㉠은 피동 접사 '-리-'가 붙어서 형성되었고, '어제'라는 시간 부사가 나타났으므로 과거형으로 작성한다.
ⓛ은 피동 접사 '-이-'가 붙어서 형성되었고, '지금'이라는 시간 부사가 나타났으므로 현재형으로 작성한다(이- + -ㄴ- + -다).
ⓒ은 보조 동사 '지다'는 동사 뒤에서 '-아/어지다'의 구성으로 쓰인다. 그래서 '만들어지다'가 되었고, 이미 만들어진 상태이므로 완료형을 사용하여 '만들어졌다'가 되었다.

05

정답 • 아름다운 소이의, 목소리가 듣고 싶다.
• 아름다운, 소이의 목소리가 듣고 싶다.

해설 중의적 표현은 문장의 의미를 매우 애매하게 한다. 문제처럼 '아름다운'이 무엇을 구체적으로 수식하는지 알아보기 위해서는 적극적으로 쉼표의 활용을 한다.
• 아름다운 소이의, 목소리가 듣고 싶다. : 아름다운이 소이를 수식하려면 '소이의' 다음에 쉼표가 들어가고
• 아름다운, 소이의 목소리가 듣고 싶다. : 아름다운이 소이의 목소리를 수식하려면 '아름다운' 다음에 쉼표가 들어가야 한다.

PART 3 문학

▶ 문제 p.72

Ⅰ 현대시

01

정답 ① 기린
② 이리떼, 잔나비떼

해설 (가)에서 울지 못하는 거문고는 기린으로 형상화되어 있다. 기린은 예전부터 상서로이 여겨지는 동물이며 바깥에서 몰려다니는 이리떼, 사람인 양 꾸민 잔나비떼와는 대비되는 존재이다.

02

정답 ① 반복법
② 대구법

해설 ①은 같은 시어를 반복하여 운율을 만들고 의미를 강조하는 시적 기법이므로 반복법이다.
②는 유사하나 구조를 가진 문장을 나란히 두어 운율을 만들고 의미를 강조하는 시적 기법이므로 대구법이다.

03

정답 (가)의 기린은 영영 울지 못하지만 (나)의 풀은 먼저 일어나고 먼저 웃는다는 것을 보아 (가)와 다르게 희망을 가지고 있음을 알 수 있다.

해설 (가)의 시적 대상은 암울한 현실에 막혀 소리를 내지 못하는 답답한 상황에 놓여 있으며 미래에 대한 낙관은 찾아볼 수 없다. 이와 달리 (나)의 시적 대상은 마찬가지로 답답한 상황에 놓여 있으나 결국 먼저 일어나고 먼저 웃으므로 미래에 대한 희망을 가지고 있다고 볼 수 있다.

04

정답 아아, 아니하였습니다

해설 「거짓 이별」의 화자는 제목에서부터 나타나듯이 사랑하는 당신과의 이별이라는 객관적인 사실을 부정하고 있다. 이와 같은 시적 정서는 「님의 침묵」의 9행 '아아, 님은 갔지마는 나는 님을 보내지 아니하였습니다.'에서 드러나는 시적 정서와 유사하다고 볼 수 있다. 따라서 (가) 「거짓 이별」과 (나) 「님의 침묵」은 모두 님과 재회할 수 있다는 강한 믿음과 확신을 가지고 있다.

05

정답 ① 대비 / 대조
② 색채 / 시각적

해설 ⊙ '시들어 가는 두 볼의 도화(桃花)가 무정한 봄바람
에 몇 번이나 스쳐서 낙화가 될까요.
회색이 되어 가는 두 귀밑의 푸른 구름이, 쪼이는 가을볕
에 얼마나 바래서 백설(白雪)이 될까요.'
⊙은 '푸른 구름 > 회색 > 백색'이라는 귀밑머리 색의 변
화로 이별의 시간이 무심하게 지나가는 것을 안타까워 하
며, '푸른색'과 '백색'이라는 색채 대비를 드러냄으로써 화
자의 심정을 선명하게 보여 주고 있다.

06

정답 ① 누나 / (죽은) 우리 누나 / (진두강) 가람 가에 살던
누나
② (가신) 님 / 피리 불고 가신 님 / 호올로 가신 님

해설 ①은 죽은 누이가 접동새가 되어 동생들이 그리워
우는 내용이므로 접동새는 죽은 누이를 상징한다.
②는 화자가 귀촉도를 세상에서 떠난 님이라 여기며 그리
워하는 내용이므로 귀촉도는 가신 님을 상징한다.

07

정답 한 / 한의 정서

해설 (가)와 (나)의 공통점은 젊은 화자가 자신의 삶을 성
찰하고 반성한다는 것이다.

08

정답 ① 미래
② 현재 / 지금

해설 (가)는 '아주 오랜 세월이 흐른 뒤'인 미래의 시점으
로 가서 지금 살고 있는 현재를 성찰하고 있다. 즉 미래의
자신이 지금의 자신을 회상하는 듯한 시적 상황을 설정하
여 스스로를 진정 사랑하지 못하는 모습을 후회하듯 반성
하는 것이다.

09

정답 자아 성찰과 반성에서 끝나는 것이 아니라 현실을 극
복하려는 의지와 미래에 대한 희망을 보인다는 점에
서 차이가 있다.

해설 (가)의 화자는 마음에 많은 공장을 세우고 너무 많은
기록을 남기면서도 쏘다니는 개처럼 머물지 못하는 청춘
을 탄식하다 사랑을 찾아 헤매었으나 스스로를 사랑하지
못한 자신을 성찰하며 맺는다. 반면 (나)는 일제강점기 암
울한 시대적 배경에도 학비를 받으며 유학 생활을 하는 자
신을 부끄러워하지만 이에 그치지 않고 작은 손을 내밀어
악수를 청함으로써 무기력한 자신과 화해하고 변화할 미
래에 대한 희망을 보여 주고 있다는 점도 차이점이라 할
수 있다.

10

정답 (가) 달콤한 바람 / 풍금소리 쌓이고
(나) 배춧잎 같은 발소리 (타박타박)

해설 (가) 달콤한 바람 – 촉각의 미각화 / 촉각의 후각화
풍금소리 쌓이고 – 청각의 시각화
(나) 배춧잎 같은 발소리 (타박타박) – 청각의 시각화

11

정답 ① 산문시
② 반복 / 되풀이

해설 (가)는 행과 연의 구분이 없는 산문시이다. 산문시
역시 시로서의 리듬감을 갖기 위해 다양한 장치를 사용하
는데 이 시에서는 유사한 시구, 음성 상징어, 같은 종결
어미 등을 반복하는 장치를 통해 운율을 형성하고 있다.

12

정답 열무 삼십 단을 이고
(시장에 간 우리 엄마)

해설 '열무 삼십 단을 이고 / 시장에 간 우리 엄마'라는 첫
시구에서 엄마의 고단한 삶이 가장 잘 제시된다고 할 수 있
다. 열무 삼십 단의 무게가 곧 삶의 고단함이라 할 수 있다.

13

정답 ① 침묵할
② 서둘지 말
③ 실눈으로 볼

해설 (가)에서 화자는 '침묵할 것, 서둘지 말 것, 실눈으로
볼 것'이라는 단호한 명령조를 사용하여 시적 주제를 드러
내고 있다. 이는 '사랑법'이라는 제목과도 연관하여 읽을
수 있다.

14

정답 우리들의, 하네

해설 〈보기〉에 인용된 부분은 모두 역설법이 사용되었다.
(나)에서 역설법이 사용된 부분은 1연의
'우리들의 사랑을 위하여서는 / 이별이, 이별이 있어야 하네.'
이므로 첫 어절은 '우리들의', 마지막 어절은 '하네'이다.

15

정답 이별 / 헤어짐

해설 (가)의 시적 화자는 떠나는 시적 대상을 실눈으로 보
고 서둘지 않고 침묵함으로써, (나)의 시적 화자는 사랑을
위해 이별이 필연적임을 받아들이고 제자리에서 인내함으
로써 더 성숙한 사랑과 삶의 자세를 지향하고 있다.

16
정답 그리하여, 잤다

해설 3연 4행의 '그리히여 따시한 햇귀에서 히이얀 옷을 입고 매끄러운 밥을 먹고 단 샘을 마시고 낮잠을 잤다'라는 부분을 보면 시적 화자가 좁은 남쪽 땅으로 이주하였으나 소박하게 안위하고 있음을 알 수 있다.

17
정답 추보식 / 순행적

해설 시간의 흐름에 따라 작품을 구성하는 것은 추보식 구성 또는 순행적 구성이라고 한다.

18
정답 ① (나)
② 매화 향기 / 가난한 노래의 씨 / 백마 타고 오는 초인

해설 (가)의 화자는 북방에 돌아갔으나 과거의 무엇도 남아 있지 않음으로 미래를 희망적으로 그린다고 보기는 어렵다. 반면 (나)는 미래를 희망적으로 보고 있다. 비록 '지금 눈 내리'는 시련을 겪고 있지만 '매화 향기 홀로 아득'하다는 것은 우리 민족의 고고한 기상이 아직 살아 있으며 광복의 기운이 있음을 의미하고 '가난한 노래의 씨'를 뿌림으로써 광복에 대한 의지를 드러내고 있고 광복 자체를 의미하는 '백마 타고 오는 초인'이 반드시 올 것으로 확신에 찬 단정적 어조로 노래하는 것으로 이를 알 수 있다.

Ⅱ 현대소설

01
정답 ① 참, 우리 같은 농군에 대면 호강살이유!
② 내 것 내가 먹는데 누가 뭐래?

해설 「만무방」은 식민지 농촌 사회의 가혹한 현실로 인해 도박과 절도를 일삼는 사람은 부러움을 사고, 성실하게 일하는 사람은 오히려 도둑질을 하게 되는 아이러니한 상황을 그려 낸 작품이다. 이러한 상황은 작품 내에서 여러 방식으로 표현되는데, 특히 인물의 대사를 통해서도 잘 드러나고 있다. 사람들이 도둑질을 하다 호되게 당한 응칠의 이야기를 듣고도 호강살이라 하는 것이나, 본인이 경작한 작물을 먹는 것이 잘못된 것인가를 한탄하는 응오의 대사가 바로 그러하다.

02
정답 ① 응칠 : 도박과 절도를 일삼으며, 그것을 떠벌리고 다니는 사람이기 때문
② 응오 : 추수를 포기하고 자신의 벼를 훔치게 되기 때문

해설 응칠은 도적질과 그로 인해 호되게 당한 일들을 떠벌리고 다니는 사람이지만, 마을 사람들에게 부러움을 사고 있다. 그 이유는 당시 시대적 상황이 도적질이라도 하지 않으면 살아가기 힘들다는 공통의 인식이 있기 때문이다. 성실하게 살던 응오 또한 도둑질을 감행하지만, 그가 훔친 것은 고작 얼마 되지 않는 벼이다. 생계를 이어 가기 위한 약간의 벼를 얻기 위해서 자신이 경작한 논의 도적이 될 수밖에 없는 아이러니한 이야기는 당시의 힘든 상황을 적나라하고 해학적으로 그려 내고 있다.

03
정답 ① 역순행적
② 현재

해설 「만무방」의 서술상의 특징을 살펴보면 현재와 과거를 넘나드는 역순행적 구조를 가지고 있다. 또한 현재형 어미를 자주 활용하여 상황을 현장감 있게 보여 주고 있다.

04
정답 ① 외세
② 동질성

해설 〈보기〉에 나와 있는 내용을 통해, 인물들의 행동이 품고 있는 의미를 찾아내는 문제이다. 양의 대사에서는 전쟁을 일으킨 책임을 '그들'에게 전가하고 있다. 이는 전쟁의 원인이 외세에 있다는 것을 암시하는 대목이다. 두 사람의 죽음과 마지막 장면에서 작가는 외세에 저항하기 위해서는 우리 민족이 힘을 합치고 동질성을 회복해야 함을 강하게 표현하고 있다.

05
정답 ① 동굴
② 골짜구니

해설 두 사람이 함께 밤을 보낸 곳은, 고립된 공간인 동굴이다. 두 사람은 이 동굴에서 화해와 공존을 이룬다. 이후 두 사람은 각자의 길인 골짜구니의 반대 방향으로 걸음을 향하지만, 양은 장의 배신을 염려하여 뒤를 돌아보는 일 없이 묵묵히 등을 내보이고, 장은 떠나는 양을 아쉬워하며 그 모습을 한참 지켜본다. 이 모습에서 서로에 대한 믿음이 변치 않고 있다는 것을 읽어 낼 수 있다.

06

정답 ① 선술집
② 중국집

해설 인물들이 이동하는 장소를 바탕으로 중심 사건을 생각해 보면, 셋이 우연히 만나 술을 마시며 의미 없는 대화를 한 곳은 선술집이다. 셋은 중국집으로 자리를 옮기고 사내는 아내의 시체를 병원에 팔았다고 이야기하지만, '나'와 안은 자신의 고뇌를 함께 나눌 것을 간청하는 사내와 끝까지 거리감을 좁히지 못한다. 이후 화재 현장이나 여관 등으로 자리를 옮기며 함께 하는 시간이 이어지지만, 끝내 단절된 공간으로 향하는 이들의 모습은 타인에게 무관심한 현대인의 삶을 상징하고 있다.

07

정답 ① ㄹ ② ㄴ ③ ㄱ ④ ㄷ

해설

ㄹ	일제의 36년간의 식민지 시절에서 벗어난 이후, 당시의 정부는 충분한 사과나 보상금 없이 시민들의 격렬한 반대에도 불구하고 강압적인 한일 관계 정상화를 이루어 냈다. 작품에서는 이러한 굴욕적인 현실에 대한 사람들의 회의감을 이 구절에 녹여 내었다.

'거리는 영화 광고에서 본 식민지의 거리처럼 춥고 한산했고'라는 구절은, 식민지 상황에서는 벗어났으되 굴욕적인 외교 관계를 맺고 만 현실에 대한 짙은 회의감이 녹아 있다. '영화 광고에서 본' 어떤 광경처럼 현실이 아닌 것으로 인식하고 싶지만, 사람들의 마음은 '춥고 한산한 거리'처럼 괴로움에 처해 있는 것이다.

ㄴ	유대감이 없는 사람들끼리 함께 시간을 보내기 위해서 어떻게든 수단을 만들어 내야 했던 이 구절을 보면, 고립되어 있는 상황에서 벗어나 내면적 교감과 연대를 강하게 원했던 당대 사람들의 심리를 느낄 수 있다.

'이 돈이 다 없어질 때까지 함께 있어 주시겠어요?'라는 구절을 보면, 함께 시간을 보내기 위해 돈을 써 가면서까지 두 사람을 붙잡는 사내의 심리를 알 수 있다. 이는 고립되어 있는 상황에서 벗어나 진정한 내면적 교감을 나누고 싶어 하던 당대 사람들의 욕구를 드러내고 있다.

ㄱ	서로 같은 공간에서 대화를 주고 받았던 사람을 이렇게 표현한 것은 당대 사람들이 타인에 대해 무관심한 모습을 가지고 있었다는 것을 의미하며, 단절된 관계를 적나라하게 드러내고 있다.

'그의 정체를 알고 싶다는 생각은 조금도 나지 않는'이라는 구절은 사내의 정체를 알고 싶지 않다는 강한 의사를 내비치는 '나'의 생각을 통해, 타인에 대해 무관심하고 거리감을 두려했던 당대 사람들의 모습을 표현하고 있다.

ㄷ	작품이 쓰여진 시기는 시민들의 의사와 상관없는 정부 주도의 강압적인 정치와 사회적 분위기 속에서 지식인들이 무력감을 느끼던 시대였다. 이 구절에서는 현실

을 바꿀 힘이 없던 당대 사람들의 무기력한 내면을 엿볼 수 있다.

사내는 멋있게 돈을 써 보자고 하며 웃지만, 그 말을 하는 목소리는 '여전히 힘없는 음성'이다. 돈을 다 쓸 때까지 셋이 함께 시간을 보낸다 하더라도, 현실적으로는 아무것도 바꿀 수 없다는 것을 이미 알고 있는 것이다. 이는 당대 사람들의 무기력한 내면을 표현하고 있다.

08

정답 ① 나(김), 안, 사내
② 도망갈 궁리

해설 이 작품에 등장하는 인물들은 우연히 만난 개인화된 존재로, 특별한 이름 없이 나(혹은 김), 안, 사내와 같이 익명화되어 있다. 이들 사이에 의미 있는 의사소통은 이루어지지 않으며, 이러한 익명성을 통해 현대 사회를 살아가는 인물들의 개인주의와 개성의 상실 등을 엿볼 수 있다. 그중 '안'은 '사내'와 함께 있는 것에 불편함을 느끼고 도망갈 궁리를 하려 했지만, 그마저도 지쳐 버렸다는 태도이다. 이러한 모습은 삶의 가치와 목표를 상실한 채 떠밀리듯 배회하고 있는 현대인의 모습을 투영하고 있다고 볼 수 있다.

09

정답 ① 공장 사장
② 두터운 벽

해설 가난한 임 씨의 연탄값을 떼먹고 야반도주한 스웨터 공장 사장은 가리봉동에서 더 크게 사업을 벌이면서도 끝내 임 씨에게 정당한 금액을 지불하지 않는다. 이처럼 부유층의 부도덕한 행태는 가난한 소시민들의 삶을 더욱 힘겹게 하며, 이는 경제적 계층을 넘어서기 힘든 이유가 된다. 눈에 보이지 않는 이 경계는 마치 두터운 벽처럼 소시민들의 앞을 가로막고 있는 것이다.

10

정답 ① 휴일도 없이 일하는 임 씨는 일을 할 수 없는 비 오는 날에만 떼먹힌 돈을 받으러 갈 수 있기 때문
② 떼먹힌 돈을 받기 위해서 매번 가리봉동까지 가지만, 결국 받아 내지 못하고 있기 때문

해설 임 씨는 비가 오지 않는 날에는 일 때문에 시간을 낼 수 없고, 비가 오는 날에는 일을 하지 못하는 막노동을 주로 하고 있다. 그렇기에 임 씨가 돈을 받으러 갈 수 있는 날은 일을 할 수 없는 비 오는 날뿐이다. 임 씨는 가리봉동까지 가서 떼인 돈을 받아 내려 하지만, 매번 돌려받지 못한 채로 돌아오고 만다. 그렇기에 임 씨는 비가 오면 재차 가리봉동까지 갈 수밖에 없는 것이다.

11

정답 ① 지금 생각해 보면
② 나는 지금도 기억하고 있다

해설 서술상의 특성과 시점의 변화를 잘 파악하고 있는지를 묻는 문제이다. 이 작품에서는 어린아이인 '나'가 바라보는 현실의 시점과 함께, 과거를 회상하는 어른이 된 '나'의 시점이 공존하는데, 과거를 회상하는 '나'의 시점이 드러나는 부분은 '지금 생각해 보면', '나는 지금도 기억하고 있다'가 해당된다.

12

정답 ① 가장
② 위채

해설 이 문제는 작품에서 드러나는 갈등 구조를 파악하고 있는지를 묻는 문제이다. "길남아, 내 말 잘 듣거라. 니는 인자 애비 없는 이 집안의 장자다."에서 '장자'는 맏아들로, 어머니가 맏아들의 가장으로서의 책임감을 말하고 있다. 주인공이자 서술자인 길남은 아직 어린 자신에게 가장의 무게를 지워 주는 어머니에게 억압당하며 갈등을 겪는다. 또한 주인집인 위채와 세입자 간의 빈부격차로 인한 계층 간 갈등은 어려운 사람들을 배려하지 않는 야박한 태도에서 두드러진다.

13

정답 ① 아버지와 아재비가 나눈 속삭임
② '나'가 딸에게 하는 속삭임

해설 이 글의 제목인 '속삭임, 속삭임'은 아버지와 아재비 간의 대화, 또 딸을 향한 편지글을 부르는 다른 이름이라고 볼 수 있다. 아버지와 아재비는 이념적으로 대척되는 상황에서도 조용한 대화를 이어 나갔고, 이를 속삭임으로 표현한 것이다. 인물들이 교감을 나누는 조화로운 모습의 속삭임은 호수, 과수원 등의 공간과 연계되어 감각적인 이미지로 형상화되고 있다. 또한 아직 어린 딸에게 조용히 말을 건네는 편지글에는 다양한 감각적 이미지들을 환기하는 내용이 속삭임처럼 담겨 있다.

14

정답 ① 과수원
② 공책

해설 작품에 등장하는 주요 소재의 의미를 묻는 문제이다. 아버지는 아재비를 과수원에 받아 줌으로써 사상적으로 다른 아재비를 포용했으며, '나'는 그곳에서 함께 지냈던 아재비에 대한 추억이 짙다. 또한 어머니가 내준 아재비의 공책에는 자연을 읊은 글만 있었던 게 아니라, 그가 일생

동안 간직했던 사상에 대한 것도 적혀 있었다. '나'는 그 공책을 통해 아재비의 삶을 이해하고, 아버지와 아재비가 나눈 대화의 가치를 이해하게 되는 것이다.

15

정답 ① ©
② ®

해설 ①의 대화를 통해 화합할 수 있기를 바라는 주제 의식을 담고 있는 것은 © '세상의 모든 속삭임이 물이 되어 흐른다면……'이며, ②에 적절한 구절은 ® '네게 해 줄 속삭임 이다지도 많은데'로, 아버지와 아재비의 속삭임이 '나'가 딸에게 하는 속삭임으로 이어지기를 바라는 화자의 마음이 드러나고 있다.

⊙ '너의 잠은 또 왜 이리 깊으냐'에서는 사방이 고요한 가운데 잠들어 있는 아이를 바라보면서, 그 아이를 깨워서라도 하고 싶은 이야기가 있다는 화자의 마음이 드러난다. ⊙ '저 앞으로 부활한 호수가 걸어온다면'은 옛날로 돌아가기를 바라는 화자의 마음으로, 아재비에 대한 그리움을 담고 있다. ⊙ '우리가 예전에 한 몸이었을 때처럼'은 임신했을 때 아이에게 속삭였던 화자의 모습을 상상해 볼 수 있는 구절이다.

16

정답 ① 보여주기
② 말하기

해설 작품의 서술상의 특징을 이해하고 있는지 묻는 문제이다. 이 관장의 말을 전달한 부분은 대화가 직접 제시되어 있기 때문에 직접 제시라고 생각하기 쉽지만, 대화를 인용하여 인물에 대해 간접적으로 파악하게 해 주는 간접 제시 방법, 즉 보여주기 방식이 사용된 부분이다. 안미선이 보낸 편지는 서술자가 내용을 요약하여 설명하고 있기 때문에 직접 제시, 말하기 방식이 사용되고 있다는 것을 알 수 있다.

17

정답 ① 이리역 폭발 사고
② 국풍81

해설 안미선은 뉴욕의 쌍둥이 빌딩이 무너지는 광경을 목격한 뒤 미국에서 실종된 아버지의 행적을 찾아 나서기 시작했지만, 이는 아버지인 '안복남'의 삶과 관련이 있지는 않다. 제시문에서 드러난 '안복남'의 삶과 관련되어 있는 실제 사건으로는 1977년의 이리역 폭발 사고와 국풍 81이 있다.

18

정답 ① 안경
② 연기

해설 작품 내에서 중요한 역할을 하는 소재에 관하여 묻는 문제이다. 아버지는 사고 이후 안경을 쓰게 되었고, 눈의 고통 때문에 얼음물에 담가 둔 물수건을 쓰고 있거나 감정이 담기지 않은 눈물을 흘리게 된다. 그러나 가족들은 이러한 사정을 잘 모르고 있었으므로 공감이나 이해를 받지 못한다. 이 관장은 안복남의 연기를 보고, 안복남이 앞이 거의 보이지 않는 상태일 것임을 짐작하게 된다. 이는 비장애인들로서는 눈치채기 어려웠으므로 안미선은 아버지의 상태를 안타까워하기는커녕 그 연기를 부끄러워하게 되는 것이다.

Ⅲ 극·수필

01

정답 (방 안에 떨어져 있는) 면도칼

해설 뒤에 이어질 내용이나 결말을 암시하는 역할을 하는 장치를 복선이라고 한다. 이 글에서 이중생이 자신의 계획이 실패한 후 주변인들에게 외면당하고 징용에서 살아 돌아온 아들에게마저 창피하지 않냐며 비판받은 후 방 안에 떨어진 면도칼을 들여다보는 행위는 결말을 암시하는 복선으로 볼 수 있다.

02

정답 ① 독백
② 방백

해설 희곡에서 대사는 대화, 독백, 방백이 있다. 인물들끼리 주고받는 이야기는 '대화', 인물이 홀로 이야기하는 것은 '독백', 인물은 관객이 보이지 않는다는 암묵적인 규칙을 벗어나 관객에게 직접적으로 이야기하는 것은 '방백'이라고 한다.

03

정답 • 살아 있는 사람에게 살아 있다고 표현하여 주인공을 조롱하고 있다.
• 주인공의 이름인 이중생은 이중의 삶을 나타낸 것으로 주인공의 이중성을 부각하고 있다.

• 거짓 자살과 진짜 자살 두 번의 죽음에 대한 이중성을 풍자하고 있다.
• 부정적인 인물에 '각하'라는 존칭을 붙임으로써 조롱하고 있다.

해설 이 작품의 제목은 주인공에 대한 이중성을 드러내고 조롱하는 해학적 제목으로 해석할 수 있다.

04

정답 ① 참새
② 진달래꽃

해설 제시문의 두 번째 문단을 보면 ①이 이 글의 중심 소재인 참새임을 알 수 있다.

'참새는 공작같이 화려하지도, 학같이 고귀하지도 않다. 꾀꼬리의 아름다운 노래도, 접동새의 구슬픈 노래도 모른다. 시인의 입에 오르내리지도, 완상가에게 팔리지도 않는 새다. 그러나 그 조그만 몸매는 귀엽고도 매끈하고, 색깔은 검소하면서도 조촐하다. 어린 소녀들처럼 모이면 조잘댄다. 아무 기교 없이 솔직하고 가벼운 음성으로 재깔재깔 조잘댄다. 쫓으면 후루룩 날아갔다가 금방 다시 온다. 우리나라 방방곡곡, 마을마다 집집마다 없는 곳이 없다.'

제시문의 세 번째 문단을 보면 ②가 참꽃이라고도 불리는 진달래꽃임을 알 수 있다.

'진달래꽃을 일명 참꽃이라 부르는 것은 무슨 까닭인가. 삼천리강산 가는 곳마다 이 연연한 꽃이 봄소식을 전해 주지 않는 데가 없어 기쁘든 슬프든 우리의 생활과 떠날 수 없이 가까웠던 까닭이다.'

05

정답 연화봉, 돌아갔다

해설 이 글의 작가는 「구운몽」의 독서 경험을 창작에 사용하고 있는데 다음 문장을 보면 이를 알 수 있다.

'연화봉(蓮花峯)에서 하계로 쫓겨난 양소유(楊少遊)가 사바 풍상을 다 겪고 또 부귀공명을 한껏 누리다가, 석장(錫杖) 짚은 노승의 "성진아." 한 마디에 황연대각, 옛 연화봉이 그리워 다시 연화봉으로 돌아갔다.'

06

정답 ① 천연기념물
② 비판적 / 부정적

해설 작가는 과거에는 흔한 새였던 참새가 '씨가 져서 천연기념물로 보호 대책이 시급하다'는 것에 개탄하며 현재가 '메마르고 삭막하고 윤기 없는 세상이다'라며 비판적 시각을 드러내고 있다.

07

정답 ① 두물머리
　　② 물

해설 글쓴이는 두 물줄기가 만나서 흐르는 두물머리의 모습을 보며 만남의 의미에 대해 생각하게 되고 이를 다양한 비유적 표현을 통해 묘사하였다. 또한 하나를 이루는 물의 긍정적인 속성에 대해 예찬적인 태도를 드러내며, 이러한 사색을 바탕으로 자연의 이치와 인간의 삶에 대해 통찰하고 풍경을 더욱 아름답게 받아들이게 되는 것이다.

08

정답 ① 개체
　　② 수용

해설 글쓴이가 물을 예찬하는 이유는 크게 세 가지로 정리할 수 있다. 한 가지는 개체를 만들지 않고 융합하여 큰 하나를 이루는 모습이다. 그 다음으로는 바다에 이르기까지 오랜 인고의 시간을 거치는 것이며, 마지막으로 모든 것을 다 받아 안을 수 있는 넉넉한 수용을 예찬한다.

09

정답 ① 만나도 격정이 없는 다소곳한 흐름, 서로가 서로를
　　　편안하게 받아들이는 모습
　　② 산전수전 다 겪은 사람이 지닌 인품의 향기처럼

해설 ①에서 묻는 표현 기법인 의인화는 사람이 아닌 것을 사람에 빗대어 표현하는 것을 말한다. 글쓴이는 물의 흐름을 마치 사람처럼 '다소곳하며, 서로가 서로를 편안하게 받아들이고 있다'고 표현하였다.
②에서 묻는 표현 기법인 직유법은 'A는 B와 같다' 혹은 'A처럼'이라는 표현을 사용하여 두 대상을 직접 비교하는 방식을 말한다. 이때 A와 B는 서로 다른 종류의 것이지만, 어떤 특성이나 상태가 유사함을 강조하기 위해 비교된다. 글쓴이는 물의 흐름을 '산전수전 다 겪은 사람이 지닌 인품의 향기처럼'으로 자연물을 사람에 빗대어 표현하였다.

10

정답 ① 평상
　　② 팝콘 비

해설 작품에서 드러난 해학과, 그를 표현하기 위해 사용된 소재에 대하여 제대로 파악하고 있는지를 묻는 문제이다. 마을 사람들은 위협을 당하며 평상 위로 올라갔지만 정작 위기감을 전혀 느끼지 못하며, 이러한 마을 사람들의 태도로 인해 평상은 팽팽한 국군과 인민군 사이의 긴장감을 완충하는 지역으로서 기능한다. 또한 군인들의 대치가 길어지며 마을 사람들은 일상생활로 돌아가고 군인들은

적이 아닌 스스로의 졸음과 싸우는 모습 또한 웃음을 유발하고, 수류탄이 터지지 않고 불발되자 긴장감은 언뜻 해소된 듯 보인다. 하지만 곡식 창고에서 터지고 만 수류탄으로 지금까지의 우스꽝스러운 장면을 일시에 뒤엎는 충격적인 사건으로 전환되는데, 이때 뜬금없이 아름답게 흩날리는 팝콘 비는 공포감이 일시에 해소되고 긴장 관계를 완전히 해소하는 기능을 하고 있다.

11

정답 ⓛ, ⓒ

해설 ㉠은 부락민들이 평상 위에 올라가 있는 것을 의아해하는 미군 조종사의 대사로, 해학적 분위기와는 관련이 없다. ㉡과 ㉢은 자신들이 목숨을 위협받고 있다는 것을 전혀 자각하지 못하고 인민군과 국군에게 엉뚱한 말을 건네는 부부의 대사로, 해학적 분위기를 연출하고 있다. ㉣과 ㉤은 수류탄이 터질 뻔한 극도의 위험한 상황 이후, 불발탄임을 알고 안도하며 나누는 대사로 웃음을 유발하고 있기는 하지만, 목숨을 위협받는 상황과 전혀 상관없는 우스꽝스러운 반응이라고 볼 수는 없다. 따라서 정답은 ㉡과 ㉢이다.

12

정답 ① 촌장
　　② 현철

해설 ① 촌장 또한 전쟁에 대해 잘 알고 있지는 못하나, 긴장된 상황에서 눈치 없이 말하는 석용의 언행을 단속하는 모습에서 사태를 파악하고 평화를 유지하기 위해 애쓰는 인물이라는 점을 알 수 있다. 또한 멧돼지의 등장으로 수군거리는 사람들을 자제시키며 차근차근 이야기를 해보자는 대사에서 그의 차분하고 침착한 성격을 짐작해 볼 수 있다.
② 군인들이 긴장된 상황에서 대치할 때 현철은 죄 없는 부락 사람들 피해 주지 말고 마을 밖으로 나가자고 말하는데, 이는 마을 사람들이 위험에 빠지지 않길 바라는 모습으로 이해할 수 있다. 또한 수류탄이 발에 부딪힌 순간, 수류탄을 끌어안고 엎드리는 모습은 다른 사람들을 위해 희생하려는 희생정신을 보여 주고 있다.

13

정답 서로 상반된 가치관을 지닌 인물을 대비시키는 방식
　　/ 상반된 가치관

해설 자양과 기임은 같은 창고에서 오랜 세월 동안 상자를 쌓고 나르는 일을 한다. 하지만 성실한 자양에 비해 기임은 창고지기 일을 게을리하며 상반된 의견을 주고받고 있다.

14
정답 우의적
해설 '우의적' 표현은 어떤 대상을 빗대거나 풍자하기 위해 돌려서 말하는 것이다. 즉, 직접적으로 표현하지 않고 우회적으로 표현함으로써 대상을 비판하거나 희화화한다.

15
정답 부품
해설 운전수의 삶의 방식을 '부품'처럼 살아가는 수동적인 의미로 볼 수 있다.

16
정답 ① 욕망
② 거리두기
해설 허친은 "나는 시속이 좋아하는 바를 거슬린 사람이다."라고 밝힘으로써, 세상 사람들이 추구하는 것을 거부하고 헛된 욕망과 잘못된 세상일에 휩쓸리지 않겠다는 뜻을 밝혔다.

17
정답 오간, 한다
해설 '내 말을 듣고 비웃던 자들이 "잘 알았습니다."라며 물러났다. 오간 대화를 정리하여 글로 써서, 뭇 사람들이 의아하게 생각하는 심정을 풀어 주고자 한다.'에서 알 수 있듯이 사람들과 오간 대화를 정리하여 직접 글을 썼고, 의아해하는 사람들을 위해 그 심정을 풀어 주고자 했다는 것에서 직접적인 이유를 밝히고 있다.

18
정답 부정적
해설 작가가 오늘날 현실을 부정적으로 인식하는 모습을 통해 부정적 현실 도피, 부정적 현실 인식 등을 드러내고 있다. "오늘날은 훨씬 더 말세에 가깝다."는 현실에 대한 부정적 인식을, "인간 세상 밖으로 숨어 버리려는 계획을 짜낸다."는 부정적 현실에서 도피하려는 태도를 보이고 있다.

19
정답 ① 조롱 / 희화
② 비판의식 / 저항의지
해설 말뚝이와 쇠뚝이는 피지배층을 대표하여 무능하고 위선적이며 허위로 가득찬 양반들을 조롱하고 희화화하고 있다. 또한 양반으로 대표되는 지배층에 대한 비판의식과 저항의지를 보이고 있다. 그러나 이 둘은 차이가 있다. 말뚝이는 자신들의 주인인 양반 세 형제를 대접하면서 우회적 방식으로 조롱하지만, 쇠뚝이는 직접적이고 공격적으로 양반에 대한 저항의식을 드러내고 있다.

20
정답 ㉠ 특별한 무대 장치가 없다.
㉡ 배우와 악공, 관객 사이의 경계가 없어 자유로운 소통이 가능하다.
해설 한국 전통극은 문학적 연극이 아닌, 놀이와 춤과 노래를 통한 연극성과 양식화 기법을 추구한다. 가면 혹은 인형을 통한 인물 유형을 표현하고, 무대와 관객 간의 거리를 없애고 같이 어울리는 '판'의 형식으로 이어진다. '쇠뚝이가 춤을 추면서 양반 일행 앞뒤를 돈다.'에서는 관객의 흥을 돋우며 분위기를 고조시키고 배우와 악공, 관객 사이를 오가며 경계 없이 자유롭게 소통하는 모습을 보인다.

21
정답 언어유희
해설 언어유희는 단순한 말장난으로도 볼 수 있으나 어떤 의미를 암시하거나 전달하고자 할 때 날카롭게 현실을 풍자하는 효과를 볼 수 있다. 주로 낱말, 문자 등을 해학적으로 사용하는 표현이면서 동음이의어를 재치 있게 구사하거나 유사 발음을 활용하는 것이 대표적이다.
동음이의어, 비슷한 발음의 단어를 연속해 각운 맞추기, 도치법을 활용한 경우, 어울리지 않는 단어 조합 등으로 새말 만들기 등으로 언어유희를 구분할 수 있다.

IV 고전시가

01
정답 ① 기 – 서 – 결
② 낙구 / 격구
해설 향가는 형식상 4구체, 8구체, 10구체로 구분한다. 그 중 10구체 향가는 기-서-결의 구성을 가지고 시조의 3장 구조에 영향을 끼친 것으로 보는 견해가 있다.
낙구는 시부(詩賦)의 끝 구절. 한 편의 시가 '시상의 제기, 시상의 심화 또는 전이, 감탄사, 서정적 완결'과 같이 감탄사를 경계로 하여 정서적으로 전환되는 구조를 가질 때에, 감탄사 다음의 서정적 완결 부분을 이르는 말이다.

02

정답 (가) ① 달 ② 이오내 ③ 잣나무 (가지) ④ 눈
(나) ⑤ 이른 바람 ⑥ 한 가지 ⑦ 미타찰
⑧ 기다림 / 도 닦아 기다림 / 도 닦는 기다림

해설 (가)의 '달'은 높이 우러러보는 존재, 광명과 염원의 상징으로 기파랑의 모습이 담겨 있는 자연물이다. 또한 존귀의 대상, 기파랑의 고매한 모습을 의미하며 화자의 대화 상대로 의인화되었다.
'이오내'는 냇물의 이름이다. 맑고 깨끗한 모습을 나타내며 기파랑의 인품을 상징한다.
'잣나무 가지'는 어떤 역경에도 굴하지 않는 기파랑의 고고한 절개, 고결한 인품을 비유한 소재이며 기파랑의 높은 신분, 우두머리였음을 짐작하게 하는 소재이다.
(나)의 '이른 바람'은 누이의 이른 죽음(요절)을 의미하며, '한 가지'는 은유법으로 한 부모를 의미한다. 또한 '미타찰'은 불교에서 부처가 있는 서방정토로 갔을 것이라는 종교적 믿음을 보여 준다. '도 닦는 기다림'이라는 소재는 글쓴이가 승려라는 점에서 도(道)를 닦으며 기다리겠다는 종교적인 믿음, 재회에 대한 기약을 하며 슬픔을 승화시켰다.

03

정답 ① 자연물
② 추모

해설 ①은 '기파랑'을 달, 물가, 잣나무 가지 등 자연물에 비유하여 높은 기상을 예찬하고 있다.
②는 죽은 누이를 생각하며 다시 만날 것을 기약하며 '추모(죽은 사람을 그리며 생각함)'하고 있다.

04

정답 ① 아버지의 사랑
② 어머니의 사랑

해설 (가)는 자식에 대한 아버지와 어머니의 사랑을 각각 호미와 낫에 비유하여 어머니의 사랑이 아버지의 사랑보다 섬세하고 깊음을 나타내고 있다.

05

정답 ① 가족애 ② 효심

해설 「사모곡」과 「상저가」는 고려가요 중 농경문화를 바탕으로 한 가족애와 효심의 정서를 잘 보여 줬을 뿐 아니라 전근대 사회의 바탕을 이루는 중요한 가치였음을 잘 보여 준다. 가족애와 효심이 담긴 「사모곡」과 「상저가」는 백성 교화에 중요한 작품이라 생각했다. 또한 이러한 정서와 가치는 궁중 음악으로 수용되어 오래 전승되기도 했다.

06

정답 게우즌 / 거친 밥

해설 부모님에게 거친 밥을 지어 드릴 수밖에 없는 가난한 살림이지만 그래도 부모님을 먼저 챙기는 화자의 가족애와 효심이 잘 드러난 소재다.

07

정답 ① 자책
② 사랑이 그쳐갈 제 찬찬 감아 매오리다
③ 사랑

해설 (가)는 임을 그리워하는 마음을 드러낸 것으로 화자가 바람이 불어 떨어지는 나뭇잎을 임이 오신 것으로 착각하며 자책하고 있음을 드러낸다. 이는 화자가 임을 얼마나 그리워하고 있는지 알 수 있다.
(나)는 임에 대한 사랑을 노래한 것으로 화자는 연을 심어 실을 뽑고 그 실로 노끈을 비비어 걸었다가 임과 사랑이 '그쳐 갈 때' 노끈으로 사랑을 감아 매겠다는 임에 대한 변함없는 사랑의 의지를 드러낸다. 특히 화자는 자신과 임이 마음으로 '맺어졌기에' 둘 사이의 사랑이 그칠 리 없다고 말함으로써 화자의 임에 대한 사랑이 얼마나 큰지 알 수 있다. 따라서 (나)의 중장이 추상적인 대상 '사랑'을 구체적인 대상인 '노끈'으로 감아 매어 사랑이 그쳐 가는 것을 막겠다는 의지를 보인다.

08

정답 ① 지는 잎 부난 바람
② 새끼줄

해설 (가)의 '지는 잎 부난 바람'은 잎이 떨어지는 소리, 바람이 부는 소리를 임이 오시는 것이라고 착각한 화자의 모습을 드러내며 화자가 자책하는 모습을 살펴볼 수 있다. 한편 (라)에서 '가슴에 구멍을 둥시렇게 뚫고'라는 상황에서는 변형이 어려운 신체 일부인 가슴에 구멍을 뚫고 그곳에 새끼줄을 넣을 수 있는 대상으로 형상화하여 참신성을 드러냈다. 또한 '그 구멍에 그 새끼줄 넣고 두 놈이 두 끝 마주 잡아 이리로 홀근 저리로 홀적 홀근홀적 할 적'이라는 내용에서 화자의 고통을 유발할 수 있는 극단적인 상황을 드러내며 임에 대한 화자의 변함없는 사랑을 강조하는 역할을 하고 있음을 알 수 있다.

09

정답 천리, 지척

해설 "우리는 각재 '천리'오나 '지척'인가 하노라"에서 '천리'와 '지척'은 시어의 대비를 통해 임과의 사랑이 변하지 않

을 것이라는 화자의 생각을 드러낸 부분이다. 이는 (나)의 '그쳐갈 제'와 '맺었으니'도 시어 대비를 통해 임과 사랑이 변하지 않을 것이라는 화자의 생각이 드러난 부분과 유사한 형태다.

10

정답 해올 일

해설 ㉠은 '독한 마음'으로 '화자가 추구하고자 하는 삶의 자세'라 할 수 있으며 이는 제시문의 '해올 일'과 유사한 의미를 담고 있다. 이는 불의와 타협하지 않는 신념과 의지의 강직한 삶을 드러내는 것으로 제시문에서 '해올 일'에 해당한다. '독한 마음'은 일제 강점기의 암담한 현실에 대한 화자의 저항의지를 보여 주며 지조와 절개를 보여 주는 것으로 볼 수 있다. 이는 제시문에서 강직한 삶의 자세와 임금을 향한 변함없는 충성심으로 신하로서 나라와 임금에 대한 충의라 할 수 있다(우국지정).

11

정답 • 그 밧긔 여남은 일이야 분별할 줄 이시랴
• 임 향한 내 뜻을 조차 그칠 뉘를 모르나다

해설 '설의적 표현'은 화자도 알고 글쓴이도 알지만 강조나 변화를 주기 위해 쉽게 판단할 수 있는 사실을 의문의 형식으로 표현한 것이다. 이때 의문형 어미 '~느냐', '~ㄴ가' 등으로 실현된다.
〈제1수〉에서 '그 밧긔 여남은 일이야 분별할 줄 이시랴'는 설의적 표현으로 화자의 자기 수양 외의 다른 일들은 염두하지 않겠다는 강한 의지를 드러내고 있다.
〈제3수〉 '임 향한 내 뜻을 조차 그칠 뉘를 모르나다'에서 설의적 표현을 통해 화자는 임을 향한 자신의 마음이 변하지 않을 것이라는 의지를 드러내고 있다.

12

정답 ① 의인화
② 말하는 / 말을 거는
③ 자연물

해설 ① 시냇물이 흘러가는 것을 '운다'고 표현하여 감정이입의 대상으로 보았으며, 의인화하였다.
② '무엇을 하려고 주야로 흐르냐'라며 시냇물에 말을 거는 듯한 표현을 드러내며 화자의 심리를 나타내고 있다.
③ 〈제3수〉에서는 '시냇물'에, 〈제4수〉에서는 '외기러기'에 감정 이입을 하고 있다. 이로써 자연물에 화자의 정서를 투영하여 시적 상황을 드러내고, 감정을 이입하여 화자의 정서를 드러내고 있다.

13

정답 ① 월령체
② 통일감
③ 운율감

해설 「동동」의 형식은 분연체이고 월령체이다. 민요적 특성을 가지며 후렴구 사용으로 속요적 특성을 보인다. 고려속요 중에서 유일한 우리 문학 최초의 월령체 노래다. 또 후렴구 '아으 동동다리'를 사용하여 연을 구분하고 음악적 흥취를 고조시키고 있다.

14

정답 ① 등불
② 꾀꼬리새

해설 '등불'은 고매한 인품을 지닌 임에 대한 비유로 이 비유를 통해 임에 대한 예찬적 태도를 보이고 있다. 또한 '꾀꼬리새'는 임과 대비되는 자연물이자 계절감을 드러내는 소재이다.

15

정답 계절적

해설 「동동」은 월령체로 각 절이 특정 월을 나타내고, 계절과 자연의 변화를 통해 감정을 상징적으로 표현한다. 계절의 변화는 시간의 흐름으로 나타낸다. 그러나 「가시리」는 이별과 재회의 가능성을 직접적으로 드러내고 상징적인 요소보다는 직접적인 감정 표현에 두드러진다.

16

정답 한탄

해설 〈제3장〉에서 "적객의 회포는 무슨 일로 그디 업셔 / 뎌 제비 비비(飛飛)를 보고 한숨 계워 ᄒᆞᄂᆞ니" 부분을 살펴보면 귀양살이하는 사람의 회포는 무슨 일로 끝이 없어 제비가 자유롭게 훨훨 날아다니는 것을 보니 한숨 겨워한다고 할 수 있다. 이는 자유로운 제비와 대비한 화자의 처지를 드러내며 귀양살이에 대한 자신의 처량한 신세를 '한탄'하는 것으로 볼 수 있다.

17

정답 유배 생활로 인해 고통스러운 화자의 모습을 나타낸 것이다.

해설 〈제6장〉은 임금에 대한 변함없는 충정으로 화자는 비록 유배 생활로 고통스럽고 수척한 모습이지만 임금에 대한 변함없는 충정을 드러낸다. 꽃이 수척해지면 시듦을 의미하고, 시들었다는 상징성은 고통 또는 시련을 의미하

므로 화자의 현재 상황이 유배 생활이므로 힘들고 고통스러운 시련을 겪고 있다는 것과 연관지을 수 있다.

18

정답 ① 지조
② 충절 / 절개

해설 ㉠의 현대어 해설은 "하늘의 뜻을 따라 무엇을 하려고 하겠습니까? / 천만 겁이 지나도록(오랜 시간 지나도록) 꺼질 줄 모르는군요."이다. 하늘의 뜻에 따라 어쩔 수 없는 운명이나 상황을 받아들이며 그 감정이나 상황이 매우 오랫동안 지속된다는 의미를 지니고 있다. 또한 '하늘'은 임금을 의미하며 "임금님에 치밀어 올라 무슨 말씀(충언)을 아뢰려고, 오랜 세월 지나도록 (그 모습, 그 의지를) 굽힐 줄 모르는가?(즉, 그 지조가 매우 놀랍구나!)"라며 화자 자신 같은 충신의 절개를 비유한 것이다.
〈보기〉의 성삼문의 시조는 '죽음을 두려워하지 않는 절개'라는 주제로 초장은 절개를 지키다 죽은 후 자신의 모습을 가정한 것이고, 중장은 지조 있는 소나무가 될 것이라고 생각하며, 종장은 시련 속에서도 꿋꿋하게 절개를 지킬 것을 다짐하고 있다.
따라서 화자의 굳은 절개와 지조를 상징함으로써 임금에 대한 지조와 충절(절개)를 드러낸다고 할 수 있다.

19

정답 일락서산(日落西山) 해는 뚝 떨어져 월출동령(月出東嶺)에 달이 솟네

해설 '일(日)'은 태양을 의미하고, '월(月)'은 달을 의미한다. 또한 '해'와 '달'은 순우리말이므로 "일락서산(日落西山) 해는 뚝 떨어져 월출동령(月出東嶺)에 달이 솟네"는 한자어와 순우리말이 중첩된 구절이다.

20

정답 ① 만리장천(萬里長天)에 울고 가는 저 기러기
② 공산야월(空山夜月) 달 밝은데 슬픈 소래 두견성(杜鵑聲)

해설 ① '만리장천(萬里長天)에 울고 가는 저 기러기'는 '아득히 높고 먼 하늘에 울고 가는 저 기러기'라는 의미로 하늘에 기러기가 울고 가는 모습을 통해 외롭고 쓸쓸한 정서가 드러나는 것으로 볼 수 있다.
② '공산야월(空山夜月) 달 밝은데 슬픈 소래 두견성(杜鵑聲)'은 '사람이 없는 산중에 환하게 뜬 달 밝은데 두견새 울음소리'라는 의미로 외롭고 쓸쓸한 정서를 '두견새'에 감정 이입하고 있다.
이 두 구절은 작품 속에서 공통적으로 외롭고 쓸쓸한 정서

가 드러나는 곳으로 수능모의고사 문제나 내신 문제에서도 종종 출제되었다.

Ⅴ 고전산문

01

정답 ① 죽은 병사들
② 사내 / 신립 장군

해설 전쟁 패배의 원인에 대해 죽은 병사들과 사내(신립 장군)의 견해의 차이를 구체적으로 구별할 수 있어야 한다. 죽은 병사들은 패전의 주요 원인이 신립 장군의 무능에 있다고 보며 책임을 장수에게 몰아가지만, 사내(신립 장군)은 패전의 원인이 자신에게도 있지만 하늘이 돕지 않았다고 말하며 불가피한 운명에도 책임이 있음을 이야기하고 있다.

02

정답 애석하게도, 않았습니다

해설 "애석하게도 신 공은 이런 계책을 세우지 않고 자기 위엄을 내세워 제 고집만 부리며 남의 말을 듣지 않았습니다."라고 말하며 전쟁의 패배의 책임이 신 공에게 있음을 주장하고 있다.

03

정답 전쟁 패배의 원인이 '불가피한 운명'에 있음을 강조한다.

해설 '하늘'이 돕지 않아서 전쟁에서 진 것이고 이것은 운명임을 강조하며 어쩔 수 없는 상황이었음을 이야기하고 있다.

04

정답 ① 심리적
② 해소

해설 주인공의 심리적 정황을 제시하면서 주인공의 고민을 해소하는 계기가 된다. 서사적 기능은 사건의 흐름상 전개를 할 때 특정 효과를 불러일으키기 위해 사용하는 장치이다. 예를 들면, 특정 인물의 행동, 사건, 장소(공간), 서사 구조 등이라 할 수 있다. [A]에서 조웅의 글은 도사를 못 만나고 돌아가는 안타까운 심리가 드러나 있고, 철관 도사는 조웅을 만나 술법을 전수하게 되면서 조웅의 고민이 해소되는 계기가 된다.

05

정답 눈을 비비고 상대편을 본다는 의미로, 남의 학식이나
재주가 놀랄 만큼 부쩍 늘었음을 의미한다.

해설 웅이 철관 도사에게 도업을 배우며 날로 재주가 성장
하는 것을 나타내고 있어 '괄목상대'라는 사자성어를 활용
하였다.

06

정답 자신의 덕이 아님을 강조하고 있다. / 자신의 은혜를
내세우지 않고 있다.

해설 ⓐ는 "그대의 보배라. 나는 전할 따름이니 어찌 은혜
라 하리오?"라며 자신에게 고마워할 필요가 없다고 말함
으로써 자신의 덕이 아님을 강조한 것이다.
ⓑ의 앞부분에서 웅은 철관 도사에게 '도덕문에 구휼하옵
신 은덕과 천금준마를 준 것'에 대해 깊은 은혜라고 말하고
있다. 이에 대해 철관 도사는 "곤궁함도 그대의 운수요,
영귀(榮貴)함도 그대의 운수라. 어찌 나의 은혜라 하리오?"
라며 그 은혜가 자신(철관 도사)의 덕이 아님을 강조하고
있다.

07

정답 모반과, 보내느니라

해설 제시문의 마지막 두 줄에 나타난 "모반과 대역하는
죄는 능지처참하고, 관장을 조롱하는 죄는 율법에 적혀 있
고, 관장을 거역하는 죄는 엄한 형벌과 함께 귀양을 보내
느니라."에서 유사 통사 구조 반복을 통해 춘향에 대한 사
또의 분노와 죄를 물으려는 의지를 부각하고 있다.

08

정답 편집자적 논평

해설 서술자의 적극적인 개입에 의한 편집자적 논평이다.
작가(서술자)가 작중 인물이나 사건, 배경에 대한 정보를
직접적으로 제시하는 것을 말한다. 여기에는 작가 개인의
주관적인 판단이나 평가가 들어가야 한다. 이 때문에 다른
시점보다 주로 3인칭 전지적 작가 시점에서 두드러지게
나타나는 편이며, 고전소설에 많이 등장하게 된다.

09

정답 유추

해설 춘향은 자신의 신분이 비록 낮고 미천하지만 인용한
고사의 인물들에 잘 알고 있는 것으로 수절의 의지를 강조
하고 있다. 그러면서 수절의 가치가 나라에 충성하는 것과

같다는 유추의 논리로 사또에게 자신의 주장을 펼치고 있
는 것이다.

10

정답 자물쇠는 심생을 '단념'시키기 위한 장치이다.

해설 심생과의 사랑이 이루어질 수 없음을 깨닫고 심생의
여인에 대한 마음을 단념시키기 위한 장치로 마련된 것이다.

11

정답 요약적

해설 심생과 처녀 사이에 있었던 일을 요약적으로 제시하
며 부모님에게 상황을 설명하고 있다.

12

정답 ① 심생 : 나비와 벌
② 처녀 : 꽃

해설 처녀가 부모를 설득하는 과정은 총 3곳이 있다.
1) 사람들의 오해를 사게 될까 봐 두려워하는 것으로 이때
   '개에게 물린 꿩'이 되는 셈이라고 말하며 '개'는 심생,
   '꿩'은 처녀가 된다.
2) 심생의 몸이 상하면 처녀의 탓이 될 것으로, 양반댁 도
   령이 청춘이라 혈기 왕성하니 아직 정치 못하여 다만
   '나비와 벌'이 '꽃'을 탐낼 줄만 알고 바람과 이슬에 맞음
   을 돌보지 않으니 며칠 못 가 병이 날 것을 걱정한다.
   이때 심생은 '나비와 벌'이고, 처녀는 '꽃'을 비유적으로
   표현했다.
3) 처녀에 대한 심생의 사랑이 매우 지극한 것으로 심생이
   처녀를 매우 귀하게 여기는 것을 알 수 있는 표현은 '못
   난 솔개를 보고는 송골매라 여기고'이다.

13

정답 징악(극형, 형벌, 징벌)과 권선(표창)을 통해 문제를
해결할 것을 제안하고 있다.

해설 ㉠은 정렬부인에 대해 극형을 내릴 것을 요청하고
있다.
㉡은 주인을 위해 희생한 시비를 표창할 것을 제안하고 있다.
따라서 '권선징악(선을 권하고, 악을 징벌한다.)'을 통해
문제를 해결할 것을 제안하고 있다.

14

정답 ① 목이, 못할러라
② 즉시 또는 (문장 중간에) 승상이, 이으리오?
③ 그, 측량하리오?

해설 ① '목이 메어 탄식하니 그 부모의 참혹함과 슬픔을 이루 측량치 못할러라.'는 서술자 개입으로 등장인물의 심정을 드러내고 있다.

② '승상이 분하여 급히 월매를 앞세우고 구렁에 가 보니 유 부인이 월매의 양식에 의지하여 겨우 목숨을 보전하다가 해산하매 복중이 허한 중 월매가 옥중에 곤하매 어찌 양식을 이으리오?'는 서술자 개입으로 인물의 상황을 설명하고 있다. (충렬부인은 원수에 의해 구출되고, 조씨의 계교로 죽을 위기에 처한 인물로 설명) 또한 문장이 길어 문장 중간에 '승상이'부터 서술자 개입이 시작된다고 하는 것이 옳지만, 문장 첫 어절로 본다면 '즉시'부터가 서술자 개입이 들어 있는 문장이라 할 수 있다.

③ '그 가련함을 어찌 다 측량하리오?'라는 문장으로 서술자의 감정이 실린 편집자적 논평, 서술자 개입이 드러나 있다.

15

정답 ① 선한 인물 : 충렬부인, 금섬, 월매
② 악한 인물 : 정렬부인, 금련, 성복록, 죄인들

해설 ① 선한 인물
• 충렬부인 : 누명으로 죽을 위기에 겪지만 지위를 되찾음.
• 금섬 : 충렬부인을 대신해 죽음을 맞음. 사후 충성심을 인정받아 충렬문을 받음.
• 월매 : 충렬부인을 지키다 위기에 처함. 승상에게 구원 받고 공로를 인정받음.
② 악한 인물
• 정렬부인 : 충렬부인을 모함하여 죽이려 하지만 죄가 밝혀짐.
• 금련 : 정렬부인에게 금은을 받고 나쁜 행동에 동참함.
• 성복록 : 간계가 밝혀질 것을 두려워하여 도망감.
• 죄인들 : 처벌받음.

16

정답 이 몸은, 모시고자 찾아왔습니다.

해설 '교언영색(巧言令色)'은 '남의 환심을 사려고 아첨하는 교묘한 말과 보기 좋게 꾸미는 얼굴빛'이라는 의미로 장미의 아첨하는 말과 알랑거리는 태도를 나타내는 말이다. 백두옹과 대비되는 장미의 속성을 드러낸 구절이다.

17

정답 ① 장미 : 간신
② 백두옹 : 충신

해설 「화왕계」는 아첨하는 '장미'와 충간으로 왕을 모시는 충신 '백두옹'을 드러낸다.

18

정답 ① 바야흐로 따스한 봄이 돌아왔다
② 비유 ③ 대화 ④ 행동 ⑤ 우의적

해설 ① '바야흐로 따스한 봄이 돌아왔다.'라는 표현을 통해 봄을 배경으로 이야기가 전개됨을 알 수 있다. '계절적 배경'이라는 단어를 토대로 계절이 들어간 표현을 찾는다.
② '붉은 얼굴과 옥 같은' 등에서 '비유'를 통해 대상의 모습을 형상화하고 있는 것을 확인할 수 있다. ('~ 같은'에서 직유적 표현이라고 해도 맞음)
③, ④ 인물의 '대화'와 '행동', 외양 묘사를 통해 성격을 간접적으로 드러내고 있다.
⑤ '우의적 표현'이란 다른 사물에 빗대어 비유적인 뜻을 나타내거나 풍자하는 것을 의미한다. 이 글에서는 꽃을 인간에 빗대어 인간 세상의 문제를 간접적으로 드러내고 있다. '간접적'이란 표현은 돌려서 표현한다는 의미이므로 '우의적 표현'임을 알 수 있다.

19

정답 송경운이 '나'의 과거와 현재를 비교하여 전주로 내려와 고생하는 이유에 대해 질문하고 있다.

해설 '말하기 방식'이므로 과거와 현재를 비교하고 있는지, 알고 싶은 내용에 대해 질문하며 말하고 있는지를 잘 파악하여야 한다.

20

정답 ① 옛 곡조
② 기쁘게
③ 변화

해설 옛 곡조도 중요하지만 요즘 사람들은 옛 곡조보다 요즘 곡조를 더 즐긴다는 점에서 사람들의 취향에 맞출 수 있도록 변화를 줘야 한다고 주장한다.

21

정답 사람들이 자신의 음악을 제대로 이해해 주기를 바란다.

해설 송경운은 자신이 사람들이 기뻐하는 음악을 위해 변화를 줘야 한다고 생각하고 기쁘게 해 주기를 바라는 음악을 하고 싶어 하지만 유우춘은 자신이 생각하는 음악이 옳다고 생각해 자신의 음악을 이해하지 못하면 낮은 취향과 안목을 가졌다고 비판함으로써 자신의 음악을 이해하기를 바라고 있다.

● 문제 p.192

PART **4** 독서

I 인문 · 예술

01

정답 • 현시대를 살고 있는 주변의 영웅들을 그려야 한다.
• 현대 도시 생활의 복잡성과 다양성을 그려야 한다.
• 일상적인 삶 속에서 예술적 가치를 찾아야 한다.

해설 제시문의 두 번째 문단 "보들레르는 '현대 생활의 영웅주의'라는 개념을 주창하며 죽은 과거의 영웅을 그릴 것이 아니라 현시대를 살고 있는 주변의 영웅들을 예술에 담아야 한다고 주장했다. 그는 현대 도시 생활의 복잡성과 다양성에서 아름다움과 영웅주의를 발견하고 이를 통해 일상적인 삶 속에서도 예술적 가치를 찾아야 한다고 주장했다."에서 찾아볼 수 있다.

02

정답 ① 현대성
② 인상파 / 인상주의

해설 제시문을 살펴보면 보들레르는 서양 미술사에 현대성의 개념을 등장시켰고 그의 이런 미술사조가 고전주의를 중시하는 주류 미술에 편입하지 못하던 인상파 화가들에게 지지를 얻으며 인상주의를 발전시키는 데 큰 영향을 미쳤음을 이해하고 짐작할 수 있다.

03

정답 • 작품에 등장하는 여인이 이상적인 비율로 여겨지는 8등신과 거리가 있는 현실적인 몸매이다.
• 제목으로 사용된 이름이 여신의 이름이 아닌 당시 매춘부들이 많이 쓰던 이름이다.
• 시선이 눈을 감거나 다른 곳을 바라보지 않고 정면을 보고 있다.
• 비너스 푸디카 포즈가 아니라 손을 자연스럽게 늘어뜨리고 있다. / 손이 가슴과 음부를 가리고 있지 않고 자연스럽게 늘어뜨려져 있다.
• 원근법이 무시되어 있다.
• 검은 고양이, 흑인 하녀가 들고 있는 꽃다발, 머리에 꽂은 난초 등으로 대상이 매춘부임을 상징하고 있다.

해설 제시문의 마지막 문단은 마네의 「올랭피아」를 고전 누드와 비교하여 작품이 지니는 현대적 특성을 설명하고 있다. 내용은 다음과 같다.
① 작품에 등장하는 여인이 이상적인 비율로 여겨지는 8등신과 거리가 있는 현실적인 몸매이다.

② 제목으로 사용된 이름이 여신의 이름이 아닌 당시 매춘부들이 많이 쓰던 이름이다.
③ 시선이 눈을 감거나 다른 곳을 바라보지 않고 정면을 보고 있다.
④ 비너스 푸디카 포즈가 아니라 손을 자연스럽게 늘어뜨리고 있다. / 손이 가슴과 음부를 가리고 있지 않고 자연스럽게 늘어뜨려져 있다.
⑤ 원근법이 무시되어 있다.
⑥ 검은 고양이, 흑인 하녀가 들고 있는 꽃다발, 머리에 꽂은 난초 등으로 대상이 매춘부임을 상징하고 있다.

04

정답 ① 진구호
② 후인자

해설 제시문의 두 번째 문단에서 연행 순서와 운영 방식을 설명하고 있다.
'〈봉래의〉는 '전인자'-'여민락'-'치화평'-'취풍형'-'후인자'로 구성되어 있다. 전인자는 〈봉래의〉의 시작을 알리는 부분으로 죽간자를 든 사람이 춤을 추며 나와 진구호를 부른다. 진구호는 한시로 된 구호로 정재의 의미를 예고하는 내용이다. 죽간자를 든 사람은 진구호를 부른 후 춤을 추며 물러가고 무기들이 춤을 추며 나아갔다 춤을 추며 물러난다. 전인자에는 노래는 없고 관현악곡으로만 연주된다. 〈봉래의〉의 중심은 여민락, 치화평, 취풍형이라 할 수 있는데 각각 서두, 본론, 돌장으로 나뉘어 순서대로 공연된다. 이 부분에서는 악공들이 좌우로 배열되고 무용수가 춤을 추며 기녀와 정재에 참여한 모두 「용비어천가(龍飛御天歌)」를 부른다. 후인자는 전인자와 마찬가지로 죽간자를 든 사람이 나오는데 구성은 전인자와 마찬가지이고 정재를 마무리하는 의미의 퇴구호를 부른다.'

05

정답 ① 세종실록악보
② 악학궤범

해설 제시문의 첫 번째 문단에 〈봉래의〉를 전해 주는 문헌을 찾아볼 수 있다.
'현존하는 악보 중에 가장 오래된 악보인 『세종실록악보(世宗實錄樂譜)』에 〈봉래의〉의 공연 순차와 음악의 악보인 정간보가 실려 있고 성종 때의 궁중 음악서인 『악학궤범(樂學軌範)』에 춤사위에 대한 명칭과 대형 등이 기록되어 있다.'

06
정답 용비어천가(龍飛御天歌)

해설 〈봉래의〉의 가사로 사용된 「용비어천가(龍飛御天歌)」에 대해 설명하고 있다.

07
정답 ① 환경 관리주의
② 사회 생태주의
③ 근본 생태주의

해설 제시문의 첫 번째 문단을 보면 가타리 이전에 환경 관리주의, 사회 생태주의, 근본 생태주의가 이미 있었으며 가타리는 이 방법만으로는 환경 문제를 해결하기 어렵다고 보아 이들을 접목 · 발전시켰음을 알 수 있다.

08
정답 ① 동질 발생
② 이질 발생

해설 가타리는 주체성 생산을 동질 발생과 이질 발생으로 구분하였는데 각각의 특성을 살펴보면 ①은 동질 발생, ②는 이질 발생임을 알 수 있다.

09
정답 다르게 되기

해설 제시문의 마지막 문단을 살펴보면 '다르게 되기'에 대한 설명이 나와 있다.
'자신이 타인과는 다른 사람임을 인식하고 차이를 인정하며 자신 안에서 또 다른 이질 주체성을 생산하기 위해 계속해서 자신을 새롭게 구성하고 인식해야 한다고 주장하였고 이를 '다르게 되기'라고 칭했다. '다르게 되기'는 고정된 정체성에 저항하고 새로운 주체성을 만들어 내는 과정을 강조함으로써 기존 질서에 도전하고 차이를 생성하는 생태 민주주의의 핵심 전략이다.'
이를 바탕으로 답을 찾을 수 있다.

10
정답 ① 성리학
② 서양 문물 / 서양의 과학 기술

해설 제시문의 두 번째 문단에 이항로의 위정척사운동이 설명되어 있다.
'위정은 성리학의 정신을 바르게 지키자는 것이고 척사는 사악함을 배척하자는 것으로 여기서 사악함이란 서양 문물을 뜻한다.'
내용을 살펴보면 위정은 성리학의 정신을 강조하고 척사는 서양 문물을 배척하자는 것임을 파악할 수 있다.

11
정답 • 서구의 침략을 인정하게 되는 것일 수 있기 때문이다.
• 민족 주체성을 잃게 될 수 있기 때문이다.

해설 제시문의 네 번째 문단에 나온 다음의 문장을 보면 박은식이 맹목적 서구화를 견지한 이유를 유추할 수 있다.
'그러나 박은식 역시 맹목적인 서구화는 견지하였다. 서양 문물을 받아들이는 것이 서구의 침략주의를 받아들이는 것이 될 수도 있으므로 주체성을 잃어버리지 않기 위해서는 기술을 받아들일 철학이 필요하고 그 철학은 과학 기술과는 달리 우리 고유의 것이어야 한다고 생각했다.'

12
정답 박은식이, 것이다

해설 제시문의 마지막 문장에서 박은식이 주장한 양명학의 의의를 드러내고 있다.
'박은식이 주장한 양명학은 기존의 유교적 사상을 현대적으로 재해석하여 근대화로 변화하는 세상에 적응하고 발전할 수 있는 새로운 가치관을 제시한 것이다.'

13
정답 ① 시간(공간)
② 공간(시간)

해설 제시문에서는 크로노토프, 즉 시간과 공간이 단지 배경으로 존재하는 것이 아니라 작품을 이해하는 핵심적 역할을 함을 설명하였고 시공간은 단순 결합이 아닌 상호 작용을 통해 작품의 이해를 확대할 수 있음을 설명하였다.

14
정답 베로나, (불과) 며칠, 줄리엣의 성, 달밤, 줄리엣의 창, 어두운 밤, 극장의 공간, 극을 보는 시간 등

해설 제시문에서는 셰익스피어의 「로미오와 줄리엣」의 공간적 배경인 베로나, 시간적 배경인 불과 며칠, 연극으로 올렸을 경우 예시로 든 세트의 줄리엣의 성, 달밤 등을 크로노토프로 볼 수 있다고 하였다.

II 사회 · 문화

01

정답 최고 가격제 / 출판 저작물

해설 제시문의 마지막 문단에서 설명한 바에 의하면, 상품 가격의 상한을 정해 특정 금액 이상으로 거래하지 못하도록 하는 최고 가격제는 유통업자의 이윤을 축소하고 소비자에게 이익이 되기 때문에 특별한 사유가 없는 한 허용된다. 또한 저작물의 경우는 출판물의 저작권자를 보호하기 위한 것으로, 저작물이 시장 경제의 논리하에 터무니없이 낮은 가격에 판매되면 지적 창작물의 생산은 위축될 수밖에 없으므로 무분별한 가격 할인을 제한하고 있다.

02

정답 ① 도산할 가능성
② 가격 담합

해설 가격이 유지된다면 소매업자들의 이윤을 보장하고 과도하게 가격 경쟁을 하다 도산할 가능성을 줄여 주기 때문에 소매업자들을 보호하는 효과를 가져온다. 하지만 재판매 가격 유지 행위는 판매업자 간의 가격 담합과 동일한 효과를 초래하므로 상품 가격의 상승으로 이어져, 소비자에게는 불이익을 가져올 수 있으므로 금지되고 있다.

03

정답 ① 염가 판매
② 이미지 손상

해설 여러 가지 상품을 취급하는 소매업자들은 고객을 유인하기 위해 고객이 선호하는 상표품을 염가 판매하는 경우가 있었고, 싼값으로 판매되면 상표품의 이미지에 손상을 줄 수 있다. 이런 이유로 상표품 제조업자는 상표품의 재판매 가격을 정하여 판매할 것을 요구하게 되었는데, 이를 재판매 가격 유지 행위라고 한다.

04

정답 ① 국가
② 국제기구

해설 신자유 제도주의는 국제 관계에서 국가 간 관계를 규율하는 규칙과 제도가 중요하다는 자유주의의 한 갈래이면서 현실주의를 일부 수용하였다. 중앙권위체가 부재한 세계 정치 상황에서도 여전히 국가 간 상호 협력과 공동 이익 창출이 가능하다고 보고, 협력을 위해 국가 간 관계를 규율하는 규칙과 제도가 중요하다고 여긴다. 이 이론에서는 국가를 합리적인 행위자로 보고, 국제 레짐과 국제기구 등의 제도를 통해 국가 간의 제한적 협력은 가능할 것으로 보는 것이다.

05

정답 ① 유동성
② 상호 작용

해설 이 문제는 현실주의나 자유주의와 비교하여, 구성주의 관점에서 본 국제 관계에 대해 묻는 문제이다. 제시문의 네 번째 문단을 보면, 구성주의는 각 국가 간의 상호 작용에 의해 경쟁적 관계에 놓이거나 협력적 관계에 놓일 수 있다고 보며, 세계 정치의 유동성을 강조하고 있다.

06

정답 ① 경쟁
② 합리적
③ 국가 중심적

해설 ① 현실주의 관점에서 보면 각 국가는 자국의 이익을 추구하기에 갈등과 경쟁이 불가피하므로, 환경 문제를 해결하는 데 또한 비관적인 시각을 가지고 있다.
② 자유주의는 타 국가의 합리적 행위가 협력의 가능성을 불러올 수 있으므로 이를 위해 노력해야 한다고 여기며, 환경 문제 또한 교류와 협력 관계를 통해 개선의 노력이 이어지고 있다고 본다.
③ 구성주의의 경우는 각 국가 간의 상호 작용에 의해 결과가 달라질 가능성이 있으며, 공통의 이해관계를 가지고 국가 중심적인 사고로부터 탈피하는 것이 환경 문제 해결의 열쇠가 될 수 있으리라 본다.

07

정답 • 채권의 준점유자라고 믿을 만한 근거를 A가 가지고 있었기 때문
• 채권의 준점유자임을 믿는 데 은행원의 과실이 없었기 때문

해설 진정한 채권자라고 믿게 할 만한 외관을 갖춘 자를 준점유자라 하는데, 이러한 준점유자에게 변제하더라도 선의이고 무과실일 때는 유효하다. A는 도장과 통장, 신분증은 물론 비밀번호까지 알고 있었기 때문에 은행에서 A를 대리인으로 믿을 근거가 충분했다. 또한 이를 믿는 데에 은행원의 과실이 없었으므로 은행의 예금 인출 행위는 유효하다고 보았다.

08

정답 ① 변제 이익
② 채무 액수

해설 마지막 문단에 나와 있듯이, 변제 이행기 도래 여부에 따라 충당 순서를 결정하지 못할 경우에는 채무자에게 변제 이익이 더 많은 채무가 우선이다. 또한 이 기준들을 통해서도 순서를 결정하지 못한다면 채무 액수에 비례하여 변제를 충당하게 된다.

09

정답 ・변제하려는 제삼자가 이해관계가 없기 때문
・당사자의 의사로 제삼자 변제를 금지했기 때문

해설 민법에서 채무의 변제는 제삼자도 할 수 있지만, 채무의 성질 또는 당사자의 의사표시로 제삼자의 변제를 허용하지 않을 때에는 제삼자 변제가 불가능하다고 규정되어 있다. 또한, 이해관계가 없는 제삼자는 채무자의 의사에 반하여 변제하지 못한다. 전주지법의 결정문에서는, '이 사건에서 채무자가 배상해야 할 손해는 정신적 고통으로 인한 위자료로 채무자에게 제재를 부과함과 동시에 채권자를 보호할 필요성이 큰 사안인데 채권자가 명시적으로 반대하고 있는데도 이해관계가 없는 제삼자의 변제를 허용하는 것은 손해배상제도의 취지와 기능을 몰각시킬 염려가 있다.'고 판시했다.

10

정답 ① 독점과 특혜 철폐
② 공정한 사회 질서

해설 두 번째 문단을 보면, 스미스가 주장한 자유주의의 조건은 기득권의 독점과 특혜가 철폐되어야 하고, 공정한 사회 질서가 존재하는 안에서 경쟁이 확립되는 것이었다.

11

정답 ① 쌍방 독점적
② 교섭상의 지위

해설 세 번째 문단에 서술된 것을 살펴보면, 서로 가격설정력이 있는 경우에는 두 집단 간의 협상력에 의해서 균형 거래량과 가격이 결정되는데, 노동 시장은 교섭상의 지위가 대등하지 못하므로 쌍방 독점적 시장이 되기 쉽다고 제시되어 있다.

12

정답 ① 필요한 것 : 경제 성장을 통한 노동 수요의 확대
② 이유 : 제한적 노동 공급의 단계로 넘어가 노사 간의 교섭력이 대등해지기 때문

해설 마지막 문단을 보면, 애덤 스미스는 노동 시장이 경쟁적 시장이 되기 위해서는 경제 성장을 통한 노동 수요의 지속적 확대가 필요하다고 보았다. 산업 생산을 위한 노동 수요가 늘어나는 데 반해 노동 공급이 제한적이라면 사용자에게 유리하던 상황은 반전된다. 무제한적 노동 공급의 단계에서 제한적 노동 공급의 단계로 넘어감으로써 노사 간의 교섭력은 대등해지며, 노동력이 많이 필요해질수록 노동자들의 교섭력은 우위에 올라서게 되는 것이다.

13

정답 ① 미필적 고의
② 명의

해설 자신의 행위가 어떤 결과를 발생시킬 것임을 적극적으로 인식한 것은 아니지만, 발생 가능성을 예상했음에도 그것을 감수하겠다는 의사를 미필적 고의라 한다. 본인 명의의 계좌를 대여하지 않더라도, 수상한 금융거래가 이루어지고 있음을 인식하고서도 일에 가담했다면 보이스피싱 수거책으로 연루되어 처벌받을 가능성이 있다.

14

정답 ① 금융 실명제법
② 방조범

해설 예금 계좌를 대여해 준 경우, 명의인은 금융 실명제법에 규정된 구성 요건에 해당하는 범죄 행위를 했으므로 처벌된다. 예금을 인출하여 전달한 경우에는 범죄 피해자가 입금한 돈이라는 것에 대한 고의가 인정되면 보이스피싱범이 저지른 사기죄의 방조범으로 처벌된다.

III 과학 · 기술

01

정답 ① 세포 주기
② DNA 복제

해설 세포가 성장하고 분열하는 과정을 세포 주기라고 한다. 세포 주기의 전기 중 S기에서는 DNA 복제가 이루어진다. G2기 확인점에서는 DNA 복제가 제대로 이루어졌는지와 DNA의 손상 여부를 확인한다.

02

정답 ① 세포 분열
② 종양

해설 세포는 종류에 따라 분열 시기와 속도가 조절되어 필요한 경우에만 분열하는데, 분열을 중단하는 통제 신호를 무시하고 무한정 분열하는 세포를 암세포라 한다. 세포 독성 항암제는 이러한 세포 분열을 방해하는 항암제이다. 암세포가 증식하여 종양으로 자라기 위해서는 산소와 영양분이 필요하므로 새로운 혈관 형성이 필요하다. 이에 착안하여 혈관 생성을 저지하여 종양의 생성을 막는 항암제가 신생 혈관 억제제이다.

03

정답 ① 데이터 수집
② 모델 평가

해설 제시문의 세 번째 문단에 기계학습의 모델링 과정이 순차적으로 설명되어 있다. 이에 따르면 모델링 과정은 '문제 정의 → ① 데이터 수집 → 데이터 전처리 → 특성 선택 및 추출 → 알고리즘 선택 → 모델 학습 → ② 모델 평가 → 모델 튜닝 및 최적화'로 이루어진다.

04

정답 지도 학습

해설 〈보기〉에서 광고되는 앱은 제공된 데이터의 입력값과 출력값을 학습하여 새로운 데이터를 입력했을 때 예측을 할 수 있는 기능을 수행하므로 지도 학습에 기반한 앱이다.

05

정답 증거 수집 > 증거 관리 > DNA 추출 > DNA 증폭 > DNA 특성 분석 > DNA 프로파일링 > 개인별 DNA 프로파일 생성(특정 유전자 마커 확인) > 범죄 현장 증거와 DNA 프로파일 비교 > DNA 용의자 일치 여부 확인 > 범인 검거

해설 1) 범죄 현장에서 생물학적 증거 수집(혈액, 타액, 피부 조직, 머리카락 등)
2) 수집된 증거를 오염되지 않도록 철저하게 관리
3) 수집된 생물학적 샘플을 실험실로 보냄.
4) 실험실에서 DNA 추출(불순물 제거, 순수한 DNA 분리)
5) PCR(Polymerase Chain Reaction) 기법을 사용하여 DNA 증폭
6) STR(Short Tandem Repeat) 분석을 통해 개별 특성 분석(개인마다 다른 반복 서열 식별)
7) 컴퓨터를 이용해 DNA 프로파일링
8) 특정 유전자 마커를 확인하여 개인별 DNA 프로파일 생성
9) 범죄 현장에서 수집된 증거와 생성된 DNA 프로파일 비교
10) 범죄 현장에서 수집된 DNA와 용의자의 DNA가 일치할 경우, 해당 용의자가 범죄 현장에 있었음을 시사

06

정답 신원 미상 범인을 추적하는 데 유용하다.

해설 범죄수사에서 중요한 역할을 하는 또 다른 요소는 DNA 데이터베이스이다. 많은 나라에서는 범죄자들의 DNA를 데이터베이스에 저장한다. 수사관들은 현장에서 수집된 DNA 프로파일을 이 데이터베이스와 대조하여 일치하는 프로파일을 찾는다. 일치하는 프로파일이 발견되면, 데이터베이스에 저장된 범죄자의 신원을 확인할 수 있다. 이 방법은 특히 신원 미상의 범인을 추적하는 데 유용하다.

07

정답 쌍둥이의 DNA의 유사성, 오염에 대한 잘못된 분석, DNA 정보가 없는 사람들의 신원 확인 불가

해설 DNA 데이터베이스는 범죄자들의 DNA를 저장하고 있지만, 데이터베이스에 등록되지 않은 사람들의 경우 신원을 확인할 수 없다. 이는 특히 처음 범죄를 저지르거나 이전에 범죄 기록이 없는 사람들을 추적하는 데 어려움을 초래한다. 또한, 각 국가나 기관마다 데이터베이스가 분리되어 있어 국제적인 협력이 필요하다.

08

정답 시각 정보 처리

해설 첫 번째 문단에서 '사막개미의 뇌는 주로 시각 정보 처리에 특화되어 있다. 사막에서는 풍경이 단조롭고 변화가 적기 때문에, 사막개미는 이동 경로를 기억하고 시각적 단서를 통해 방향을 잡는다. 사막개미의 시각 시스템은 다양한 빛 조건에서 작동할 수 있도록 발달되어 있으며, 특히 자외선 감지 능력이 뛰어나다.'라고 설명하고 있다.

09

정답 사막개미는 단순히 이동 경로를 기억하는 것이 아니라, 이동 중에 지속적으로 자신의 위치 정보를 업데이트하고 있기 때문이다.

해설 〈보기〉에서 "사막개미는 이동 중에 시각적 단서와 태양의 위치를 활용하여 자신의 위치를 지속적으로 '확인'하고 '조정'한다. 이러한 능력은 사막개미가 경로 통합을 통해 위치 정보를 '끊임없이 갱신'하고, 새롭게 주어진 상황에서도 효율적으로 집으로 돌아갈 수 있게 한다."에서 '확인', '조정', '끊임없이 갱신'한다는 점을 고려하면 사막개미는 단순히 이동 경로를 기억하는 것이 아니라, 이동 중에 지속적으로 자신의 위치 정보를 업데이트하고 있는 것이다.

10

정답 사막개미는 경로 통합을 위해 신경 회로를 사용하는데, 사막개미의 시각 정보 처리 시스템과 운동 감각 시스템이 긴밀하게 연결되어 있어 이동 중에도 정확한 위치 정보를 유지할 수 있다.

해설 사막개미의 뇌와 신경 시스템을 분석한 연구에서는 사막개미가 경로 통합을 위해 다양한 신경 회로를 사용한다는 사실이 밝혀졌다. 특히, 사막개미의 시각 정보 처리 시스템과 운동 감각 시스템이 긴밀하게 연결되어 있어, 사막개미가 이동 중에도 정확한 위치 정보를 유지할 수 있는 것이다.

11

정답 ① 공통점 : 거래 내역을 저장하고 증명한다.
② 차이점 : 은행은 모든 장부를 관리하는 통일된 거래 내역을 보유했다면 블록체인은 분산화된 장부를 통해 투명한 거래 내역을 유지한다.

해설 은행은 입금 거래 내역을 통해 A와 B의 거래 내역을 확인해 주는 기능을 한다. 즉 블록체인 기술 전에는 은행이 모든 거래 내역을 보유했다. 그 이유는 금융 거래 당사자 간 거래 내역을 은행이 증명해 줘야 하기 때문이다. 즉, 은행이 중개자가 되어 거래 당사자들 간의 안전한 거래를 보장해 주고 증명해 줄 수 있는 매개체가 된 것이라는 점에서 거래 내역을 저장하고 증명하는 기능을 하고 있다. 블록체인도 데이터 분산화 기술이라는 점에서 다수가 데이터를 저장하고 증명한다. 한편, 은행과 블록체인의 차이는 은행이 모든 장부를 관리하는 통일된 거래 내역을 가진 것이라면 블록체인은 분산화된 장부를 통해 거래 내역을 유지한다는 것이다.

12

정답 ① 분산 저장
② 중앙기관 및 중앙관리자의 불필요

해설 네 번째 문단에서 블록체인은 분산 저장과 중앙관리자가 필요 없다는 특징을 설명하고 있다. 이는 〈보기〉에서 블록체인 기술이 가능하다는 내용을 토대로 제시문에서 블록체인이 데이터 분산처리 기술이라는 정의와 분산 저장이 특징이라는 점을 확인할 수 있다. 또한 블록체인을 활용하면 중앙기관이 필요 없고, 은행이 없어도 가상화폐가 발행 가능하다는 내용으로 확인이 가능하다.

13

정답 ① 물류와 유통
② 에너지
③ 공공 데이터
④ 예산과 세금관리

해설

①	물류와 유통	공급체의 주요 참여자인 송하인, 세관원, 수하인, 포워더 등은 블록체인으로 문서를 공유하여 어느 기관에서든 현 상태를 빠르고 투명하게 확인 가능하다.

공급체의 주요 참여자가 송하인(보내는 사람), 수하인(받는 사람) 등이라는 점에서 '물류와 유통'이라는 것을 확인해 볼 수 있으며, 세관원은 항구·비행장 또는 국경 지대에서, 여행하는 사람들의 소지품이나 수출입 화물에 대하여, 검사·허가·관세 사무를 맡아보는 공무원으로 수출 '물류와 유통'에 대한 것임을 확인할 수 있다.

②	에너지	한국전력공사는 개인 가구 간에 직접적인 P2P 전력거래가 가능한 블록체인 기반 전력거래 플랫폼을 구축해 신산업 활성화 기반 구축 사업을 펼쳤다.

한국전력은 전기에너지를 생산하고 공급하는 업체로 '에너지' 분야를 설명하고 있음을 알 수 있다.

③	공공 데이터	'전자정부법'에 따른 행정정보, '국가정보화 기본법'에 따른 정보 중 공공기관이 생성한 정보, '공공기록물 관리에 관한 법률'에 따라 전자기록물 중 대통령령으로 정하는 전자기록물 보호가 가능하다.

전자정부법, 국가정보화 기본법, 공공기록물 관리에 관한 법률, 대통령령으로 정하는 전자기록물 등의 내용을 살펴볼 때 공공을 위한 것임을 알 수 있어 '공공 데이터'에서 활용되고 있음을 알 수 있다.

④	예산과 세금관리	지방자치단체가 블록체인을 활용하면 예산 할당과 지출 내역을 실시간으로 공유 가능하고, 사용하는 모든 비용은 스마트 계약을 통한 지출 내역으로 관리하여 행정 부담 감소와 투명성을 보장한다.

지방자치단체가 블록체인을 활용하면 예산 할당과 지출 내역을 공유하고 관리한다는 점에서 '예산과 세금관리' 분야에 쓰임을 알 수 있다.

Ⅳ 주제 통합

01

정답 ① 마취제 : 신경 기능을 억제하여 통증의 전달을 차단한다.
② 진통제 : 손상된 체내 조직에서 분비된 물질의 생성과 전달을 억제하여 통증을 완화시킨다.

해설 마취제에는 전신 마취제와 국소 마취제가 있지만, 두 마취제 모두 신경 기능을 억제하여 통증의 전달을 차단한다는 공통점이 있다. 진통제는 손상된 체내 조직에서 분비된 물질인 프로스타글란딘의 생성에 관여하는 효소인 COX 효소를 억제하여 통증과 발열을 완화시킨다.

02

정답 ① GABA 수용체
② COX 효소

해설 전신 마취제 중 정맥 마취제는 뇌에서 억제성 신호를 전달하는 GABA 수용체에 작용하여 중추 신경 억제 효과를 증가시키거나, 뇌에서 흥분성 신호를 전달하는 NMDA 수용체를 억제하여 중추 기능을 저하시킴으로써 수면, 진정, 마취 효과를 나타낸다. 진통제는 통증과 발열을 일으키는 프로스타글란딘의 생성에 관여하는 효소인 COX 효소를 억제하기 때문에 프로스타글란딘이 추가로 생성되는 것을 줄여 통증과 열을 가라앉힌다.

03

정답 ① 대뇌
② 연관통

해설 체성 통증은 피부 등에 손상이 있을 때 느껴지는 통증으로, 통증 부위의 자극이 신경을 통해 대뇌로 전달된다. 내장 통증의 경우 척수에 별도의 신경 세포가 없어 피부의 통증을 전달하는 신경 세포를 통해 전달되기 때문에, 실제 통증과 다른 부위에 연관통이 발생하기도 한다.

04

정답 ① 상형
② 상리

해설 소식은 상리와 상형 중 상형이 잘못된 것은 누구나 알아챌 수 있고 작품의 일부를 잃는 것이나 상리가 잘못되는 것은 쉽게 알아채기 어려우며 작품 전체를 잃는 것이라고 하였다.

05

정답 (성호) 이익, (공재) 윤두서

해설 (나)는 조선 후기의 회화 경향을 설명한 글로 세 인물이 등장한다. 그중 연암 박지원은 작품이 실체에 대한 묘사가 생략되거나 왜곡되었다고 해도 작가의 뜻이 잘 드러난다면 좋은 작품으로 보았다. 반면 성호 이익과 공재 윤두서는 작품이 실체와 동떨어지는 것을 경계하며 작품의 형사 또한 중요한 요소이며 형사가 제대로 갖추어져야 신사가 드러날 수 있다고 보았다.

06

정답 • 작가의 정신을 중요시하였다.
• 신사를 중요시하였다.
• 상형을 중요시하였다.
• 작가의 내면을 중요시하였다.

해설 소식의 사의화론과 조선 후기의 회화론 모두 작가의 정신인 신사를 중요시하였다. 조선 후기 이익이나 윤두서가 관찰에 입각한 사실적인 화풍을 주장하기는 하였으나

정신을 중요시하는 전신사조에 반하는 입장이라고는 할 수 없다. 오히려 작가의 정신을 잘 보여 주기 위해서 형사가 중요하다는 입장이었다고 볼 수 있다.

07

정답 ① 양입위출
② 양출위입

해설 (가)에 양입위출과 양출위입에 대해 설명되어 있다. 양입위출은 세입에 따라 세출을 결정하는 것이고, 양출위입은 세출을 예상하여 세입을 결정하는 것이다. 조선은 양입위출을 원칙으로 한 나라였기 때문에 국정 운영 중에 재정이 부족해진다고 해도 추가적으로 세금을 걷는 것은 금지하였다.

08

정답 공납 / 공납의 폐단

해설 (가)는 조선 초기 조세 제도 중 특히 공납제의 한계와 폐단을 설명하였고 그로 인해 조세 개혁의 필요성이 대두되어 대동법이 시행되었다고 밝히고 있다.

09

정답 ① 담세능력
② 자산

해설 〈보기〉는 조세를 부담할 수 있는 능력인 담세능력을 정리한 것으로 담세능력을 판단하는 지표로는 소득, 소비, 자산이 있으며, (나)를 살펴보면 각각의 지표에 상응하는 세금의 예시로 소득세, 직접소비세, 간접소비세, 재산세를 들고 있다.

10

정답 책임 원칙

해설 형법은 국가가 과도하게 개인의 자유권을 제한하는 것을 경계하기 위해 책임 원칙을 기본 원칙으로 명시하고 있다. 책임 원칙은 행위자에게 책임이 없으면 형벌도 없다는 것으로 책임 유무를 가려야 하는 것을 기본으로 하면서 책임이 있다고 하더라도 책임의 경중을 따져야 함을 분명히 하고 있다. 이에 따르면 범죄 사실이 인정되고 범죄에 대한 책임이 있다고 하더라도 책임의 크기보다 더 큰 형벌을 부과할 수 없다.

11

정답 ① 약한 인공 지능
② 강한 인공 지능

해설 (나)의 두 번째 문단 '그러나 인간의 필요와 지시에 따라 설계되어 움직이는 현재 발전 수준의 약한 인공 지능을 가진 로봇이 아니라 인간의 마음과 같은 의미의 마음을 가진 강한 인공 지능이 탑재된 로봇이 등장한다면'에서 인공 지능의 두 구분을 유추할 수 있다.

12
정답 ① 지능형 로봇의 행위가 형법상 유의미하여야 한다.
② 지능형 로봇의 법익 침해 가능성이 인정되어야 한다.
③ 지능형 로봇에게 형벌을 부과하는 것이 법의 목적에 상응해야 한다.

해설 (나)의 마지막 문단을 보면 필요조건을 알 수 있다. '그렇다면 지능형 로봇이 범죄 능력을 갖추고 있다고 인정된다면 형벌을 부과하는 것은 정당할까? 로봇에 형벌을 부여하는 것이 정당성을 얻기 위해서는 다음과 같은 조건이 필요하다. 첫째, 지능형 로봇의 행위가 형법상 유의미한 행위인가? 둘째, 지능형 로봇의 법익 침해 가능성이 있는가? 셋째, 지능형 로봇에게 형벌을 부과하는 것이 법의 목적 달성과 일맥상통하는가? 이 세 가지 조건이 모두 충족된다면 지능형 로봇에게 형벌을 부과하는 것이 가능할 것이다.'

13
정답 ① 조약
② 국제 관습법

해설 (가)에서 다음 부분을 살펴보면 답을 찾을 수 있다. '조약은 체결된 당사국이나 기구에만 구속력을 가지는데', '조약과 달리 국제 관습법은 모든 국가에 법적 구속력을 가지는데 국가들이 오랫동안 특정 행동을 취하는 국가 관행과 이 특정 행동이 법적으로 의무화되었다고 믿는 법적 확신'

14
정답 입법부가, 때문이다.

해설 (가)의 마지막 문단에서 찾을 수 있다. '입법부가 없기 때문에 모든 국가에 적용 가능한 법을 만드는 것이 어렵고 강제권을 행사할 기구가 없기 때문에 국가 간 분쟁이 있어 국제 소송이 가능하다 하더라도 패소국이 판결에 복종하지 않을 경우 판결 내용을 강제 집행할 기관이 없기 때문이다.'
따라서 첫 어절은 '입법부가', 마지막 어절은 '때문이다'이다.

15
정답 ① 공동
② 소유권

해설 (나)를 살펴보면 달 조약은 우주 자원을 인류 공동의 유산으로 규정하고 개별 국가의 소유권을 인정하지 않음을 파악할 수 있다.

2024 가천대학교 국어 인문계열

▶ 문제 p.242

01

정답 ① 개선, 있었다

② 각종, 있다

해설 ① 두 번째 문단에 있는 '개선 방안이나 계획은 없는지 시청에 문의해 보니, 문화·체육 담당 부서에서는 ○○동에 새로운 공공 체육 시설이 필요하다는 것을 수년 전부터 인지하고 있었다는 답변을 들을 수 있었다.'라는 문장을 통해 〈보기〉의 ①에서 계획한 대로 시청의 관련 부서에서도 생활 체육 시설의 필요성을 인지하고 있음을 언급하였다. 공신력이 있는 시청 관련 부서의 답변을 소견 논거로 제시해 글쓴이의 주장을 강조하는 글쓰기 전략으로 볼 수 있다.

② 네 번째 문단에 있는 '각종 스포츠 활동의 장을 제공함으로써 주민들은 사회적 교류를 할 수 있고, 실내 놀이터를 설치함으로써 아동과 양육자는 외부 환경의 제약 없이 체육 활동을 할 수 있다.'라는 문장을 통해 〈보기〉의 ②에서 계획한 대로 생활 체육관이 지역 사회에 주는 효용을 구체적으로 언급하였음을 볼 수 있다. 이는 글쓴이의 주장이 실현되었을 경우 발생할 수 있는 긍정적인 효과를 제시함으로써 독자가 글쓴이의 주장에 동의하게 하는 글쓰기 전략이다.

02

정답 ① 거울

② 상징계

해설 ① 제시문에 의하면 라캉은 세계를 상상계, 상징계, 실재계로 분류하고 있다. 첫 번째 문단에서 라캉은 상상계를 설명하기 위해 어린아이를 예로 들고 있다. '아이는 감각이 통합되어 있지 않아 몸이 파편화되어 있다고 인식한다. 하지만 거울에 비친 모습은 전체로 나타나기 때문에, 아이는 그 이미지를 완전한 것으로 느끼고 이에 끌리어 거울 이미지와의 동일시를 추구하게 된다.'라는 부분을 살펴보면 〈보기〉의 ①이 거울임을 유추할 수 있다.

② 두 번째 문단에서 '언어와 규범이 지배하고 있는 현실 세계인 상징계'에 대해 설명하고 있다. 이 문단을 살펴보면 〈보기〉에서 말하는 '언어를 통해 욕망을 추구'하고 '인간의 욕망이 언어에 종속되는 세계의 범주는 상징계임을 알 수 있다.

03

정답 ① 주이상스

② 생톰

해설 네 번째 문단에서 주이상스와 생톰의 개념을 설명하고 있다. 제시문은 주이상스를 '현실의 쾌락 원칙을 초월한 또 다른 차원의 쾌락', '고통스러운 쾌락'이라고 설명한다. 그리고 이런 주이상스를 추구하는 구체적 행위를 생톰이라 명명한다. 이를 바탕으로 〈보기 1〉에 제시된 제임스 조이스의 글쓰기 행위를 이해한 〈보기 2〉를 살펴보면 '새로운 언어를 창조하려고 한 시도'는 '현실의 쾌락 원칙을 넘어서는 다른 차원의 쾌락'을 의미하는 ① 주이상스에 대한 추구로 해석'될 수 있고 '애매 폭력적 언어를 사용한 것'은 ② 생톰으로 이해할 수 있다.

04

정답 ① 공모 발행

② 총액 인수 (방식)

③ (중개) 수수료

해설 ① 두 번째 문단에 의하면 '채권 발행 시장에서의 거래 방식은 매수인의 특성 및 자금의 규모에 따라 사모 발행과 공모 발행으로 구분된다.' 소규모의 단기 자금을 조달하는 사모 발행과 달리 '공모 발행은 불특정 다수의 투자자를 대상으로 거액의 자금을 조달하기 위해 채권을 발행하는 것으로, 발행자가 당초 의도한 발행 규모에 비해 시장에서 소화되어 매출되는 규모가 적어 자금 조달이 원활히 이루어지지 않을 위험이 존재한다.'

② 세 번째 문단에 의하면 '간접 발행은 중개 회사가 발행 위험을 부담하는 정도에 따라 총액 인수와 잔액 인수 방식'으로 구분된다. 총액 인수는 중개 회사가 '채권 발행 전액을 자기 명의로 구입해야 하므로 많은 자금이 필요할 뿐만 아니라 투자자들에게 판매하기까지 채권을 보유하여야 하므로 상대적으로 높은 시장 위험을 부담'한다.

③ 따라서 더 높은 시장 위험을 감수하기 때문에 총액 인수 방식으로 채권을 인수하는 경우 중개 회사는 더 높은 수수료를 받는다.

05

정답 ⓐ 된소리되기

ⓑ 비음화

ⓒ 거센소리되기

해설 ⓐ '특정'은 [특쩡]으로 발음된다. 'ㅈ'이 앞의 음절의 'ㄱ'에 이어져 나오면 'ㅉ'으로 발음되는 된소리되기가 일어난 것이다.

ⓑ '받는다'는 [반는다]로 발음된다. 받침 'ㄷ'이 이어지는 음절 'ㄴ' 앞에 나오면 'ㄴ'으로 바뀌는 비음화가 일어난 것이다.

ⓒ '지급하더라도'는 [지그파더라도]로 발음된다. 'ㅂ'과 'ㅎ'이 만나 'ㅍ'으로 바뀌는 거센소리되기가 일어난 것이다.

06

정답 ① 경마식 보도

② 개인화 보도

③ 부정식 보도

해설 ①의 예시는 후보들의 지지율 양상, 선거 토론회 방송에서 표출된 후보자 간의 갈등 등과 같은 흥미적인 요소를 보도하는 데 초점을 두고 있는데, 이는 세 번째 문단의 방송사의 이익을 위한 경마식 보도에 해당한다. 경마식 보도는 선거에서 중요한 본질적 내용보다는 득표율 예측, 지지율 변화, 유권자들의 반응, 후보자 간의 연대·통합·갈등 등 흥미적인 요소를 집중적으로 보도하는 방식이다.

②의 예시는 정치인의 공적 영역뿐 아니라 사적 영역에 대해서도 보도하는 것을 말하는데, 이는 마지막 문단의 개인화 보도에 해당한다. 제시문에서 개인화 보도는 정치인 개인에 대한 것은 강조하는 반면에 정당, 조직, 제도에 대한 초점은 감소하며, 지도적인 위치에 있는 정치인이나 정당 지도자들에 대해 초점을 둔다고 나와 있다.

③의 예시는 특정 후보의 비리에 대한 경쟁 후보자 또는 상대측 정당의 입장을 보도하면서 비리 내용을 분석하는 내용을 추가로 보도하는 등 부정적인 보도에 초점을 맞추고 있다. 이는 두 번째 문단의 부정식 보도에 해당하며, 이러한 보도에서는 불법 부정 선거, 흑색선전, 후보자나 정당의 비리나 폭로·비방·갈등 관계와 같은 부정적인 측면을 보도한다.

07

정답 ① 역설

② 상호배타적 (관계)

해설 ① 〈보기 1〉을 보면, 동시 긍정이나 동시 부정이 불가능한 반의어 쌍을 묶어서 함께 사용할 때 역설이 발생한다고 되어 있다. '희망'은 어떤 일을 이루거나 하기를 바라는 상태이므로 '절망이 없'고 희망만 있는 상태는 있을 수

있다. 하지만 '희망이 없는' 상태와 '희망'을 가진 상태는 동시에 성립할 수 없다는 점에서 '희망이 없는 희망'은 동시 긍정이 불가능한 반의어 쌍을 묶어서 사용한 역설에 해당한다. (가)는 이를 통해 '절망과 연계되어 생겨난 '희망'이 진정한 희망이 될 수 있다는 깨달음을 전달하고 있다.

② 〈보기 1〉에서 반의 관계 유형에 관한 설명 중에, '죽다'와 '살다'의 관계처럼 한 영역 안에서 중간 항이 없이 상호배타적 관계에 있는 반의 관계에 대해 찾아볼 수 있다. (나)의 화자에게 "'하다'를 선택하는 것"과 "'그만두다'를 선택하는 것"의 관계는 동시에 일어날 수 없는 일을 한 영역 안에서 다루고 있기 때문에 상호배타적 관계에 해당한다.

08

정답 ① 관직에, 훔치겠는가

② 초천에, 보인다

해설 ① ㉠의 관직자로서 경계해야 할 그릇된 행동을 구체적으로 언급함과 동시에 관직자가 가져야 할 삶의 자세를 의문형 문장으로 표현한 것은 '관직에 있으면서 공금을 농간하여 그 남은 것을 훔치겠는가.'가 해당한다. '관직자로서 공금을 농간'하면 안 된다는 행동을 구체적으로 언급하였으며, 관직자가 마땅히 가져야 할 삶의 자세를 '훔치겠는가'의 의문형 문장으로 전달하고 있기 때문이다.

② ㉡이 가리키는 내용은 '초천(苕川)에 돌아와서야 문미(門楣)에 써서 붙이고, 아울러 이름 붙인 까닭을 적어서 어린아이들에게 보인다.'에서 드러난다. 초천에 돌아와 살게 된 정약용이 자신이 얻은 깨달음을 전하기 위해 집의 이름을 짓고 이 글을 썼음이 분명하게 드러나 있기 때문이다.

09

정답 ① 눈

② 개나리

해설 (가)와 (나)는 공통적으로 6·25 전쟁을 배경으로 하고 있지만, 전쟁이라는 극한 상황에 대한 서로 다른 인식을 주요 소재를 통해 드러내고 있다.

① (가)에서 시각적 이미지나 촉각적 이미지를 나타내는 표현과 결합하여 겨울이라는 계절적 배경을 나타내고 있는 소재는 '눈'에 해당한다. 이 소재는 비극적이고 냉혹한 전쟁의 속성을 강조하고 있기도 하다.

② (나)의 배경은 전쟁이 끝나 폐허가 된 도시로, '판잣집'이나 '잿더미가 소복한 울타리' 등의 표현을 통해 암울한 상황을 암시하고 있다. 그러나 그러한 상황 속에서도 '개나리'는 망울져서 피어나고 있다. 따라서 폐허가 된 삶의 터전과 대비를 이루면서 전쟁으로 인한 부정적 상황에서 화자의 의식이 긍정적인 방향으로 전환되게 하는 소재는 '개나리'에 해당한다.

2024 가천대학교 국어 자연계열

▶ 문제 p.253

01

정답 ① 공소, 있습니다

② 저희는, 못했습니다

해설 ① "공소 시효가 적용되지 않는다고 하더라도 증거가 끝내 발견되지 않을 경우에는 범죄자가 처벌을 피할 수 있다는 문제가 여전히 있습니다."에 대한 지문은 찬성 측이 제시한 해결 방안을 채택해도 해결할 수 없는 경우를 말한다. 비록 공소시효가 적용되지 않는다 하더라도 범죄 사실에 대한 증거가 미흡하면 정황 증거만으로 용의자를 피의자로 할 수는 없기 때문이다. 따라서 공소 시효가 적용되지 않는 범위를 현재보다 확대하더라도 한계가 있다.

② "저희는 공소 시효를 적용하지 않는 것이 해당 범죄의 발생을 억제할 수 있다는 주장을 뒷받침하는 과학적 근거가 있는지를 찾아보았으나 끝내 관련 자료를 확인하지 못했습니다."에서 찬성 측이 제시한 질문에 내포된 전제가 객관적 근거에 의해 뒷받침되지 않으므로 타당하지 않다. 토론에서는 객관적 사실, 즉 공신력 있는 자료를 토대로 객관성을 증빙해야 한다. 특히 위 토론의 주제에 해당하는 공소 시효 미적용이 범죄 발생 억제가 가능하다는 과학적 근거에 대한 주장을 밝힐 수 없는 경우 객관성이 떨어지며, 주장하는 바에 대한 신뢰를 확보하기가 어렵다.

02

정답 ① 단일

② 이중

해설 단일 결합은 한 쌍이 전자를 공유하는 형식의 결합이다. ㉠의 다이아몬드는 하나의 탄소 원자에 4개 전자가 이웃에 위치한 탄소 원자 4개의 전자를 공유하여 결합을 형성하고 이때 형성된 4개의 공유 결합은 모두 단일 결합이다. 이중 결합은 두 개의 원자가 두 쌍의 전자, 즉 전자 4개를 공유하여 형성된 결합이다. 이중 결합은 시그마 결합과 파이 결합, 두 가지 종류의 결합으로 이루어진다. ㉡의 흑연은 3개의 전자가 시그마 결합으로 이루어져 있지만 하나가 파이 결합으로 이루어져 있으므로 이중 결합이다.

03

정답 ① 소리 / 리듬 / 소리와 리듬

② 침묵 / 휴지

해설 〈보기〉에 제시된 그림은 브라크의 〈바이올린과 물병이 있는 정물〉이다. '바이올린'이 그림의 주요 제재이며 석고, 유리, 나무, 종이 등이 공간을 이룬다. 만약 브라크의 이 그림을 음악으로 바꿔 보면 '바이올린'은 소리나 리듬이라는 상징성을 가지므로 '소리' 또는 '리듬'으로 바꿔 볼 수 있다. 또한 석고, 유리, 나무, 종이 등은 음악의 '침묵' 또는 '휴지'에 해당한다고 할 수 있다.

한편, 이 그림은 특징적인 것이 있다. 바이올린 목 부분은 그림에서 윤곽이 드러나 있어 형태가 대체적으로 보이지만 몸통은 여러 부분으로 조각나 대상만큼이나 강조되고 있는 공간과 섞여 있다는 것이다. 석고, 유리, 나무, 종이, 공간이 유사 형태의 흐름에서 표현되어 있어 바이올린과 확실히 구별하기가 쉽지 않다.

04

정답 ① 30

② 16

③ 14

해설 ① 〈보기 1〉의 그래프에서 보조금 대상자의 소득인 x축은 0인 상태에서, y축인 처분 가능 소득은 30에서 출발하므로 소득이 0원인 보조금 대상자 A의 처분 가능 소득은 30만 원이다. 따라서 ①에 들어갈 숫자는 '30'이다.

② 만약 A의 소득이 20만 원이 되면 처분 가능 소득은 36만 원이 된다. 이때 A가 받는 보조금은 36만 원에서 20만 원을 빼면 16만 원이 남기 때문에 ②에 들어갈 숫자는 '16'이 된다.

③ A의 소득이 20만 원일 때 지급받는 보조금은 0원일 때 받는 보조금보다 14만 원 줄어든 것을 확인할 수 있다(30만 원 − 16만 원 = 14만 원). 따라서 ③에 들어갈 숫자는 '14'이다.

05

정답 ① 바로, 준다

② 웅크리고, 대본다

해설 '바로 뉘고 이불을 다독여 준다'(8행)와 '웅크리고 잠든 아내의 등에 얼굴을 대본다'(15행)에서 〈보기〉의 ㉠ '잠든 가족을 바라보며 화자가 느끼는 가족에 대한 연민과 애정'에 대한 이미지가 드러나 있다. 따라서 다른 행동에는 가족에 대한 애틋한 시선은 있을 수 있지만 '연민'과 '애정'의 이미지를 드러난 부분은 8행과 15행뿐이다.

06

정답 ① 백학선 / 부채

② 대원수가, 돕는지라

해설 ① '백학선'은 작품 속에서 사람들의 인연을 매개체로 하는 역할을 한다. 이는 징표를 주고받음으로써 사람들과

의 인연이 이어지는 것을 의미하며, 서로의 정체를 확인하
게 하는 기능을 한다.
② '대원수가 말에서 내려 하늘에 절하고 주문을 외워 백학
선을 사면으로 부치니 천지 아득하고 뇌성벽력이 진동하
며, 무수한 신장(神將)이 내려와 돕는지라.'에서 대원수는
백학선의 신이한 능력의 도움을 받아 위기를 극복할 수
있었다.

약술형 논술 **국어**